멕시코의 세 얼굴

멕시코의 세 얼굴

초판 1쇄 발행   2011년 3월 20일
초판 2쇄 발행   2020년 8월 05일

–

지은이   Octavio Paz Lozano
펴낸이   이방원

–

펴낸곳   세창미디어
출판신고   2013년 1월 4일 제312-2013-000002호
주소   03735 서울시 서대문구 경기대로 88 냉천빌딩 4층
전화   02-723-8660
팩스   02-720-4579
이메일   edit@sechangpub.co.kr   홈페이지   http://www.sechangpub.co.kr

–

ISBN   978-89-5586-625-4   04300
         978-89-5586-121-1   (세트)

이 도서의 국립중앙도서관 출판시도서목록(CIP)은 서지정보유통지원시스템 홈페이지(http://seoji.nl.go.kr)와
국가자료공동목록시스템(http://www.nl.go.kr/kolisnet)에서 이용하실 수 있습니다.(CIP제어번호: CIP2020031106)

멕시코의 세 얼굴

옥타비오 파스 지음 황의승 · 조명원 옮김

세창미디어
MEDIA

C·O·N·T·E·N·T·S

번역자의 말

라틴아메리카는 자연과 문화, 사람, 모든 것이 별다른 곳이다. 라틴 아메리카는 다른 대륙과 구별되는 독특한 분위기와 느낌을 갖고 있는데, 여러 가지 면에서 그런 특성을 모두 지니고 있는 나라가 멕시코이다.

'멕시코의 세 얼굴'은 노벨문학상 수상작가인 옥타비오 파스(Octavio Paz)가 멕시코인과 그들의 사회, 국가를 날카롭게 파헤친 작품이다. 이 책은 정치, 경제, 사회 등 여러 분야에 걸쳐 멕시코의 어제와 오늘을 객관적인 시각으로 냉정하게 그려내고 있다. 이 책이 출판된 후에 지금까지 멕시코에서만 1백만 권 이상이 팔릴 정도로 폭발적인 관심을 불러일으켰으나, 동시에 상당수의 멕시코인들이 이 책에 대해 비판적인 이유가 여기에 있다.

파스는 멕시코인의 심리를 구성하는 암호를 하나하나 풀어가면서 멕시코인 자신도 몰랐던 심층적인 부분까지 파 내려가 그들 내면의 숨겨진 모습을 우리에게 적나라하게 보여준다. 이를 위해 미주 고대사회, 16세기 스페인에 의한 정복과 300여 년 동안의 식민지 시대, 그리고 19세기와 20세기의 현대사회를 섭렵하고, 그러한 역사 과정 속에서 만들어진 그들의 정체성을 하나씩 캐내고 있다. 멕시코에서 일 년 내내 곳곳에서 열리는 현란하고 다양한 축제와 멕시코인의 가면, 거짓말과 속임수, 죽음과의 친밀한 교감, 그리고 고독을 조명함으로써 삶의 감정과 단면들을 우리 눈앞에 드러나게 한다.

이 책은 멕시코인과 라틴아메리카인을 묘사하면서 그들이 안고 있는 문제를 밝히고 있는데, 이 책의 가장 근원적인 주제인 고독과 인간 상호 간의 교감, 구원은 모든 인간들의 공통의 문제이기도 하다. 20세기를 대표하는 위대한 지성인 중의 한 사람인 Octavio Paz는 이 작품을 통해 영원히 남을 화두를 우리에게 던진 것이다.

'멕시코의 세 얼굴'은 멕시코, 나아가서 라틴아메리카의 사람과 사회, 문화를 이해하기 위해서 필수적으로 읽어야 할 책이다. 또한 이 글을 통해서 우리는 멕시코를 포함한 라틴 아메리카 사람들이 역사, 국가발전, 미국을 포함한 다른 나라와의 관계 등에 대해서 갖고 있는 시각을 엿볼 수 있다.

라틴아메리카는 아시아에서 가장 먼 곳에 있는 대륙이고, 역사적으로도 거의 교류가 없었던 지역이어서 아직까지 우리들에게는 낯선 곳이다. 그러나 2003년 이후 중남미는 오랜 침체에서 벗어나 장기적인 경제상승기로 들어서면서 국제협력을 크게 확대하고 있으며, 특히 한국, 중국을 비롯한 동아시아와의 협력에 큰 관심을 갖게 되었다. 우리나라에서도 중남미 진출이 대폭 늘어나고 있어서 우리에게 생소하기만 했던 라틴아메리카가 가깝게 다가오고 있고, 따라서 이 지역을 이해하는 노력이 절실하게 필요한 시점이다. 이 책이 멕시코와 라틴아메리카를 이해하는 데 좋은 디딤돌이 될 것으로 기대한다.

2011. 1월 역자 씀

EL LABERINTO DE LA SOLEDAD

버려진 고아와 같은 감정이 우리의 불안정한 정치와 내적 갈등의 깊은 원인이 되고 있다. 멕시코는 그들 한 사람, 한 사람이 외로운 것처럼 참으로 고독하다.

PART *1*

고독의 미로

chapter 01

멕시코의 자화상

El Pachuco y otros extremos

모든 사람들은 살아가는 동안에 문득 우리가 다른 이들과는 다른 특별한 존재이며 그 누구에게도 양도할 수 없는 어떤 소중한 것을 지니고 있는 듯이 느껴질 때가 있다. 이런 느낌은 대체로 사춘기 시절에 경험하는 일이다. 우리와 세상 사이에는 손으로 만질 수는 없지만 보이지 않는 담이 존재하고 우리가 홀로 존재한다는 것을 느끼게 되며, 바로 그 순간에 우리는 자신을 발견하게 되는데 그것을 자의식이라고 할 수 있을 것이다. 어떻게 보면 우리는 태어나는 순간부터 혼자라는 것을 느끼면서 살아가지만, 정작 어렸을 때와 어른이 된 후에는 놀이와 일을 통해서 고독하다는 사실을 망각한 채로 살아가는 경향이 있다. 반면에 어린이에서 청년으로 옮겨가는 사춘기에는 세상의 무한한 풍요로움에 한순간 넋을 잃는다. 사춘기에는 존재한다는 그 자체만으로도 눈이 휘둥그레지고 감동할 때가 있다. 그리고 한바탕 경이로움을 느끼고 난 후에는 곰

곰이 자기성찰을 하게 된다. 깊은 저 밑바닥으로부터 천천히, 그러나 아주 희미하게 의식의 강 위로 떠오른 저 얼굴의 모습이 나 자신인가를 스스로에게 물어본다. 어렸을 때는 순수한 감정으로 채워졌던 자기 자신의 존재에 대한 특별함이 인생의 고민과 문제의식으로 전환된다.

민족이나 국가가 발전해 나가는 시기에도 이와 비슷한 일이 일어난다. 그들은 스스로에게 수없이 많은 질문을 던진다. '우리는 누구이며, 우리가 누구인가에 대해서 구체적으로 표현하고 실현해 나가는 방법은 무엇일까?' 역사는 이 질문에 대한 우리의 대답과 다르게 전개되는 경우가 많다. 한 나라의 민족성은 주어진 도전이나 자극에 대응하는 일련의 반응에 의해 형성된 것이기 때문이다. 우리의 대답은 여러 가지 상황에 따라서 달라지며, 변하지 않고 일정한 것으로 생각되는 민족성도 그에 따라 변할 수 있는 것이다. 민족성을 말하고 그 심리를 분석한다는 것은 어떻게 보면 허황된 일이기도 하지만 그럼에도 불구하고 모든 민족은 어떤 시기에 자기 자신에게로 돌아가서 자신이 누구인지 물어보게 된다. 역사적으로 각성한다는 것은 자신의 고유한 개성을 찾아내는 것이며, 어떤 일을 시작하기 전에 깊은 성찰의 시간을 갖는 것을 의미한다. '우리가 꿈속에서 꿈을 꾼다면 곧 깨어날 시간이 된 것이다'라고 노발리스는 말했다. 우리가 가졌던 의문에 대한 대답이 시간이 지나면서 맞지 않은 것이 되고, 다시 고쳐져야 한다고 해도 별로 상관이 없다. 마찬가지로 사춘기의 청소년은 물 위에 비쳐진 자신의 얼굴이 미래에 어떻게 변할지 알지 못한다. 조각과 기호가 새겨진 신성한 비석처럼 쉽게 해독할 수 없는 노인의 얼굴은 확실한 형태가 없던 용모가 세월이 지나면서 쌓인 역사

1531.12월 멕시코시티에서 발현한 과달루뻬 성모. 멕시코 가톨릭의 상징적 지주

를 보여주는 것이다. 이것은 깊은 고찰을 바탕으로 모호하고 느리며 오랜 시간에 걸쳐 만들어진 얼굴의 모습이다. 이런 고찰 덕분에 내면의 모습들이 정형의 틀을 갖추고 하나의 얼굴이 되며, 나중에는 가면이 되고 의미가 되고 역사가 되는 것이다.

우리 자신의 독특함과 개별성을 추구한다는 것이 처음에는 무익하고 위험한 것처럼 느껴질 수도 있다. 우리 자신에게 수많은 질문을 던지는 것보다는 차라리 현실을 창조하고 우리가 처한 현실과 함께 일하는 것이 더 나은 방법이 아닐까 하고 생각할 수도 있다. 현실은 바라보는 것 만으로는 바꿀 수가 없고, 오직 우리가 그 속으로 들어갈 때 변화시킬 수가 있기 때문이다. 멕시코가 다른 민족들과 구별되는 점은 독창적인 개성이 아니라 독창적인 창조를 할 수 있다는 데 있다. 사실 멕시코인의 개성은 계속 변화하는 환경이 만들어낸 것으로서 독창성이 의심스러운 것이다. 어떤 예술품이나 구체적인 행동은 멕시코를 표현할 뿐만 아니라, 그 과정에서 재창조를 하고 있다는 점에서 단순한 묘사나 서술을 한 것보다도 더 사실을 잘 관통해서 멕시코인을 나타내 보여준다. 따라서 다른 사람들의 경우와 마찬가지로 나의 질문들은 현실과 직면하게 되는 두려움을 감추기 위한 비겁한 구실이며, 멕시코인의 개성이란 우리의 창조력이 부족한 데 대한 경박한 변명에 지나지 않을 수도 있다. 사무엘 라모스는 멕시코인의 열등감이 분석을 좋아하는 성향으로 흐르게 했으며, 우리의 창조력이 약해진 원인이 창조를 하는 대신 비판능력을 키웠기 때문이 아니라, 우리가 자신의 능력에 대해서 본능적으로 불신감을 갖고 있기 때문이라고 지적했다.

사춘기의 청소년이 자기 자신에 대해 집착하는 것처럼 ―만일 여기서 벗어날 수 있다면 그는 이미 사춘기에서 벗어난 것이다 — 우리가 자신을 바라보고 스스로에 대해서 의문이 솟아오르는 것을 그만둘 수는 없을 것이다. 멕시코 사람들이 비판적 성향을 갖고 있다는 뜻이 아니라 자신을 돌아보는 성찰의 단계를 거치고 있다는 의미이다. 격렬한 혁명의 불꽃이 지나간 후에 자신 속으로 되돌아가 한동안 스스로에 대해서 생각하게 된 것은 어찌 보면 당연한 일이다. 아마도 지금 우리가 갖고 있는 이런 의문들에 대해서 반세기 후에는 사람들이 이해조차 하지 못할지도 모른다. 새로운 환경이 계속해서 새로운 반응을 만들어 갈 것이기 때문이다. 여기서 고찰하고자 하는 대상은 멕시코에 사는 모든 사람이 아니라 어떤 이유에서든 스스로가 멕시코 사람이라는 자각을 갖고 있는 사람들을 의미한다. 일반적인 상식과는 달리 이런 사람들은 매우 한정되어 있다. 멕시코 안에는 서로 다른 인종과 언어들이 많이 존재할 뿐 아니라 역사적으로도 여러 단계가 공존한다. 아직도 선사시대를 살고 있는 사람들이 있는가 하면, 계속되는 침략으로 인하여 쫓겨 다니며 역사의 변방에서 사는 오토미 종족 같은 이들도 있다. 이렇게 극단적인 경우는 아니더라도 각각 다른 시대를 살고 있는 사람들이 같은 지역이나 또는 불과 수 킬로밖에 떨어지지 않은 가까운 곳에서 서로 이해하지 못한 채, 대립을 하고 충돌하기도 하면서 공존하고 있는 것이 현실이다. 같은 하늘 아래에서 은둔자 피터와 같은 가톨릭교도와 프랑스혁명 3기의 자코뱅파가 각각 다른 자신들의 영웅과 관습, 달력, 윤리개념을 갖고 섞여서 살고 있다. 구시대는 절대로 사라지지 않으며, 아무리 오래된 것이라도 지금까지 모든 상처에서는 피가 흘러나오고 있다. 많은 경우에 고대 미주문명의 피라미드는 그 이전에 만들었던 피라미드 위에 덧씌우는 형태로 건설되었는데, 이와 마찬가지로 어떤 도시나 영혼 안에는 적의와 경원의 감정과 개념들이 서로 섞이고 포개어져 있다.

자신에 대한 자각을 갖고 있는 소수의 멕시코인들이 완강하게 폐쇄된 그룹을 형성하고 있는 것은 아니다. 타성에 젖은 대부분의 사람들에 비해서 이 소수그룹은 활발하게 움직이는 유일한 계층이며, 그들의 이상에 맞추어 사회를 이끌어 나가고 있다. 이 그룹이 성장하면서 멕시코를 정복하고 있다. 우리는 누구나 자신이 멕시코인임을 깨닫게 되는 때가 생긴다. 예를 들면 멕시코 국경을 벗어나기만 해도 우리는 사무엘 라모스의 저서 「멕시코의 문화와 인간에 대한 단상」이 제기한 것과 동일한 의문들을 막연하게 느끼게 된다. 이 책을 쓰게 된 동기와 구상들은 내가 미국에서 2년간 체류하던 기간에 마음속에 떠오른 것임을 밝혀둔다. 이 시기에 내가 미국 생활에 대한 의미를 알아내고자 시도할 때마다 여러 가지 질문을 제기하고 있는 나 자신의 모습을 발견하게 되었다. 미국 생활의 휘황찬란한 불빛 아래에서 더 두드러지게 떠올랐던 이런 나 자신에 대한 심상이 아마도 내 질문에 대한 이 나라의 첫 번째이자 가장 심오한 대답일 것이다. 그래서 오늘 멕시코인의 특성을 규명해 보려는 시도의 출발점은 자신이 멕시코사람인 것이 그들 자신에게 가장 중요하고, 삶과 죽음의 문제라고 여기는 사람들을 대상으로 삼고자 한다.

로스앤젤레스에서 나는 미국생활을 시작하였는데 그곳에는 멕시코인이 백만 명 이상이나 살고 있었다. 우선 나는 푸르고 청명한 하늘과, 지나치게 화려하고 수많은 건물들이 흉물스럽게 지어져 있는 도시의 모습에 놀랐지만, 그것보다 더 인상적인 것은 명확하게 무

엇이라고 표현할 수는 없지만 막연히 도시를 감싸고 흐르는 멕시코
적인 풍토와 분위기였다. 장식을 좋아하는 기호와 무사태평, 허영,
무관심, 열정과 신중함 같은 멕시코 특유의 분위기와 취향들이 도시
의 공기 속을 떠돌아다니고 있었다. 떠돌아다니고 있었다고 말하는
이유는 그 분위기가 정확하고 실용적인 미국의 생활과는 전혀 섞이
지 않고 융화되지도 못하고 있었기 때문이다. 겉돌고 있기는 하지만
정반대로 이색적인 것도 아니었는데 바람에 밀려가기도 하고, 구름
처럼 흩어지기도 하며, 어떤 때는 로켓처럼 솟아오르기도 하면서 묘
하게 균형을 이루는 것이었다. 낮게 기어가는가 하면, 접히기도 하
고, 더 크게 팽창했다가 오그라들기도 하며, 잠이 들고 꿈도 꾸는 아
름다운 넝마를 연상하게 했다. 겉돌지만 확실히 존재하며 절대로 사
라져버리지 않을 것 같았다.

　길에서 마주치는 멕시코 사람들에게도 동일한 점을 느낄 수 있
었다. 그곳에서 그들은 오랜 세월을 살았고, 미국인과 같은 옷을 입
고, 같은 언어를 사용하고 있지만 그들의 출생에 대해서 부끄러움을
느끼고, 아무래도 순수한 미국사람들과 확연히 구별되는 무엇인가를
갖고 있었다. 흔히 생각하는 것처럼 외모가 다른 것이 결정적인 이유
는 아닌듯 싶었다. 그들에게 구별되는 특징은 자신을 가장하려는 것
과, 자신이 발가벗겨져서 완전히 노출될지도 모른다는 느낌과, 외부
의 시선을 두려워하는 불안하고 숨고 싶어하는 멕시코 사람들만의
특별한 분위기였다. 대화를 나눌 때도 그들의 감정이 박자를 잃어버
리고 제멋대로 흔들리는 시계추처럼 왔다갔다하는 것을 알아차릴 수
있었다. 이런 정신상태, 혹은 정신의 부재가 소위 '빠추코'(pachuco)라
고 말하는 이상한 부류를 낳았다. 알려진 대로 빠추코는 대부분이 멕

아스떼까 전통 무용수

시코계인 젊은 집단으로서 주로 미국의 남부 도시에 살고 있고, 언어나 행동, 복장이 특별하게 구분된다. 본능적으로 반항적인 그들을 향해서 여러 차례 인종차별이 일어나기도 했다. 그러나 빠추코들이 그들의 인종이나 선조들의 국적을 회복하려고 하는 것은 아니다. 그들의 행동은 끈질기고 거의 광적인 존재 의지를 나타내고 있지만 그런 의지가 어떤 구체적인 내용을 담고 있지는 않으며, 다만 그들 주변의 다른 사람들처럼 되지 않겠다는 모호한 결심을 나타낼 뿐이다. 빠추코는 멕시코 사람으로 돌아가기를 거부하는 동시에 최소한 외양적으로 미국생활 속에 섞이는 것도 싫어한다. 그들의 존재 자체가 모든 것을 부정하려는 충동이고, 모순덩어리이며 불가사의라고 할 수 있다. 빠추코라는 그들의 이름부터가 불가사의이다. 빠추코는 어원이 불분명하고, 아무것도 아니면서 모든 것을 말해준다. 명확한 어떤 의미가 없는 것 같기도 하고, 좀 더 정확하게 말하자면 대중이 만들어내는 많은 것들처럼 많은 의미를 담고 있는 이상한 단어이다. 우리가 원하든 원치 않든 간에 그들은 멕시코인이며, 멕시코인이 도달할 수 있는 가장 극단적인 모습 중의 하나이다.

미국에서 그들을 뿌리치는 문명에 동화할 수 없었던 빠추코들은 주변의 적대감에 대한 반응으로 자신의 개성을 공고히 하는 데 열중한다. 다른 집단은 다른 방법으로 대응하는데, 예를 들면 인종차별로 박해받는 흑인들은 그 차별을 극복해서 사회에 참여하려고 노력한다. 그들은 다른 시민과 동등하게 되기를 원한다. 멕시코 사람들은 그보다는 덜한 배척을 당했지만 주변의 환경에 자신을 맞춰야 하는 어려운 적응을 택하기보다는 차라리 자신들이 다르다는 것을 확인하고, 이를 강조하며, 그 차이를 더 현저하게 만들려고 노력한다. 빠추코의 무정부주의적인 행동과 기괴한 옷차림은 그들을 받아들이지 못하는 사회의 불의와 무능함을 탓하기 위해서라기보다는 계속해서 그 사회와 다른 존재로 남아 있으려고 하는 존재에 대한 의지를 보여주는 것이다.

그러한 갈등의 원인을 아는 것은 중요하지 않으며, 그 치유책이 있는지의 여부를 생각하는 것도 의미가 없다. 세계 곳곳에는 사회의 대다수 사람들이 누리는 혜택을 동등하게 향유하지 못하는 소수인들이 존재한다. 빠추코의 특이한 점은 별다른 존재로 남으려고 하는 멕시코인의 완강함이며, 보호자도 긍정적 가치도 잃어버리고 의지할 데가 없는 멕시코인이 자신들이 살고 있는 세상에 맞서서 자신들의 특성을 주장하려는 갈등에 있다. 빠추코는 언어와 관습, 종교, 신념을 포함한 모든 사회적인 유산을 잃어버렸다. 그들에게 남은 것은 모든 시선에 무방비 상태로 드러난 채, 길거리에 방치된 몸과 영혼뿐이다. 자신들을 꾸미고 위장하는 것은 그들을 보호하는 동시에 노출시키고, 고립시킨다. 감추면서 드러내는 것이다.

그들의 복장은 고의적이고 심미적으로 만들었으므로 그 명백한 의도는 논란의 필요조차 없는데, 그런 옷차림이 어떤 특정 집단이나 종파에 대해서 추종을 나타내는 것은 아니다. 미국에는 미국적인 생활방식을 따르는 추상적인 도덕률보다도 좀 더 생기 있고 구체적인 무엇인가를 원하는 일반적 미국인들의 취향에 맞추기 위해서 수많은 종교와 민족의상들이 있지만, 이 나라에서 빠추코주의는 하나의 개방된 사회를 형성하고 있다. 빠추코 복장은 제복이나 의전복이 아니다. 단순히 유행의상일 뿐이다. 이것은 다른 모든 유행처럼 새로움과 ―레오파르디는 이를 '죽음의 어머니'라고 표현하기도 했다― 모방으로 이루어진다. 빠추코 복장의 새로움은 과장에 있다. 빠추코의 복장은 극단적으로 과장하고, 이를 예술적으로 표현한다. 언제나 미국의 유행을 이끌어가는 원칙은 편안함인 데 반하여 빠추코는 보통 옷을 심미적으로 변화시킴으로써 비실용적으로 만든다. 그들이 추구하는 것은 미국에서 유행의 기본원칙을 부정하는 셈이다. 여기에서 그들의 공격성과 적극성이 나타난다.

이들의 반역은 하나의 공허한 동작에 지나지 않는다. 그들은 거부하는 모습을 과장해서 표현했을 뿐으로 선조들의 복장으로 돌아가거나 새로운 패션스타일을 만들어내려는 것은 아니다. 일반적으로 엉뚱한 사람들이 사회와 구별되는 이상한 복장을 한 채 자신들의 세계를 확인하고, 자기들만의 새롭고, 폐쇄적인 세계를 만들고 싶어 한다. 빠추코의 경우에는 이런 의미가 모호하다. 빠추코의 복장은 한편으로는 그들을 구별되고 두드러지게 하지만, 동시에 그들이 거부하는 사회에 대한 충성을 내포하고 있기도 하다.

이런 이중성은 다른 방법으로 더 심각하게 드러날 때도 있다. 빠추코는 냉정하고 사악한 어릿광대이다. 그들은 사람들을 웃기려고 하기보다는 겁을 주고 싶어 한다. 이런 가학적인 태도는 자기비하 심리와 연결되어 있으며, 그들의 성격 자체를 보여주는 것 같다. 그들은 돌출행동이 위험할뿐더러 사회를 자극한다는 것을 알고 있다. 그러나 그것에 대해서는 관심을 두지 않고, 의도적으로 박해와 스캔들을 추구한다. 이러한 방법을 통해 자신들이 공격하는 사회와 더욱 생생한 관계를 만들고, 자신을 희생자로 부각시켜서 최근까지 자신을 무시해 왔던 사회에서 한 자리를 차지하며, 범죄자로서 못된 영웅의 하나가 되고자 한다.

아스떼까의 태양석 (Sun Stone)

미국인들이 분노하는 것은 빠추코 안에서 신화적인 이미지를 보고, 따라서 실제로 그들이 위험하다고 생각하고 있기 때문이다. 그들의 위험성은 빠추코의 독특함에서 나온다. 모든 사람이 빠추코가 혼잡하고, 시끄러우며, 환각적이라고 생각한다. 그들에게는 복합적인 별자리 운세가 자리를 잡아서 불길함과 자비로움의 기운이 교대로 작용하는 듯하다. 어떤 사람들은 빠추코가 특이한 성적인 능력을 갖추고 있다고 믿는가 하면, 다른 사람들은 퇴폐적이고 공격적이라고 생각한다. 사랑과 행복, 또는 공포와 혐오의 상징인 빠추코는 자유, 무질서, 금기를 구현하는 인물이다. 말하자면 말살되어야 할 사회적 현상이며, 동시에 어둠 속에서 비밀스럽게 접촉할 수 있는 인물이다.

수동적이고 오만불손한 빠추코는 자신의 머리 위에 쌓이는 이런 모순된 평가들을 무시하고 어느 순간에 고통스러운 자기만족 속에서 술집에서의 싸움이나 폭동, 습격으로 자신을 폭발시킨다. 그리고 박해를 받으며 어디에도 속하지 않은 인간, 상놈으로서, 벌거벗은 채 있는 그대로의 모습으로 진정한 자아를 찾는다. 이로써 사회에 대한 도발로 시작된 한 바퀴의 순환과정이 완성되고, 이제 빠추코는 구원을 받아 그들을 거부했던 사회로 편입될 때가 되었다. 그는 사회의 죄악이고 스캔들이었다. 그러나 지금은 희생자가 되었고, 마침내 사회는 있는 그대로의 그를 인정해야만 한다. 빠추코는 그 사회가 낳은 산물이고 자녀이다. 그는 마침내 새로운 부모를 만난 것이다.

빠추코는 비밀스럽고 위험한 경로를 통해서 미국사회에 편입하려고 한다. 그러나 그는 스스로 자신의 노력을 가로막는다. 자신의 전통 문화도 팽개치고, 빠추코는 도발과 고독 속에서 한순간을 버틴다. 그는 모국과 미국 사회를 모두 부정한다. 외부를 향하여 몸을 던

지지만 주변 사람들과 어울리기 위해서가 아니라 도발하기 위해서이다. 이것은 자살을 위한 몸짓과 같다. 왜냐하면 빠추코에게는 존재하고 싶지 않다는 의지 외에는 아무것도 확실한 것이 없고 지킬 것이 없기 때문이다. 이는 내밀한 감정을 표현하는 것이 아니라, 궤양을 드러내고, 상처를 보여주는 행동일 뿐이다. 그 상처는 기괴하고 변덕스러우며 야만스러운 하나의 장식이다. 또한 스스로를 비웃고, 사냥터로 떠나기 전에 하는 치장과 같은 그런 상처이다. 빠추코는 사냥꾼의 시선을 끌기 위해서 자신을 꾸미고 기다리는 사냥감과 같은 것이다. 박해는 그를 구원하고 그의 고독을 부숴버린다. 그의 구원은 그가 짐짓 부정하는 사회와 가까워지는 것을 의미한다. 고독과 죄, 공감과 평안은 결론적으로는 같은 말이 되는 셈이다.

조국을 떠나서 오랜 세월이 지나고, 모국어도 못하며, 자기 나라의 문화와 연결해주는 숨겨진 뿌리도 거의 메말라버린 사람들에게 이런 일이 생긴다면, 미국을 잠시 방문한 다른 사람들의 경우에는 어떨까? 그들의 반응이 병적이지는 않다고 하더라도, 처음 느끼는 미국의 웅장함이 주는 충격이 지나고 나면 누구나 저절로 비판적 태도를 보이게 된다. 내가 친구에게 미국 버클리가 아름답다고 이야기했을 때 그녀는 이렇게 말했다. "그래요, 버클리는 아름다워요. 하지만 나는 실감나게 느끼지를 못해요. 여기서는 새들도 영어로 말을 해요. 꽃들도 그 색깔과 모습에 어울리는 이름, 그 꽃과 하나가 된 영어이름을 벌써 가지고 있고, 나는 그 이름을 모르니 어떻게 그 꽃을 좋아할 수가 있겠어요? 만약에 내가 부감빌리아라는 꽃에 대해서 말한다면 당신은 고향에서 보았던 꽃을 생각할 것입니다. 물푸레나무를 기어오르는 검붉은 꽃무리, 또는 늦은 오후에 은빛 햇살 아래에서 담장을 덮고 있는 꽃을 떠올리게 되지요. 부감빌리아는 당신 자신의 일부이고, 당신 문화의 일부이며, 잊어버리고 나서 오랜 시간이 지난 후에도 쉽게 기억해낼 수 있는 꽃일 것입니다. 여기에 있는 것들은 매우 아름답지만 내 것은 아닙니다. 왜냐하면 살구나무나 유칼립투스 나무가 말하는 것은 나를 위해서도, 나에게 말하는 것도 아니기 때문입니다."

우리는 자신 속으로 깊이 들어가고 있으며, 우리를 분리하고, 고립시키며, 구별되게 만드는 모든 것에 대한 자의식이 더 강화되고 깊어진다. 우리는 같은 동족을 찾으려고 하지 않기 때문에 더 외롭게 된다. 동족과 거리를 두는 것은 그들 속에서 자신의 모습을 발견하는 것이 두렵거나, 자신의 내심을 드러내 보이지 않으려고 하는 고통스러운 방어의 감정 때문일 것이다. 멕시코 사람들은 감상적인 열정에 쉽게 굴복하는 성향이 있기 때문에 오히려 그것을 피하려고 한다. 우리는 과묵한 사춘기의 청소년들처럼 사색에 잠겨 살아간다. 그들의 무뚝뚝한 표정 속에 아무도 알 수 없는 그들만의 비밀을 간직하고, 자신의 속내를 드러낼 순간을 기다린다. 미국에는 청소년도 그런 사람이 거의 없다.

이런 감정을 상세히 설명하거나, 그런 감정에 수반되는 의기소침하고 열광적인 상태에 대해서 길게 이야기하고 싶지는 않다. 이런 것들은 예기치 않은 폭발로 이어지며, 우리를 억누르고 기형으로 만드는 사회적 틀을 바탕으로 만들어진 불안정한 균형을 부수어버린다. 멕시코인이 다른 사람들과 만날 때 보이는 신중함과 무감정의 가면을 부수어 버리는 억눌린 힘의 폭발은 실제적이든 상상에 의한 것이든지 간에 멕시코인이 세상에 대해서 느끼는 열등감이 일부 작용한 결과라고 볼 수 있다. 그러나 열등감보다 더 심각하고 광범위한 것은 고독이다. 두 가지를 비슷한 것이라고 할 수는 없다. 고독하다고 느끼는 것은 열등하다고 느끼는 것이 아니라, 자신이 다르다고 생각하는 것이다. 열등감은 때로 환상에 지나지 않는 경우도 있으나, 고독은 환상이 아니라 실재하는 현실이다. 사실 우리는 서로 다르다. 그리고 언제나 혼자다.

깊은 고독의 느낌을 분석하려는 것은 아니다. 고독은 우울과 환희, 침묵과 절규, 이유 없는 범죄와 종교적 열광을 통해 확인되는가 하면 부인되기도 한다. 지구상의 모든 인간은 혼자다. 그러나 아직도 지칠 줄 모르는 신들이 살고 있는 멕시코 고원에서 석상과 함께 거대한 밤하늘 아래에 놓인 멕시코인의 고독은 기계와 시민의식, 관념적 도덕률로 추상화된 세계에서 길을 잃어버린 미국인들의 고독과는 다르다. 멕시코 고원에서 사람들은 하늘과 땅 사이에 걸려 있는 것처럼 느끼며, 서로 반대되는 힘과 능력, 굳어진 시선과 탐욕스러운 입 사이에서 흔들리는 것같이 보인다. 멕시코에서 우리를 둘러싸고 있는 세상, 즉 현실은 자신의 생명을 갖고 스스로 존재하며, 미국에서처럼 인간이 만들어낸 것이 아니다. 이 현실은 창조자이면서 파괴자이고, 모태이자 무덤이며, 멕시코인들은 그 현실의 가슴팍에서 추방당했다고 느낀다. 멕시코인들은 삶을 표현하는 능력과 연결될 수 있는 모든 어휘와 이름들을 깡그리 잊어버렸다. 그래서 절규하고 침묵하며, 주먹을 불끈 쥐었다가 기도하면서 100년을 동면하기도 한다.

멕시코의 역사는 자신들의 혈연과 근원을 찾아가는 역사이다. 계속해서 프랑스, 스페인, 미국, 인디오 전사들의 영향과 압박을 번

갈아 받으면서, 때때로 번개처럼 하늘을 가로지르는 유성처럼 역사를 지나왔다. 이렇게 유별난 경로를 거치며 우리는 무엇을 추구하고 있는가? 재앙으로 모든 것이 변화하기 이전의 순수한 우리의 세계를 향해 가고 있다. 다시 태양으로 돌아가기를 바라며, 정복과 독립전쟁으로 어느 날 갑자기 우리가 추방된 그 시절, 그 생명의 중심으로 회귀하기를 원한다. 고독과 신앙은 같은 곳에 뿌리를 내리고 있다. 고독은 고아임을 느끼는 것이다. 고독은 우리가 모든 것으로부터 떨어져 나와 홀로 되었다는 의식이다. 또한 고독은 열정적인 탐색이기도 하다. 즉 생명 중심으로부터의 도피와 귀환, 우리와 창조의 근원을 잇는 연결을 회복하려는 노력이다.

미국인의 고독은 이런 감정과는 매우 큰 거리가 있다. 미국에서는 사람들이 창조의 중심에서 추방되었다고 느끼지 않으며, 강한 적들 사이에 붙잡혀 있다고 생각하지도 않는다. 세상은 그들에 의해 건설되었고, 그들이 상상한 대로 만들어졌다. 세상은 그들의 거울이고 투사체이다. 그러나 이제는 그들이 만들어낸 비인간적인 물체나, 함께 살고 있는 다른 사람들에게서 더 이상 자신들의 모습을 발견할 수가 없다. 서투른 마술의 결과처럼 그들의 창조물은 더 이상 그들에게 복종하지 않는다. 그들은 자신들이 만들어놓은 물건들 가운데 홀로 서 있으며, 호세 고로티사가 말한 것처럼 '거울의 황무지' 속에 유기되었다.

어떤 이들은 미국과 멕시코의 차이가 모두 경제적인 것에서 기인한다고 말한다. 말하자면 그들은 부유하고 우리는 가난하며, 그들은 민주주의와 자본주의, 산업혁명 속에서 성장했고, 우리는 반종교개혁과 독점, 봉건주의 속에 있었다는 것이다. 그러나 생산구조가 문화의 형성에 아무리 큰 영향을 미친다고 하더라도, 우리가 중공업을 발전시키기만 하면 경제적 제국주의에서 벗어나고, 모든 면에서 미국과 차이가 없어질 것이라는 주장은 수긍하기가 어렵다. 오히려 정반대의 현상이 나타나기를 기대하며, 그러한 가능성을 엿볼 수 있었다는 점에서 멕시코혁명의 위대성이 있다. 우리가 스스로에게 줄 수 있는 대답이라면 무엇 때문에 역사 속에서 그것을 찾고 연구하고 있겠는가? 우리가 원래 다르다고 느끼는 것은 우리 자신이 아닌가? 우리가 구별되는 차이점을 갖고 있다면 그 차이점은 무엇인가?

모든 사람이 만족하기는 어렵겠지만 이에 관해 내 나름대로 설명해 보고자 한다. 이것은 단지 나 자신 스스로 어떤 경험의 의미를 분명하게 하기 위한 것이다. 어찌 보면 개인적으로 궁금했던 것에 대해서 스스로 답한 것에 불과할지도 모른다.

내가 미국에 도착했을 때 가장 놀라웠던 점은 사람들이 갖고 있는 자신감과 안정감, 명랑함과 세상과의 만족한 조화였다. 그들의 만족함 가운데서도 비판력은 살아 있었다. 오랜 독재시대를 거쳐서 자신들의 의견을 표현하는 것이 조심스러운 중남미에서는 흔하게 찾아볼 수 없는, 용감하고 명쾌한 비판이 미국사회에서는 가능한 것 같았다. 그러나 그들의 비판은 체제를 존중하며 뿌리까지 건드리지는 않는다. 그러면서 오르떼가 이 가세뜨(Ortega y Gasset)가 혁명정신을 정의하면서 구분했던 권력의 사용과 남용의 차이가 생각났다. 혁명은 언제나 과격한데, 이는 권력의 남용이 아니라 사용 자체를 바로잡으려 한다는 의미이다. 미국사람들이 말하는 모든 비판은 개혁적인 성격을 띠고 있었다. 사회와 문화의 구조를 변혁하려는 의도가 아니라,

여러 가지 방법과 절차를 제한하거나 개선하려는 노력일 따름이었다. 그때부터 지금까지 미국은 나에게 자신의 이상을 실현하려고 노력하는 사회로 비추어졌다. 미래가 아주 위협적으로 느껴질 때조차도 그들의 이상을 바꿀 생각은 없으며, 자신들의 생존에 대해서 확실한 믿음을 가진 사회로 보였다. 미국인들의 이러한 믿음이 현실적, 이성적으로 맞는 것인지는 모르지만 최소한 그런 점이 존재한다는 것은 확실해 보였다. 최근에 미국의 문학은 어두운 세상을 많이 그리고 있고, 미국인들이 가진 인생의 아름다움과 무한한 가능성을 표현한 내용이 적어졌지만, 전에 내가 만났던 대부분의 미국인들은 행동, 말, 표정에서 그런 밝은 느낌이 여실히 드러나고 있었다.

한편으로 미국 사람들이 갖고 있는 현실주의와 천진성에 대해서는 많이 들을 수 있었는데, 이 두 가지는 상호 간에 어울리지 않는 개념이다. 멕시코에서 현실주의자는 동시에 언제나 비관주의자이다. 그리고 천진한 사람도 현실적으로 삶을 들여다보면 더 이상 그대로 순진한 상태로 머물러 있을 수만은 없을 것이다. 미국 사람들은 현실을 활용하려고 할 뿐이지, 현실에 대해서 알려고는 하지 않는다고 말하는 것이 더 정확하지 않을까? 죽음을 예로 들면, 그들은 절대로 죽음을 알려고 하지 않을 뿐 아니라, 그것을 생각하는 것조차 애써 피한다. 나는 아직까지도 환상을 갖고 있는 노부인들을 몇 명 알고 있는데, 그들은 언제나 미래가 창창할 것처럼 앞날에 대한 계획을 갖고 있었다. 남성은 이상을 갖고 있지만, 여성은 환상밖에 없기 때문에 여성들이 일찍부터 회의주의자가 된다는 니체의 말을 그들은 거부한다. 그런 의미에서 미국의 현실주의는 아주 특별한 경우에 속하며, 그들의 천진성은 시치미와 위선까지 담고 있다. 위선은 나쁜 성격의

한 단면이기도 하지만, 하나의 사고방식이라고 할 수도 있다. 왜냐하면 위선은 현실의 불쾌하고, 비이성적이고, 혐오스러운 모든 것들을 부인하는 심리작용이기 때문이다.

이와는 반대로 기꺼이 공포를 응시하고, 심지어 공포에 대해 친밀감과 즐거움까지 느끼는 것이 멕시코 사람의 두드러진 특징 중의 하나이다. 동네성당의 피가 흐르고 있는 그리스도상과, 신문의 헤드라인을 장식하는 소름 끼치는 기사들, 상갓집의 밤새우기, 11월 2일 만성절에 해골 모양의 빵과 사탕을 먹는 습관 등은 과거 인디오와 스페인인들로부터 이어받은 관습이며, 이제는 멕시코인의 불가분의 일부로 자리를 잡았다. 사랑이 생명을 향한 갈증이자 죽음에 대한 욕망인 것과 같이, 우리의 죽음에 대한 숭배는 곧 생명에 대한 숭배로 통한다. 자기 파괴에 대한 취향은 마조히스트적 경향이기도 하지만, 일부는 종교적 감정에서 비롯된 것이다.

두 나라 사이의 차이점은 여기에서 끝나지 않는다. 미국인은 쉽게 믿지만, 멕시코인은 진실성 있는 믿음을 갖고 있다. 그들은 요정 이야기나 탐정소설을 좋아하고, 우리는 신화와 전설을 사랑한다. 멕시코인이 환상을 즐기기 위해, 절망감에서, 또는 저속한 현실을 이겨내는 방법으로 거짓말을 하는 반면에 미국인들은 거짓말을 하지는 않지만, 진정한 진실을 사회적 진실로 바꾸어 표현한다. 원래의 진실은 언제나 마음에 안 들기 때문이다. 우리는 고백하기 위해서 술을 마시고, 미국인은 잊기 위해서 마신다. 미국인이 낙관주의자라면 멕시코인은 허무주의자이다. 다만 우리의 회의주의는 이지적인 것이 아니고, 본능적인 반응에 불과하므로 반론할 수 있는 대상이 아니다. 멕시코인은 의심이 많고, 미국인은 개방적이다. 우리는 슬프고 냉소적인 반면에 그들은 명랑하고 유머러스하다. 미국인은 이해심이 풍부하고 활동적이며, 우리는 관조적이고 정적이다. 그들이 발명에서 기쁨을 느낀다면 우리는 상처를 즐긴다. 미국인은 위생, 건강, 일, 행복을 믿지만, 회오리바람처럼 강렬하고 도취하는 진정한 기쁨은 모른다. 축제의 밤에 함성 속에서 우리의 목소리는 빛으로 작열하고, 삶과 죽음이 하나로 섞인다. 한편 미국인의 활력은 틀에 박힌 미소로 굳어지고, 늙어가는 것과 죽음을 부정하며, 삶 속에는 감동과 움직임이 없다.

그러면 두 나라 사람들 간에 반대되는 이러한 태도의 원인은 무엇인가? 미국인은 세상이 완벽하게 만들 수 있는 어떤 것이라고 생각하는 듯하다. 그러나 우리에게는 세상이 되찾아야 하는 대상이다. 그들은 현대인이다. 우리는 미국인들의 선조 청교도들처럼 죄와 죽음이 인간본성의 가장 근본적인 바탕을 이루고 있다고 믿는다. 하지만 청교도들이 우리와 한 가지 다른 점은 순결과 건강을 동일시한다는 것이다. 이런 믿음에서 청교도들은 금욕주의가 모든 것을 정화한다고 생각하였으며, 노동을 신성시하고, 빵과 물로 사는 경건한 생활을 받들고, 육체는 존재하지 않는다는 믿음을 갖게 되었다. 청교도들에게는 모든 접촉이 오염의 원인이었다. 외래인종, 사상, 관습, 사람들은 모두 불순과 파멸의 병균을 옮겨온다고 믿었고, 사회적인 건강이 영혼과 육체의 건강을 보완하는 중요한 요인이라고 생각했다. 반면에 멕시코인은 옛날이나 지금이나 교감과 축제를 사랑한다. 접촉이 없이는 건강함도 없다. 부정함과 다산, 대지와 인간의 감정을 다스리는 여신인 아스떼까의 뜰라솔떼오뜰은 증기목욕탕, 성적인 사랑, 참회의 여신이기도 한 것이다. 멕시코인은 과거로부터 지금까지 별로 변한 것이 없다. 가톨릭은 교감을 중요하게 생각하는 종교이기 때문이다.

　이 두 가지 태도는 양립할 수 없으며, 현재의 상태로는 두 가지가 모두 불충분하다. 죄의식은 언제나 원한, 쓰디쓴 절망, 또는 맹목적인 우상숭배로 귀결된다. 우리 민족은 비참한 소외와 가난한 것만큼 신앙심이 아주 깊다. 그러나 우리의 종교적 열정은 수세기 전에 이미 고갈된 우물을 파는 것이나 다름없다. 현대의 강요된 원칙에 입각하여 세워진 사회의 풍요를 믿는다고 말한다면 잘못된 것이다. 현대의 역사는 인간이 사회적, 교육적인 방법에 의해 근본적으로 교정될 수 있는 피조물이라는 믿음에 의구심을 심어 주었다. 최근에 주장하는 것처럼 인간은 단순하게 역사와 역사를 움직이는 힘이 만들어 낸 열매가 아니며, 또한 역사가 단지 인간의 의지만으로 이루어지는 것도 아니다. 그러나 미국적인 생활방식은 역사가 인간의 작품이라는 가설에 바탕을 두고 있는 것처럼 보인다. 인간이 역사 속에 존재하는 것이 아니라 인간 자체가 역사다.

　미국적인 방식은 현실 속에서 단지 긍정적인 면만을 보려고 한다. 미국에서는 어려서부터 남녀 모두가 혹독한 적응과정을 거친다. 간단한 방식으로 표현된 사회의 원칙들이 신문, 라디오, 교회, 학교, 그리고 친절하면서도 간교한 미국의 어머니, 부인들에 의해 쉬지 않고 되풀이하여 교육된다. 이런 도표와 도식 아래에서는 화분에 꽂힌 식물처럼, 남자나 여자가 온전하게 자라고, 성숙할 수 없다. 이런 사회적 음모는 결국 개인들의 격렬한 반발을 불러일으키게 된다. 숨 막히는 사회에서 벗어나고 싶은 욕망은 섬세하면서도 가공할 만한 수천 가지 방법으로 복수를 불러온다. 인간얼굴의 풍부한 표정을 가려 버린 가면은 친절하고 예의가 바르지만 감정이 없는 탈이며, 그 위에 새겨진 미소는 고통스러움마저 느껴진다. 그들의 이런 가면과 미소는 본능을 무시한 원리가 얼마나 심각하게 인간의 본성을 파괴할 수 있는지를 여실히 보여준다. 현대 미국사회의 모든 인간관계 속에 자리 잡고 있는 사디즘은 청결한 도덕률을 강요하는 사회의 경직성으로부터 탈출하려는 하나의 몸부림일 수도 있다. 새로운 종교, 사이비 종파, 삶을 자유롭게 하고 새로운 출구를 마련하려는 어떤 일에 대한 도취 등도 마찬가지 시도이다. 여기에서 말하려는 삶의 파괴적이고 생리적인 의미는 아주 놀랍다. 즉 도를 초과하고, 규율을 파괴하며, 아주 자극적인 경험까지 도달하는 것을 뜻한다. 동거는 하나의 경험이며, 그 목적이 경험에 불과한 것이기 때문에 결국 일방적이고 틀어지게 되어 있다. 여기서 모든 인간의 반응을 분석하려는 것은 아니다. 다만 미국인들의 모든 행동과 그와 대조되는 멕시코인들의 태도는 모두 인생의 흐름과 조화를 이루지 못하고 있는 우리의 무기력함을 드러내고 있다는 점을 지적하려는 것이다.

인간의 기원 및 지상에서 우리의 존재의 의미와 관련된 위대한 신화들을 살펴보면, 인류가 공동으로 참여하여 만들어낸 가치체계로서의 모든 문화는 침입자인 인간에 의해 우주질서가 더럽혀지고 파괴되었다는 확신에서 출발하였음을 볼 수 있다. 인간은 세상의 탄탄한 몸에 상처를 입혔고, 그 상처의 틈새로 다시 카오스가 폭발할 위험성이 있다. 혼돈 - 카오스는 원초적인 상태이며, 따라서 생명의 자연스러운 형태라고도 할 수 있는데, '원초적인 무질서로의 회귀'의 가능성은 모든 시대의 의식 있는 사람들을 괴롭힌 악몽이었다. 횔덜린(Hölderlin)의 시는 인간과 우주를 향해 카오스가 거대한 유혹의 입을 벌리고 있는 데 대한 두려움을 묘사하고 있다.

> 만약에, 똑바른 길을 벗어나
> 사납게 질주하는 말처럼,
> 포로된 우주의 원소들과 지상 위의 오래된 법칙들이
> 모두 풀려 버린다면…
> 그리고 카오스를 향한 욕망이
> 쉼 없이 분출되면, 많은 것들을
> 지키기 위해 빗장을 잠그고, 충직해야 한다.

충직해야 한다. 왜냐하면 지켜내야 할 것이 많이 있기 때문이다. 사람들은 끊임없이 카오스의 위협을 받고 있는 우주질서를 방어하기 위해 능동적으로 협력한다. 그러나 그것이 무너져 내리면 그들은 자신의 것, 새로운 질서를 창조해야 한다. 인간들이 우주와 조화를 이루기 전에 먼저 추방과 고행, 참회가 선행되어야 한다. 멕시코인들도 미국인들도 이러한 우주의 조화를 이루지는 못했다. 더 걱정스러운 것은, 인간의 활동은 지식과 순진한 마음, 인간과 자연이 하나로 조화되는 질서를 유지하기 위한 것인데, 우리가 이런 인간 활동의 의미 자체를 상실하지 않았나 하는 것이다. 멕시코인의 고독이 한 곳에 정체된 물과 같다면, 미국인의 고독은 거울과 같은 것이다. 우리는 이제 더 이상 샘이 아니다.

우리가 죄라고 부르는 것은 우리의 자의식과 고독의 신화적인 표현일 수도 있다. 나는 스페인내전 중에 '다른 사람'과 다른 종류의 특별한 고독을 보았다. 그것은 폐쇄적이거나 기계적인 것이 아니고,

초월을 향해서 문을 연 고독이었다. 어느 시대와 어느 나라에서도 죽음과 가까이 있다는 사실과 전우애는 각각의 사람을 둘러싸고 있는 고독의 울타리를 부수고, 인간적인 조건을 넘어서게 하는 특별한 환경을 만든다. 그러나 내전을 겪고 있는 스페인에서 만난 사람들의 얼굴에는 희망이 엿보이는 절망감 같은 것, 구체적이면서 동시에 세상과 통하는 보편적인 감정을 읽을 수 있었다. 그들의 표정은 둔감하고 고집스러우며, 야수적이고 거친 느낌으로 스페인의 그림에서 볼 수 있는 피에 굶주리고, 현실적이며, 기쁨이 없는 그런 것이었다. 나는 그 후에 다시는 그런 얼굴을 만나볼 수 없었다.

내가 목격한 것이 허황되다고 생각할 수도 있겠지만, 이것은 이미 나의 일부분으로 자리 잡았기 때문에 더 이상 반론에 대해 설명하는 것은 무용한 일이 될 것이다. 나는 그때 만난 스페인 사람들 속에서 '다른 사람'이 나타나기 시작하였다고 믿었고, 지금도 그 생각에는 변함이 없다. 스페인의 꿈은 스페인 사람들만의 것이라기보다는 우리 모두와 관련되는 것이며, 동시에 구체적이고 현실적인 것이었는데, 스페인 내전 중에 그 꿈은 결국 부서지고 더럽혀지고 말았다. 그후에 내가 다시 만난 얼굴들은 그들이 환희와 확신에 사로잡히기 전의 모습, 거칠고 투박한 표정으로 다시 돌아가 있었다. 그러나 그때의 기억은 나에게 그대로 남아 있다. 한번 희망을 본 사람은 그것을 잊지 않는다. 하늘 아래 모든 곳, 모든 사람에게서 그 희망을 찾아다닌다. 그리고 어느 날 어디에서든지, 어쩌면 우리 주변에서, 희망과 다시 만날 것이라는 꿈을 꾼다. 각각의 사람은 다른 사람이 될 수 있는, 좀 더 정확하게 말하자면 그들이 꿈꾸는 또 다른 원래 자기 자신으로 되돌아갈 가능성을 안고 있다.

chapter 02

멕시코의 가면

Máscaras mexicanas

노인이나 젊은이, 백인이나 혼
혈, 장군, 노동자, 변호사 등 멕시코인은 누구나 폐쇄적이고 스스로
갇힌 사람들 같다. 표정도 가면이고, 미소도 가면이다. 정중하면서도
가시가 돋친, 냉정한 고독 속에 묻혀 있는 그들은 침묵과 언어, 예의
와 경멸, 조소와 체념 등 모든 것을 자신을 방어하는 데 이용한다. 자
신이나 다른 사람들의 사생활을 지키기 위해서 노심초사하며, 이웃
들에게 눈길 한번 주려고 하지 않는다. 한번의 눈길이 팽팽하게 긴장
된 다른 사람들의 분노를 촉발할 수도 있기 때문이다. 멕시코인은 벌
거벗겨지고 생살을 드러내는 듯한 기분으로 인생을 살아간다. 다른
사람들의 말, 이로 인한 오해 등 모든 것이 그에게 상처를 입힐 수 있
다. 그의 언어는 함축적인 어휘, 상징, 암시와 생략이 많이 들어간다.
한편 그의 침묵 속에는 여러 가지 감추어진 뜻, 미묘한 의도, 폭풍을
품은 검은 뭉게구름이나 갑작스럽게 나타나는 무지개, 또는 쉽게 해

석하기 어려운 위협이 숨어 있다. 논쟁 중에도 모욕보다는 은근한 표현을 선택한다. 이해가 빠른 사람들에게는 많은 말이 필요하지 않은 법이다. 한 마디로 현실과 그들 사이에 무감각과 격리의 벽을 세운다. 이 벽은 보이지 않을 뿐 아니라, 뛰어넘을 수 없는 것이기도 하다. 멕시코인은 언제나 멀리 떨어져 있다. 세상과, 다른 사람들과, 심지어는 자기 자신으로부터도 멀리 떨어져 있다.

멕시코에서 흔하게 쓰는 말을 살펴보면 우리가 외부세계에 대해서 얼마나 방어적인가 하는 것을 알 수 있다. 멕시코의 이상적인 남자는 자신을 열지 않는 사람이다. 자기 자신을 열어 보이는 사람은 겁쟁이다. 다른 민족들과 달리 우리에게는 자신을 개방한다는 것이 연약함이나 배반을 의미한다. 멕시코인은 고개를 숙이거나 굴복하거나 움츠리기는 해도 절대로 자신을 열어보이지는 않는다. 다시 말하면 외부세계가 그의 내부로 침입하는 것을 용인하지 않는 것이다. 자신을 열어주는 사람은 믿을 수 없는 배신자이며, 신뢰성이 의심스러운 사람이다. 그는 비밀을 누설하는 자이고, 위험에 직면했을 때 뚫고 나갈 용기가 없는 자이다. 여성들이 열등한 존재로 취급받는 것은 쉽게 자신을 내어주며, 자신을 열어 보이기 때문이다. 이런 열등성은 여성의 체질이며, 치유될 수 없는 상처인 그들의 개방성에 뿌리가 있다.

신비주의는 우리의 의구심과 불신에서 유래한다. 그것은 우리가 본능적으로 우리를 둘러싸고 있는 주변세계를 위험으로 인식하고 있음을 보여준다. 이런 반응은 지금까지 살아온 멕시코의 역사와 우리 사회의 성격을 생각해 보면 이해가 된다. 우리 환경의 냉혹함과 적대감 ― 항상 허공을 떠도는, 무엇이라고 정의하기 어려운 이 잠재적인 위험은 외부세계에 대해 우리를 닫아버리게 하기에 충분했다. 그것은 마치 고원의 식물이 생존하기 위해서 가시로 뒤덮인 껍질 속에 수분을 저장하는 것과 같은 것이다. 그러나 처음에는 정당했던 이런 행동들이 나중에는 원인과는 상관없이 자동으로 돌아가는 메커니즘으로 변화되었다. 우리는 타인의 친절과 다정함에 대해 매우 신중하게 반응한다. 왜냐하면 이런 친절이 진정에서 우러나온 것인지 꾸민 것인지 알 수 없기 때문이다. 더구나 우리의 남성적인 완전함은 적대적인 것뿐만 아니라, 친절함과 마주했을 때도 위험해질 수가 있다. 우리의 속내를 그대로 드러낸다는 것은 사내다움을 포기하는 것과 같다.

다른 사람들과 우리의 관계도 의심으로 물들어 있다. 친구나 친한 사람에게 비밀을 털어놓는다는 것은 외부에 자신을 개방하고 스스로를 포기하는 것이 되고 만다. 멕시코인은 자신을 내어주면 멸시당하게 될까봐 두려워한다. 그래서 신뢰는 불명예가 되고, 비밀을 이야기하는 사람이나, 듣는 사람 모두에게 위험한 것이 되고 만다. 우리는 나르시스처럼 우리를 비춰주는 연못 속에 뛰어들어서 빠져 죽지 않고, 연못 앞에서 눈을 감아버린다. 우리가 분노하게 되는 것은 모든 사람이 그런 것처럼, 우리의 고백이 이용당하지 않을까 하는 두려움뿐만 아니라, 자신의 고독을 털어놓은 것에 대한 수치심 때문이기도 하다. 비밀을 말하는 사람은 자신을 내어주는 것이다. 적절하지 않은 사람에게 자신의 비밀을 고백하였을 때 우리는 '누구누구에게 나를 팔아먹었다'라고 말한다. 즉, 우리는 스스로를 개방하였으며, 타인이 견고한 성채를 침입해 들어온 것이다. 이렇게 되면 상호 존경과 신뢰를 유지하는 사람 사이의 간격은 사라지고, 우리는 침입자의 처분 아래에 놓이게 되며, 우리 자신을 포기하는 셈이 된다.

이런 표현은 멕시코 사람들이 삶을 투쟁이라고 생각하고 있음을

춤추는 사람(몬테 알반의 돌조각)

보여주며, 이런 점에서 다른 나라 사람들과 크게 차이가 없다. 그러나 다른 나라에서는 남자다운 성격이 호방하고 능동적으로 싸움에 응하는 것이라고 한다면, 멕시코에서는 공격을 격퇴할 수 있도록 준비된 능력, 즉 방어적인 성격을 강조한다. 마초(사나이)는 자신 속에 틀어박힌 신비로운 존재이며, 자기 자신과, 그를 신뢰하여 맡긴 모든 것들을 지켜낼 수 있는 인물이다. 사나이답다는 것은 적들의 무기와 외부세계의 충격 앞에서 얼마나 초연할 수 있는가 하는 것으로 가늠할 수가 있다. 극기는 전쟁과 정치에서 최상의 덕목이다. 우리의 역사 속에는 고통과 위험 앞에서 놀라울 정도의 침착함을 보여주었던 많은 영웅들의 사건과 기록이 있다. 우리는 어렸을 때부터 패배를 의연하고 위엄 있게 견디어내야 한다고 배웠다. 모두가 후아레스(19세기 중반 개혁시기의 멕시코 대통령)나 꾸아우떼목(아스떼까 제국의 마지막 왕)처럼 굳세지는 못하다 하더라도 최소한 어려움을 감수하고, 인내하며, 끝까지 버틸 수 있도록 노력해야 한다. 어려움을 용감하게 받아들이는 것은 우리의 중요한 미덕 중의 하나이다. 역경 앞에서 초연한 태도는 어떤 찬란한 승리보다 우리에게 더 큰 감동을 준다.

개방보다 폐쇄적인 것을 좋아하는 우리의 성향은 무관심과 불신, 조소와 의심으로 나타나기도 하지만, 또한 형식에 대한 사랑으로 드러나기도 한다. '형식'은 울타리를 만들어 우리의 자아를 보호해 주며, 자아가 너무 지나치게 나가거나 폭발하지 않도록 억제하고, 이를 격리해서 보존한다. 우리가 지나치게 의식과 예법, 질서를 고집하는 것은 스페인과 인디오 문화의 이중적인 영향을 받은 결과이다. 피상적으로 멕시코 역사를 관찰할 경우에 나올 수도 있는 결론과는 달리, 멕시코 사람들은 명확한 원칙에 기초를 둔 질서정연한 사회를 꿈꾼다. 정치투쟁으로 인한 동요와 증오는 우리 사회에서 법개념이 얼마나 중요한 역할을 가졌는지를 보여준다. 멕시코인은 날마다 규범적인 생활을 하려고 노력하며, 그로 인해서 쉽게 형식주의자가 된다. 거기에는 그럴 만한 이유가 있다. 법률, 사회, 종교, 예술적 질서는 확실하고 견고한 영역을 구축한다. 그 영역 안에서는 확립된 생활의 원칙과 방식에 맞추기만 하면 된다. 형식을 존중하는 사회에서는 자신을 표현하기 위해서 자유세계에서 요구되는 것처럼 창조를 해나가야 할 필요가 없다. 우리 존재 안의 변하지 않는 한 부분이며, 우리 국민과 역사의 지속성을 떠받치는 기둥인 전통주의는 형식을 존중하는 우리의 성향에서 오는 것인지도 모른다.

또한 이외에도 멕시코인의 성향을 잘 보여주는 것들은 예절에 드러나는 의식의 까다로움과 고전적 인본주의에 대한 집착, 시문학에서 정형시에 대한 선호, 장식예술이나 그림, 디자인의 구성에서 기하학을 많이 사용하는 것, 바로크 예술이 탁월한 데 비해 낭만주의는 빈약한 것, 정치제도의 형식주의, 그리고 사회, 도덕, 관료분야에서 형식적 틀을 고집하는 위험스러운 경향 등을 들 수 있다. 멕시코인은 개방적이지 않을 뿐만 아니라, 쉽게 자신을 풀어헤치는 성격도 아니다.

때때로 이런 '형식'이 우리를 질식시킨다. 과거 19세기에 자유주의자들은 우리 현실을 1857년 헌법이라는 틀에 맞추려고 시도했으나 실패했다. 그 결과로서 뽀르휘리오 디아스의 장기독재(1876-1911)와 1910년 혁명이 일어났다. 어떤 의미에서 멕시코와 멕시코인의 역사는 우리를 가두어 두려고 하는 형식과 여기에서 자유로워지려고 하는 우리의 저항 사이에서 벌어진 투쟁이었다고 할 수 있다. 형식이 우리의 본능과 희망을 희생시키기보다는 그것들을 표현하는 균형으로서, 독창적 창조의 결과였던 적은 거의 없다. 반대로 법률이나 도덕적 형식들은 자주 우리의 존재를 왜곡시키고, 우리 자신을 표현하거나 진정한 욕구를 채우는 것을 방해한다.

때로 내용이 비어 있는 우리의 형식주의는 정복 이전의 시대에서 지금에 이르기까지 오랜 예술의 역사에 고스란히 나타나 있다. 안또니오 카스뜨로 레알은 후안 루이스 알라르꼰(Juan Ruiz de Alarcón, 17세기 멕시코출생 스페인 극작가)에 대한 뛰어난 연구에서, 아직 민족주의 의식이 형성되기 이전인 17세기에 벌써 멕시코는 개방적인 낭만주의에 대해 소극적인 태도를 갖고 있었음을 보여주고 있다. 당시에 사람들이 알라르꼰에 대해 남의 일에 참견하는 사람이라고 비난한 것은 어느 정도 일리가 있지만, 대체로 그들의 비난이 작품보다 신체적인 결함에 대해 더 많이 집중되었던 것도 사실이다. 알라르꼰의 연극의 주제는 사실상 그 시대 스페인사람들의 가치를 거부하는 것이었으며, 이는 스페인과 대립하는 멕시코의 입장을 반영하고 있었다. 그의 희곡은 당시의 긍정적이고 현란한 스페인의 활력, 즉 역사와 정열을 전적으로 긍정하는 태도에 대한 멕시코의 반론의 의미를 지니고 있다. 17세기 스페인을 대표하는 극작가 로뻬 데 베가(Lope de Vega)는 사랑, 영웅적인 것, 초인적이거나 기적 같은 일들을 좋아한 반면에 알라르꼰은 그러한 것들을 거부하면서 품위나 예절, 금욕, 잔잔한 미소 같은 겸손함 등 좀 더 섬세하고 부르주아적인 덕목을 선호했다. 로뻬는 그 시대 대부분의 사람들처럼 도덕적인 문제에는 거의 관심이 없었으며, 그것보다는 행동을 중요하게 여겼다. 그 후에 깔데론도 심리학을 경멸하는 입장을 취하는데, 그들에게는 도덕적 갈등과 인간영혼의 동요, 몰락, 변화는 원죄와 신의 은총을 주요 내용으로 하는 종교

드라마의 은유적 표현에 불과한 것이었다.

그러나 알라르꼰의 대표작품들에서는 하늘나라의 일이 큰 비중을 차지하고 있지 않으며, 천상의 일은 로뻬의 희곡에 등장하는 인물들을 흔들어 놓는 열정의 광풍 정도에 불과하다. 알라르꼰에 의하면 사람은 선과 악이 섬세하게 뒤섞여 있는 복합적인 존재이다. 그는 인간을 종합하는 대신에 분석했으며, 영웅들을 문제의식을 갖고 바라본다. 그는 몇 개의 희곡작품에서 위선의 문제를 제기한다. 위선자는 어디까지 거짓말을 하고 있는가? 정말로 다른 사람을 속일 생각이 있는 것일까? 거짓의 첫 번째 희생자는 자기 자신이 아닌가? 그가 속이려는 대상은 바로 자기 자신이 아니었을까? 거짓말쟁이는 자신을 속인다. 왜냐하면 그는 스스로를 두려워하기 때문이다. 로돌포 우시글리의 희곡 「몸짓으로 말하는 사람」의 주제이기도 한 진실성의 문제는 멕시코인에게 항상 주요한 주제의 하나인데, 알라르꼰은 시대를 앞서서 이 문제를 제기한 작가였다.

알라르꼰의 세계에서는 열정이나 신의 은총이 승리하지 못한다. 그는 모든 것이 이성과 합리성에 바탕을 두어야 하며, 용서와 관용의 도덕성이 모든 것의 근간이라고 생각하였다. 그가 생명력이 넘치고 로맨틱한 로뻬의 가치관을 대신하여 보편적, 이성적 규범을 내용으로 하는 추상적 가치관을 내세운 것은 우리를 조롱하거나 속였던 것은 아닐까? 멕시코에 대한 부정에서 볼 수 있는 바와 같이, 알라르꼰의 부정은 스페인 사람들에 대비하여 우리의 특성을 보여주려는 의도만은 아니었다. 알라르꼰이 주장한 가치관은 모든 사람에게 적용되며, 그리스-로마 문화와도 연결되어 있고, 나중에 자본주의세계가 가지게 될 도덕률을 예시한 것이기도 하다. 그것은 우리만의 개성을 표현한 것이 아니며, 우리의 갈등을 해결하지도 못한다. 그것은 멕시코가 만들어내거나 경험하지 못한 '형식'이며, 우리의 가면이다. 최근에 와서야 멕시코는 우리와 직접적인 관계가 없는 지식적 논리가 아니라 우리의 긍정적인 사고로서 스페인의 긍정적인 사고를 대체할 수 있게 되었다. 혁명은 대중예술을 발굴해 내면서 멕시코의 현대미술이 시작되도록 했고, 멕시코의 언어를 재발견함으로써 새로운 시 문학을 발전시키는 계기를 마련하였다.

멕시코인은 정치, 예술 분야에서 폐쇄적인 세계를 구축하려고 노력하며, 일상생활의 인간관계에서 신중과 겸손, 예절을 추구한다. 겸손은 모든 것을 벌거벗고 드러낸 것에 대한 부끄러운 감정에서 나오는데, 멕시코인들 사이에서는 이것이 거의 조건반사적인 행동으로 나타난다. 이런 멕시코인의 태도는 미국인들의 특징인 육체에 대한 두려움과는 크게 다른 것이다. 우리는 자신의 육체를 두려워하거나 수치스럽게 느끼지 않고 자연스럽게 있는 그대로 수용하면서, 삶을 즐긴다. 이는 청교도들과는 반대되는 생각이다. 우리에게는 육체가 존재하며, 우리의 존재에 무게와 형태를 부여한다. 육체는 우리에게 기쁨과 고통을 준다. 육체는 우리들이 입고 있는 옷이 아니며, 우리에게서 분리되어 있지 않고, 바로 우리 자신이다. 하지만 우리는 다른 사람들의 시선을 의식하고 있는데, 그것은 우리의 몸이 자아를 가려주기보다는 오히려 드러내기 때문이다. 그러므로 겸손은 일종의 방어기제라고 할 수도 있으며, 예절이라는 이름의 만리장성이나 시골의 오두막을 둘러싼 선인장 울타리와 같은 역할을 한다. 이러한 사실은 우리가 왜 여성의 정숙함과 남성의 신중함을 가장 중요한 미덕으로 생각하는지를 설명해 준다. 여성은 자신의 자아도 지켜야 할 필요가 있다.

여성의 정숙함은 인디오와 스페인 사람들로부터 물려받은 남성, 특히 권력자들의 허영심과도 많이 연관성이 있다. 대부분의 다른 나라들과 마찬가지로 멕시코인은 여성을 남성의 욕망을 충족시키고, 법과 사회, 도덕이 부과하는 목적을 달성하기 위한 하나의 도구로 간주한다. 그런 목적에 대해 여성들에게 동의를 구한 적이 없으며, 여성은 일부 가치를 위임받은 자격으로 그 목적을 달성하는 행동에 수동적으로만 참여할 뿐이다. 매춘부, 여신, 귀부인, 연인 등 모든 여성은 사회와 자연이 부여한 가치와 힘을 전달하거나 보존할 뿐, 창조적인 역할은 하지 못한다. 남성들의 생각에 따라서 만들어진 사회에서 여성은 단지 남성의 기호와 의지를 반영하는 존재에 지나지 않았다. 여성은 수동적인 역할 안에서 여신이나 연인이 되는데, 이는 대지, 어머니, 처녀 등 우주의 오래된, 안정적 요소들을 구현하는 존재이다. 한편 능동적인 면에서는 기능과 수단, 통로의 역할을 할 뿐이다. 여자다움은 남자다운 것처럼 그 자체가 목적이 되는 일이 거의 없다. 다른 나라에서는 이런 여성의 역할이 때로는 조명을 받으며 공개적으로 이루어지기도 한다. 어떤 나라에서는 창녀 또는 성녀가 존경을 받고, 또 어떤 지역에서는 어머니가 칭송을 받으며, 귀부인은 거의 모든 나라에서 높은 대우를 받는다. 그러나 멕시코에서는 이런 은혜와 미덕을 감추고 싶어한다. 여성들은 은밀한 신비에 싸여 있어야 되는 것이다. 그러나 여성은 숨어 있으면서 동시에 부드러운 방법으로 외부세계를 향해 초탈함을 내비쳐야 한다. 성적인 정열 앞에서 정숙해야 하고, 역경 속에서는 꿋꿋해야 한다. 어떤 경우에도 여성의 반응은 본능적이거나 개인적이어서는 안 되며, 일반적인 모범에 합당해야 한다. 이런 모범은 마초(사나이)들의 경우와 마찬가지로 방어적이고 수동적인 양상을 강조하는데, 여기에는 겸손과 품위를 비롯한 금욕주의, 체념, 냉정함 등의 덕목이 포함되어 있다.

스페인-아랍 전통만으로는 이런 행동을 완전하게 설명할 수가 없다. 여성들에 대한 스페인사람들의 태도는 매우 단순하며, 두 가지 격언으로 거칠고 정확하게 표현된다. '*여자는 다리가 부러진 채 집에 있는 사람이다.*', '*성인과 성녀 사이에는 단단하고 뚫지 못할 돌담이 존재한다.*' 여자는 태어나면서부터 음란하고 죄악 속에 있는 집안의 맹수이므로 몽둥이로 다스리고, 종교의 재갈을 물려 끌고 가야 할 존재이다. 그래서 스페인 남자들이 외국여자들, 특히 그들과 종교와 인종이 다른 여자들을 아주 손쉬운 사냥감으로 생각하는 것 같다. 한편 멕시코에서 여자는 모호하고 신비하며 수동적인 존재이다. 그들은 여자가 본능적으로 사악하다고 여기지 않으며, 아예 본능 자체를 갖고 있지 않다고 간주한다. 좀 더 정확하게 말하자면 본능은 개인적인 것이 아니라 여성이라는 종류에 속하는 것으로 생각한다. 왜냐하면 여성은 본질상 비인격적인 생명력을 구현하는 존재이고, 이 점에서 개인적 삶을 산다는 것은 불가능하기 때문이다. 만일 여성이 자신의 욕망, 정열, 변덕의 주인이 되면 스스로에게 불충실하게 되는 결과를 낳을 것이다. 미주 고대의 위대한 자연주의 종교를 계승한 멕시코인은 스페인 사람들보다 훨씬 더 자유로운 사고방식을 갖고 있고, 본능에 충실한 자연세계에 순응하는 편이다. 스페인과 달리 멕시코에서는 성적인 사랑이 비탄이나 두려움의 뉘앙스를 띠고 있지 않다. 위험한 것은 본능이 아니라 본능을 개인적인 것으로 표현하는 데 있다. 여기에서 우리는 여자들의 수동성을 다시 생각하게 된다. 누워 있든 서 있든, 또는 옷을 입었든 벗었든 간에 여성은 개인으로서의 그녀 자신이라고 할 수가 없다. 획일적 생명의 표현인 여성은 그저 우주적인 욕망의 통로일 뿐이다. 이런 의미로 보면 여성은 자기 자신의 욕망을 갖고 있지 않다.

미국 여성들도 자신의 욕망과 본능이 존재하지 않는다고 주장하는데, 그 이유는 근본적으로 다르며, 어떻게 보면 멕시코와는 정반대이기도 하다. 미국 여성은 육체의 일부분을 감추고 부정하며, 정신적인 면에서는 그런 경우가 더 빈번하다. 감춘 것들은 부도덕한 것이며, 따라서 존재하지 않는 것이다. 이처럼 욕망을 부정함으로써 자유로운 의지가 억압된다. 한편 멕시코 여성은 단순히 자신의 의지를 갖고 있지 않다. 그녀의 육체는 잠들어 있으며, 누군가가 깨워야만 살아난다. 여성에게는 질문이 아니라 대답만 있으며, 그녀는 남성들이 상상력과 감성을 발휘하여 조각할 수 있는 나긋나긋하고 손쉬운 재료에 불과하다. 다른 나라에서는 여자들이 경쾌한 마음과 육체적 유혹으로 남성들을 사로잡기 위해서 활발하게 움직이는 데 반해서, 멕시코 여인은 기대와 경멸이 혼합된 평온 속에서 신성한 분위기를 유지한다. 남자는 여자 주위를 배회하고, 노래하고, 말을 달리고 상상의 재주를 부리면서 환심을 사려고 노력한다. 여성은 신중하고 냉담한 척 가장한다. 그녀는 우상이다. 모든 우상이나 마찬가지로 여성은 강한 매력을 갖고 있으며, 그 힘과 효력은 매력의 원천이 신비하고 수동적일 때 더욱 강력해진다. 여성은 찾아다니지 않고 끌어당긴다는 점에서 우주의 원칙과 흡사하다. 그녀의 매혹의 중심은 숨겨져 있는 수동적인 성(性)이다. 그녀의 성(性)은 정지해 있는 비밀의 태양이다.

멕시코 고대문화 신화에 나오는 날개 달린 뱀의 신 께찰꼬아뜰

멕시코 여성들의 감각적이고 차분하지 못한 성향을 생각할 때, 앞서 말한 개념은 사실과 크게 다를 수도 있으나 최소한 이런 개념이 멕시코 여성을 단순한 대상물로 전락시키지는 않는다. 다른 나라와 마찬가지로 멕시코에서도 여성은 민족의 영속성과 안정성을 보장하는 상징이다. 이런 중대한 의미와 함께 여성은 사회적 역할을 갖고 있는데, 그것은 일상생활에서 법과 질서, 자비와 온화함이 유지되도록 하는 것이다. 어느 나라에서나 여성들을 존중하며, 이는 물론 보편적인 개념이라고 할 수 있지만, 멕시코에서는 이런 경향이 아주 극단적으로 치닫고 있다. 남자들 사이의 껄끄러운 관계가 여자들 덕분에 상당히 부드러워진다. 그러나 멕시코 여성들에게 의견을 물어본다면 이런 식의 존경은 많은 경우에 아마도 여성을 속박하고 그들의 의사표현을 방해하는 것이라고 할지도 모른다. 많은 여성이 이런 존중, 특히 공개적인 장소에서만 베풀어주는 존중은 오히려 좀 덜 받는 것이 낫겠다고 생각할 수도 있다. 그들은 더 많은 자유를 원하며, 진정성을 가지고 그들을 대해 주기를 바란다. 즉, 상징이나 기능이 아니라 진정한 하나의 인간으로 대해주기를 희망하는 것이다. 그러나 우리가 속마음을 감추는 가면 속에서 살아가는 지금의 상황에서는 여성들이 자신을 표현하도록 동의하기는 어려울 것이다.

정숙한 생활을 유지하고 사회적인 보호가 있다고 하더라도 여성은 언제나 취약하다고 볼 수 있다. 개방된 해부학적 구조로 되어 있다는 불운과 스페인적인 사고방식에 의하면 명예의 수호자라는 사회적 위치로 인해서 여성은 모든 종류의 위험에 노출되며, 개인의 도덕심이나 남성의 보호도 그러한 위험을 방지하는 데는 별 도움이 되지 않는다. 악은 여성들 자신 속에 뿌리를 내리고 있다. 속성상 여성은 개방된 존재이기 때문이다. 그러나 쉽게 이해될 수 있는 심리적 보상 기제에 의해서 그들의 천성적인 약함은 미덕으로 변하며, 괴로움을 감내하는 멕시코 여성의 신화가 창조된다. 언제나 취약하며, 항상 인간존재가 되는 과정에 있는 우리의 우상은 쉽게 희생자로 변모한다. 그러나 이는 어려움에 길들고 고통에 둔감하며 견고하게 변한 희생자이다. 고통을 오래 견딘 사람은 어려움을 거의 겪지 않은 사람들에 비해서 고통에 덜 민감한 법이다. 고통의 무게 때문에 여자들은 쉽게 상처를 받지 않고 냉담하며 금욕적인 남자들처럼 변화한다.

우리가 부끄러운 일을 미덕으로 바꾸면서 죄의식을 떨쳐버리고, 잔인한 현실을 다른 이미지로 덮으려고 한다고 말할 수도 있을 것이다. 그것은 사실이다. 그러나 또 하나의 중요한 사실은, 우리 자신도 얻으려고 노력해온 강인함을 여성에게 부여함으로써 외부를 향해서 개방된, 불운한 신체구조를 방어할 수 있도록 여성에게 도덕적 면책권을 주게된다는 것이다. 고통을 감내하고, 저항 없이 고통을 이겨나가는 능력으로 인해서 여성은 주어진 조건을 극복하고, 남자들만이 갖고 있던 강점을 얻는다.

'나쁜 여자'에게 항상 능동적인 이미지가 따라다닌다는 것은 재미있는 일이다. 희생적인 어머니, 기다리는 연인과 정적인 이미지의 신비한 우상들과는 달리 악녀는 분주하게 돌아다니며 남성을 유혹하고, 버리기도 한다. 앞서 설명한 것과 같은 내용의 메커니즘에 의해 극단적인 움직임은 그녀를 상처받지 않는 강인한 사람으로 변화시킨다. 활발함과 뻔뻔스러움이 섞여서 하나가 되고, 그녀의 영혼을 돌처럼 무감각하게 만든다. 나쁜 여자는 마초처럼 견고하고 불경스러우며 독립적이다. 자신만의 방법으로 그녀 역시 생리적인 약점을 넘어서며, 세상을 향해서는 문을 걸어잠근다.

한편 남성간의 동성연애에서 능동적인 역할을 하는 사람에 대해 관대한 것은 의미심장한 일이다. 반대로 수동적 역할의 파트너는 타락하고 천박한 존재로 여긴다. 이러한 모호한 개념은 멕시코시티에서 유행하는 언어유희 게임에서 잘 드러난다. 이 게임은 외설적이고, 이중적인 의미가 있는 단어들을 사용하여 진행하며, 교묘한 말의 배합과 단어의 함정으로 상대방을 제압하는 것이 목표이다. 대응을 못하면 패배자가 되고 상대방의 야유를 감수하는 수밖에 없다. 이런 야유의 말들은 공격적이고, 성적인 암시로 가득 차 있으며, 승자는 패자를 굴복시키고 능욕한다. 패자에게는 구경꾼들의 비웃음과 조롱이 쏟아진다. 마찬가지로 동성연애도 수동적 파트너를 능욕하는 역할은 용인된다. 이성과의 성관계에서는 자기 자신을 절대로 열지 않은 채 상대방을 강제로 개방시키는 것이 중요하다.

이러한 우리의 태도가 형성된 데에는 여러 가지 원인이 있을 것이다. 어쨌든 이런 모든 태도는 주변세상과 이웃에 대한 우리의 폐쇄성을 보여주는 것 같다. 그러나 자기 보호와 방어의 메커니즘만으로는 충분하지 않으며, 우리는 거의 일상적인 행동양식이 된 위장술을 사용한다. 위장은 수동적인 태도를 강화하지 않고, 오히려 능동적인 발명이 요구되며 매 순간 새롭게 만들어져야 한다. 상상력이 풍부한 모든 사람이 그런 것처럼, 우리는 즐거움과 환상을 위해 거짓말을 한다. 그러나 이는 동시에 우리를 숨기고, 외부침입자로부터 자신을 보호하기 위한 목적도 갖고 있다. 거짓말은 정치, 사랑, 우정 등 우리의 일상생활에서 결정적인 중요성을 갖고 있다. 거짓말로 우리는 다른 사람들뿐만 아니라 우리 자신도 속인다. 이 점에서 우리의 거짓말은 다른 사람들의 저속한 속임수와는 구별된다. 거짓말은 우리 존재의 일부를 해칠 수 있는 비극적 게임이다. 따라서 이를 비난해보아야 아무 소용이 없다.

위장하는 사람은 자신이 아닌 다른 사람인 것처럼 행동한다. 그는 모래지형이 수시로 바뀌는 사막에서 계속 앞을 향해 전진하는 것처럼 끊임없이 임기응변을 해야 한다. 매 순간 자신이 위장하려는 모습을 다시 만들고 창조하고 변화시켜야 하며, 마침내 사실과 외양, 거짓과 진실이 뒤섞여 하나가 된다. 처음에는 위장이 단지 측근사람들을 현혹시키기 위한 일련의 꾸밈이었으나, 나중에는 예술적이기 때문에 더욱더 우월한 형태의 현실로 변할 수 있다. 속임수는 우리의 결핍과 욕망, 현실은 아니지만 우리가 그랬으면 하고 바라는 모습을 담고 있다. 우리는 위장을 하면서 우리가 설정한 모델에 접근해가며, 우시글리가 그의 희곡작품 「몸짓으로 말하는 사람」에서 심층 있게 보여준 바와 같이 때로는 가장하는 몸짓이 자신의 모습이 되고, 가장하는 인물이 실제의 자신이 되기도 한다. 우시글리의 희곡의 주인공 루비오 교수는 진정한 혁명가이자 정체된 혁명을 정화하고 활력을 불어넣은 루비오 장군을 가장하고 있었고, 가장하는 역할을 하는 중에 죽음을 당하면서 사람들에게 루비오 장군으로 남게 되었다. 작품에서 루비오는 자신을 위장하여 장군으로 탈바꿈하는데 그의 속임수는 너무나 감쪽같았기 때문에 부패한 장군이며 정적인 나바로도 옛날 그의 상관이었던 진짜 루비오 장군을 암살한 것처럼, 루비오 교수를 제거하기 위해서 그를 죽일 수밖에 없었다. 그리고 그와 함께 혁명의 진실도 죽었다.

거짓이 우리의 진정한 모습으로 바뀔 수 있는 것처럼, 지나친 진지함은 오히려 교묘한 거짓말이 될 수 있다. 우리는 사랑에 빠졌을 때 자신을 열고 속마음을 쉽게 드러낸다. 사랑으로 고통 받는 사람이 연인 앞에 그의 아픔을 드러내는 것은 오랜 전통이다. 그러나 사랑의 상처를 드러내면서 그는 자신을 하나의 이미지— 연인과 자기의 시선 앞에 놓이는 관조의 대상으로 만든다. 자기를 내보이면서 그는 스스로를 바라볼 때와 같이 다정한 시선으로 그를 보아줄 것을 요청한다. 이제 타인의 시선은 그를 발가벗기지 않으며, 다정한 마음으로 그를 덮어준다. 자신을 볼 수 있도록 내보이고, 다른 사람들이 자신을 다정한 눈으로 보고 있다고 생각하면서 그는 에로틱한 게임에서 빠져나오며, 진정한 자신의 존재를 보호하고, 이를 이미지로 바꾸어 놓는다.

　　모든 시대와 모든 장소에서 인간관계, 특히 사랑의 관계는 착각에 빠질 위험이 있다. 나르시시즘과 마조히즘이 멕시코 사람들에게만 있는 예외적인 경향은 아니다. 그러나 멕시코에서는 대중가요, 속담, 일상행위에서 사랑을 흔히 속임수나 거짓으로 빗대어 암시하고 있는 것은 주목할 만하다. 우리는 거의 언제나 감정을 과장함으로써 모든 것을 드러낸 관계가 가져오는 위험을 피한다. 동시에 우리 사회에서는 에로티시즘의 투쟁적인 성격이 강조되며, 강화되고 있음을 분명히 볼 수 있다. 사랑이란 다른 사람의 존재 속으로 들어가고자 하는 시도이다. 그러나 그것은 서로 주고받는 경우에만 실현할 수 있다. 어떤 경우에도 자신을 포기한다는 것은 어려운 일이다. 자신을 포기하는 데 동의하는 것은 소수의 사람뿐이다. 또한 상대를 소유하는 단계를 넘어서 진정한 사랑에까지 도달하는 사람은 더 극소수이다. 진정한 사랑은 영원한 발견, 현실이라는 물속에의 침잠, 끊임없는 재창조인 것이다. 우리는 사랑을 정복과 투쟁이라고 생각한다. 그러나 그것은 육체를 통해 현실을 뚫고 들어간다기보다 연인을 겁탈하는 데 불과하다. 이러한 사고방식에서 진실이든 꾸민 것이든 자신들의 감정을 이용하여 여자를 소유한 사람을 운이 좋은 남자로 혼동한다. 아마 이는 스페인의 돈후안이라는 인물이 남긴 유산인 듯하다.

위장은 연극배우들의 활동과 비슷하며, 우리가 원하는 만큼이나 얼마든지 다양한 형태로 연출될 수 있다. 진정한 배우는 자신을 내던져서 극중 인물에 몰입하여 그 역할을 완전히 연출하고, 연극이 끝나면 뱀이 허물을 벗어버리듯이 그 역할을 잊어버린다. 반면 위장하는 사람은 자신을 포기하거나 자신을 잊어버리는 일이 없다. 만일 그가 자신의 이미지와 하나가 되었다면 그는 더 이상 위장을 하고 있다고 말할 수가 없을 것이다. 그러나 허구는 그의 존재의 불가분의 일부로 변화하며, 그는 인생을 그렇게 살아가도록 책임지워진다. 왜냐하면 그와 그 자신이 만든 역할 사이에는 죽음이나 어떤 희생을 제외하고는 깰 수 없는 공범관계가 만들어지기 때문이다. 거짓은 우리 존재 속으로 파고들어서 우리 인격의 가장 깊은 바탕의 일부가 된다.

위장은 새롭게 만들어내는 것이고, 더욱 정확하게는 겉모양을 꾸며내는 것이며, 그렇게 하여 자신이 처한 환경에서 그럴듯하게 빠져나가려는 시도이다. 위장하는 데는 아주 섬세한 기술이 필요하다. 위장하는 사람은 스스로를 나타내지 않으며, 자신을 포기하지 않은 채 드러나거나 눈에 띄지 않기를 바란다. 멕시코 사람들은 자기 자신과 자신의 열정을 위장하여 감추는 데 능하다. 타인의 시선을 두려워하여 위축되고, 뒷걸음치며, 그림자와 환영, 메아리가 된다. 걷지 않고 미끄러지듯 지나가며, 자기 의견을 주장하지 않고 돌려 말하며, 반론해야 할 때 투덜거린다. 또한 불평하지 않고 미소를 짓는다. 가슴을 열어젖히고 폭발하듯 나올 때를 제외하고는 노래할 때조차도 입속에서 우물거리는 낮은 목소리로 자신의 노래를 감춘다.

> 자신을 감추는
> 이 무거움은 너무도 커서,
> 깊은 욕망으로
> 가슴이 벅차오를 때도,
> 도전적인 눈초리와
> 체념을 토할 뿐이다.
>
> _ 멕시코 작가 알폰소 레예스

아마도 이런 위장하는 버릇은 식민지 기간에 생겨났을 것이다. 레예스의 시에서 볼 수 있는 것처럼 인디오와 혼혈 메스티소는 노래도 아주 조용하게 불러야 했다. 중얼거리는 반란의 목소리는 잘 들리지 않을 것이기 때문이다. 식민지 세계는 사라졌지만 두려움과 불신, 걱정은 그대로 남아 있다. 그리고 지금 우리는 분노뿐만 아니라 애정까지도 속으로 감추고 있다. 시골 농부들이 잘못해서 사과할 때도 '아무 일도 없었던 것처럼 해 주십시오.'라고 말한다. 우리는 자신을 숨긴다. 마치 우리가 존재하지 않는 것같이 열심히 자신을 감춘다.

극단적으로는 위장이 나중에는 모방하는 형태가 되기도 한다. 인디오 원주민들은 풍경으로 들어가 자연의 일부분이 된다. 석양에 하얀 나무울타리에 기대서서 담과 섞이고, 정오에 그가 누운 갈색 대지의 일부가 되며, 그를 둘러싼 주변의 고즈넉함과 하나가 된다. 마치 인간이 아닌 것처럼 그 특성을 감추어버린다. 그리고는 돌과 나무, 담장 같은 하나의 공간으로 남아 있다. 여기서 의미하는 바는 인디오가 범신론적으로 모든 자연과 교감을 한다든가, 또는 하나의 나무를 통해 모든 나무를 본다든가 하는 거창한 뜻이 아니다. 다만 그가 구체적이고 특별한 방법으로 실제로 특정한 사물과 섞여 하나가 된다는 것이다.

로저 까이요와는 흉내 내기가 언제나 외부에 우글거리는 실제적인 위협에서 벗어나기 위한 시도만은 아니라고 지적했다. 때로 곤충들은 죽음에 매료되어서 죽어 있는 시체의 시늉을 하거나 썩어가는 물체를 흉내 낸다. 죽음의 유혹은 삶의 중압감 때문이라고도 할 수 있으며, 이는 모든 생명체에 일어나는 일반적인 현상인데, 그것이 흉내 내기로 표현된다는 것은 이런 모방의 행동이 반드시 죽음과 위험으로부터 벗어나기 위한 방법으로만 사용된 것이 아님을 보여준다.

죽음의 유혹이든, 외부에 대한 방어수단이든, 모방은 겉모습의 변화일 뿐 본성을 바꾸는 것은 아니다. 그런데 변하는 모습이 생명이 소멸해가는 무기력한 공간이나 죽음을 흉내 낸다는 점은 흥미롭다. 바닥에 누워 공간과 섞이고, 공간 그 자체가 되는 것은 자신의 외양을 거부하는 방법이면서 동시에 자신에게 외양만이 남게 되는 방법이기도 하다. 정치 지도자나 선동가들은 외양을 좋아한다고 말하지만 멕시코 사람은 외양에 대해 공포심을 갖고 있다. 그래서 주변에 있는 사물과 섞이면서까지 자신이 드러나는 것을 숨기려고 한다. 이렇게 해서 외양에 대한 두려움 때문에 단순히 하나의 외양으로 변하게 된다. 그는 자신이 아닌 다른 사물인 것처럼 시늉하며, 자신을 열어 보이고 변화하기보다는 차라리 죽었거나 존재하지 않는 것처럼 꾸미는 것이 낫다고 생각한다. 이런 모방하는 식의 위장은 우리의 신비주의를 표현하는 여러 가지 방식 중의 하나다. 어떤 사람은 가면을 쓰는가 하면, 다른 사람들은 자신이 눈에 띄지 않고 지나가게 되기를 바란다. 이 두 가지 경우 모두 우리의 존재를 감추며, 때로는 부정한다. 어느 날 오후 옆방에서 인기척이 들려서 낮은 소리로 물었다. "거기 누가 있나요?" 그러자 시골 출신인 하녀가 대답했다. "아무도 없어요. 저예요."

우리는 위장을 하여 스스로를 속이고, 투명하며 환영과 같은 존재가 된다. 그뿐 아니라 우리 이웃도 존재하지 않는 것처럼 가장한다. 우리가 오만한 태도로 의도적으로 그들을 무시하거나 얕잡아본다는 것이 아니다. 우리의 위장은 더욱 철저하고 확실하다. 즉 그들을 아무것도 아닌 무명씨로 만드는 것이다. 무명씨로 한다는 것은 누군가를 아무도 아닌 익명의 사람으로 만드는 것이다. 무존재는 곧 자신의 특성을 갖추어 몸과 눈을 갖고, 무명씨가 된다.

무명씨의 스페인 아버지인 아무개는 능력이 있고, 영양이 좋고, 존경을 받으며, 은행계좌를 가지고 있고, 자신감에 찬 큰 목소리로 말을 한다. 아무개는 아무 내용도 없이 악다구니만 치는 세상을 만들고 있다. 그는 곳곳에 나타나며, 여기 저기 많은 친구가 있다. 그는 은행가일 수도 있고 대사나 기업가일 수도 있다. 세계 곳곳의 사교장에 출현하고, 자메이카, 스톡홀름, 런던에서 훈장을 받을 수도 있다. 아무개는 고위관리이거나 영향력 있는 인물이며, 공격적이고 우쭐대는 방법으로 자신의 무존재를 과시한다.

반면 무명씨는 조용하고, 소심하며, 체념상태다. 그는 예민하고 지적이다. 항상 미소를 짓는다. 그리고 언제나 기다린다. 그가 무슨 말인가를 하려고 하면 침묵의 벽에 부딪힌다. 인사를 해도 차가운 뒤통수를 볼 뿐이다. 눈물과 부르짖음의 호소, 그의 모든 몸짓과 절규는 아무개의 큰 호통 속에 공허하게 묻히고 만다. 무명씨는 감히 무존재가 될 용기가 없다. 머뭇거리며 다시 한 번 무엇인가 되어보려고 한다. 그러다가 마침내 공허한 몸짓 속에 그가 나왔던 변두리로 다시 사라진다.

다른 이들이 그가 존재하는 것을 방해했다고 생각한다면 그것은 잘못이다. 단지 그가 존재하지 않은 것처럼 위장하고, 그렇게 행동했을 뿐이다. 그들은 무명씨를 무효로 하고, 취소하고, 아무도 아닌 것으로 만든다. 무명씨가 말을 하고, 책을 출판하며, 그림을 그리고, 모든 일에 앞장을 서도 소용없는 일이다. 무명씨는 우리 시선의 공백지대이고, 대화의 중단부분이며, 침묵 속의 공간이다. 우리는 숙명적으로 언제나 그의 이름을 잊어버린다. 그는 영원한 부재자이고, 초대받지 못한 손님이며, 결코 채울 수 없는 빈 공간이다. 그는 생략된 존재이지만 그럼에도 불구하고 항상 존재한다. 그는 우리의 비밀이고, 죄악이며, 참회이다. 따라서 누군가의 존재를 부정하여 무명씨로 만드는 사람은 그 자신도 역시 무명씨가 된다. 우리가 모두 무명씨라면 우리는 아무도 존재하지 않게 된다. 순환의 고리가 닫히고, 무명씨의 그림자가 멕시코 전 지역으로 뻗어 나가며, 위선자들을 질식시키고, 모든 것을 덮는다. 우리의 이 땅에, 피라미드, 희생, 교회, 반란, 민중가요보다 더 강한 침묵― 역사시대 이전의 침묵이 다시 돌아와 멕시코를 지배한다.

모든 성인과 죽은 자의 날
Todos Santos, Diá de Muertos

　　　　　　　　　　　　고독한 멕시코인은 축제와 모임
을 좋아한다. 함께 모일 수 있는 기회가 되기 때문이다. 기회만 있으
면 하던 일을 중지하고 인물이나 사건을 기념하는 축제를 연다. 멕시
코인은 의식을 거행하는 것을 매우 좋아하며, 이런 일들을 통해서 우
리의 느낌이나 예민한 감수성이 고양되는 경험을 하는 것이다. 다른
지역에서는 이미 퇴색한 많은 축제 예술들이 멕시코에는 고스란히
보존되어 있다. 현란하고 강렬하며 원색적인 색깔과 춤의식, 불꽃놀
이와 기이한 민속 의상, 시장이나 광장에서 파는 과일과 각종 단것들
이 흘러넘치고 진기한 공예품들이 어우러진 모습은 다른 나라에서는
찾아보기 어려운 광경이다.

　　달력은 축제일로 가득 차 있다. 축제일에는 대도시에서 지방의
아주 작은 시골 마을에 이르기까지 온 나라가 과달루뻬 성모나 사라
고사 장군을 기리기 위해서 하루 온종일 기도하고 울부짖고, 먹고,

58 멕시코의 세 얼굴

취하며, 심지어 살인까지 한다. 해마다 9월 15일 밤 11시부터 멕시코의 모든 광장에서는 부르짖는 축제가 열린다. 흥분한 군중은 거의 한 시간 동안 계속 소리를 질러대는데 그것은 아마 나머지 일 년 동안을 조용히 지내기 위해서인 듯하다. 12월 12일을 전후한 며칠 동안 시간은 흐름을 멈춘다. 이 기간에는 손에 잡히지도 않고 불확실하기만 한 미래의 일은 모두 내려놓고, 완전하고 풍족한 현재에 묻혀 모두가 함께 먹고, 춤추고, 놀고, 어울리며 신비한 고대 멕시코 세계와 교감한다. 시간은 흘러가지도 되돌아가지도 않고 원래 있었던 옛날의 그 모습 그대로 현재에 존재한다. 과거와 미래가 조화롭게 만나서 지금 이 순간을 만들어내고 있는 것이다.

국가나 교회에서 마련하는 전국적인 축제 외에도 크고 작은 축제일이 있다. 각 도시와 마을은 그들을 수호하는 성인에게 매년 신심을 바치며, 각각의 마을과 직장단체는 그들만의 연례 축제와 휴일을 갖고 있다. 무신론자이든 가톨릭교도 또는 다른 종교인이든지 각각 자신들의 수호성인을 기리는 축일을 갖고 있으며, 그 성인들을 섬기고 예배하기 위해서 막대한 돈과 시간을 들여 수없이 많은 축제가 열리고 있다.

언젠가 미뜨라(Mitra) 시 근처에 있는 한 마을의 시장에게 물어보았다.

"시 정부의 수입이 얼마나 됩니까?"

"일 년에 삼천 페소 정도 됩니다. 그렇지만 매우 가난합니다. 그래서 대통령과 연방정부가 해마다 부족한 경비를 도와주고 있습니다."

"그럼 그 삼천 페소는 어디에 쓰입니까?" "거의 모두 축제에 쓰입니다. 우리 마을은 작지만 두 명의 수호성인을 모시고 있습니다."

이 대답은 놀라운 것이 아니다. 멕시코의 가난은 어쩌면 수많은 사치스러운 축제로 인한 것일 수도 있다. 부유한 국가들은 축제가 적다. 그럴 만한 시간적 여유도 없고 그런 정서도 없다. 사람들은 다른 할 일이 많고 소그룹으로 즐길 수 있는 것들이 얼마든지 있다. 현대의 대중은 고독한 큰 집단이다. 파리나 뉴욕에서는 공원이나 운동장에 사람이 많이 모여 있더라도 쌍쌍이거나 작은 그룹이지 군중 전체가 하나가 되는 살아 있는 공동체의 모습은 없다. 그러나 가난한 멕시코인이 삶의 곤궁함과 비참함을 일 년에 두세 번씩 축제를 통해서 풀지 않는다면 어떻게 살겠는가? 축제는 그들의 유일한 사치다. 축제는 영화나 휴가, 주말여행, 앵글로 색슨족의 칵테일파티, 부르주아들의 저녁 모임과 지중해의 커피 문화를 대신해 준다.

여러 가지 종류의 축제를 통해 멕시코인은 외부를 향해서 마음의 문을 연다. 축제에서는 누구나 자신을 드러내고 자신들의 수호신, 조국, 친구, 가족들과 마음으로 대화를 나눈다. 이 기간에 수줍은 멕시코인은 휘파람을 불고 부르짖고 노래하고 폭죽을 터뜨리며 공중에 총을 쏘아댄다. 영혼을 쏟아내는 것이다. 그들의 절규는 그들이 좋아하는 폭죽처럼 하늘로 치솟아서 초록빛, 파란빛, 빨간빛, 하얀빛으로 폭발한 후에 한 폭의 큰 빛 그림자를 남기고 휘황찬란하게 떨어진다. 그런 밤에는 몇 달 동안 의례적으로 몇 마디밖에 나누지 않던 친구들과도 함께 취하고, 서로 터놓고, 같은 아픔으로 울부짖으며, 형제애를 발견하고, 그것을 증명하기 위해서 때로는 서로 죽이기까지 한다.

밤하늘은 노래와 부르짖는 소리로 가득 찬다. 사랑에 빠진 남자들은 사랑하는 여자들을 노래로 깨운다. 수많은 대화가 이어지고, 발코니에서 발코니로, 보도에서 보도로 왁자지껄한 소리가 오간다. 조용하게 말하는 사람은 아무도 없다. 모자를 공중에 집어던지고, 욕지거리와 음담패설이 길거리에 비처럼 쏟아진다. 기타를 쳐댄다. 때로는 즐거운 축제가 싸움질과 욕지거리, 총싸움과 칼부림으로 끝나기도 한다. 이것이 축제의 단면이다. 즐길 줄 모르는 멕시코인은 서로 대화가 없는 고독의 담을 이렇게 허물고 뛰어넘는다. 그곳에는 폭력과 광란의 난무가 있다. 영혼이 분노로 작열하며, 목소리는 감상적이 된다. 이것이 바로 그들의 본래의 모습이 아닌가? 아무도 그것을 알수는 없다. 그러나 중요한 것은 자신을 드러내고, 과거를 향해서 문을 열며, 소리와 사람과 색깔에 취하는 것이다. 멕시코는 축제의 나라다. 그 축제는 그들 안에 있는 심연의 어둠과 침묵과 무기력함 속에 감추어져 있는 영롱한 꿈처럼, 번갯불이나 착란상태로 그들을 관통한다.

일부 프랑스 사회학자들은 축제를 일종의 제의적 낭비라고 정의한다. 이런 축제 덕분에 그들은 신과 인간의 보호를 받는 것이다. 수호성인과 신에게 희생과 제물을 바침으로써 그들을 진정시키고 환심을 사며, 마을 사람들에게는 선물을 주고 축제를 열면서 기쁨을 선사한다. 과도한 소비와 뜨거운 열정의 분출이 모두의 풍요를 보증한다. 이런 사치는 건강함의 증거요, 풍요와 힘의 과시인 것이다. 신기한 속임수다. 왜냐하면 낭비하면서 풍요함을 바라기 때문이다. 돈이 돈을 부른다. 삶을 흩뿌리는 사람들은 더 많은 삶을 받아들일 수가 있다. 섹스의 무절제한 방탕은 생식을 소생시키는 의식이다. 그것은 소실되는 것이 아니라 더 강화되는 것이다.

모든 문화권에서 일 년 중에 마지막 날의 축제는 단순히 하루를 기념하는 것보다 더 큰 의미가 있다. 이 날은 모든 것이 멈추는 지점이다. 시간이 끝나고 소진된다. 그러나 모든 것을 소멸하는 의식 속에는 모든 것을 새롭게 출발시킨다는 의미가 담겨 있다. 연말 축제역시 다가올 새해를 맞이하기 위한 것이며, 새로운 시간이 펼쳐지는 순간을 기리는 의식이다. 서로 반대되는 것들은 서로 같은 것이기도하다.

축제는 우리들이 생각하는 것보다 훨씬 더 큰 효용성이 있다. 낭비가 풍요를 가져오고, 인생을 부추기기도 하며, 다른 어떤 것으로 전환되기도 한다. 축제는 일종의 투자며, 이를 통해 활력과 삶과 건강을 얻는다. 이런 의미에서 축제는 선물이나 제물처럼 가장 오래된 경제 양식의 하나다.

이러한 해석이 항상 완전한 것은 아니다. 축제는 본질적으로 성스러운 것이며, 무엇보다도 어떤 특별한 경험이다. 축제는 보통 날과 구분되는 스스로의 독특한 규칙을 갖고 있으며, 그 사고방식, 도덕, 경제논리는 일상적인 생활과 큰 차이가 있다. 축제는 큰 기쁨 속에서 치러진다. 축제의 시간은 과거의 신화 속으로 들어가든가 완벽하게 현재로 몰입한다. 축제의 장소는 화려하고 아름답게 꾸민 공간으로 모습을 바꾼다. 축제에 참여하는 사람들은 개인적, 사회적인 신분을 벗어던지고, 이 순간만은 인생을 사는 하나의 인간으로 돌아간다. 모든 것이 현실이 아니고 꿈속에 있는 것처럼 흘러간다. 무슨 일에서든 우리의 행위는 더할 나위 없는 경쾌함과 독특한 장중함을 띠게 된다.

우리의 삶은 새로운 의미가 있게 되고, 동시에 새로운 책임을 짊어진다. 우리는 시간과 이성의 속박에서 풀려나서 자유를 맛본다.

어떤 축제에서는 질서라는 개념조차 사라져 버린다. 태고적인 혼돈이 되살아나고 방종이 만연한다. 모든 것이 허용된다. 일상적인 신분이나 사회적 차이, 성별, 사회 계층, 집단 같은 것은 사라진다. 남자들은 여자들로, 주인은 하인으로, 가난한 사람은 부자로 탈바꿈한다. 군대나 사법권, 성직자들을 조롱하고, 어린아이들이나 정신병자와 같은 의식이 지배하고, 불경함과 신성모독이 저질러진다. 사랑은 혼란스러워진다. 때로는 축제가 악마의 미사(misa negra)로 변하기도 한다. 규율과 습관과 관습이 파괴된다. 사회에서 존경받는 사람들이 세상의 틀과 그들을 외롭게 하는 가식의 옷을 벗어 버리고, 화려한 옷을 걸치고 새로운 가면 뒤에 숨어서 자기 자신의 자유롭고 순수한 모습을 되찾는다.

축제는 낭비일 뿐만 아니라 일 년 동안 힘들여 모은 재물을 소모하는 의식이고, 순수하고 비형식적인 삶으로 몰입하는 하나의 반전이다. 축제를 통해서 사회는 그에게 부과되었던 여러 가지 사회규범으로부터 자유로워진다. 그들은 자신들의 신과 사회의 원칙과 법을 조롱하고, 심지어 자기 자신마저도 부정한다.

축제는 문자 그대로 하나의 반전이다. 법과 규범을 뼈대로 하여 조직된 유기체로서의 사회는 스스로 만든 혼란 속에 해체되어 깊은 곳으로 빠져든다. 사회는 자신의 원초적인 혼돈과 자유 속에 몰입하는 것이다. 모든 것은 서로 교통한다. 좋은 것과 나쁜 것, 낮과 밤, 성스러운 것과 속된 것이 뒤섞여서 하나가 된다. 자기 자신의 독특한 형식과 특징을 잃어버리고, 한데 어우러져서 원초적인 하나로 되돌

죽은 자의 날 헌화

아간다. 축제는 일종의 우주적인 작용이다. 무질서의 경험이며, 삶의 새로운 탄생을 위해서 원래 존재했던 기초와 원칙을 허물고 새로운 결합을 한다. 축제 안에서 죽음은 새로운 탄생을 불러오고, 구토는 식욕을, 그 자체만으로는 생명력이 없는 방탕이 어머니와 대지의 풍성함을 이끌어 낸다. 축제는 아주 먼 옛날, 사회도 생기지 않고, 태어남도 없었던 태고적인 아주 먼 옛날로 회귀하고 있다. 사회학자들이 변증법 이론에서 주장하듯이 돌아감은 또 하나의 새로운 시작이다.

사람들은 그들이 나왔던 원래의 장소, 그들의 깊은 내면으로 돌아간 후 혼돈의 욕조를 거쳐 더욱 정화되고 강화된 모습이 되어 나온다. 바꾸어 말하면, 축제는 조직적이고 원리원칙으로 잘 정비된 기존의 사회를 거부하고, 힘과 창조의 근원으로서 사회를 이해하고 긍정한다. 아무런 의식이나 전례도 없고, 개인주의적이고 무미건조한 현대인들의 휴가와는 달리 축제는 참된 의미에서 새로운 것을 불러일으키는 재창조의 과정이다.

사회는 축제 안에서 스스로 성화된다. 그들 모두가 자유와 원초적인 혼돈으로 되돌아가서 사회 구조가 파괴되고 새로운 관계양상이 이루어지며, 허무맹랑한 기준과 가변적인 계급구조가 만들어진다. 전반적인 무질서 속에서 개인은 자신을 내버리고 일상적으로는 금기시되는 상황과 장소로 들어간다. 관객과 배우, 사제와 신자 사이에 경계가 없어진다. 모두가 축제의 한 부분이 되어서 회오리바람 속으로 빠져든다. 그 분위기나 성격, 의미가 무엇이든 축제의 본질은 참여다. 바로 이 점이 축제가 다른 사회 행사나 의식과 구별되는 점이다. 일반시민 행사 또는 종교적 의식이든 혹은 주신제(酒神祭)나 농업의 신 축제이든 축제는 모든 구성원의 활발한 참여가 이루어지는 사회적 현상이다.

축제 덕분에 멕시코인은 개방적으로 마음을 열고 정치적, 종교적인 의미에서 가치와 동질성을 발견하고 하나로 어울린다. 이처럼 슬픔이 많은 나라에서 그렇게 즐거운 축제가 여러 차례 열린다는 것은 이상한 일이다. 그 빈번함과 찬란함과 모두가 열광적으로 참가하는 뜨거운 열기를 보면, 축제가 없다면 아마 그들은 폭발해 버렸을지도 모른다는 생각이 든다. 축제는 우리가 내면에 담고 있는 타오르기 쉬운 정열과 출구가 없는 충동으로부터 순간적이나마 우리를 자유롭게 해 준다.

다른 지역과는 달리 멕시코에서는 축제가 자유롭고 무관심한 원초적인 상태로 되돌아가는 행위다. 멕시코인은 자기 자신으로 되돌아가지 않고, 자신으로부터 완전히 벗어나서 새롭게 거듭나고 싶어한다. 우리에게 축제는 일종의 폭발이며 탁탁 튀는 불꽃이다. 삶과 죽음이나 환희와 고통, 노래와 탄식이 새로 만들어지거나 깨달아지는 것이 아니라 다 소모되고 분출된다. 멕시코 축제만큼 즐거운 것도 없지만 또 그것보다 더 슬픈 것도 없다. 축제의 밤은 또한 고통의 밤이기도 하다.

우리는 일상생활 속에서 자신의 모습을 감추고 살아가지만, 축제의 소용돌이 속에서 외부를 향해 자신을 있는 모습 그대로 드러낸다. 노래와 사랑, 우정 이런 모든 것들이 비명과 찢어짐으로 변한다. 축제에서 나타나는 이런 난폭함은 우리가 얼마나 고독한 가운데 세상과 단절되어 있는가를 보여준다. 우리는 흥분과 노래와 탄식과 독백은 알지만 대화는 모른다.

축제는 믿음이나 사랑, 또는 사회를 다시 만들기 위한 우리의 시도처럼, 기존의 세워져 있는 것과 오래된 것들로부터의 급격한 단절을 나타낸다. 가끔 우리는 우리 자신을 표현하기 위해서 스스로를 깨뜨려야 할 필요가 있다. 축제도 이런 극단적인 파괴의 한 전형적인 예다. 이런 예는 여러 가지 경우에서 쉽게 찾아볼 수 있다. 빈번하게 죽음까지도 초래하는 항상 극단으로 치닫는 놀이들, 소득이나 소비 규모보다 훨씬 커다란 씀씀이의 낭비벽, 은밀한 고백 같은 것이 그런 것이다. 까무잡잡하고 무뚝뚝하면서 폐쇄적인 멕시코인이 어느 날 갑자기 그들의 수줍음과 숨어 있는 자아를 버리며 기쁘게 마음을 열고, 자신을 드러내 보인다. 솔직한 성격은 아니지만, 유럽인들이 당황할 정도로 그들의 진지함은 극단적인 셈이다. 멕시코인이 드라마틱하고 폭발적으로 때로는 극단적인 방법으로 스스로를 드러내고 자신의 모든 것을 내보이는 것은 그들을 억압하고 질식시키고 있는 그 무엇이 있음을 보여준다. 그들을 억누르는 그 무엇인가가 그들 안에 있는 것이다.

'우리는 누구인가?'라는 의문에 직면하려 하지도 않고, 감히 직면할 수도 없었던 심리적 억압을 축제를 통해 폭발시키는 것이다. 불꽃놀이로, 허공을 향해 쏘아대는 총질로, 자신을 다 태워 버릴 듯한 취기로, 허공을 향하여 몸을 던진다.

죽음은 삶의 공허한 몸짓을 반영하는 하나의 거울이다. 행동한 것과 그렇지 못한 것, 후회하는 것과 시도한 것들이 뒤죽박죽된 혼란으로 얼룩진 우리의 인생은 아무것도 느낄 수 없고, 설명할 수도 없는 종말, 곧 죽음과 맞닥뜨린다. 죽음은 삶을 규정하며, 삶을 불변의 형태로 각인한다. 우리는 변화하는 것이 아니라 사라져 버린다. 우리의 죽음은 우리의 삶을 비추어 준다. 죽음이 의미가 없다면 삶도 의미가 없는 것이다. 그래서 누군가가 고통스럽게 죽으면 '그가 찾던 대로 된 거야.' 하고 주위 사람들이 말하는 것이다. 우리는 각자가 원하고, 스스로 이루어가는 죽음의 방식이 있다. 기독교인의 죽음이든 악당의 죽음이든 간에 죽음의 방식은 삶의 방식을 반영하고 있다. 만일 죽음이 우리를 배반해서 나쁜 방식으로 죽어 간다면, 모든 것이 애석한 일이 아니겠는가. 우리는 살아온 것처럼 죽어야 한다. 삶처럼 죽음 역시 양도될 수 없는 것이다. 우리가 살아온 것처럼 죽지 않는다면 그것은 우리의 인생이 진정으로 자신의 삶이 아니었기 때문이다. 그러한 삶은 불운한 죽음과 마찬가지로 우리에게 합당한 것이 아닌 것이다. 당신이 어떻게 죽었는지 말해주면 당신이 어떤 사람인지 말해줄 수 있을 것이다.

　고대 멕시코인에게는 삶과 죽음이 우리처럼 확고하게 대립한 것은 아니었다. 삶은 죽음 속으로 연장되는 것이었고, 죽음은 삶과 하나로 이어져 있었다. 죽음은 인생의 끝이 아니고, 끝없는 순환의 한 부분이었다. 삶과 죽음, 부활은 지칠 줄 모르고 반복되는 우주 진행의 한 과정이었다. 삶은 그 반대이면서 보완적이기도 한 죽음으로 흘러갈 수밖에 없고, 그 자체로 끝이 아니었다. 사람들은 결코 만족할 수 없는 삶의 허기를 죽음으로 채웠다. 제물의 희생은 두 가지 목적이 있었다. 하나는 인간이 신에게 진 빚을 청산하면서 창조과정에 참여하는 것이고, 다른 하나는 우주적인 삶과, 이를 바탕으로 한 인간 사회의 삶이 풍요롭기를 바라는 것이다.

　이 개념의 가장 두드러진 특징은 인신공양이 비인격적이라는 것이다. 그들의 삶이 그들에게 속하지 않는 것처럼 죽음도 개인적인 의미는 아무것도 없다. 전쟁터에서 전사한 병사, 출산과정에서 죽은 여자들, 태양신인 우이찔로뽀치뜰리(Huitzilopochtli)의 동료를 포함해서 모든 죽은 이들은 일정한 시간이 지나면 사라지며 그림자의 세계로 들어가서 우주의 정기, 공기, 물, 땅과 섞인다. 우리의 인디오 조상은 그들의 죽음이 자신의 것이라고 믿지 않았으며, 그들의 삶 역시 가톨릭에서 말하는 바와 같이 '자신의 인생'이라고 생각하지 않았다. 태어나서 살아가고 죽는 것을 정의하기 위해서 사회적 신분, 태어난 해, 장소, 날짜, 시간을 모두 활용했다. 또한 아스떼까인들에게 있어서는 죽음과 마찬가지로 삶에서의 행위도 자신들의 책임이 아니었다.

시간과 공간이 서로 묶여 떨어질 수 없는 하나의 단위로 만들어졌다. 각 공간, 동서남북 각각의 방향, 그리고 움직일 수 없는 중앙은 그에 상응하는 독특한 시간을 갖고 있었다. 그리고 이 시간과 공간의 복합체는 고유한 힘과 미덕을 가졌으며, 인간의 삶을 결정짓고 깊은 영향을 미쳤다. 어느 날에 태어나든지 간에 하나의 공간과 하나의 시간, 하나의 색깔과 하나의 운명을 갖는다. 모든 것이 미리 정해져 있다. 사제들이 그들의 달력에 그어놓은 시간과 공간의 그림표처럼, 우리의 삶을 가로질러가는 무대로 간주하고, 시간과 공간을 구분해 놓은 것이다. 그리고 그 하나하나에 인간의 의지를 초월하는 독특한 의미를 부여했다.

지금 우리의 삶을 도덕과 자유가 지배하듯이, 종교와 운명이 그들의 삶을 지배했다. 우리는 자유라는 미명아래 모든 것을 ─그리스의 숙명론과 신학적인 선의까지─ 선택하고, 갈등하지만, 아스떼까인의 문제는 불가해한 신의 의지를 찾는 것이었다. 거기에 점성술의 중요성이 있었다. 신들만이 유일하게 자유로운 존재였다. 그들만이 선택할 수 있었고, 좀 더 깊은 의미로는 죄를 지을 수 있었다. 아스떼까의 종교에는 커다란 죄를 범한 신들로 넘쳐나고 있다. 그 좋은 예로 께짤꼬아뜰(Quetzalcoatl)이 있다. 가톨릭 신자들이 때때로 그들의 하나님을 부정하는 것처럼, 그들의 신도 힘이 약해져서 믿는 이들을 저버릴 수 있다. 멕시코의 정복은 자기 민족을 저버린 신들의 배반이 아니고서는 설명될 수 없는 것이었다.

가톨릭이 전파되면서 근본적으로 이런 정황은 바뀌게 되었다. 전에는 집단적이었던 희생과 구원의 개념이 개인적인 것으로 바뀌었다. 자유라는 개념이 인간에게 주어져 사람들 사이에 자리 잡게 되었다. 고대의 아스떼까인에게 중요했던 것은 창조가 계속 이루어지도록 보장하는 것이었고, 희생은 다음 세상에서 얻게 될 개인의 구원을 위한 것이 아니라 우주의 안녕을 위한 것이었다. 피와 사람들의 죽음으로 구원이 되는 대상은 개인이 아니라 세상이었다. 그러나 기독교인들에게는 개인의 구원이 중요하다. 세상은 역사, 사회적으로 이미 벌을 받았다. 그리스도의 죽음은 각각의 개인을 구원한다. 우리 각자는 하나의 인간이며, 그 사람마다 희망과 가능성을 갖고 있다. 부활은 각각의 개인에게 일어나는 일이다.

우리에게는 상반되어 보이는 이 두 가지 양상이 공통된 점을 갖고 있다. 삶은 집단적이든지 개인적이든지 간에 죽음을 통해서 새로운 조망이 열리며, 각자의 방식대로 그것이야말로 새로운 삶이라는 것이다. 삶이 죽음으로 구체화될 때 비로소 의미를 갖고 빛을 발하게 되며, 한편 죽음은 새로운 삶을 구성하는 초월적인 가치를 지니고 있다. 가톨릭 신자들에게 있어서 죽음은 단순하게 통과하는 문이며, 순간적인 삶에서 영원한 삶으로 넘어가는 인생의 출구다. 그러나 아스떼까인에게는 항상 순환하는 강력한 창조의 힘에 참가하는 순간이며, 신성한 피와 양식을 바치지 않으면 그들은 언제든지 내쳐질 위험에 처해 있었다. 두 경우가 모두 삶과 죽음에 자율성이 없었다. 그러나 겉으로는 같지만 서로 다른 이면을 갖고 있다. 그것은 삶과 죽음을 지배하는 가치가 다를 뿐만 아니라, 보이지 않는 현실과도 관계가 있었다.

현시대에서 죽음에 대해 강한 초월성을 갖고 있다든지, 다른 삶을 위한 것이라는 독특한 의미를 부여할 수는 없다. 거의 모든 경우에 죽음은 자연적인 과정이며 피할 수 없이 맞이하는 마지막 단계의 하나일 뿐이다. 현상의 세계에서는 죽음이 여러 가지 현상의 하나에 지나지 않는다. 그러나 죽음은 우리의 모든 개념과 삶의 의미조차도 의심스럽게 하는 달갑지 않은 일인 만큼, 진보 철학은(슐러는 '어디에서 어디로 가는 것이 진보란 말인가?'라고 묻는다) 죽음을 은폐하려는 경향이 있다. 현대 세상에서는 죽음이 마치 존재하지 않는 것처럼 행동한다. 어느 누구도 죽음에 대해서 말하지 않는다. 정치인들의 공약이나 상업 광고에 이르기까지, 공중도덕, 관습, 쉽게 얻을 수 있는 즐거움과 병원이나 약국, 운동을 통해서 얻을 수 있는 건강 같은 것들이 모두 죽음을 말살시킨다. 그러나 죽음은 어떤 통과지점이 아니며, 그 무엇도 채울 수 없을만큼 큰 입을 벌린 채 우리와 밀접하게 자리잡고 있다. 현재는 건강, 위생, 산아제한, 기적의 약품과 인공식품들의 시대이고, 집단수용소, 경찰국가, 핵전멸의 시대이며, 살인자 소설의 시대다. 아무도 릴케가 그랬던 것처럼 죽음에 대해서, 자기 자신의 죽음에 대해서 골똘하게 생각하지 않는다. 왜냐하면 아무도 자신의 삶을 누리고 있지 못하기 때문이다. 집단학살은 집단적인 삶의 결과다.

현대 멕시코인도 죽음에 대해서 큰 의미를 부여하지는 않는다. 그대로 일어나는 일일 뿐 더 나은 삶으로의 이행이라는 느낌은 포기해 버렸다. 그러나 죽음에 큰 의미를 부여하지 않을지라도 일상생활에서 죽음에 대한 느낌을 아주 떨쳐 버릴 수는 없다. 뉴욕이나 파리, 런던에 사는 사람들에게 죽음은 그 초조한 느낌 때문에 더 이상 거론하지 않는 단어가 되었지만 멕시코인은 빈번하게 죽음을 조롱하고 애무하며, 함께 잠들고, 심지어 죽음을 환대하며, 더욱 영구적인 그들의 사랑과 즐거운 놀이의 일부로 다룬다. 사실 그들의 태도 속에도 다른 이들처럼 죽음에 대한 두려움이 있기는 하다. 그러나 최소한 그 뒤에 숨거나, 그것을 숨기려고 하지는 않는다. 초조나 경멸, 빈정거림으로 죽음과 대면하고 있다. 그들은 이렇게 말한다. "만약 내일 나를 죽일 거라면, 단번에 죽여다오."

멕시코인의 죽음에 대한 냉담함은 삶에 대한 냉담함으로 바뀐다. 죽음을 범상하게 생각하는 것처럼 삶에 대해서도 그다지 중요하게 생각하지 않는다. 우리의 노래나 속담, 일반적인 격언들은 삶이 끊임없이 우리를 두려움으로 단련했기 때문에 죽음이 더 이상 우리를 놀라게 할 수 없다고 단언한다. 죽는다는 것은 자연스러운 것이며, 바람직하게 여기기까지 한다. 빠를수록 더 좋다. 죽음 앞에서의 이런 무관심은 삶에 대한 냉담함의 또 다른 표현이다. 우리든지 다른 사람들의 것이든지 간에 인생이 가치가 없기 때문에 죽을 수밖에 없다고 느낀다. 인생이 무가치해지고 그 의미를 잃어버린다면 삶과 죽음에 대해 무관심해지는 것은 어찌 보면 당연한 일이다. 멕시코인의 죽음은 그들의 삶의 반영이다. 죽음과 삶, 두 가지 모두에 대해서 마음을 닫고, 그것들을 무시한다.

죽음에 대한 경멸은 우리들이 믿고 있는 신앙과 무관하지 않다. 그것들은 우리의 축제와 놀이, 우리의 사랑, 우리의 생각 속에 스며들어 있다. 죽는다거나 남을 죽인다는 것에 대한 생각은 언제나 우리의 머릿속에 머물러 있다. 죽음이 우리를 유혹한다. 이런 유혹들은 신비주의에서 싹트기도 하고, 그것들을 깨부수고 싶은 분노에서 유발되기도 한다. 우리의 활력에 대한 억제는 모르는 사이에 표면에 드러나면서 분노를 폭발시키는 치명적이고, 공격적이며, 자살지향적 성격으로 드러나기도 한다. 우리가 폭발하다 보면 극도로 긴장한 상태에 이르게 되고 삶의 진폭의 가장 높은 정점에서 스러지게 된다. 불길처럼 치솟아 오르는 광란의 도가니 속에서 어지러운 현기증을 느끼고, 죽음이 우리를 끌어당긴다.

다른 한편 죽음이 삶에 대해서 보복을 한다. 우리가 삶에서 지니고 있는 허영과 자만심을 벌거벗겨서 있는 모습 그대로의 뼈다귀들과 잔뜩 찌푸린 형상으로 드러나게 한다. 폐쇄되고 출구도 없는 사회에서, 모든 것이 죽어버린 듯한 사회에서 오로지 가치 있는 유일한 것은 죽음일 수밖에 없다. 부정적인 것을 긍정하는 셈이 된다. 해골 모양의 사탕, 고급종이로 만든 두개골, 해골형상으로 꾸며진 불꽃놀이 등 우리가 만들어내는 이미지는 항상 우리의 삶을 조롱하고, 인간 존재의 무의미함과 보잘것없음을 강조하는 것이다. 우리는 집을 해골바가지로 치장하고, 죽은 자의 날(El Día de los Difuntos)에 해골모양의 빵을 먹고, 노래를 흥얼거리며, 죽음에 대한 재담과 희롱을 즐긴다. 그러나 이처럼 요란하게 죽음과의 친밀함을 과시하더라도 죽음이란 무엇일까 하는 의문을 잠재우지는 못한다. 한 가지도 속 시원한 대답은 없다. 그런 질문을 할 때마다 단지 어깨를 으쓱해 보일 뿐이다. 삶이 별로 나에게 중요하지 않은데, 죽음이 왜 나에게 의미가 있어야 하는가.

세상과 이웃에 대해 폐쇄적인 멕시코인이 죽음을 향해서는 스스로의 가슴을 여는가? 그들은 언제나 죽음을 칭송하고, 환대하며, 높이 받들고, 이를 가슴으로 받아들이지만 자신을 내어주고 죽음에 굴복하지는 않는다. 멕시코인에게는 세상의 모든 일이 너무나 멀고 낯설게만 느껴지는데, 그중에서도 특히 죽음은 가장 알 수 없는 미지의 일이다. 멕시코인은 결코 죽음에 굴복하지 않는다. 굴복은 희생을 내포하며, 희생은 누군가가 주고 또 다른 누구인가가 그것을 받는 것을 의미하기 때문이다. 즉 자신을 열고 알 수 없는 현실에 직면해야 하는 것이다. 자기 자신 속에 틀어박혀서 평범한 현실을 사는 멕시코인은 죽음을 통해 받지도 주지도 않는다. 죽음은 그 자체로 받아들여지며, 스스로 이에 만족한다. 그들은 어떤 민족보다도 죽음과 친밀한 관계를 유지하고 있다. 그러나 멕시코인의 죽음은 아무 의미를 갖고 있지 않으며, 에로틱하지도 않고 불모의 대지와 같다. 따라서 아스떼까인이나 가톨릭교도들이 가지고 있었던 것과 같은 그 어떤 독특한 의미를 기대할 수 없다.

그런 점에서 유럽인이나 북미인의 태도와는 아주 다르다. 유럽이나 북미에서는 법률과 관습, 공중도덕, 개인윤리 등의 사회제도를 통해서 인간의 생명을 보존하려고 노력한다. 그러나 이러한 보호에도 불구하고 빈번하게 일어나는 치밀하고 주도면밀한 살인이나 일련의 완벽한 범죄가 효과적으로 방지되지는 못하는 것 같다. 그런 나라에서는 멕시코인은 감히 상상도 못할 정도로 교묘하게 살인을 계획하고 저지르며, 그 경험을 향유하고 즐기는 듯한 범죄자들의 태도,

범인들의 고백을 그럴듯하게 기사화하는 신문, 잡지와 새롭게 일어나는 범죄를 억제하기 위해서 만들어 놓은 제도의 무능력을 생각하면 서구 문명이 자랑스럽게 떠들어대는 인간적인 삶의 구현이라는 것이 얼마나 불완전하고 허구적인 개념인가를 알 수 있다.

삶에 대한 예찬은 그 진실함이 깊을수록 죽음에 대한 경외심으로 이어진다. 이 두 가지는 서로 떨어질 수가 없다. 죽음을 부정하는 문명은 결국 삶도 부정하게 된다. 현대인들의 완전범죄는 현대 기술문명이 발전한 까닭도 있겠지만, 죽음을 야바위꾼처럼 냉혹하고 저속하게 다루었던 절대적인 삶에 대한 경멸의 결과이기도 하다. 현대 기술문명의 완벽성과 살인 추리소설의 대중적인 인기는(집단수용소나 집단학살 제도처럼) 존재나 삶에 대한 단지 일방적이고 낙관적인 견해를 보여주는 현상의 하나일 뿐이라고 밝히고 싶다. 그래서 우리의 말이나 생각, 전체적인 그림 속에서 죽음을 제외하려는 시도는 아무 소용이 없다. 왜냐하면 죽음은 우리 모두, 특히 죽음을 무시하거나 짐짓 무시하는 척하는 모든 사람들을 소멸시켜 버릴 것이기 때문이다.

멕시코인이 살인을 할 때는 ―수치, 즐거움 혹은 단순한 변덕으로 인해― 단 한 사람의 이웃을 죽이는 데 그치지만 현대의 정치지도자나 범죄자들은 사람을 죽이는 것이 아니라 아예 말살시킨다. 이미 인간이라는 동질성을 잃어버린 존재를 향해서 실험한다. 수용소에서는 제일 먼저 인간으로서의 존재를 박탈하는 것부터 시작한다. 일단 단순한 대상으로 전락하고 나면 집단으로 처리된다. 대도시의 전형적인 범죄자는 단순한 충동에 의해서가 아니라 더욱더 일사불란한 동작으로, 현대사회의 정치권력자들이 대대적으로 벌이는 범죄를 소규모적으로 실행에 옮긴다. 그들은 자기 나름의 방식으로 실험을 한다. 독극물을 먹이고, 찢어발기고, 황산에 담그고, 불에 태우고 하는 모든 행위가 사람을 단지 객관적인 실험대상으로 여기는 데 기인하는 것이다. 무슨 일이 벌어졌을까를 상상하게 하고 범죄자를 사람으로 볼 수 있게 하는 옛날의 피해자와 가해자의 관계 같은 것은 사라졌다. 사드(Sade)의 소설처럼 사형집행인과 그 상대, 즐거움과 파괴의 도구가 있을 뿐이다. 피해자를 더 이상 사람으로 느낄 수 없다는 그 사실이 더욱 범죄자를 견딜 수 없게 하고, 그칠 줄 모르는 외로움으로 괴롭게 만든다. 그러나 멕시코인은 아직 범죄 속에서도 서로에 대한 관계를 유지하고 있는데 이는 축제나 고해성사를 통해 자유로워지거나 갈등을 해소하면서 얻어지는 감정과 통하는 점이 있다. 바로 그 점에서 범죄에도 극적인 요소와 시적인 요소, ―그렇게 말 못 할 이유가 무엇이란 말인가?― 그리고 위대성이 있다. 범죄를 통해 멕시코인은 일시적인 초월을 맛보는 것이다.

릴케는 「두이노(Duino)의 여덟 번째 엘레지(悲歌)」 첫 소절에서 결코 앞을 내다보지 못하는 우리와는 달리 순진무구한 존재로서의 창조물은 절대적인 것까지도 완전히 열린 상태에서 응시할 수 있다고 말했다. 우리는 두려움으로 죽음에 대해 얼굴을 피하고 등을 돌린다. 우리가 죽음을 응시하는 것을 거부할 때 숙명적으로 삶에 대해서 문을 닫으며, 우리가 어디를 향해서 가고 있나 하는 전체적인 삶의 지향점을 잃어버리게 된다.

삶을 향해서 문을 연다는 것은 적들끼리 서로 화해하며, 빛과 어둠이 하나로 되는 세계가 세워지는 것이다. 이런 개념들은 우리 시대에서 상실해버린 죽음에 대한 바른 의미를 되찾을 때 비로소 가능하다. 삶과 죽음은 서로 보완되는 상대적인 개념이다. 이 둘은 시간과 공간에 얽매인 우리로서는 단지 희미하게 짐작으로밖에는 알 수 없는 둥근 공을 이루는 각각의 반쪽이다. 태어나기 이전에는 삶과 죽음이 서로 혼돈의 상태이었겠지만 현재를 사는 우리에게는 이 둘이 서로 반대에 있고, 그 언젠가는 다시 하나로 결합할 것이다. 다시 하나가 된 삶과 죽음은 죄라든가 양심을 모르는 눈먼 동물의 상태가 아니라 순진무구함을 얻은 새로운 상태일 것이다.

사람은 삶과 죽음을 가로지르는 대립을 극복하고 이 둘을 초월적인 하나로 받아들일 수 있다. 삶과 죽음의 분리, 대립은 실제현상이 아니라 우리의 의식 속에서만 일어나는 일이다. 이런 깨달음은 삶과 죽음으로부터 거리를 두고 이를 객관적으로 바라볼 수 있을 때에 가능하다. 이를 위해서는 일시적으로 스쳐지나가는 현세, 동물적인 삶에 대한 미련과 향수를 떨쳐 버려야만 한다. 삶에 대해서 마음의 문을 활짝 열고 싶다면, 반드시 죽음에 대해서 문을 열어야 한다. 그렇다면 흡사 천사와 같이 될 것이다.

죽음 앞에는 두 가지의 상반된 태도가 있다. 하나는 앞으로 나아가며 새로운 창조과정으로 이를 받아들이는 것이고, 다른 하나는 뒤로 되돌아가며 허무주의에 빠지거나 연옥에 대한 향수에 젖는 것이다. 멕시코와 중남미에서 세사르 바예호(César Vallejo)를 제외하고는 첫 번째 개념으로 죽음을 이해하고자 시도한 시인은 없었다. 반면 두 명의 멕시코 시인 호세 고로스띠사(José Gorostiza)와 사비에르 비야우르띠야(Xavier Villaurrutia)는 죽음에 대한 두 번째 개념을 구체적으로 대변했다. 고로스띠사에게는 삶이 「끝없는 죽음」에 불과하고, 허무로의 끝없는 전락이었다. 한편 비야우르띠야에게 삶은 단지 '죽음에 대한 향수'일 뿐이었다.

「죽음에 대한 향수」라는 이 책의 제목은 단순한 말의 의미를 넘어서서 그럴듯한 이미지를 우리에게 전달해 준다. 그 제목에서 작가는 우리에게 자신이 쓴 시의 궁극적인 의미를 암시하고 있는 셈이다. 죽음에 대해서 향수를 느낀다는 것은 죽음이 삶의 종말에 위치하거나 우리 삶의 열매가 아닐뿐더러, 인생이 삶으로부터 오는 것이 아니라, 도리어 죽음으로부터 왔다는 것을 의미하는 것이다. 그 옛날 원래의 모성은 자궁이 아니라 죽음에서 비롯되었다는 것이다. 이런 주장들은 쓸데없는 모순이나 부질없는 헛소리에 지나지 않을 수 있다. 그것은 우리 모두가 재에 지나지 않고 언젠가는 재로 돌아갈 것이라는 의미이다. 이 시인은 우리의 일시적인 삶이 우리에게 주지 못했던 삶의 참된 비밀(삶은 무엇일까, 어디서 와서 어디로 가는가)을 죽음에서 만나고 싶었던 것 같다.

　죽을 때에는;
　순간의 바늘은
　시계판을 질주할 것이고
　모든 것이 일순간으로 변한다.
　……
　마침내 사는 것일 게야,
　죽고 난 다음에야.

원래의 죽음으로 되돌아가는 것은 삶이 있기 이전의 삶이나, 죽음이 있기 이전의 삶으로 되돌아가는 것이다. 또한 명부(冥府)나 태초

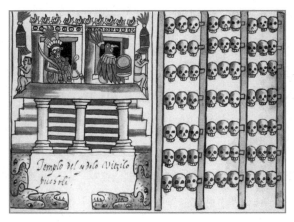

우이찔로뽀치뜰리 신전과 희생제례의식

의 모성으로 되돌아가는 것을 의미하기도 한다.

　호세 고로스띠사의 시 「끝없는 죽음」은 현대의 라틴 아메리카 작가들의 진실한 의식을 잘 드러내고 있다. 그것은 자기 자신에 얽매이고 포로가 되어서 각자가 어질어질해진 그런 상태를 나타낸다. 명쾌하면서 다혈질적인 이 작가는 발가벗긴 채 스스로를 바라보기 위해서 우리의 존재에서 가면을 치워 버리기를 바랐다. 이 세상과 세상을 살아가는 인간 사이의 대화는 시나 사랑처럼 오래된 것으로서 물과 그 물을 담고 있는 그릇처럼 생각과 생각을 표현하는 형식간의 관계와 같은 것이 되며, 마침내 아주 무용한 일로 끝나기도 한다. 세상의 겉모습들— 나무와 사상, 목석과 감동, 낮과 밤, 석양 등은 단지 은유적인 표현이며 무지개에 지나지 않는데 이러한 것들을 바라보면서 시인 호세 고로스띠사는 내용을 더 크게 부풀리고, 형을 뜨고, 그 형을 세우는 많은 작업이 나중에는 그 실체를 좀먹고, 주름잡히게 하고, 망가뜨릴 뿐이라고 경고한다. 아무 등장인물도 없는 이 드라마

속에서 자살자는 메아리처럼 반향되는 언어로 자기 자신과 대화를 나누며, 모든 내용은 이 자살자의 위장과 그림자이다. 지성이라는 것도 죽음을 사랑하는, 죽음 자체의 그림자와 형식에 지나지 않는다. 모든 것은 투명한 자체의 빛 속에 빠져 버린다. 모든 것이 죽음을 향하고 있다. 삶은 은유에 지나지 않으며, 죽음이 스스로를 속이기 위해 만든 허구일 뿐이다.

한 번도 문장 속에서 언급된 바는 없으나 시는 나르시시즘의 오래된 주제로부터 발전한 것이다. 발레리의 시에서처럼 의식은 자신의 반영인 동시에, 그 반영을 바라보는 눈이며, 그 눈으로 투명하고 텅 비어 있는 물속의 자신을 응시하는 것이다. 형식과 삶으로, 호흡과 가슴으로 그들 자신을 스스로 속이든지, 아니면 짐짓 부패하고 죽어가며 발가벗긴 채, 이미 비어 있는 그들 자신으로 끝나고 만다. 스스로에 사로잡혀서 몰입하고, 마침내 지칠 줄 모르는 죽음으로 다가간다.

결론적으로 우리가 축제에서 술에 취하고 서로에 대한 신뢰로 마음을 열어젖힐 때는 스스로를 갈기갈기 찢고, 아주 완전히 거덜이 날 때까지 격렬한 열정을 가지고 그렇게 한다. 그리고 삶과 직면할 때처럼 죽음에 대해서도, 어깨를 그저 으쓱하거나 침묵을 지키든지 경멸스러운 미소를 보낸다. 축제에서 단순한 열정 때문에 또는 아무 이유 없는 충동에 의해서 저지른 범죄든지 간에 그러한 행동은 그럴듯해 보이는 우리의 평형상태가 단지 하나의 가면이고, 우리의 친밀함조차도 갑작스러운 폭력으로 변할 수 있음을 보여주는 것이다.

이런 것들을 통해서 우리 자신 안에, 멕시코 사람들만이 갖고 있는 더욱 생생하고, 원초적이고, 지울 수 없는 흔적이 있다는 것을 감지할 수 있다. 우리의 말과 몸짓은 언제나 이 상처를 숨기려고 하지만 그 상흔은 항상 생생하게 남아 있고 타인 앞에서 언제라도 불타오를 수 있다.

단절은 언제나 아픔을 유발한다. 이런 상처가 언제 어떤 식으로 나타나는지를 알아보기 위하여, 어떤 단절이라도 —우리 자신이나 주변의 것들과 과거와 현재까지도— 고독한 감정을 일으킨다는 것을 말해두어야겠다. 부모에게서, 자궁으로부터, 태어난 고향으로부터 단절, 신들의 죽음과 자기 자신의 날카로운 의식의 죽음 등 극단적인 경우 고독은 고아의식을 낳는다. 그리고 이 모든 것은 일반적으로 죄의식 같은 것으로 나타난다. 단절로 인해서 생기는 이러한 고통과 수치스러움은 속죄와 부활의 개념이 새로이 들어옴에 따라, 필연적인 희생이나 담보물로서 또는 관계를 회복할 수 있는 미래의 약속이나 희망으로 받아들여졌다. 죄는 사라지고, 상처는 아물고, 추방으로 단절된 관계는 회복될 수 있다. 이처럼 고독은 정화하고 순화하는 성격을 띠게 되었다. 고독하거나 격리된 사람들은 그들의 고독을 넘어서서 이것이 새로운 관계회복으로 이어지는 약속이라고 믿게 되었다.

앞서 말한 바와 같이 멕시코인은 고독을 넘어서지 않는다. 반대로 그들은 고독 속으로 들어가 숨는다. 필록테테스(Philoctetes : 고대 그리스의 트로이 전쟁영웅)가 소망도 없고 오히려 세상으로 돌아가는 것을 두려워하며 섬에 홀로 떨어져 살았던 것처럼 그들은 세상과 단절된 채 고독 속에 파묻혀 살아간다. 다른 사람들과 함께 있는 것을 견뎌내지 못한다. 자신을 미친 듯이 열어젖힐 때 외에는 자신 안에서 스스로를 걸어 잠근 채 저 너머의 구원이나 창조주와도 관계없이 홀로 고독을 정화하고 있는 것이다. 우리는 관계와 단절, 절규와 침묵, 축제와 각성 사이에서 흔들리면서 결정하지 못한 상태로, 그러나 결코 자신을 열지 않은 채로 살아가고 있다. 우리의 불감증은 삶을 온통 죽음의 가면으로 덮고 있다. 우리의 절규는 이 가면을 찢어버리고 하늘로 치솟아 오른다. 그리고 하늘 높은 곳에서 거대하게 팽창하면서 폭발해서, 패배와 침묵 속에 떨어져 내린다. 어떤 길을 택하든지 간에 멕시코인은 세상으로부터 도피한다. 삶으로부터도, 죽음으로부터도.

chapter 04

말린체의 후손들

Los hijos de la Malinche

스스로의 껍질 속에 숨어 있기를 좋아하는 우리의 특이한 성격은 깊이를 알 수 없는 존재인 멕시코인이라는 전설을 만들어 냈다. 우리의 의심 많은 성격은 외부인들과의 거리를 만든다. 예절바른 것이 우리의 매력이라면, 우리의 소극성은 그들을 실망시킨다. 우리 자신에게 상처를 입히는 갑작스러운 난폭성, 소란스러우면서 동시에 경건한 축제의 화려함, 죽은 이들에 대한 숭배 같은 것은 외국인들을 어리둥절하게 만든다. 우리가 외부에 주는 인상은 동양인들의 경우와 비슷한 것 같다. 중국인, 인도인, 아랍인들도 모두 신비하고 이해하기 어려운 사람들이다. 또 그들도 아직 넝마 같은 현실 안에 과거를 고스란히 담고 있다. 황인종이나 흑인종에게 신비스러움이 깃들어 있듯이 멕시코인들도 신비스러움을 갖고 있다. 물론 이런 모든 인상들은 보는 사람에 따라 다를 수 있다. 그러나 멕시코인의 성향이 모순적이지는 않더라도 최소한 모호하다는 데는 모두가 수긍하는 것 같다. 우리는 확신이 있는 사람들이 아니다. 우리의 침묵이나 반응이 어떤 것인지 예측하기도 어렵다. 배반과 충성, 죄와 사랑이 우리 시선의 깊은 곳에 숨어 있다. 우리는 매력적이기도 하고 배타적이기도하다.

이런 태도가 어디에 근원을 두고 있는지 이해하기란 어렵지 않다. 유럽인들에게 멕시코는 세계역사의 언저리에 있는 나라일 뿐이었다. 중심에서 벗어나 멀리 떨어진 곳에서 일어나는 모든 일들은 이상하고 이해하기 어려운 것이다. 옛날 방식대로 검소하게 옷을 차려입고, 투박한 사투리를 쓰며, 전통적인 방식으로 살아가는 먼 곳의 농부들을 보면 도시인들은 언제나 매력을 느낀다. 모든 면에서 도시보다 더 고풍스럽고 자연스러운 모습을 담고 있다. 먼 곳, 외지의 사람들은 우리 모두에게 숨기우고, 감추어진 것, 건네어 받기는 어려운 것, 예를 들면 땅의 끝자락에서만 피어난다는 이삭꽃 같은 것, 묻힌 보물, 땅의 주름살 사이에 숨겨져 있는 오래된 지혜 같은 것들을 연상하게 한다.

남성들과는 다르게 살아가는 여성들도 우리에게는 수수께끼 같은 존재다. 아니 그 자체가 수수께끼다. 같은 인종이고 같은 나라 사람인데도 남자들에게 별다른 존재로 취급을 받고 꼬임을 받기도 하고 배척을 당하기도 한다. 생식의 이미지를 갖고 있는 동시에 죽음의 이미지도 갖고 있다. 거의 모든 문화에서 창조의 여신은 동시에 파괴의 여신이다. 풀 수 없는 암호처럼 우주의 신비롭고 전혀 다른 뿌리에서 온 여성, 그들은 죽음을 숨기고 있는가? 아니면 삶을 숨기고 있는가? 무슨 생각을 하고 있을까? 아니면 생각이나 할 수 있을까? 정말로 사실을 느낄 수 있는가? 그렇다면 우리와 같은 존재로 생각하는 것이 옳은가? 사디즘은 여성의 신비주의에 대한 보복이거나, 무의식적으로 두려워하는 육체로부터 대답을 얻어내고 싶은 절망어린 노력으로 시작된다. 왜냐하면 루이스 세르누다(Luis Cernuda)가 말한 것처럼 '욕망은 대답이 존재하지 않는 질문'이기 때문이다. 둥글고 풍성하게 드러난 여성의 벌거벗은 나신에도 불구하고 여성에게는 언제나 우리를 잠 못 들게 하는 무엇인가가 있다.

> 이브와 비너스는 이 세상의 마음의 신비를 강하게 한다.
> (*Eva y Cy pris concentran el misterio del corazon del mundo.*)

모든 다른 위대한 시인과 마찬가지로 루벤 다리오(Ruben Dario)에게는 여성이 인식의 대상인 동시에 인식 그 자체였다. 이는 우리가 영원히 알 수 없는 것이며, 결정적인 무지의 총체, 바꾸어 말하면 최고의 신비함이었다.

노동계급은 사회의 중심에서 벗어나 있고 생활 근거지조차도 도시의 변두리나 외곽지역으로 격리되어 있는데도 그들에 대해서는 이런 감정이 덜 드는 것은 주목할 만한 일이다. 노동자는 그 모습 안에 구시대의 죽음과 새로운 시대의 시작을 내포하고 있지만 소설가가 건강이나 파괴 혹은 탄생이나 죽음을 상징하는 등장인물을 그릴 때, 우리가 예상하는 것처럼 노동자를 선택하지는 않는다. 현대 사회의 가장 과격하고 심오한 비평가의 한 사람인 로렌스(D. H. Lawrence)는 거의 그의 모든 작품에서 우리 시대에서 인간적인 향기를 지닌 인물의 덕목으로서 진실하며, 세계를 향한 비전을 갖는 사람을 그려내고 있다. 그는 이런 덕목들을 구체적으로 표현하기 위해서 유럽인이 아니며 고대의 핏줄을 가진 개성들을 창조했다. 대지의 아들로서 산림관리인인 멜로스와 같은 인물을 등장시킨다. 로렌스의 작품에서 노동자가 의도적으로 배제된 것은 어린 시절을 영국의 탄광촌에서 살았던 경험이 영향을 미쳤을 가능성이 있다. 그가 부르주아를 싫어한 것처럼 노동자들도 미워한 것은 다 알려진 사실이다. 그러나 모든 위대한 혁명소설에서 무산 계급이 영웅으로서가 아니라 밑바닥 인생으로 그려지고 있는 것은 어떻게 설명할 수 있는가? 그 모든 소설에서 영웅은 항상 모험가, 지식인 또는 직업적인 혁명가다. 그들은 출신 계급이든지 출생지라든지 조국과는 아무 상관도 없는 별도의 인간이다. 영웅을 반사회적인 존재로 그리는 것은 의심할 여지없이 낭만주의의 소산이다. 더구나 노동자라는 의미는 최근에서야 생겨났고, 고용주와 마찬가지로 노동자는 모두 기계와 같은 존재들이다.

현대의 노동자들은 아무런 개성이 없다. 계급은 개인의 특성이나 일반적인 특징보다 더 강하게 우리를 구별한다. 이것이 산업사회에서 월급쟁이로 전락하면서 인간이 겪게 되는 첫 번째이자 가장 심각한 손실이다. 자본주의는 인간성을 빼앗고 모든 존재를 노동력으로 환산하기 때문에 인간을 단지 객체에 불과한 대상으로 변화시켜 버렸다. 과거에는 하인조차도 이렇게 취급되지 않았다. 그리고 노동자는 다른 상품처럼 시장에서 사고팔 수 있는 하나의 상품으로 전락했다. 노동자들은 사회적인 계급 때문에 갑자기 세상과 인간적이고 실질적인 모든 관계를 잃어버린다. 그가 사용하는 모든 것이 자기의 것이 아니고, 노동의 결실도 자기 소유가 아니다. 그리고 그 사실조차도 깨닫지 못한다. 노동자라는 것은 추상적인 개념으로, 직무가 주어지는 게 아니라 단지 기능적인 것을 의미한다. 의사나 기술자, 목수들과 달리 노동자는 그들의 일로 다른 사람과 구별되지 않는다. 그들이 갖고 있는 추상적 개념(시간단위당 작업량)은 그들을 구분하는 것이 아니라, 다른 추상적 개념과 묶어 버린다. 거기에는 어떤 신비의 여지도 없고, 문제 의식도 없으며, 일종의 도구와 다르지 않다.

현대사회의 복잡성과 노동이 요구하는 전문성으로 인하여 노동자들의 추상적인 의미는 다른 사회계급으로 확산되었다. 우리는 기술의 시대에 살고 있다고 흔히 말한다. 봉급과 생활수준이 다르다고 해도 전문가들의 형편도 노동자들과 본질적으로 다르지 않다. 그들도 역시 월급쟁이고 구체적으로 자신이 하고 있는 일에 대한 자각이 없다. 이로 인해 현대사회에서 이상적인 형태라고 하는 전문가들의 정부는 결국 도구들이 다스리는 정부가 되는 것이다. 기능이 목표를, 수단이 창조를 대신하게 될 것이다. 사회가 효과적으로 진보할 수 있을지는 모르지만 방향을 잃어버리게 될 것이다. 그리고 기계의 특징인 같은 동작의 반복은 지금까지는 볼 수 없었던 새로운 형태의 정지상태로 우리 사회를 몰아넣을 것이다. 출발점도 없고 도달점도 없이 진보하는 기계주의가 그것이다.

전제주의 체제는 무력이나 광고를 통하여 이런 상태를 확산하고 보편화시켰다. 제국에 굴복한 모든 사람들이 해를 입고 괴로워하는 셈이다. 어떤 의미에서 전제주의란 자본주의의 경제시스템을 정치·사회 분야로 옮겨놓은 것과 같은 것이다. 대량 생산은 여러 개의 부품을 나중에 공장에서 맞추는 조립생산으로 이루어진다. 테러나 탄압, 또는 선전이나 전제주의 정치 행각도 비슷한 형태를 지니고 있다. 선전은 불완전한 사실들을 대량으로, 지속적으로 유포한다. 그리고 이런 조각들이 모여서 나중에는 정치원리가 되고, 대중에게는 절대적인 사실로 받아들여진다. 테러도 같은 원리를 따르고 있다. 박해는 고립된 집단 ―인종, 계급, 탈퇴자, 혐의자― 으로부터 시작해서 점차 모든 사람에게 다가간다. 처음에는 일부 사람들이 사회의 다른 집단의 몰살을 무관심하게 바라보거나 그들의 박해에 참여하게 되고, 나중에는 내부에서 갈등과 증오가 증폭된다. 모두가 공범자가 되고 죄의식은 사회 전체에 파급된다. 테러는 일반적이 된다. 나중에는 사회에 박해를 하는 자와 박해를 받는 사람만이 남게 된다. 박해자는 아주 쉽게 박해받는 사람으로 변한다. 단 한 번 정권체제가 바뀌는 것만으로 충분하다. 아무도, 심지어 지도자마저도 이런 가혹한 변증법에서 벗어날 수는 없다.

대량생산과 마찬가지로 테러의 세계도 물질과 도구의 세계이기는 마찬가지다.(여기에서 현대테러의 역사적 효용성에 대한 논의의 허구가 드러난다.) 도구는 신비스러울 것도 없고, 풀어야 할 문제가 있는 것도 아니다. 신비라는 것은 어떤 존재나 대상이 담고 있는 내용을 무엇이라고 정의할 수 없을 때 신비롭다고 말한다. 신비스러운 반지는 일반적인 반지의 속성에서 벗어난다. 고유한 의미를 지니며, 이미 단순한 객체가 아니다. 잠잠하지만 무엇인가를 숨긴 채 우리를 깜짝 놀라게 할 어떤 것을 담고 있다. 신비는 우리에게 복종하지도 않고, 언제 어떻게 나타날지도 알 수 없는 어떤 숨겨진 힘이며, 미덕이다. 그러나 도구들은 감출 것이 아무것도 없으며, 물어볼 것도, 대답할 것도 없다. 또한 잘못하는 것도 없고 투명할 뿐이다. 도구는 우리 손의 연장에 불과하며, 우리가 마음대로 허용하는 삶을 가질 수 있을 뿐이다. 우리에게 쓰이다가 소비되고, 낡아지면 나중에 주저 없이 쓰레기통이나 폐차장, 집단 수용소에 갖다 버린다. 그렇지 않으면 우리 편이나 적들과의 거래를 통해 다른 물건으로 바꾸어 버린다.

우리의 모든 능력, 심지어는 모든 결점마저도 아무 의미도 없이 동일하게 반복되면서 이루어지는 몰개성적인 노동의 개념과 대치된다. 멕시코인들은 천천히, 자신의 일에 애착을 갖고 세세한 부분 하나하나까지도 관심을 기울여 제품을 만드는데 이는 수천 년 동안 이어져 내려온 유전적인 소질 덕분이다. 우리는 물건을 대량생산하지 않는 대신에 절묘하고 어려운 예술품들을 훨씬 더 훌륭하게 생산할 수 있다. 멕시코인들이 훌륭한 노동자가 되기 어렵다는 말을 하려는 것은 아니다. 모든 것은 시간의 문제다. 가능성이 희박한 역사적 변화가 일어나는 예외적인 경우를 제외하고는 멕시코인이 수수께끼와 같은 존재에서 벗어나 하나의 추상적인 존재가 되는 것을 막을 요인은 없다.

우리의 모순점을 풀어내기 위해서, 또는 속속들이 파헤치기 위해서는 우리의 특수한 상황을 주지해야 한다. 그것은 외국인에게뿐만이 아니라 우리 자신에게도 우리가 정말 수수께끼 같은 존재라는 점이다. 한 멕시코인은 다른 멕시코인이나 자신 스스로에게 항상 하나의 의문으로 남는다. 우리를 구별 짓는 모든 태도의 복잡한 특징— 우리 자신들에게도 문제로 남아 있는 특별함— 은 주인의식에도 반대되고, 현대의 부르주아라든가 프롤레타리아 개념과도 구별되는 어떤 노예의식이라고 할 수 있다.

불신과 능청스러움, 외국인과의 교통을 차단하는 정중한 예절들, 반어법, 즉 타인의 시선을 두려워하면서 자신의 시선까지도 피하는 이런 심리적 동요는 주인 앞에서 두려워하고 짐짓 꾸며대는 피지배 계급의 특징들이다. 우리의 친밀함이 축제나 술과 죽음의 도움이 없

꼬르떼스의 멕시코 정복전쟁(1529-31)

이는 절대로 자연스럽게 피어나지 못하는 것은 당연하다. 노예, 하인이나 굴복한 인종은 언제나 비굴한 미소를 띠든지 어두운 느낌의 탈을 쓰고 있다. 감히 있는 그대로 자신의 솔직한 모습을 드러내는 것은 혼자 있을 때뿐인 것이다. 그들은 두려움과 걱정에 중독되어 있다. 왜냐하면 주인에 대한 두려움과 동료에 대한 의구심을 갖고 있기 때문이다. 주위 사람들이 언제나 배신자가 될 수 있다고 생각하고 모든 사람들이 서로 주시한다. 노예는 자기 자신으로부터 벗어나기 위해서 울타리를 뛰어 넘고, 술에 취해 자신의 환경을 잊어버릴 필요가 있다. 자신을 주시하는 사람 없이 혼자 살아야 한다. 그는 오로지 고독한 상태에서만 자기 자신을 찾을 수 있다.

주인이나 다른 계급, 또는 다른 나라의 힘에 의해 굴복당한 집단에서 나타나는 태도와 우리의 태도 사이에 보이는 유사성은 이렇게 설명될 수 있다. 멕시코인들의 성격은 우리나라를 지배하는 사회 환경으로 인해서 생겨났다. 따라서 사회적 상황의 기록인 멕시코의 역사는 이런 모든 질문에 대한 답을 담고 있다. 우리의 폐쇄적이고 불안정한 태도는 식민지기간 동안의 이 지역 상황으로부터 비롯되었다. 한 세기 반 동안의 투쟁과 헌정체제의 경험에도 불구하고 사회의 비참함과 고통스러운 현실사회의 양극화를 극복하지 못했기 때문에 독립국가로서 우리의 역사는 이런 노예근성이 더 순수하게 지속되는 결과가 될 수밖에 없었다. 갈등을 해결하는 수단으로서의 폭력의 행사, 아직도 계속되는 권력의 남용, 혁명 이후에 실망감으로 인해 더 깊어진 국민들의 회의감과 체념 등은 멕시코의 역사적 배경을 더욱 잘 이해할 수 있게 해주는 요인들이다.

지금까지 설명한 해석에 문제가 있다면 이는 지나친 단순성에 있다. 우리가 인생을 살아가면서 갖게 되는 태도는 기계문명에서 속도라든가 유도탄 궤적을 산출할 때와 같이 정확하게 역사적 사실에 의해 결정되는 것은 아니다. 우리의 삶에 대한 태도는 우리 스스로도 완벽하게 알 수 없고, 항상 변하고 결정할 수 없는 것이며, 그 자체가 또한 역사라고 할 수 있다. 역사적인 사건들이란 단지 사건으로 끝나는 것이 아니라 인간과 관련되어 있고, 따라서 문제성을 담고 있다. 역사적 사건은 일련의 사건들의 한 부분이 아니라 일정한 한도 내에서 그 운명을 결정짓는 의지의 산물인 것이다. 여러 번 얘기했던 것처럼 역사는 기계적인 것이 아니며, 하나의 역사적인 사건에는 여러 가지 서로 다른 구성요소들이 상호 영향을 미친다. 다른 사건들과 역사적인 사건이 구별되는 것은 그것의 역사성 때문이다. 자체적인 것이든 다른 원인 때문이든지 간에 그 이외의 것으로는 돌아갈 수가 없다. 역사적인 사건이라는 것은 역사적인 요인들이라고 불리는 것들의 합산이 아니라, 분해할 수 없는 하나의 실체다. 우리의 개성으로 역사적인 상황을 설명할 수 있는 것처럼, 역사적인 상황으로 우리의 개성을 설명할 수 있다. 역사와 우리의 개성은 결국 같은 것이다. 그래서 순수하게 역사적으로만 설명하는 것은 충분하지 않다. 그렇다고 그것이 틀렸다고 말하려는 것은 아니다.

노예의 도덕과 우리 도덕의 유사성을 자세히 살펴보는 것은 그렇게 어려운 일이 아니다. 멕시코인들이 일상적으로 반응하는 행동들은 열등한 조건에서 하나의 계급이나 인종, 고립된 집단으로서의 배타성은 아니다. 부유한 계급조차도 외부 세계에 대해 폐쇄적이고, 자신을 열어 보이려고 할 때마다 좌절감을 맛보고는 한다. 역사적인 상황이 그들 자신을 잘 드러내도록 도와주고, 외부 세계와 접촉이 잘 되도록 전개되어도 소용이 없다. 역사적인 상황을 피해 가려는 그들의 태도가 문제이다. 모든 사람이 그렇듯이 멕시코인들은 상황을 변화시키기 위해서 환경을 유연하게 만들다가 그들 자신이 유연해지고 말았다. 조각을 하려다가 조각을 당하는 셈이다.

굴종적인 집단과 우리의 태도가 동일하다는 것을 증명할 수는 없지만 어떤 연관성이 있음을 완전히 부정할 수는 없다. 두 가지 상황 모두에서 개인과 집단은 모순되지만 자신을 감추는 동시에 자신을 드러내려고 투쟁한다. 그러나 우리와 구별되는 점이 하나 있다. 외부의 권력에 의해 희생당한 종족이나 노예, 하인들(그 예로 미국의 흑인들)은 구체적인 현실에 저항한다. 그렇지만 우리의 투쟁 대상은 우리 안에 있는 과거의 황폐함이 남겨준 흔적 같은 것, 또는 우리 자신이 그려내는 망상과 같은 환영들이다. 이런 환상들이나 우리 내부에 남겨진 흔적들은 최소한 우리에게는 엄연히 존재하는 현실이다. 그 환영들은 변화무쌍하게 존재하며 우리의 내부에 섬세하면서도 잔혹한 질서로 자리 잡고 있다. 이것은 우리 외부에서 일어나는 것이 아니고 내부에서 일어나는 일이기 때문에 만질 수도 없고, 극복할 수도 없다. 우리 내부에 있는 거짓된 자아의 망상과 싸우려면 우리 자신의 의지가 필요한데, 그럼에도 불구하고 이러한 환영들은 우리의 내부에서 아주 비밀스럽고, 강력하며 서로 연결된 고리로 저항하고 있다. 그것은 바로 우리 안에, 우리 자신으로 존재한다는 것에 대한 두려움이 있기 때문에 일어나는 일이다. 이것이 바로 현대를 살아가는 멕시코인의 모습이며, 이렇게 요약할 수 있다. '멕시코인들은 그들 자신이 되고 싶지도 않고, 감히 그들 자신이 되려고 애쓰지도 않는다.'

많은 경우에 우리의 허깨비 같은 망상들은 지나간 일들이 남겨준 흔적이다. 이런 것들은 정복당했던 시절, 식민지 시대와 미국사람들과 프랑스사람들에 대항해서 싸웠던 많은 전쟁의 기억으로부터 온 것이기도 하고, 어떤 것들은 우리의 실제적인 문제를 반영하기도 한다. 그러나 그것들은 실제의 참된 모습을 감추고 위장하여 간접적인 모양으로 우리에게 드러난다. 원인은 사라져 버리고 말았는데 결과가 지속되고 있다는 것은 이상스러운 일이다. 게다가 결과가 원인을 감추고 있기까지 하다. 이런 경우에 원인과 결과를 구별해서 보는 것은 불가능하다. 사실 원인과 결과라는 것은 없고, 서로 영향을 주고 받으며, 복잡하게 반응을 계속해 나가는 일련의 과정일 뿐일 수도 있다. 어떤 원인이 발생하면 우리는 그 일에서 지속적으로 영향을 받든지, 아주 자유스럽게 독립적으로 행동해 나가든지 하는데, 그것을 연구하는 방법은 역사책을 통해서가 아니라, 현재 살아서 움직이고 숨쉬는 우리의 현재를 통해서이다.

한 마디로 역사는 우리의 환상의 원인을 밝혀낼 수는 있어도, 그 환상 자체를 없앨 수는 없다. 단지 그 환상 앞에 직면하게 한다. 다시 말하면, 그것을 분리해 내고 그로 인해서 일어날 수도 있는 일을 사전에 예견할 수 있다면 역사 속에서 우리의 성격이나 태도의 일부분을 잘 이해할 수도 있을 것이다. 현실과 우리 존재로 인해서 생기는 많은 질문에 대한 유일한 답은 바로 우리 자신인 것이다.

우리가 일상적으로 사용하는 단어들 중에서 금지되고 비밀스럽고, 의미도 명확하게 알 수 없는 말들이 많이 있다. 그러한 신비하고 모호한 표현들을 통해서 거칠고 섬세한 우리의 감정과 반응들을 생생하게 표현할 수가 있다. 우리가 큰 소리로 뱉어내는 상스러운 말들은 이미 우리의 것이 아니다. 그 말들 속에는 공유하는 감정과 서로 간의 친밀감이 녹아 있다. 우리의 생명이 활기가 있으면 그 말들은 더욱 빛이 나게 되고, 사는 것이 힘이 없어지면 그 표현들은 빛이 바랜다. 상스러운 말은 어린아이들의 말이나 시어, 전문적인 용어처럼 어떤 의미에서 일종의 신성한 언어인 것이다. 각각의 글자, 각각의 음절이 동시에 음영이 교차되는 이중성을 갖고 있으며, 이것들은 우리를 감추기도 하고 드러내기도 한다. 즉, 아무 것도 말하는 것이 없는데 모든 것을 말하고 있기도 하다. 청소년들은 스스로가 남자임을

아스떼까의 태양석 (Sun Stone)

확인하고 싶을 때 걸걸한 목소리로 그것을 말한다. 여성들도 영혼의 자유로움을 나타내거나 또는 감정의 진실함을 드러내기 위해서 그런 말들을 사용한다. 그래서 이런 말들은 그 의미가 모호하고 쉽게 변할 수 있음에도 불구하고 명확하고 아주 단정적이다. 이런 나쁜 말들은 빈혈 상태에 있는 우리의 언어 세계에서 유일하게 살아 있는 언어이다. 모든 것에 도달할 수 있는 시어인 셈이다.

어떤 나라든지 그들만이 사용하는 상스러운 비속어를 갖고 있다. 우리가 쓰는 상스러운 말은 짧지만 갈기갈기 찢는 듯하고, 공격적이다. 단단한 물체를 향해 내리치는 칼에서 순간적으로 불꽃이 튀는 것처럼, 번쩍이는 단어들 속에는 우리의 모든 욕구와 분노, 열망과 표현되지 못한 갈망이 모조리 들어 있다. 이 언어는 우리의 암호다. 이 언어를 통해, 이 언어 속에서 우리는 외부인들 가운데 우리를 구분하며, 우리 존재의 상황을 표현하고 싶을 때마다 이를 입술로 되뇌인다. 그 말을 알고, 그 말을 쓰고, 눈부신 장난감처럼 공중에 쏘아 올리며, 날카로운 무기처럼 휘둘러대는 것이 우리가 멕시코인이라는 것을 확인하는 방법인 것이다.

우리가 갖고 있는 고통스러운 모든 긴장들은 멕시코인들의 삶 속에서 분노와 기쁨, 열정이 한층 고양되는 순간마다 우리의 입 속에서 터져 나오는 말 속에 녹아들어 있다. '멕시코 만세, 친가다(Chingada)의 자식들아!' 짜릿한 감정으로 가득 찬, 전쟁구호와 같은 이런 말들은 하나의 도전이고, 확인이며, 가공의 적을 향한 선전포고이고, 공중에서 터지는 폭발이다. 하늘로 치솟아 불꽃으로 터지고, 어둠 속에 스러지는 폭죽의 이미지처럼 애절하고 유약한 운명으로 새롭게 우리에게 다가온다. 혹은 우리의 노래가 끝나갈 무렵에야 마음속에서 울려 퍼지는 어렴풋한 반향처럼, 호소하는 듯한 애절한 느낌을 자아낸다. 원망이 가득한 기쁨이요, 마음을 열어젖히고 스스로를 소모하는 듯한, 자신을 갈가리 찢는 듯한 자기 확인인 것이다.

해마다 9월 15일 독립기념일에 우리는 다른 이들을 향하여, 확실한 다짐으로 이 구호를 외치면서 우리와 조국을 확인한다. 그렇다면 다른 이들이란 누구인가? 다른 이들이란 바로 친가다의 자식들이다. 외국인, 나쁜 멕시코 사람들, 우리의 적, 우리의 경쟁자들을 모두일컫는 말이다. 어쨌든 '우리'라고 할 수 없는 모든 사람들을 가리킨다. 다른 이라는 것은 그들 자신처럼 어머니만 같을 뿐, 누구라고 정할 수도 없고 막연한 어떤 사람을 지칭한다.

친가다(Chingada)는 누구인가? 그것은 어머니이다. 뼈와 살을 가진 어머니가 아니라, 신화적인 상징 속에 있는 어머니이다. 친가다는 5월 10일에 극진하게 대접하는 '고통받는 멕시코의 어머니' 또는 한맺힌 여인, 혹은 멕시코의 모성애를 표현하는 말 중의 하나이다. 친가다는 그 말의 어원동사가 의미하는 것처럼 비유적으로든지 실제적으로든지 속이 썩고, 불명예스러운 행동으로 인하여 고통받는 어머니를 의미한다. 이 말의 의미를 잘 음미해 볼 필요가 있다.

다리오 루비오(Dario Rubio)는 「스페인계 미주 언어의 무질서」라는 책에서 거의 모든 중남미 지역에 걸쳐서 사용되는 이 단어의 여러 가지 의미에 대해서 언급했다. 이 말은 아마 아스떼까 말에서 나온 것 같다. chingaste라는 말은 xinachtli(채소 씨앗)이나 xinaxtl(발효된 꿀물)이라는 아스떼까 말이다. 이 말의 음과 그 파생어는 거의 모든 미주대륙과 스페인지역의 일부에서 음료수와 마실 것의 의미로 사용된다. 과테말라와 엘살바도르에서 chingaste는 잔에 남아 있는 찌꺼기나 앙금을 의미하며, 멕시코 오아하까에서는 커피 찌꺼기를 chingadito라고 한다. 멕시코 전역에서는 술을 chinguere — 의미상으로는 찔린 상처 — 라고 한다. 칠레나 페루, 에콰도르에서 chingana는 선술집을 뜻한다. 스페인에서는 chingar가 과음하거나 술에 취한 것을 의미하고, 쿠바에서는 chinguirito가 한 모금의 술을 말한다.

chingar는 실패하다라는 의미도 갖고 있다. 칠레와 아르헨티나에서는 폭죽이 폭발하지 않고 불발되거나 못 쓰게 되면 chingar한 것이며, 실패한 사업과 중단된 파티, 끝까지 이루지 못한 일을 표현할 때도 쓰인다. 콜롬비아에서는 어이가 없고 답답한 것을 의미한다. 아르헨티나 플라타 지역에서는 찢어진 옷을 의미할 때 쓰이며, 거의 모든 지역에서 조롱당하고 실패하는 것을 의미한다. 또 일부 남미지역에서는 '귀찮게 하다', '비난하다', '조롱하다'의 동의어로 사용된다. 다음의 의미에서 볼 수 있는 것처럼 chingar라는 동사는 공격적인 뜻을 갖고 있다. 동물의 꼬리를 자르는 것, 닭을 괴롭히고 쫓아다니는 것, 속이는 것, 해치는 것, 잃어버리는 것, 일이 틀어지는 것 등이다.

멕시코에서는 셀 수 없을 정도로 많은 의미로 이 말을 사용한다. 아주 신비한 말이다. 의미를 바꾸려면 억양을 조금 바꾸거나, 어미만 살짝 바꾸어 주면 된다. 억양이 달라지면서 말을 여러 가지로 표현할 수 있고, 감정에 따라 의미도 풍성해진다. 사업에서, 정치에서, 범죄에서, 여성과 함께 있을 때 영악한 사람을 chingón, 또는 '위대한 Chingón'이라고 부른다. 조용히 시치미를 뗀 채 어둠 속에서 계략을 꾸미고, 남에게 해를 끼치려고 신중할 때는 chingaquedito나

chingoncito가 된다. 이 말은 모든 점에서 불편하게 하고, 찌르고, 비난하고, 파괴하고, 찢고, 죽이는 것에 이르기까지 여러 가지 다양한 의미로 사용되는데 궁극적으로는 공격적인 의미를 내포하고 있다. 이 동사는 난폭하게 자기 자신으로부터 나와서 강제로 다른 사물로 침투해 들어간다는 뜻이다. 상처 입히고, 찢고, 괴롭히고 육체든 몸이든 사물이든 파괴한다는 뜻도 지닌다. 무엇인가가 깨지면 chingar당한 것이다. 누군가가 규칙을 깨고 무모한 행동을 하면 'chingadera했다'라고 말하는 것이다.

이 단어가 사용될 때는 언제나 열어젖히고 깨뜨린다는 의미가 내포된다. 이 단어에는 성적인 의미도 들어 있지만 성교와 동의어는 아니다. 여성을 소유하지 않고도 chingar할 수는 있다. 성교를 의미할 때는 격렬함이나 속임수에 의한 것이라는 뉘앙스가 들어간다. chingar했다는 것은 상대방이 절대로 동의하지 않았다는 의미이다. 말하자면 그 말은 무력을 행사했다는 뜻이다. 이 단어는 남성적이며, 능동적이고, 난폭한 의미가 있고 있는 말로서 찌르고, 상처 입히고, 갈기갈기 찢고, 더럽히는 것이다. 그리고 그것을 행한 사람에게는 불쾌감과 후회스러운 만족을 준다.

chingar 하는 자가 공격적이고, 능동적이고, 폐쇄적인 데 반해 당하는 사람은 수동적이고 무기력하며 개방적이다. chingón은 개방적인 남성을 의미하며, chingada는 여성이며, 전적으로 소극적이고, 외부에 대해서 무기력한 상태를 뜻한다. 둘 사이의 관계는 격렬하며, 전자의 파렴치한 무력과 후자의 무기력함으로 결정지어진다. 이 말속에는 전체적으로 격렬하다는 뜻이 담겨져 있다. 개방과 폐쇄의 변증법은 거의 정확하게 난폭함으로 이행된다.

금기시되는 표현이라는 점이 이 말의 신비로운 힘을 오히려 강화시킨다. 공공장소에서는 아무도 이 말을 하지 않는다. 단지 분노나 감정이 넘쳐나든지, 정신이 혼미해질 정도로 열광적일 때 직설적으로 정직하게 튀어나오는 표현이다. 이 말은 주로 남성들 사이에서나 또는 큰 축제에서 들을 수 있다. 이 말을 크게 부르짖으면서 우리는 수치스러움이나 침묵과 위선의 장막을 단번에 찢어 버린다. 우리는 이런 식으로 우리의 진정한 모습을 나타내 보인다. 우리의 감정이 부글부글한 것처럼, 우리 내면에서 상스러운 말들이 마구 끓어오른다. 이런 말들을 밖으로 내뱉을 때는 갑작스럽고, 난폭하고, 날카로운 비명과 도전과 모욕으로 나올 수밖에 없다. 그 말들은 폭탄이며 날카로운 칼 같아서 모든 것을 부숴 버린다.

스페인 사람들도 역시 강한 말을 많이 사용한다. 그들에 비하면 멕시코 사람들은 깔끔한 편에 속한다. 그러나 스페인 사람들이 불경한 말과 외설문학을 즐기는 반면에 멕시코 사람들은 잔인성과 사디즘을 좋아하는 경향이 있다. 스페인 사람들은 단순해서 신을 믿기 때문에 그 신을 모욕한다. 마차도(Machado)는 말하기를 스페인에서는 불경스러운 말들이 역설적으로 일종의 기도라는 것이다. 아주 훌륭한 시인들을 포함해서 많은 스페인 사람들이 배설물을 표현하고 신성한 것과 더러운 것을 뒤섞어 말하면서 즐거워하는 것은 진흙을 갖고 노는 어린아이와 비슷한 점이 있다. 복고주의와 더불어 이런 대비의 경향이 바로크 양식과 위대한 스페인 회화의 극적인 양식에 영향을 끼쳤다. 오직 스페인 사람들만이 오난(Onan, 성서 창세기에 나오는 유다의 둘째아들. 그의 이름은 자위, 수음을 뜻하는 오나니슴의 어원이 됨)과 돈 후안(Don Juan)에 대해서 당당하게 말할 수 있다.

그러나 멕시코인들의 경우는 다르다. 스페인 사람들에게 나타나는 것처럼 현실적인 것과 이상적인 것, 신성한 것과 불경한 것, 케베도(Quevedo, 1580-1645, 스페인 황금시대 소설가, 시인)의 음산한 면과 불결한 면의 대비 등으로 나타나는 이중성은 보이지 않는다. 멕시코에서는 폐쇄와 개방을 구분하는 이분법만이 느껴진다. chingar라는 말은 폐쇄적이고, 남성우월주의적이고 강한 것이 개방적인 것을 압도하는 의미를 담고 있다.

chingar라는 말은 너무나 다양한 의미를 갖고 있어서 우리 생활의 많은 부분을 이 말로 표현할 수 있으며 친구 또는 다른 사람들과의 관계를 설명할 때도 이 말을 많이 사용한다. 멕시코인들에게 삶이란 chingar를 당하는 사람이냐, chingar를 하는 사람이냐로 구별될 수 있다. 다시 말하면 굴복시키고 벌을 주고 괴롭히느냐, 아니면 그 반대의 경우에 있느냐 하는 문제인 것이다. 사회생활을 이렇게 전쟁으로 생각할 수밖에 없다면, 필연적으로 사회를 강자와 약자로 나누어 생각하게 된다. 불안해하지도 않고 인정머리 없고 사나운 강자로서 chingar하는 사람은 자신이 좋아하는 것을 끊임없이 탐욕스럽게 쫓아다닌다. 특히 정치인들이나 공공분야에 종사하는 전문가들 중에서 많이 나타나는 권력자들에 대한 비굴함은 이런 현상의 한심스러운 결과이다. 또 하나 우리를 힘들게 하는 것은 원리 원칙을 따르지 않고 사람을 추종하는 것이다. 정치가들은 번번이 공적인 사업과 사적인 일을 혼동한다. 그럼에도 불구하고 주어진 재력과 정부 권력을 이용하여 소위 아첨꾼이라고 불리는 추종 세력을 거느리고 있다.

우리에 갇힌 동물처럼 악의적이고 날렵하며, 싸움꾼의 느낌을 주는 chingar라는 동사는 이 세상을 밀림처럼 느끼게 하는 많은 표현

을 만들어냈다. 비즈니스의 세계에는 호랑이가 있고, 학교나 군대에
는 독수리가 있으며, 친구들 사이에는 사자가 있다. 뇌물은 '한입 문
다'라고 표현한다. 관료들은 움켜쥔 뼈다귀(공직)를 갉아먹는다. 그
리고 이렇게 냉혹하고 불신이 지배하는 관계의 가혹한 사회에서는
아무도 마음의 문을 열지 않는다. chingar하고 싶은 사람은 일이나
어떤 개념적인 가치에 대해서는 별로 중요하게 생각하지 않고 자신
이 좋아하는 것을 쫓는 일에만 전념한다. 유일하게 가치 있는 것은
얼마나 자기 식으로 밀고 나갈 수 있는가 하는 개인적 가치인 '사내
다움'인 것이다.

　이 말은 좀 더 한정된 다른 의미도 있다. '친가다(Chingada)로 꺼
져버려!'라는 말로 우리는 상대방을 아주 멀고 공허한, 미지의 어떤
곳으로 던져 버릴 수가 있다. 이는 모든 것이 깨지고 끝났으며, 세상
의 어느 곳에서도 찾아볼 수 없는, 크기만 하고 공허한 그런 잿빛의
나라를 의미한다. 우리는 이 단어를 중국(China, 번역자 주: 중남미에서는
중국이라는 말을 아득히 먼 미지의 나라라는 의미로도 사용한다)과 비교하게 되
는데, 단순히 그 음이 비슷해서만은 아니다. 중국 역시 광대하고 아
득하게 먼 나라이다. 상반된 의미와 분노로 가득 차고, 흥분된 입술
을 마찰하면서 쓰이는 '친가다'라는 단어는 빈번하게 사용됨에 따라
그 의미가 닳아빠지고 소모되어서 마침내 사라져 버린다. 텅빈 말인
셈이다. 아무것도 말하려는 것이 아니고, 결국 아무것도 아닌 것이
다.

　이제부터 우리가 말하려는 본론으로 돌아와서, 친가다가 무엇을
의미하는가에 대한 질문에 답할 수가 있겠다. Chingada는 강제로 조
롱당하고 유린당하고, 개방당한 어머니를 뜻한다. 친가다의 자식이

라고 하면 강간이나 충동과 조롱으로부터 출발한 것을 말한다. 이 말을 스페인어에서 말하는 '창녀의 자식'이란 말과 비교해 보면 그 차이점을 곧 알 수 있다. 스페인 사람들의 표현은 수치스러운 의미로서 자의적으로 자신을 내어준 여자, 곧 매춘부의 자식이라는 의미지만, 멕시코에서는 억지로 강요된 강간으로 인한 자식이라는 뜻이다.

마누엘 까브레라(Manuel Cabrera)는 스페인 사람들의 태도 속에는 원죄에 대한 도덕적이고 역사적인 개념이 담겨 있는 반면에, 멕시코 사람들은 더 깊고 진정한 의미에서 일상적이고 도덕적인 윤리관을 갖고 있다고 한다. 결국 스스로 자신을 내어주는 여자들까지 포함해서 모든 여성들은 남자들에게 찢기어지고 개방당하는 것이라고 할 수 있다. 이런 의미에서 우리는 모두 이런 여성들에게서 태어났다는 단 하나의 의미만으로도 친가다의 자식이며 이브의 자식인 것이다. 단언하건대 멕시코인의 가장 특징적인 면은 어머니의 과격하고 빈정거리는 듯한 굴욕과, 그에 못지않은 아버지들의 난폭한 자기주장에서 비롯된 것 같다. 여성들은 이런 상황을 더 민감하게 느끼는 듯하며, 한 여자 친구는 나에게 다음과 같은 점을 일깨워 주었다. 폐쇄적이고 공격적이며, 타인을 괴롭히고 개방시킬 수도 있는 강력한 힘의 상징인 아버지에 대한 의미가 우리가 다른 사람에게 자신의 우월감을 드러낼 때 사용하는 말인 '내가 네 아비다'라는 표현 속에 담겨있다는 것이다. 반추하자면 근원에 대한 문제는 우리의 불안과 고뇌의 가장 비밀스러운 중심에 자리 잡고 있다. 이런 모든 것이 우리에게 주는 의미에 대해서 한번 생각해볼 필요가 있다.

우리는 모두가 혼자다. 고뇌가 움트는 근원인 고독은 어머니의 자궁에서 떨어져 나와 낯설고 적대적인 세상에 내던져진 그 날로부터 시작된다. 우리는 떨어져 나왔고, 떨어져 나온 것을 아는 마음에서 이미 죄라는 것을 감지하게 된다. 무엇으로부터 시작되었는지 정의할 수 없고 태어난 것이 죄인 셈이다. 이런 느낌은 모든 사람들에게 공통적인 감정이고 특별하게 멕시코 사람들에게게만 나타나는 것은 아니다. 그래서 그동안 여러 번 시도했던 서술을 다시 할 것이 아니라, 우리들의 어떤 감정과 성향이 이런 보편적인 인간성에 특별한 빛을 비추고 있는지 찾아야 할 것 같다.

모든 문화권에서 여신들이 격하되면서 바로 뒤이어 등장하는 아버지 신(神)은 형상이 모호하다. 그것은 여호와, 창조주 또는 제우스, 창조의 왕, 우주를 다스리는 통치자로서 종족의 힘과 삶의 근원을 상징하고 구현하는 아버지이다. 또한 태초의 시작이었으며, 유일한 존재로서 모든 것이 그곳으로부터 태어났고, 모든 것이 그곳으로 다시 돌아가는 근원이다. 그러나 다른 한편으로 하나님은 벼락과 채찍의 주인이며, 폭군이고, 생명을 게걸스럽게 먹어치우는 전설 속의 식인귀이기도 하다. 분노하는 여호와, 성내는 신, 사투르누스(제우스의 아버지, 고대 로마 농경의 신), 여성을 괴롭히는 제우스신에서 나타나는 이런 면은 멕시코 사람들의 남자다운 힘을 보여주는 민속 공연을 보아도 여실히 드러난다. 마초(macho: 남성, 수컷을 일컫는 통속어)는 극단적인 남성적 특성을 나타내는 말이다. '내가 네 아비다'라는 말도 부성적인 느낌은 전혀 담고 있지 않고, 지키며 훈육하려는 것도 아니다. 도리어 어떤 우월성을 과시함으로써 상대방을 부끄럽게 하려는 것이다. 이 말의 진정한 의미는 chingar라는 동사와 그 파생어의 뜻과 다르지 않다. 마초는 위대한 Chingón인 셈이다. 이 말은 공격성과 무감각함, 난공불락의 것, 노골적인 폭력의 행사 등을 의미한다. 그리고 마초의 또 하나의 속성, 그것은 힘이다. 질서라는 개념을 무시한 강력함이며, 고삐가 풀린 의지이며 예측할 수 없는 제멋대로의 힘인 것이다.

마초에게는 의외의 성향이 하나 더 있는데 그것은 그가 제멋대로라는 것이다. 그는 익살꾼이다. 마초의 우스갯소리는 항상 과장되고 터무니없으며, 부조리한 결과로 귀결된다. 이런 이야기가 있다. 동료의 두통을 치료하기 위해서 머리에 총을 쏜다는 식이다. 사실이든 아니든 불합리한 논리가 우리 삶에서 얼마나 엉뚱한 결말을 이끌어 낼 수 있는지를 보여 주는 것이다. 마초는 규칙을 깨고 무모한 짓(chingaderas)을 저지른다. 예측할 수 없는 일을 해서 혼란과 공포, 파괴를 일으킨다. 세상을 연다. 세상을 열면서 세상을 파괴한다. 파괴하면서 가학적인 웃음을 짓게 한다. 그는 나름대로 정당하다. 평형을 다시 이루고, 사물을 제 자리에 다시 갖다 놓는다. 다시 말하면 모든 것을 먼지와 같이 아무것도 아닌 보잘것없는 것으로 만드는 것이다. 마초의 해학은 복수하는 행동이다.

심리학자들은 그들의 심리 밑바닥에는 항상 원한이나 섭섭함이 자리 잡고 있다고 말할 것이다. 그들에게서는 또한 동성애라든가 총기의 사용이나 남용, 남성들만의 조직을 유지하려는 성향 등을 쉽게 발견할 수 있다. 여기에서 권총은 음경의 상징이며, 삶이 아니라 죽음을 불러내는 것이다. 그러나 어떤 동기에서 이런 행동들이 나왔느냐에 상관없이, 마초들의 행동의 특징은 한결같이 힘에 그 바탕을 두고 있다. 그리고 그 힘은 다른 사람에게 얼마나 상처를 주고 파괴하며 말살하고 모욕을 줄 수 있는지로 표현된다. 그렇다면 자신들의 그런 행동으로 인해서 태어나는 아이들에 대해 무관심한 것은 어쩌면 당연한 일인지도 모른다. 자신들이 한 행동이 한 마을을 만들거나, 조국을 지배하는 족장이 되는 것도 아니다. 왕이나 심판자가 되는 것도 아니며, 한 씨족의 우두머리가 되는 것도 아니다. 내부에서 고립된 하나의 권력일뿐더러, 외부의 세계와는 아무 연관이나 상관도 없다. 그들은 완전히 철저하게 고립된 상태이며, 고독은 그들을 삼키고 그들과 관계된 모든 것들을 삼킨다. 그들은 우리가 사는 세계에 살고 있지 않다. 우리 도시에 속해 있지도 않으며, 우리들의 거리에 살고 있지 않다. 먼 곳에서 왔을 뿐 아니라, 항상 먼 곳에 존재한다. 그들은 이방인이다. 마초의 이미지와 스페인 정복자들의 유사성은 쉽게 알아차릴 수가 있다. 그것은 멕시코인들이 그려낸 권력자의 전형적인 모습이며 현실적이라기보다는 공상적인 존재이다. 족장, 봉건 지주, 농장주, 정치가, 장군, 사업가들이 모두 마초이며, chingón이다.

마초는 영웅이나 신에 해당하는 존재가 없다. 멕시코에서 조국의 아버지를 부를 때 쓰는 '이달고'(Hidalgo)도 무기력한 노인네에 불과하고, 강하고, 불같이 화를 내는 아버지의 이미지보다는 힘 앞에서 움츠러드는 연약한 존재를 나타낸다. 수많은 멕시코인의 수호신들 중에서도 위대한 남성적인 신성을 갖고 있는 신들은 별로 찾아볼 수가 없다. 그들은 이해하기 어려운 삼위일체 하나님에 대한 각별한 신앙심도 없다. 그러나 작은 신이고, 하나님의 아들이며, 젊고, 구원의 희생인 예수 그리스도에 대해서는 지속적으로 신심을 바친다. 마을마다 교회 안에서 십자가에 못 박히거나, 상흔으로 뒤덮여 있는 예수님의 성상을 흔히 볼 수 있다. 이 형상 속에는 스페인 사람들의 노골적인 사실주의와 인디오들의 비극적인 상징주의가 결합되어 있다. 상처는 꽃과 같고, 부활의 약속인 동시에 삶이란 죽음의 고통스러운 가면에 불과하다는 것을 보여준다.

신의 아들에 대한 경배는 스페인 식민지 시대 이전의 종교에서 이미 뿌리를 찾아볼 수 있다. 스페인 정복자들이 도착할 무렵에 숭배 되던 위대한 남성신들은 젊은 옥수수의 신 히뻬(Xipe), 남쪽의 전사인 우이찔로포치뜰리(Huitzilopochtli) 같은 신의 아들들이었다. 어린아이 이고 동시에 노인이기도 한 가장 오래된 고대의 신 뜰라록(Tlaloc)만이 예외적인 존재였다. 우이찔로포치뜰리의 탄생 과정이 예수 그리스도 와 비슷하다는 것은 짚어볼 만한 일이다. 그도 역시 육체적 접촉 없 이 잉태되었다. 신의 의지를 전달한 것도 새였다. 그 새는 대지의 신 꼬아뜰리꾸에(Coatlicue)의 무릎 위에 깃털 하나를 떨어뜨렸다. 그리고 우이찔로포치뜰리도 어린 시절에 신화 속에서 헤롯왕의 박해를 피해 달아나야만 했다. 그러나 이러한 유사성이나 신의 아들에 대한 숭배 가 이어진 사실만을 통해서 인디오들의 예수 그리스도에 대한 신앙 심을 모두 설명하기는 어렵다. 멕시코인들은 예수를 피로 물들고 겸 손하며, 군인들에게 구타당하고 재판관들에게 심판받는 그리스도로 기억한다. 왜냐하면 그리스도를 통해서 자신들의 운명이 투영된 모 습을 보기 때문이다. 여기에서 우리는 꾸아우떼목(Cuauhtémoc)을 다 시 생각해볼 수 있다. 꾸아우떼목은 멕시코의 정복자 꼬르떼스에 의 해 폐위되고, 고문을 당한 후에 살해된 아스떼까의 젊은 황제였다.

꾸아우떼목은 '땅에 떨어진 독수리'를 의미한다. 그는 멕시코 제국의 수도 떼노치띠뜰란(Mexico-Tenochtitlan)에 대한 포위공격이 시 작되는 시기에 권좌에 올랐다. 그때 멕시코인들은 그들의 신과 신하, 동맹국들로부터 차례로 버림을 받았다. 다른 신화 속의 영웅들처럼 그는 전락하기 위해서 권좌에 올랐다. 여자와의 관계도 젊은 영웅들의 일반적인 전형을 따르고 있는데 사랑하는 여신의 연인이면서 동시에 그의 자식이었다. 그래서 로뻬스 벨라르데(López Velarde)는 꾸아우떼목이 꼬르떼스(Cortes, 1521년 멕시코를 정벌한 스페인 정복가)를 만나고 마지막 희생양이 되기 위해서 여신의 가슴팍에서 떨어져 나왔다고 서술했다. 그는 전사였지만 동시에 어린아이였다. 그러나 영웅의 전설은 여기서 끝나지 않는다. 떨어진 별이라고 할지라도 영웅은 새로운 부활을 꿈꾼다. 대부분의 멕시코 사람들에게 꾸아우떼목이 영원히 젊은 할아버지로, 멕시코의 조상으로 여겨지는 것은 놀라운 일이 아니다. 영웅의 무덤은 민족의 요람이다. 이것이 신화의 자연스러운 귀결이며 꾸아우떼목은 역사적인 인물이기 전에 하나의 신화인 것이다. 또한 중요한 것은 이 역사를 대단원의 결말을 찾아가는 진정한 서사시로 만드는 것이다. 꾸아우떼목의 무덤은 위치가 확인되지 않고 있다. 그의 유해가 어디에 있을까 하는 것은 우리에게 강한 의문으로 남아 있다. 그의 유해를 찾아낸다는 것은 마침내 우리의 기원으로 돌아가는 것이고 우리의 혈통을 다시 이어주는 것이며, 고독의 껍질을 깨뜨리고 벗어나는 것이다. 즉, 우리들의 부활을 의미한다.

만약에 누군가가 성삼위 중 제 삼위, 즉 성모에 대해 물어본다면, 이중적인 대답이 돌아올 것이다. 멕시코의 가톨릭에서 과달루뻬(Guadalupe)성모상을 숭배한다는 것은 누구나 알고 있다. 우선 그것은 인디오 성모를 섬기는 것이다. 인디오인 후안 디에고 앞에 출현한 장소도 아스떼까인들의 풍요의 여신이었던 '우리의 어머니' 또난친(Tonantzin) 성전이 있었던 언덕이다. 알려진 바와 같이 스페인에 의해 정복당한 것은 멕시코에서 2명의 남성 신에 대한 숭배가 최고조에 이르렀던 시기이다. 그중 하나인 께찰꼬아뜰(Quetzalcoatl)은 스스

말린체와 스페인 정복자 꼬르떼스

로 몸을 던진 희생양이었는데 신화에 의하면 그는 세상을 창조했고, 떼오띠우아깐(Teotihuacan, 멕시코 고대 신정국가)에서 화톳불에 몸을 던졌다. 그리고 또 하나는 희생하는 젊은 전사로서 우이찔로포치뜰리(Huitzilopochtli)라는 신이었다. 이 신들의 패배는 정복자들에 의한 인디오들의 정복이자 우주 진행의 종말이고, 새로운 신들이 다스리는 왕국의 도래를 의미하는 것이었으며, 이로 인해 옛날의 여성신 숭배로 되돌아가는 흐름이 생겨났다. 그 당시에 심리학적으로 자주 일어나는 현상으로 어머니의 품으로 돌아가고 싶은 마음은 성모에 대한 신앙심이 되어 급속도로 모든 사람에게 확산되었다. 고대 인디오들의 숭배대상은 우주리듬과 만물의 성장, 농업 제례의식 등과 연결된 풍요와 다산의 여신들이었다. 가톨릭에서 기리는 성모도 어머니이지만(일부 인디오 순례자들은 아직도 과달루뻬의 성모를 과달루뻬 또난친이라고 부른다) 상황이 바뀌어 이제는 과거와 달리 농작물의 풍요로운 수확보다 그들을 품어줄 어머니의 무릎이 더 필요하게 되었다. 성모 마리아는 가난한 자들을 위한 위로요, 약한 자에게는 방패이며, 압제 받는 자들에게는 보호자다. 말하자면 버림받은 모든 자들의 어머니다. 우리는 누구나 무상속자로 태어나며 고아와 같은 처지이기는 하지만 멕시코 인디오들이나 가난한 사람들의 경우에는 더욱 그러하다. 멕시코인들이 성모 마리아에 바치는 경배는 인간의 보편적 신앙심이기도 하지만, 또한 물질적이고 정신적인 면에서 구체적인 역사 상황을 반영하는 것이기도 하다. 또한 범우주적인 어머니, 성모는 상속을 박탈당한 인간을 알 수도 없고 형체도 없는 신, 그 어떤 신비로운 분에게 연결해 주는 중재자이기도 하다.

성스러운 과달루뻬 성모와 달리 친가다(Chingada)는 강간당한 어머니이다. 그러나 성모나 친가다의 이미지 속에서는 위대한 여신들의 강하고 어두운 면은 찾아볼 수 없다. 즉 아마테라쓰(Amateratsu, 일본의 태양의 여신), 아프로디테(Aphrodite, 그리스 사랑의 여신)와 같은 성적인 느낌이나 아르테미스(Artemis, 그리스 사냥의 여신)나 아스타르테(Astarte, 하늘을 관할하는 유대 여신)의 잔인함, 시르시(Circe, 그리스의 요정여신, 약초를 관할)의 마법의 저주, 또는 칼리(Kali, 힌두 여신, 우주에너지를 관할)의 피에 대한 사랑과 같은 느낌은 찾아볼 수가 없다. 과달루뻬 성모와 친가다는 수동적인 면을 지니고 있다. 과달루뻬 성모는 수용적이고 받아들이는 어머니이다. 사람들의 마음을 위로하며, 온화하고 정적이며, 불쌍한 자들의 눈물을 닦아주고 편안하게 하며, 평안과 동정심이 넘치는 분이다. 친가다는 더욱더 수동적인 이미지를 갖고 있다. 그 수동적인 태도는 비천하기까지 하다. 폭력에 대해 아무런 저항도 하지 않으며 피와 뼈, 먼지로 이루어진 무기력한 존재일 뿐이다. 앞서 말한 대로 그녀의 오점은 체질적인 것이고 성적인 역할과 관련이 있다. 외부에 대한 무방비 상태의 수동성은 그녀의 정체성을 말살시킨다. 이것이 바로 친가다의 모습이다. 이름도 잃어버리고 아무도 아니며, 아무 것도 아닌 무존재에 지나지 않는다. 그럼에도 불구하고 그녀는 여성성을 치열하게 구현하는 존재이다.

친가다가 강간당한 어머니의 이미지라면 이를 정복과 연관시켜 보게 되는 것도 무리가 아니다. 능욕은 역사적 사건일 뿐만 아니라, 인디오 여인들의 몸속에서도 이루어졌다. 이런 일의 상징이 바로 정복자 꼬르떼스(Cortes)의 연인이었던 말린체(Malinche)이다. 그녀는 자발적으로 자신을 정복자에게 내맡겼고, 꼬르떼스는 그녀가 필요 없게 되자 곧 잊어버렸다. 도냐 마리나(Doña Marina, 말린체의 스페인식 이름)는 스페인인들에 의해 유혹되고, 능욕당한 후 버림받은 여성들을 뜻하게 되었다. 자기들의 아버지를 찾아 떠나기 위해서 자신들을 버린 어머니를 용서하지 못하는 어린아이들처럼, 멕시코 민족은 말린체의 배신을 용서하지 못한다. 인디오들의 금욕적이고, 냉정하고 폐쇄적인 모습과는 반대로, 그녀는 개방되고 능욕당한 모습을 보인다. 그래서 꾸아우떼목과 도냐 마리나는 상반되기도 하고 보완적이기도 한 멕시코의 두 개의 상징적인 존재다. 유일한 영웅인 젊은 황제 꾸아우떼목은 희생의 제물로 바쳐진 아들로서 가장 높은 위치로 받들어지고 있는데 그를 향한 모든 사람들의 숭배가 놀라운 것이 아니라면 말린체를 향해서 그렇게 저주를 퍼붓는 것도 놀라운 일이 아니다. 이런 연유에서 최근 언론이 외국 풍조에 감염된 사람들을 비난할 때 사용하기 시작한 말린체 같은 사람이라는 표현이 널리 퍼졌다. 말린체와 같은 사람들은 외부세계를 향해 멕시코를 개방하기를 원하는 데 그들이 말린체의 후예이며, 친가다의 자식들이다. 오늘날 개방과 폐쇄를 주장하는 두 세력이 다시 한 번 대립하고 있음을 목격하게 된다.

우리의 부르짖음은 외부에 대해 마음을 닫고 살아가기를 원하며, 특히 과거와도 단절하고 싶어하는 멕시코 사람들의 욕구의 표현이다. 이는 우리의 근원을 거부하고 우리의 혼혈을 증오하는 외침이다. 놀랍게도 현대의 멕시코 사람들의 생각과 감정 속에 정복자인 꼬르테스와 말린체가 생생하게 살아 있는 것을 보면, 그들이 단순히 지나간 역사 속의 인물이 아니라 아직 해결하지 못한 우리 내면의 비밀스러운 갈등의 상징임을 보여준다. 호세 끌레멘떼 오로스꼬(José Clemente Orosco)는 국립대학 벽화에서 말린체를 멕시코의 이브로 표현하고 있는데, 멕시코인은 말린체를 거부하면서 과거와의 연결을 끊고, 그 근원조차도 철저하게 부정한 채 고립과 고독 속에 들어가 살고 싶어한다.

멕시코인들은 스페인으로부터 전해 받은 것인지, 순수한 원주민 인디오 문화인지조차 잘 구분되지 않는 모든 행동, 태도, 성향 등으로 이루어진 그들의 전통 자체를 통째로 거부한다. 따라서 말린체를 제외하고는 멕시코인들이 모두 꼬르테스의 자손이라는 스페인 중심적인 이론은 일부 극단주의자들의 터무니없는 주장에 지나지 않는다. 더구나 그런 주장을 늘어놓는 사람들이 순수한 백인혈통도 아니다. 마찬가지로 일부 광신적인 끄리오요(미주대륙에서 태어난 백인)나 혼혈계가 주장하는 인디오 중심주의적 주장 역시 일고의 가치도 없는 논리이며, 이에 대해 인디오들조차 관심을 두지 않는다. 멕시코 사람들은 원주민이 되는 것도, 스페인 사람이 되는 것도 원하지 않는다. 또한 그들의 자손이라는 것도 원하지 않는다. 그들은 이 모든 것을 거부한다. 또한 메스티소(혼혈)임을 수긍하지도 않는다. 그들의 존재는 추상적 개념이며, 그저 순수하게 하나의 인간일 뿐이다. 그 누구의 자식으로도 돌아가고 싶어하지 않는다. 그들은 그들 자신으로부터 시작한 사람들이다.

이런 우리의 태도는 일상적인 생활에서뿐만 아니라 역사의 진행 과정에서도 엿볼 수 있다. 역사적으로 보면 우리는 과거를 지워버리려는 의지를 보인 순간들이 여러 차례 있었다. 이렇게 생생한 역사와 뿌리 깊은 전통을 갖고 있으며, 현재 시대에는 그렇지 못하지만 과거에는 풍부한 고대 전설을 지녔던 나라가 과거를 부인하고 싶어 한다는 것은 참으로 놀라운 일이다.

우리의 절규는 어느 순간에는 표출되기도 하고 때로는 깊은 내면으로 숨어 버리기도 하는 우리의 상처가 무엇인지를 보여준다. 그러나 이 분리의 원인이 무엇이며, 어머니에 대한 부정의 이유는 무엇인지, 이런 단절이 언제부터 시작되었는지를 정확하게 알 수는 없다. 단지 이 문제를 보다 상세히 살펴보기 전에 역사적으로 한번 더듬어 보면, 지난 19세기 중반경 멕시코에서는 자유개혁이 있었는데 이 시기에 자기 스스로와 단절하는 것과 같이 과거의 전통과 단절하기로 결심한 것 같다. 독립이 우리와 스페인을 연결하는 정치적 고리를 끊어내는 것이었다면, 개혁은 멕시코가 역사발전과정에서 식민지 전통의 계승을 거부하는 것이었다. 후아레스(Juarez, 인디오출신으로 1857-72 간 대통령 역임)와 그들 세대가 수립한 국가의 이념은 스페인의 식민지 부왕국 누에바 에스파냐나 고대 멕시코 원주민 시대의 사상과는 다른 것이었다. 멕시코 공화국은 보편적이고 추상적인 인간 개념을 선포했다. 즉 서인도제도 식민지법령이 식민지의 다양성에 대한 배려와 특성을 고려하여 규정한 것처럼 공화국이 끄리오요(백인), 인디오(원주민), 메스티소(혼혈)로 구성된 것이 아니며, 단지 인간으로 이루어졌음을 선포하였다. 단순히 그냥 인간일 뿐이다.

개혁은 어머니와의 완전한 단절이다. 이 결별은 숙명적이고, 필요한 행동이었다. 왜냐하면 진정으로 자립된 인생은 가족과 과거로부터 단절될 때 비로소 시작되기 때문이다. 그러나 이 단절이 아직도 우리를 아프게 한다. 우리는 아직도 이 상처의 고통을 느끼고 있다. 그래서 버려진 고아와 같은 감정이 우리의 불안정한 정치와 내적 갈등의 깊은 원인이 되고 있다. 멕시코는 그들 한 사람, 한 사람이 외로운 것처럼 참으로 고독하다.

멕시코인, 멕시코의 정체성은 이런 단절과 부정으로 정의될 수 있다. 또한 이러한 고립상태를 벗어나려는 의지와 이를 위한 탐색의 노력이기도 하다. 다시 말하면 역사적, 개인적으로 느끼는 생생한 고독의 자의식이다. 역사를 통해 멕시코인들이 느끼는 감정과 갈등의 원인을 알 수는 없지만, 이 단절이 일어난 과정과, 그로 인해서 생긴 고독을 극복하기 위해서 우리가 어떻게 노력해 왔는지는 알아볼 수 있을 것이다.

chapter 05

정복과 식민지

Conquista y Colonia

　　　　　　　　　멕시코 사람들을 만나면 서구적
인 생활양식 속에서도 여전히 옛날 고대의 신앙과 관습을 그대로 간
직하고 있음을 곧 느낄 수 있다. 우리들의 생활 속에 아직도 옛날의
문화양식이 생생하게 살아 있는 것을 보면 꼬르떼스 정복 이전의 문
화가 얼마나 생명력이 넘쳤었는가 하는 것을 알 수 있다. 고고학자와
역사학자들은 많은 것들을 발굴했고, 그러므로 더이상 고대 사회를
야만적이거나 원시적 부족들이었다고 말할 수는 없게 되었다. 멕시
코에 도착했을 때 스페인 사람들은 세련되고 발달한 문명을 발견하
고 큰 충격과 놀라움에 휩싸이게 되었다.

　　나중에 미주 식민지 누에바 에스파냐(Nueva España)의 중심지가
된 메소아메리카는 현재의 멕시코 중부와 남부 일대, 그리고 중미 일
부를 포함하는 지역이다. 이 지역의 북쪽 사막과 초원지대에는 유랑
을 하면서 살고 있는 유목민들이 있었는데 중앙고원 사람들은 이들

을 치치메카족이라고 불렀고 이 말은 일반적으로 야만인을 의미할 때 사용하는 말이었다. 이들 사이에서 한 지역과 다른 지역의 경계는 고대 로마시대처럼 불안정한 것이었다. 메소아메리카 시대의 마지막 몇 세기는 대부분 나우아뜰족에 속하는 북부 수렵부족들이 파상적으로 남하하면서 남부의 정착부족들과 부딪치고 교류하는 역사로 요약된다. 아스떼까족은 바예 멕시코(Valle Mexico)시대의 마지막을 장식했던 부족이다. 아스떼까족은 아놀드 토인비가 세계제국이라고 칭하는 거대한 왕국을 건설했는데, 이는 그들 이전의 조상이 만들어 놓았으나 쇠락해진 고대의 문명과 지역문화들을 흡수하면서 고대사회의 유산 위에 세워진 것이었다. 역사학자 토인비가 지적한 것처럼 스페인 사람들이 한 일이라고는 아스떼까인들을 대체하여 자리를 잡으면서 메소 아메리카를 위태롭게 했던 분열위험을 정치적으로 해결한 것뿐이었다. [1]

정복자 꼬르떼스가 도착했을 당시에 멕시코에는 놀랍게도 많은 도시와 문화가 공존하고 있었는데 그들은 대체로 비슷한 특성을 공유하고 있었다. 다양한 중심세력들이 있고, 그들 간에 상호경쟁하며 대립하였다는 사실은 지중해나 세계의 다른 문명권들처럼 메소아메리카도 수많은 독립된 부족들과 국가, 문화로 구성되어 있었음을 말해준다. 메소아메리카는 자체의 역사를 가진 하나의 세계였던 것이다.

한편 여러 중심세력들이 비슷한 문화를 공유하고 있었다는 것은

----

1) 역자 주 : 아스떼까 — 멕시코 최후의 왕조를 세운 부족. 1325년 현재의 멕시코시티를 수도로 정하고 제국을 건설하였다.

그리 멀지 않은 정복시대 이전에 단일한 정치, 종교체제가 이질적인 초기문화들을 대체하였음을 보여주는 것이다. 중부와 남부 지역에서 전해져 내려오던 모태문화는 이미 여러 세기 전에 소멸하였고, 그 후 손들은 다양한 여러 문화를 조화시키고 재창조해 나가고 있었다. 그리고 이러한 과정을 통해 마침내 약간의 차이만 있을 뿐 거의 동일한 하나의 문화모델이 완성되어 있었던 것이다.

역사적인 비교는 무리하게 남용되는 경우가 있어 다소 어려운 점이 있기는 하지만, 16세기가 시작될 무렵의 메소아메리카는 로마가 한창 세계적으로 세력을 확장해 나가던 시기의 헬레니즘 세계와 비교될 수 있다. 당시 그 지역에는 여러 개의 거대한 국가들이 존재하였으며, 지중해, 특히 그리스의 섬과 대륙에는 많은 도시국가들이 버티고 있었으나 헬레니즘 세계의 문화적 통일성은 방해를 받지 않았고, 이로 인해 오히려 더 강조되었다. 셀레우코스, 프톨레마이오스, 마케도니아 왕국 그리고 수많은 작은 국가들이 각각의 독창성과 다양성을 갖고 있었지만 그로 인해서 구분되는 사회는 아니었다. 그들은 단지 서로 간의 투쟁으로 인해 갈라져 있을 뿐이었다. 메소아메리카에서도 이와 비슷한 일이 일어났다. 서로 다른 문화적인 전통과 유산이 섞이고 마침내 한 개의 문화권으로 통일되었다. 이런 문화적인 동질성에도 불구하고 이와는 별도로 각 국가들은 서로 분열되어서 대립을 계속했다.

동방문화를 흡수한 그리스문화의 지배력에 의해 헬레니즘 세계는 문화적인 통일을 이루었다. 반면에 인디오사회를 하나로 통합할 수 있었던 요인이 무엇인지 확인하기는 어렵다. 하지만 단순한 고찰을 통해 하나의 가설을 세워 볼 수는 있다. 고대사회에서 그리스문화가 했던 역할을 메소아메리카에서 실현한 것은 중부고원의 뚤라와 떼오띠우아깐에서 꽃피었던 문화였던 것으로 추정된다. 이는 고유한 이름을 갖고 있지 않았기 때문에 정확하지는 않지만 일반적으로 뚤떼까 문화라고 부른다. 이 가설을 뒷받침하는 하나의 증거는 중앙고원 문화가 남부지역, 특히 제2차 마야 제국이 장악하고 있던 지역에까지 영향을 미쳤다는 사실이다. 남부의 고대 유적도시 치첸이싸는 뚤떼까 문화권에 속하는 도시임에 주목해야 한다. 그러나 역으로 남부의 마야 문명이 중부고원의 떼오띠우아깐에 영향을 미친 흔적은 찾아볼 수 없다. 이러한 모든 역사적 증거들은 멕시코 중심부의 문화가 어느 시기에 확장되면서 마침내 전 지역을 지배하게 되었음을 보여주는 것이다.

메소아메리카는 역사적으로 하나의 통일된 단일체로 보는 견해가 우세하다. 이는 동일한 여러 가지의 문화적 요소를 공유하고 있기 때문인데, 예를 들면 옥수수 경작, 제사달력, 공놀이, 인신공양, 유사한 식물과 태양신화 등이 그것이다. 이 모든 문화요소들은 남쪽 지방에서 시작되었고, 북부로부터 유입된 부족들이 이를 단계적으로 하나씩 받아들인 것으로 알려져 있다. 그렇다면 메소아메리카 문화는 초기에는 남쪽지방에서 만든 것을 북부 유목민들이 받아들인 다음에 체계적으로 발전시킨 것으로 보인다. 다만 이 가설은 각 지방문화의 고유성을 간과하는 경향이 있다. 일례로 인도-유럽권 민족들이 유사한 정치, 종교, 신화적 개념을 나누어 갖고 있었으나 각 지역의 문화적 독창성은 그대로 살아 있음에 유의해야 한다. 어쨌든 메소아메리카 각 지역 문화는 약화되고 몰락해서 중앙고원 지역문명의 계승자인 아스떼까 제국에 의해 흡수되어가는 시점에 있었다.

당시 사회는 종교에 흠뻑 젖어 있었다. 아스떼까 사회도 군사적 신정 국가였다. 따라서 종교적 통일이 정치적 통일에 앞서거나 정치적 통일을 완성시키는 요소였고, 종교와 정치는 동전의 양면처럼 연결되어 있었다. 여러 가지 언어로 각각 다른 명칭을 갖고 있기는 했으나 꼬르떼스 정복 시대 이전에 각 도시들이 숭배하는 신들은 차츰 서로 닮아져갔고, 그들의 종교의식과 제사의 의미도 역시 비슷하였다. 토지와 식물의 생장, 풍요를 비는 뜰랄록과 같은 농사의 신들, 그리고 하늘, 전쟁, 사냥을 기원하는 떼쓰까뜰리뽀까, 우이찔로뽀치뜰리, 미쓰꼬아뜰 같은 북방의 신들은 모두 같은 종교에 속하는 것이었다. 당시 아스떼까 제국 종교의 가장 두드러진 특징은 자신과 다른 부족들의 여러 가지 신앙들을 재창조하고, 체계화하며 통합하기 위해서 끊임없이 노력하고 있었다는 점이다. 이러한 종교통합은 기독교가 처음으로 전파되기 시작하던 시기의 민간종교의 경우처럼 일반 시민들에 의한 종교운동의 결과가 아니라 아스떼까 사회계급 피라미드의 가장 정점에 있던 최상위 계층이 주도해서 이루어진 과업이었다. 사제계급이 종교를 체계화하고 조화시키며 개혁해 나가는 일련의 과정은 종교에서도 새로운 것을 기존의 것에 덮어씌우는 방식이 적용되었음을 보여주는데, 이러한 방식은 고대 미주사회가 가진 특징 중의 하나이다. 이에 따라 아스떼까의 피라미드가 때로는 과거에 건조된 피라미드 위에 새로운 것을 덧씌우는 형태로 지어진 것처럼, 종교적인 통합도 단지 의식의 표면에 영향을 주었을 뿐이고 옛날부터 전해져 내려오던 그들의 원초적 믿음은 그대로 남겨두었다. 가톨릭도 이와 같은 방법으로 도입되어서 멕시코인들의 의식 속에 생생하게 살아 있는 근원적인 원시신앙은 그대로 두고 그 위에 다른 종교를 한 겹 더 쌓아올린 형태가 되었다. 이 모든 것이 스페인의 미주정복을 용이하게 하는 상황을 마련해 주었다.

멕시코정복의 과정을 올바르게 이해하기 위해서는 먼저 당시의 역사적 상황을 이해하는 것이 필요하다. 스페인 사람들의 도착은 아스떼까인들에게 굴복했던 부족들에게는 해방을 뜻하는 것이었다. 많은 나라와 도시들은 자신들과 대립관계에 있던 다른 나라들, 특히 가장 강력한 제국이던 아스떼까 제국의 수도 떼노치띠뜰란이 함락될 때 정복자들과 연합하거나, 또는 기뻐하지는 않았을지라도 무관심한 태도로 방관했다. 목떼수마 황제가 선물을 주면서 정복자 꼬르떼스를 환영하고, 스페인 사람들에게 떼노츠띠뜰란을 개방하는 순간에 아스떼까인들은 사실상 패배한 것이나 다름없었다. 이 비장한 역사적 사건에 대해서 전해진 여러 가지 기록에서 알 수 있는 바와 같이 그들의 마지막 전쟁은 일종의 자살 행위와 같았다.

목떼수마 황제는 왜 스스로 몸을 낮추었을까? 그가 스페인 사람들에게 그처럼 현혹된 이유는 무엇이었을까? 목떼수마는 왜 스페인 사람들 앞에서 신성하다고 표현해도 과장되지 않을 현기증─자살하는 사람들이 죽음의 심연과 마주하는 순간에 경험하는 현란한 현기증을 느꼈을까? 그 이유는 신들이 그를 버렸기 때문이다. 멕시코 역사의 출발점이 된 가장 큰 배신은 뜰락스깔떼까 사람들이나(스페인 정복군에 협력한 부족) 목떼수마와 그의 측근들에 의한 것이 아니고, 바로 신들의 배반이었다. 아스떼까 제국은 그들의 몰락을 알리는 많은 징조와 조짐, 예언 앞에서 그 어떤 나라도 느끼지 못했을, 완전히 유기되었다는 절망감에 빠지고 말았다. 우리는 인디오들의 시간순환 개념을 정확하게 알아야 비로소 그들에게 일어난 징조와 예언의 의미를 이해할 수 있을 것이다. 다른 많은 민족이나 문명에서와 마찬가지로 아스떼까인들에게 시간은 그 안에 내용이 비어 있는 추상적 단위가 아니라 구체적으로 살아 있는 것이었으며, 소모되어 없어져 버리는 힘이나, 실체 혹은 흐름과 같은 것이었다. 따라서 일 년이나 한 세기의 단위로 시간에 활력을 불어넣는 희생과 의식이 필요했다. 그러나 시간은 ─보다 정확하게 말하자면 각각의 시간은─ 태어나서 성장하고 쇠퇴하며 다시 태어나는 것으로, 살아 있을 뿐 아니라 연속적인 순환 속에 있었다. 한 시대가 끝나면 다른 시대가 돌아오는 것이다. 처음에는 목떼수마는 스페인 사람들의 도착을 외부 세력의 침입이라고 생각하지 않고, 우주적인 순환 속에서 한 주기가 끝나고 새로운 시대가 도래하는 것을 의미한다고 해석했다. 자신들의 시간이 끝났기 때문에 신들은 떠나가 버렸다. 이제는 다른 시간이 돌아오고 이와 함께 다른 신들이 사는 새로운 시대가 도래한 것이다.

새로 태어난 아스떼까 제국의 젊음과 활력을 생각할 때 신으로부터 버림받은 것은 그들에게 더욱 슬프고 고통스러운 일이었음이 틀림없다. 로마나 비잔티움과 같은 고대 제국들은 그들의 오랜 역사의 끝에서 죽음의 유혹을 느꼈다. 마침내 외부로부터 뒤늦게 최후의 타격이 왔을 때 시민들은 어깨를 으쓱했을 뿐이었다. 제국은 피로에 지쳐 있었고, 피폐해진 권력의 피로에 비하면 노예상태가 되는 것은 오히려 가벼운 부담같이 느껴졌을 것이다. 그러나 아스떼까인들은 성숙한 단계로 나가면서 한창 활력이 넘쳐흐르는 청춘기에 오싹하는 죽음의 오한을 경험하였다. 멕시코의 정복은 여러 가지 다양한 요인들이 작용하여 일어난 역사적인 사건인 것이 틀림없지만 가장 중요한 원인을 간과하는 경우가 많은데 그것은 바로 아스떼까인들의 자살행위이다.

죽음에 현혹되는 것은 원숙하거나 나이가 든 사람들보다 오히려 젊은 사람들에게서 많이 볼 수 있는 성향이다. 특히 정오와 자정의 순간은 죽음의 의식을 바치는 시간이다. 정오─ 그 찰나의 순간, 모든 것이 정지하며 동요한다. 그 순간의 태양과 같이 생명은 스스로에게 이대로 계속 살아가도 좋을 것인지를 자문한다. 아직 역사의 길 중간에 있던 아스떼까인들은 현기증이 느껴지는 정지의 순간, 하늘을 향해 얼굴을 들었다. 하늘의 징조는 부정적인 것이었다. 그 순간 그들은 죽음의 유혹을 느꼈다.

우주의 빛나는 끝자락 위에서 나는 생각한다
피토니스가[2] 그리던 죽음의 달콤함을,
세상이 끝날 것 같은 맹렬한 바람이 분다.

아스떼까 부족의 일부 사람들은 용기를 잃고 침략자들에게 항복했다. 한편 다른 사람들은 아무런 구원의 희망도 없이 모든 것으로부터 배신을 당한 가운데 죽음을 택했다. 신, 종교 체계, 상층계급 등 모든 분야에서 이중적인 구조로 되어 있던 아스떼까 제국은 스페인 사람들이 출현하는 순간에 이중적 사회의 균열선에 따라 두 개로 갈라졌다.

....

2) 역자 주 : 피토니스 ─ 그리스 신화에서 아폴로의 신탁을 전하는 무당.

다른 모든 정복자와 마찬가지로 아스떼까 사람들의 종교는 태양을 숭배하는 종교였다. 아스떼까 제국은 모든 열망과 전쟁의 목적을 태양신과 새의 신에게 바쳤다. 태양은 생명의 근원이 되는 신이며, 새의 신은 안개를 헤치고 나타나 전쟁터 한가운데 우뚝 선 승리자처럼 하늘의 중앙에 자리 잡은 신이었다. 신은 단순히 자연을 재현해 놓은 것만은 아니었다. 신들은 사회의 희망과 의지를 구현하는 매체였으며, 사회는 이를 통해 스스로를 신성화하고자 노력했다. 남부의 전사 우이찔로포치뜰리는 한 부족이 숭배하던 전쟁과 희생의 부족신이었는데 그의 행적은 학살로부터 시작되었다. 사제들의 태양신 나나우아찐은 자발적인 자기희생을 세상과 삶의 의미를 표현하는 가장 숭고한 방법이라고 보았다. 한편 왕이자 사제인 께찰꼬아뜰은 제의적인 의식을 존중하고 운명에 순응하며, 싸우지 않고 다시 태어나기 위해서 죽음을 선택하였다. 이와 반대로 전사들의 태양신이었던 우이찔로포치뜰리는 자신을 지키고 투쟁하며, 불뱀의 화염으로 적을 무찌르고 승리하는 불패의 태양이었다. 이런 각각의 특징을 가진 신들은 하나하나가 사회 지도층의 주요한 각 세력들의 목표와 이상을 대변하고 있었다.

아스떼까 종교의 이중성은 그들의 신정-군사 분리와 사회체제를 반영하고 있을 뿐만 아니라 각 개인과 집단들이 가지고 있는 상호 모순적인 충동을 잘 드러낸다. 우리 속에는 죽음과 삶의 본능이 서로 다투고 있다. 이러한 성향은 뿌리가 깊고, 사회 각 계층, 그룹, 개인들의 행동에 큰 영향을 미치면서, 결정적인 순간에는 적나라하게 그 모습을 드러내기도 한다. 죽음의 본능이 승리했을 때 아스떼까 사람들은 자신들의 운명에 대한 의식을 순간적으로 잃어버렸던 것 같다.

아스떼까 제국의 수도, 떼노츠띠뜰란(디에고 리베라가 그린 대통령궁 벽화)

꾸아우떼목은 멸망할 것을 알면서도 끝까지 투쟁했다. 솔직하고 대담하게 패배를 받아들임으로써 그의 투쟁의 비극성은 더욱 강조되었다. 자신을 둘러싸고 있는 모든 것, 심지어 위대한 아스떼까 민족의 창조자인 신들마저도 무너져 내리는 것을 바라보아야 했던 그 의식의 상처는 멕시코 역사 전체를 지배하고 있는 것 같다. 꾸아우떼목과 그 민족은 친구, 동맹국, 예속국과 신 모두에게서 버림받은 채 홀로 죽어갔다. 천애고아가 되어.

아스떼까 사회의 몰락은 나머지 다른 인디오 세계의 붕괴를 재촉했다. 모든 인디오 부족들은 광적으로 죽음을 선택할 수밖에 없을 정도로 심한 공황상태에 휩싸이게 되었다. 그 당시 많은 사람들에게 커다란 비극을 안겨준 대재난을 상세하게 기록한 역사적인 자료는 그렇게 많지 않다. 그러한 자료의 하나인 마야의 기록 「칠람 발람 데 추마이엘」의 증언을 보면 "아한 카툰 2세 때에 태양의 아들인 붉은 턱수염에 백색 얼굴의 이방인들이 도착했다. 그들의 도착은 우리를 얼마나 비통하게 만들었는가! 백인들의 몽둥이가 하늘로부터, 사방에서 쏟아져 내려올 것이다. 하늘에 있는 신의 말이 땅 위에 퍼져 나갈 때 우리의 유일한 신 '우납 꾸'의 목소리는 깊은 슬픔에 잠겼다." 뒷부분에서는 이처럼 이어진다. "교살형이 시작될 것이다. 백인들의 손에서 광선이 쏟아져 나올 것이다(총포를 묘사하는 것임)…." "참혹한 전쟁이 형제들을 짓누르고, 기독교로 들어가면서 공물의 의무가 지워지며, 일곱 가지의 성체의식이 만들어지고, 모든 부족들에게 많은 노동이 부과되고, 마침내 이 땅은 비참한 곳이 되었다."

그 당시의 스페인 사람들이 남긴 기록을 보아도 정복의 성격은 복합적이다. 모든 것들이 상호 충돌하는 모순 속에 있었다. 스페인 국토회복 전쟁(718-1492)과 마찬가지로 미주대륙 정복은 개인사업인 동시에 국가적인 위업이기도 했다. 꼬르떼스(멕시코 정복자)와 엘 시드(11세기 스페인 국토회복 전쟁 영웅)는 자신의 책임과 위험부담 아래 직속 상관의 뜻에 거슬려가면서 군주의 이름과 이익을 위해서 싸웠다. 그들은 신하이자, 반군이고 동시에 십자군이었다. 그들과 그 부하들의 마음 속에서는 군주의 이익과 개인의 이익, 신앙과 개인적 욕심 등 상반된 생각들이 싸우고 있었다. 정복군, 선교사, 식민지 관료 하나하나가 바로 전쟁터나 마찬가지였다. 이들은 각각 봉건주의, 교회,

절대 왕정 등 사회를 장악하기 위해 싸우는 거대한 권력들을 대변하였지만 동시에 그들의 의식 속에서 다른 성향들이 투쟁을 하고 있었는데 이것이 스페인과 다른 유럽국가들을 구별 짓고, 말 그대로 스페인을 유별난 국가로 만든 배경이 되었다.

스페인은 기독교 신앙의 수호자이고, 군인들은 그리스도의 전사였다. 그럼에도 불구하고 황제들은 대대로 교황과 치열한 논쟁을 벌이고, 트리엔트 공의회조차도 그 싸움을 완전히 종식시키지는 못했다. 스페인은 아직 중세국가였고, 신대륙에 만들어진 대부분의 사회제도는 중세적인 것이었으며, 식민지의 스페인 사람들 역시 중세의 사고방식을 가지고 있었다. 그러나 신대륙의 발견과 정복은 르네상스 사업이었다. 이를 통해 스페인 역시 르네상스에 참여했다고 할 수 있는데 다만 그 시대의 희망과 유토피아를 향한 꿈, 그리고 르네상스 과학과 기술을 배경으로 스페인이 해외에서 이룬 위업이 당시의 역사적 흐름인 르네상스의 진전에 의미 있는 기여를 하지는 못한 것으로 평가된다.

한편 신대륙 정복자들은 무어족이나 이교도들과 싸운 중세 전사와는 다르다. 그들은 모험가였다. 즉 새로운 곳으로 나아가며, 미지의 세계에서 위험을 무릅쓰는 도전을 하는데 이는 르네상스인의 특성이다. 반대로 중세의 기사는 폐쇄적인 사회에서 살고 있었다. 그들의 가장 큰 과업은 역사적으로 성격이 다른 십자군 전쟁이었다. 십자군 운동이 잃은 것을 다시 회복하기 위한 것이라면 미주대륙의 정복은 발견과 건설이었다. 꼬르떼스나 히메네스 데 께사다(Jiménez de Quesada)와 같은 대부분의 정복자들은 중세시대에는 생각할 수도 없는 유형의 사람들이었다. 문학적 취향, 정치적 현실주의, 실행하는 과업에 대한 판단, 오르떼가 이 가세뜨(Ortega y Gasset)가 지적한 '삶의 스타일' 등 정복자들의 모든 성향은 중세적인 감각과는 상당히 거리가 있었다.

스페인이 반종교개혁의 물결 속에서 서유럽에 대해 문을 닫아걸고 미래에 등을 돌렸지만 이에 앞서 시, 그림, 소설, 건축과 같은 모든 분야의 르네상스 예술을 받아들여 자신의 것으로 만들었다. 중세적 성향의 스페인전통과 제도가 혼합된 이러한 르네상스 예술은 철학, 정치사상과 함께 신대륙에 옮겨 심어졌다. 아메리카 대륙에 남겨진 가장 생동감 있는 스페인 유산은 스페인이 대외적으로 문호를 개방하고 있던 시기에 흡수한 세계문화를 바탕으로 만들어진 것들이라는 점에 유의할 필요가 있다. 흔히 카스티야 왕국의 껍질흔적이라고 일컫던 중세적 의미에서의 스페인 문화성향, 사회계급주의, 전통주의가 없는 것이 미주문화의 특징이며, 미주사회는 언제나 외부를 향해 문호를 개방한 채 세계화를 지향해 왔다. 미주대륙 작가 후안 루이스 알라르꼰(Juan Ruiz de Alarcón), 소르 후아나(Sor Juana), 다리오(Darío), 베요(Bello) 등은 아무도 전통적, 정통주의적 사상을 지니지 않았다. 미주대륙에서 계승한 스페인 전통은 프랑스나 이탈리아를 향해 개방되어 있고 이단적이어서 스페인에서는 이를 의심과 경멸의 시선으로 보았다. 스페인 문화의 일부를 구성하는 미주 문화는 몇 명의 지식인들이 자유롭게 선택한 길이었다. 따라서 호르헤 꾸에스타(Jorge Cuesta)가 지적했듯이 라틴아메리카 문화는 중남미인들의 수동적인 전통주의에 대비되는 개념으로서 자유의 구현이라고 할 수 있다. 그것은 문화를 지탱해 나가는 현실과 거리를 두는가 하면, 때로는 중복되는 형태로 나타난다. 미주 문화의 위대성은 이런 특성에 기반을 두고 있고, 때로 나타나는 공허함이나 무력감도 여기에서부터 시작되었다. 본질상 시인과 세상의 대화라고 할 수 있는 서정시는 발달한 반면에, 서사시와 희곡이 상대적으로 빈곤한 것은 현실이나 전통에 매이지 않는 우리의 이 낯선 특성에 기인하는 듯하다.

정복과정에서 나타나는 여러 요인과 추세의 불균형에도 불구하고 역사적 일관성은 흐려지지 않았다. 이 모든 것들이 스페인이라는 국가의 본질을 반영하고 있는데, 여기서 가장 현저한 특징은 스페인이 인위적인 창조의 결과라는 점이다. 그 의미를 좀 더 명확하게 표현하자면 정치적으로 건설된 체제라고 할 수 있다. 스페인 왕정은 무력을 통해 탄생했으며, 이사벨과 페르난도 가톨릭 왕과 후세 스페인 왕들이 그들의 통치에 굴복한 여러 민족에게 강요한 국가체제이다. 스페인의 통일성은 언제나 국가의 정치적인 의지에 의해서 유지됐고 그것은 스페인을 구성하는 여러 민족들의 의지와는 다른 것이다. (스페인의 가톨릭은 항상 국가의 정치적 의지를 지지해 왔다. 스페인 가톨릭이 투쟁적이고 권위적이며 가혹한 성격을 띠게 된 것은 이 때문인 듯하다.) 스페인이 신속하게 개인들의 정복사업을 수용하고 지원한 것은 유럽과 먼 대륙에서의 해외사업을 일관되게 지지하고자 하는 의지를 갖고 있었음을 보여준다. 다른 나라 식민지들이 느린 속도로 발전한 것에 반해서 스페인 식민지는 짧은 기간에 완벽하고 발달된 체제를 갖추었다. 안정되고 성숙한 사회가 이미 대륙에 존재하고 있었다는 사실이 스페인 사람들의 정복사업에 큰 도움이 된 것은 사실이지만 자신들의 생각대로 새로운 세계를 만들어보려는 스페인 사람들의 의지도 역시 분명했다. 아스떼까 제국의 수도 떼노츠띠뜰란이 함락되고 난 후 한 세기가 되기도 전에 1604년 발부에나는 「위대한 멕시코」(Grandeza

Mexicana, 멕시코 부왕국을 묘사한 시)를 발표했다.

한 마디로 요약하자면 정복이라는 사건은 원주민이든 스페인 사람이든 어느 편의 관점에서 보든지 간에 통일을 이루고자 하는 의지의 표출이다. 내부적인 여러 가지 모순에도 불구하고 정복은 꼬르떼스가 도착하기 이전에 신대륙에 존재했던 다양한 정치와 문화를 합하여 하나의 통일체를 만들어 낸 역사적 사건임이 틀림없다. 고대 미주대륙에는 많은 종족, 언어, 성향, 국가가 존재하고 있었으나 스페인 사람들은 이들에게 하나의 언어, 하나의 신앙, 하나의 신을 섬길 것을 요구했다. 멕시코가 16세기에 태동했다고 한다면 아스떼까와 스페인이라는 두 왕국의 제국적, 통일지향적인 이중폭력의 후예일 것이다.

미주 고대 토착문화의 잔재 위에 꼬르떼스가 건설한 제국은 스페인이라는 태양의 위성과 같은 종속적인 조직이었다. 따라서 원주민들은 많은 피지배 종족들이 경험하는 것처럼 그들의 민족문화가 짓밟히는 운명을 감수해야 했고, 폭력적으로 그들에게 부과된 새로운 질서는 그들에게 참여의 기회조차 열어주지 않았다. 그러나 스페인 사람들이 세운 국가는 개방된 질서였다. 이와 관련하여 새로운 사회에서 피정복자들의 활동과 역할을 살펴보고, 특히 당시 사회의 가장 중요한 활동이었던 종교에 피정복자들이 참여한 양태를 연구해 볼 필요가 있다. 멕시코의 역사와 개개인의 멕시코인들의 역사는 정확하게 이런 상황에서 시작되었다고 볼 수 있다. 따라서 식민지시대의 정치, 사회질서에 대한 연구는 필요불가결한 일이다. 신자들의 신앙생활이나 믿음의 내용 등을 통해 볼 수 있는 식민지 시대 종교의 주요한 특성들은 멕시코가 역사 속에서 겪은 많은 갈등의 원인과 멕시코 문화를 이해하는 데 큰 도움이 될 것이다.

　식민지 군부대장들의 야심, 재판관들의 부정부패, 온갖 종류의 내부투쟁 등 많은 문제점들을 극복하고 스페인이 본국을 모델로 한 새로운 식민지를 그처럼 빠른 시일에 건설한 것은 놀라운 일이다. 이렇게 만들어진 식민지 사회의 기반은 매우 견고했다. 식민지 사회는 오래 유지될 수 있도록 만들어졌다. 즉 법적, 경제적, 종교적 원칙에 따라서 내부적으로 완벽한 일관성을 가지고 다스려지는 사회, 각 부분과 전체가 조화롭고 생동감 있는 관계를 유지하도록 만들어진 사회이다. 모든 것이 충족되어 있고, 외부세계를 향해서는 닫혀 있지만, 다른 초월적인 세계를 향해서는 열려 있는 사회였다.

　식민지 사회의 종교적인 열정은 가소로운 것이라고 무시되기 쉽다. 또한 정복자들의 횡포를 감추기 위해서, 또는 정복자 스스로와 피정복자들에 대해 그러한 횡포를 정당화하는 구실로 종교를 악용하였다고 비난받을 가능성은 더욱 크다. 물론 이는 사실이다. 그러나 그들의 종교적 열정은 단순하게 거짓이 아니라 생생한 신앙이며, 나무의 뿌리처럼 식민지 사회의 경제, 문화를 떠받치는 필요하고도 중요한 역할을 한 것도 사실이다. 가톨릭은 식민지 사회의 중심이었다. 이는 하인이나 주인, 관료, 사제, 상인, 군인 등 모든 사람들의 열정과 활동, 도덕, 심지어는 죄악에 이르기까지 모든 면에 영향을 미치는 삶의 근원이었다. 종교는 식민지 사회를 역사의 흐름 속에서 단순히 하나의 중첩된 사회가 아니라 생생하게 살아 있는 하나의 생명체로 만들었다. 가톨릭은 세례의 열쇠로 사회의 문을 열고 이를 모든 사람들에게 개방하는 보편된 질서로 만들었다. 여기에서 가톨릭 교회라

스페인 정복자들의 멕시코 지배(디에고 리베라가 그린 대통령궁 벽화)

고 말할 때 이는 단순히 선교사들의 선교사업뿐만 아니라 가톨릭 성인, 욕심 많은 고위성직자들, 유식한 척하는 사제들, 정열적인 법리론자들, 사회봉사활동과 교회재물의 축적 등 가톨릭과 관련된 모든 것을 망라한 전체를 지칭하는 것이다.

스페인 사람들은 대농장과 광산에서 일할 노동력이 필요했기 때문에 인디오들을 전부 학살하지 않고 남겨 두었다. 인디오들은 함부로 다루기에는 너무나 귀중한 자산이었다. 이러한 필요성 이외에 원주민들을 다루는 데 인도적인 고려가 있었다고 보기는 어렵다. 이는 식민지 군부대장들이 인디오들을 어떻게 다루었는지를 생각해 보면 쉽게 짐작할 수 있을 것이다. 그러나 교회가 없었다면 원주민의 운명은 많이 달라졌을 것이다. 교회는 그들의 생활조건을 개선하고 더욱 올바른 가톨릭 신자로서의 삶을 살아가도록 노력을 기울였을 뿐만 아니라, 인디오들이 영세를 받고 헌신을 통해 하나의 사회, 하나의 교회에 참여할 수 있는 길을 열어 주었던 것이다. 삶의 터전이었던 도시는 멸망하고, 믿었던 신들은 죽었으며, 모든 옛날문화와의 연결고리도 끊어져 버린 채 천애고아와도 같았던 인디오들은 가톨릭 신앙을 통해서 이 세상에서 그들의 자리를 마련할 수가 있었다. 북미 인디오들에게는 사회 피라미드의 맨 밑바닥일망정 사회의 일부로 소속되어 살아갈 수 있는 기회가 주어지지 않았다. 멕시코에서와는 달리 북미 뉴잉글랜드의 프로테스탄트들은 무자비하게 그 지역의 인디오들에게 그러한 기회마저도 허용하지 않았던 것이다. 가톨릭에 들어가는 것은 우주에서 자신의 자리를 발견하는 의미임을 흔히 잊어버리기가 쉽다. 믿었던 신들의 실종과 그들의 지도자였던 대장들의 죽음이 그들을 얼마나 뼈저리게 외로운 상황으로 몰아갔는지 현대인들은 상상조차하기 어렵다. 새로운 신앙은 인디오들을 이 세상과, 그리고 다음 세상에도 다시 연결할 수 있는 고리가 되어주었다. 가톨릭은 이 땅에서 그들이 존재하는 의미를 되찾아주고, 희망을 불어넣어 주었으며, 삶과 죽음의 가치를 회복시켜 주었다.

거의 대다수의 멕시코 사람들의 종교이기도 한 인디오들의 가톨릭 신앙은 토착 신앙과 새로운 믿음이 혼합된 것이다. 그럴 수밖에 없었던 것이 그들에게 있어서 가톨릭은 강요된 신앙이었기 때문이다. 다른 관점에서 보면 이러한 상황은 매우 중요한 사실일 수도 있지만 새 신자인 인디오들은 이에 대해 큰 관심이 없었다. 가장 중요한 것은 신, 그리고 주변세계와의 종교적, 사회적, 인간적 관계가 다시 만들어졌다는 점이다. 이제 그들의 존재는 더욱 광범위한 우주질서의 한 부분으로 편입되었다. 인디오들이 선교사를 '아빠'라고 부르고, 과달루뻬 성모를 '어머니'라고 부르는 것은 단순한 신심이나 노예근성에서 비롯된 것만은 아니다.

멕시코의 스페인 식민지와 북미 영국령 식민지 간에는 아주 큰 차이가 있다. 스페인의 식민지정부는 끔찍한 일들을 저지르기는 했지만 최소한 가장 참혹한 일을 하지는 않았다. 최악의 형벌은 사회 구성원들에게 최하위층일망정 사회에서 그들의 자리를 허용하지 않는 것이다. 스페인 식민지에서는 사회 계급과 신분제도, 노예가 있기는 했지만 어떠한 사회 계층에도 속하지 않거나 법적, 도덕적, 종교적 지위가 없는, 사회에서 내쳐진 천민 계층은 존재하지 않았다. 이는 현대의 전체주의적 사회와도 상당히 다르다.

멕시코는 본국에서 멀리 떨어진 하나의 위성체와도 같았던 스페인의 식민지로서 독창적인 예술이나 사상, 신화를 만들어 내지 못했다. 미국을 포함한 남북아메리카 대륙에 존재하는 창조적 문화는 모두가 콜럼버스의 신대륙발견 이전 시대의 것이다. 식민지 시대에 기술이 더 발전하고, 메소아메리카에 비해 더욱 풍요롭고 발달한 유럽의 문화가 도입되었지만 그것만으로 이 시대를 정당화할 수는 없다. 그러나 식민지가 이룩한 보편적 사회질서의 수립은 이 시대를 정당화하고 그 사회의 한계를 극복할 수 있게 한 뛰어난 성과이다. 식민지시대의 훌륭한 시문학, 바로크 예술, 서인도법, 연대기 학자, 역사가와 지식인들, 특히 환상의 과일과 이교도들의 헛된 꿈까지 모든 것을 엄격하고도 폭넓은 질서 아래 조화시킨 식민지건축 등은 당시 사회의 균형을 반영하는 것이다. 이는 모든 사람, 모든 종족들이 자기 자리를 갖고 정당성과 의미를 찾을 수 있는 그러한 사회였다. 그리고 이 사회를 떠받치는 토대는 사원에서, 시에서 끊임없이 칭송되는 기독교적인 질서였다.

식민지사회가 정당하다고 말하려는 것이 아니다. 엄밀하게 말해서 어떤 형태로든지 억압이 지속되고 있는 동안은 그 사회가 의롭다고 할 수는 없다. 그러나 사회는 살아 움직이는, 따라서 모순된 요소들도 함께 섞여 있는 종합적 구성체라고 할 수 있다. 이런 시각에서 아스떼까 제국의 인신공양이 그 문화의 다른 부분과 아무 관련이 없는 별개의 잔인한 행위였다고 볼 수는 없을 것이다. 심장 빼내기, 웅장한 피라미드, 조각, 제의로서의 식인행위, 시, 꽃전쟁(guerra florida, 인신공양제물 포로를 잡는 부족간 전쟁), 신정정치와 대서사적인 신화 등 모든 것들이 합쳐져 총체적인 하나의 문화를 구성하고 있는 것이다. 이를 부정하는 것은 중세시대의 농노를 의식해서 고딕문화나 프로방스의 시를 부정하고, 아테네에 노예가 있었다는 사실 때문에 아이스 킬로스(고대 그리스의 대표적 비극작가)의 가치를 부정하는 것과 같이 유치한 일이다. 역사에는 악몽이 잔혹한 현실로 나타나는 부분도 있다. 인간의 위대함은 이러한 악몽과 같은 현실에도 불구하고 오래 남을 아름다운 일을 이루어 나가는 데 있다. 다른 말로 표현한다면 악몽을 비전으로 바꾸고, 창조를 통하여 우리를 잘못된 현실로부터 한순간이라도 벗어날 수 있도록 해주는 것이다.

몇 세기가 지나는 동안에 스페인은 국가의 토대가 되었던 관념들을 잘 고수하고 완벽하게 발전시켰다. 창조적인 지적 활동도 계속되었다. 다만 이러한 활동이 예술분야와 그들이 안고 있는 한계를 벗어나지는 못했다. 이 시기에 다른 곳에서는 비평이 가장 높은 수준의 창조형태로 발전해 나가고 있었으나 폐쇄적이고 자족적인 스페인에서는 비평이 거의 존재하지 않았다. 풍자와 신학적 논쟁이 있었고, 다양한 부족들을 끌어안고 있는 당시의 체제를 넓히고 완성하며 견고하게 하려는 노력이 계속되었던 것은 사실이다. 그러나 사회를 다스리는 기본원칙들은 불변이었고 변화의 시도조차 할 수 없었다. 스페인은 더 이상 창조를 하지 못했고, 어떠한 발견도 하지 못했다. 다만 확장하고 자기 방어를 계속하면서 그 시대를 즐기고 있었다. 그리고 그 사회가 변화하지 않고 그대로 유지되어주기만을 바랐다. 해외에 있는 식민지에서도 똑같은 일이 일어났다. 초기의 격변과 혼란기를 극복한 후에도 식민지는 시구엔사 이 공고라(Sigüenza y Góngora, 17세기 멕시코 신부, 작가)와 소르 후안나(Sor Juana)가 겪은 것 같은 위기를 수시로 겪었다. 그러나 이런 것들도 체제의 뿌리를 건드리거나 기존의 원칙을 흔들지는 못했다.

식민지세계는 이미 성숙하고 안정기에 들어선 유럽사회의 투영이었고, 독창적인 면은 거의 없었다. 신대륙의 식민지는 새로운 발견이나 발명을 하지는 못하고, 다만 기존의 것을 적용하고, 그것에 적응하는 사회였다. 사회체제를 포함하여 그들이 만들어 낸 모든 것은 스페인을 모방한 것이다. 스페인 문화는 신대륙에서 현지의 실정에 맞게 조금씩 변형되기는 하였으나 식민지의 보수적 성향이 그대로 유지되었다.

오르떼가 이 가세뜨(Ortega y Gasset)에 의하면 전통사회는 매우 현실적이어서 갑작스러운 도약을 두려워하며, 현실을 받아들이면서 서서히 변화해 나간다. 그 시대의 위대한 멕시코는 정복할 것은 더 이상 남아 있지 않고, 너무 이르게 정점에 도달한 붕괴하기 직전의 정지한 태양이었다.

종교적인 사색은 몇 세기 전에 이미 멈추어 버렸다. 종교교리는 완성되었으며, 생활 전반에 걸쳐 모든 것을 다스리고 있었다. 유럽에서 교회는 정체되어 수세에 몰리고 있었다. 무거운 스페인 함선들이 가벼운 네덜란드나 영국 함선의 제물이 되었듯이 교회의 방패가 되어야 할 스콜라철학은 스스로를 잘 방어하지 못했다. 가톨릭은 유럽에서 몰락해 가던 시기에 라틴아메리카에서는 절정기에 이르렀다. 유럽에서 가톨릭이 더 이상의 창조적인 동력을 잃어버린 시기에 신대륙에서는 확장되는 기회를 맞이한 것이다. 이미 완성된 기존철학과 고착된 신앙이 그대로 전해졌고 새로운 신자들에게는 자신들의 독창적 사고를 할 수 있는 기회조차 주어지지 않았다. 인디오들의 믿음은 매우 수동적이었다. 멕시코 사람들은 종교적 열의와 깊은 신앙심을 갖고 있었지만 종교적인 창의성은 참으로 빈약했다. 한 편의 홀

룽한 종교시도 없으며, 독창적인 철학이나 종교학자, 또는 영향력 있는 종교개혁가를 전혀 찾아볼 수가 없다.

이와 같은 역설적인 현실은 멕시코 역사의 많은 부분을 설명해주며, 멕시코인들이 가진 대부분의 심리적 갈등의 원인이기도 하다. 지도계급이 몰살 당하고 신전과 모든 기록이 파괴되며, 자신들의 뛰어난 문화가 말살되는 것을 목격해야 했던 인디오의 후손들에게 가톨릭은 마음의 피난처를 제공해 주었다. 그러나 그들이 독창성을 발휘할 수 있는 기회는 주어지지 않았는데, 이러한 상황은 유럽에서 가톨릭이 쇠퇴한 원인이기도 했다. 이로 인해 인디오들의 교회참여는 가장 초보적이고 수동적인 신앙생활의 형태로 축소되었다. 극소수의 사람들만이 새로운 신앙을 온전하게 이해할 수 있었다. 완고한 가톨릭과 케케묵은 스콜라 철학은 인디오들이 창의적이고 활발하게 신앙생활에 참여하는 것을 어렵게 했다. 더구나 대부분의 신자들은 과거 원주민사회의 하층계급 출신들이었고, 문화적 전통이 빈약한 사람들이었다. 주술이나 종교지식을 가진 사람, 전사, 사제들은 살해되거나 스페인에 동화되었기 때문이다. 한 마디로 인디오들이 가톨릭을 받아들일 당시의 상황은 그들에게 종교적 창의성을 허용하지 않았다. 이로 인해 식민지 시대의 가톨릭은 상대적으로 아주 빈약해졌는데, 이는 종교가 유일한 살아 있는 힘이었던 고대시대에 기독교화된 로마인과 야만족들의 풍요한 창의성과 비교해보면 더욱 뚜렷하게 대비가 된다. 멕시코인들의 반전통적인 태도와 가톨릭에 대한 모호한 입장이 이러한 역사적 사실에서 유래한다는 것은 쉽게 짐작할 수 있다. 종교나 전통은 이미 죽어 있고 아무 쓸모도 없는 형태로 다가왔으며 이는 멕시코인들의 독창성을 저해하고 질식시켰다.

이런 상황 아래에서 고대사회의 근본적 바탕이 그대로 남아 지속된 것은 놀라운 일이 아니다. 멕시코인은 종교적인 사람들이고 신성에 대한 그들의 경험은 아주 진지하다. 누가 그들의 신인가? 고대의 대지의 신인가 아니면 그리스도인가? 비록 주술적인 요소가 있기는 하지만 참된 기도문인 차물라(마야문명의 부족)의 기도가 이 질문에 대한 명확한 답이 될 수 있다.

성스러운 대지여 하늘이시여, 오 주여 그 아들이여,
성스러운 대지여, 성스러운 하늘이시여, 영광이여,
저를 굽어살피소서, 제게 강림하소서, 저의 일을 보소서,
저의 수고를 보시고, 저의 고통을 감찰하소서.
위대한 분, 위대한 주, 위대한 아버지, 여인들의 위대한
영이시여, 저를 도와주소서.
당신 손에 제물을 바칩니다. 이곳에서 제물의 영혼이 안식처를
찾습니다.
여기 향과 초를 바칩니다. 달의 영이시여, 하늘의 동정 어머니여,
대지의 동정 어머니여. 성 로사여, 당신의 첫 번째 아들, 첫 번째
영광을 위하여, 제물의 영혼 속에 갇힌 당신의 아들을 살피소서.

많은 경우에 가톨릭은 우주진화론적인 고대신앙은 그대로 두고 그 위에 하나의 신앙이 더해지는 형태로 도입되었던 것이다. 주민등록상으로는 우리 시대의 사람이지만 신앙적 관점에서는 오래전 세대에 속한 차물라족의 후안 뻬레스 홀로떼(Juan Perez Jolote)가 마을의 한 교회에서 그리스도에 대해 묘사하면서 그리스도가 그들에게 주는 의

미가 무엇인지 설명한 것을 보자.

> 이 관 속에 들어 있는 분은 성 마누엘이다. 또한 산 살바도르 또는
> 성 마태오라고도 부른다. 이 분은 인간과 모든 피조물을 돌보시는
> 분이시다. 우리는 그분에게 집에서, 길에서, 대지 위에서 어디서
> 든 도와달라고 자비를 구한다.
> 십자가에 못 박히신 이 분 역시 성 마태오이다. 우리에게 믿음을
> 가르쳐 주시기 위해 십자가에서 못 박혀 돌아가신 것을 나타내 보
> 이셨다. 성 마누엘이 태어나기 전에는 해도 달처럼 차가웠다. 땅
> 에는 사람들을 잡아먹는 뿌꾸혜(전사의 영혼)가 살고 있었다. 하느
> 님의 어린 아들이 태어났을 때 해가 따뜻해지기 시작했다. 그는
> 성모님의 아들이며 구세주였다.

분명한 예시가 될 수 있는 위의 설명에서 여러 가지 신앙이 중첩
되어 있고, 인디오들의 신화가 뚜렷하게 남아 있음을 볼 수 있다. 그
리스도가 태어나기 전에 신의 눈동자인 태양은 온기가 하나도 없었
다 태양은 신의 일부이다. 따라서 홀로뗴는 차물라족에게 신의 존
재로 인해 삼라만상이 다시 활동하기 시작했다고 반복해서 설명하
고 있다. 이것은 세상창조의 아름다운 신화가 크게 변형되어 소개된
것이 아닌가! 떼오띠우아깐(Teotihuacan, 7세기까지 멕시코 중부에 존재했던
강력한 신정도시국가)에서도 신들은 생명의 근원인 태양의 문제에 직면
해 있었다. 그들은 오직 께찰꼬아뜰(Quetzalcoatl, 날개 달린 뱀의 신)의 희
생만이 태양을 움직이고, 신의 분노의 불에서 세상을 구할 수 있다고
믿었다. 고대 신화가 그대로 유지됨으로써 기독교적인 개념과 인디

오늘의 개념 차이가 분명하게 두드러졌다. 그리스도는 원죄를 씻고 우리를 구속함으로써 세상을 구원했다. 께찰꼬아뜰은 구원의 신이라기보다는 재창조의 신이다. 인디오들에게는 죄의 개념이 개인, 사회, 우주의 건강, 질병과 연계되어 있다. 그리스도인들은 육체나 사회와는 무관하게 개인적으로 구원받는다고 믿는다. 기독교는 세상을 심판한다. 그러나 인디오들은 각 개인의 구원이 우주와 사회 구원의 일부로서 이루어지는 것으로 생각한다.

그 어떤 것도 멕시코인들과 신들 사이의 부모 자식 관계를 없애지는 못한다. 이는 모든 것을 빼앗긴 이들에게 정서생활의 깊이를 더해주고, 그들의 나라를 지속시켜 주는 영원한 힘이다. 그러나 동시에 멕시코인들은 신과의 관계를 더욱 활기 있고 풍요로운 것으로 바꾸지도 못했다. 가톨릭의 멕시코화 그리고 과달루뻬 성모, 그 어느 것도 이를 위해서는 도움이 되지 못했다. 그리하여 각성한 이들은 기성 교회를 떠나 야외 노천으로 나가는 것을 주저하지 않았다. 그들은 고독 속에서 적나라한 영적 투쟁을 통해 호르헤 꾸에스따가 촉구한 대로 신선한 영적 공기를 조금이나마 맛보고 숨 쉴 수 있었다.

17세기의 카를로스 2세 시대는 스페인 역사에서 가장 슬프고 공허한 시기 중의 하나였다. 모든 정신적 자산은 역동적으로 변화된 예술과 생활풍조의 열기에 밀려 황폐해지고, 이단과 극단 세력의 강한 반발로 완전히 가라앉았다. 그러나 이베리아 반도 본국에서 쇠퇴해 가던 스페인 문화가 미주 대륙에서는 전성기를 맞이하고 있었다. 한편 이 시기는 바로크 예술이 절정에 도달하던 때였다. 당시 미주 신대륙의 뛰어난 사람들은 시만 쓴 것이 아니었다. 그들은 천문학, 물리학, 그리고 미주대륙의 고고학에도 흥미를 가졌다. 규범에 얽매여 정체된 사회에서도 깨어 있는 지성인들은 그 시대의 예술을 가장 높은 경지에까지 높여가면서 동시에 새로운 시대, 새로운 사조를 열어나가는 역할을 했다. 그들은 누구나 예외 없이 지적 호기심과, 정확성이 종교적인 관념과 충돌하는 내부적 갈등을 겪었음을 볼 수 있다. 어떤 사람들은 불가능한 통합을 시도했다. 예를 들면 소르 후안나는 「첫 번째 꿈」을 쓰기 시작하였는데 이 철학적 시는 과학과 시문학, 바로크 주의와 계몽주의를 하나로 연결하고자 하는 시도였다.

당시 유럽의 지성인들도 갈등을 겪고 있었고 그러한 추세는 18세기에 더욱 뚜렷해졌는데, 이 시대에 미주 신대륙의 지성인들이 경험했던 갈등을 유럽이 겪고 있던 것과 비슷한 내용의 과정이었다고 비교하는 것은 잘못된 것이다. 신대륙 지성인들을 마침내 침묵하게 만든 갈등은 신앙과 이성의 충돌에서 온 것이 아니었다. 더욱 근본적인 원인은 신앙의 내용이 굳어지고, 그 결과로 우리가 원하는 영혼의 갈증에 신선함과 자양분을 충분하게 공급하지 못하게 된 것이었다.

에드문도 오고르만(Edmundo O'Gorman)은 이 갈등을 "이성이 세상의 고요함을 깨뜨렸으나 더 이상 신앙의 위로로는 충분하지 않은 중간 상태"라고 표현하였다. 그 당시에 믿음은 정체되고 무미건조했기 때문에 힘을 발휘하지 못했고, 미주 대륙에서 이성 비판은 나중에 가서야 시작되었다. 오고르만은 신앙과 이성의 관계에 대해 이렇게 말했다. "동시에 하나님과 이성을 믿는 것은 현실적이고, 유일하며, 극단적이고, 상호모순된 가능성에 자신의 존재를 뿌리박고(아니면 그곳에서 뿌리를 뽑고) 살아가는 것이다. 그 가능성은 인간존재로서 실제로는 불가능하지만 가능할 수도 있다는 희망을 갖는 두 개의 기둥으로 받쳐지는 것이다." 이런 통찰력 있는 묘사는 불가능한 가능성의 양극단의 경계가 희미해질 때 더 유효하다.

　그 시대의 종교적 감정의 진실성을 부인할 수는 없지만, 종교가 활동력이 없고 피폐했던 것도 사실이다. 그러나 다른 한편으로 영적 분열에 대한 문제의식이 없던 시구엔사나 소르 후안나의 이성주의를 지나치게 과장해서도 안 될 것이다. 갈등이 야기된 것은 그들이 미지의 세계를 탐구하며 지식을 쌓으려는 열망과 지적인 활력을 가지고 있던 반면에 신학과 신대륙 문화는 이를 뒷받침하기에 너무 비효율적이었다는 사실에서 비롯된 듯하다. 그들의 갈등은, 믿음은 있었지만 화석처럼 굳어진 사회체제를 통해서는 내밀하고 섬세한 열망을 드러낼 수 없었던 당시 식민지 사회의 모습을 그대로 반영한 것이었다. 식민지 질서는 위로부터 아래로 강요된 질서였고, 사회, 경제, 법률, 종교적 가치는 결코 변화시킬 수 없는 요지부동의 진리였다. 신권과 절대왕정에 의해 다스려지는 사회는 전체가 하나의 거대하고 섬세한 예술품과 같은 것이었으며, 변화가 아니라 오래 유지될 수 있도록 만들어진 것이었다.

　카를로스 2세 시대(1665-1700, '마법에 걸린 자'라는 특이한 별명을 가짐)의 스페인이 암흑기에 빠져 있던 것과 달리 신대륙에서 소르 후안나 시대는 지성인들이 미약하게나마 지적인 호기심에 활력을 보이기 시작하던 시기였다. 시구엔사는 인도 고대문명에 흥미를 가졌고, 소르 후안나와 다른 사람들은 데카르트 철학과 실험 물리학, 천문학 같은 것에 관심을 보였다. 교회는 이런 모든 지적 호기심에 대해서 우려를 나타냈다. 한편 국가는 식민지의 정치와 경제, 종교적 고립을 심화시키고 그 사회를 폐쇄적이고 닫힌 지역으로 만들었다. 시골과 도시에서 잇달아 소요가 일어나고 무자비하게 진압되었다. 소르 후안나의 세대는 이 폐쇄적인 사회에서 그 당시의 정신적 전통으로는 대답할 수 없었지만 유럽처럼 자유로운 분위기에서는 이미 해답이 나와 있던 문제들에 대해서 더욱 암시적이고 형식적인 논의들을 시작한다. 그러나 그들의 대담성에도 불구하고 당시의 시대적 상황으로 인해 당시 지식인들 가운데 그 누구도 식민지 사회를 지탱하고 있는 기본 원칙들을 비판할 생각은 갖지 못했으며 다른 의견을 제시하지도 않았다. 위기가 다가오자 그 세대는 모든 주장과 활동을 포기하고 그들의 모호한 투쟁마저도 중지했다. 그들의 체념은 종교적인 개종과는 전혀 관련이 없는 것이었으며, 결국 침묵으로 이어졌다. 하느님께 모든 것을 내어맡기는 것이 아니라, 자기 자신을 부정한 것이다. 이러한 부정은 자기 자신에 대해 닫혀 있는 식민지 사회에 대한 부정인 것이다. 출구도 없고 오로지 파멸이 있을 뿐이었다.

후안나 데 아스바헤(Sor Juana의 본명, 1651-95)처럼 그 당시 세상의 이중성을 그대로 실제화했던 인물은 없었다. 그녀 자신의 삶처럼 작품의 외면에는 아무런 균열도 보이지 않는다. 그 작품 속에 있는 모든 내용은 그 시대가 한 여성에게 요구했던 것에 대한 대답이었다. 여러 가지 역할에도 불구하고 아무런 갈등이나 문제없이 소르 후안나는 헤로니모 수도원의 수녀이고, 시인이었으며, 빠레데스 백작 부인의 친구이자 극작가였다. 실제였든 아니면 열에 들뜬 표현에 지나지 않는 것이었든지 간에 그녀가 갖고 있던 사랑의 열정, 음악과 대화에 대한 사랑, 문학적인 노력, 몇몇 사람들이 말하는 그녀의 성적인 취향에 이르기까지 모든 것들은 상반되지 않았고, 이상적인 목표를 향해 가고 있었다. 소르 후안나가 그 시대를 풍미했던 것처럼 그 시대도 소르 후안나를 받아들였다. 그러나 「휠로떼아 수녀에게 보내는 회신」과 「첫 번째 꿈」 두 작품은 그 자신과 그 시대에 대해 좀 더 독특한 시각을 보여주었다. 이 작품들에서 그녀는 가톨릭 안에서 그녀의 추종자들이 생각하는 것과는 다른 면을 보여주고 있다.

그녀의 「첫 번째 꿈」은 「고독」(17세기 초 Luis de Góngora의 시)에 견줄 만한 작품이다. 사실상 소르 후안나의 시는 루이스 데 공고라의 모방작이다. 그러나 외양적으로 비슷해 보이지만 담고 있는 내용에 서는 깊은 차이가 있다. 메넨데스 이 펠라요(Menedez y Pelayo)는 공고라의 작품들이 '공허한' 소리에 불과하다고 비난했는데, 비판의 표현을 '피상적'이라는 단어로 바꾸어 놓으면 오히려 공고라의 시의 개념에 가까워질 것이다. 공고라는 겉으로 드러나는 외양상의 세계를 묘사하려고 노력했을 뿐이며, 베르나르도 발부에나는 이를 현실 세계의 모방이라고 지적했다. 「고독」은 구성이 단순하고 철학적 내용은 더욱 빈약하다. 거의 모든 내용이 묘사와 여담으로 채워지고 있는데 각각의 문장들은 상상과 대구(對句)와 수사적 표현들로 가득 차 있다. 공고라의 시에 무엇인가 생동감 있는 것이 있다면 그것은 시에 등장하는 조난자나 그의 생각이 아니고, 단지 시인의 상상력일 뿐이다. 그래서 작가가 서문에서 말한 바와 같이 그의 시구는 순례자의 발걸음이고 일탈의 노랫가락이다. 노래하는 순례자는 그의 노래 속에서 한 가지 말이나 한 가지 색을 발견하면 발걸음을 멈추고 그것을 애무하고 잡아늘이기도 하며, 단락마다 하나의 심상을 만들어내고 각각의 심상마다 하나의 세계를 만들어내고 있다. 시는 느리게 흘러가면서 아름다운 섬같이 숲이 우거진 여러 개의 삽입구로 나뉘고, 시가 찾아내서 고정시킨 자연 풍경, 빛, 그늘, 현실 속을 굽이굽이 흘러 내려 간다. 다마소 알론소(Dámaso Alonso)는 이 시가 순수한 환희이고, 이상적인 자연을 예술적으로 재창조한 것이라고 했다. 공고라는 모든 것에 형태를 주고, 투명하거나 빛나면서 매끄럽거나 파도치는 외양으로 만들었기 때문에 실체와 형식 사이에 아무런 충돌이 없다.

소르 후안나는 공고라의 형식을 모방했지만 그녀만의 철학적인 시 영역을 구축했다. 그녀는 현실을 관통하는 문제의식을 느끼기를 원하였으며, 겉모양만 달콤하게 포장하는 것을 원치 않았다. 그녀의 시는 구문론적으로 그리고 신화적, 개념적인 면에서 모호한 미지의 여운을 담고 있다. 알폰소 레예스(Alfonso Reyes)는 소르 후안나의 시가 순수한 지적 감동의 시문에 도달하기 위한 하나의 시도라고 말했다. 「첫 번째 꿈」이 우리에게 보여주는 환상은 인간과 세상이 꿈을 꾸고, 그 자신이 꿈속에 나타나기도 하는 우주의 밤, 잠에서 깨어나는 꿈을 꾸기까지 꿈속에 잠겨 있는 우주의 꿈이 주는 내용이다. 이 시의 지적인 밤은 종교 문학자들의 육체와 영혼의 밤과는 다른 것이다. 소르 후안나의 시는 그 당시까지 있었던 스페인 시에서는 찾아볼 수 없는 전혀 다른 유형의 시이다. 보슬러(Vossler)가 지적한 바에 의하면, 그녀의 시는 독일 계몽주의 시 운동의 전초이다. 「고독」과는 달리 「첫 번째 꿈」은 완성이라기보다는 시도라고 할 수 있는데, 사실상 다른 방법이 없었다. 그녀의 시에는 그녀의 인생처럼 공허하고 중간적인 지역이 존재하기 때문이다. 이것은 서로 화해할 수 없고 결국에는 그녀를 황폐화시킨 상반된 세력들이 충돌을 불러 일으키는 공간이다.

소르 후안나는 우리에게 뛰어난 작품을 한 권 더 남겼다. 「휠로떼아 수녀에게 보내는 회신」은 그 시대의 지성을 향해서 던지는 믿음의 선언인 동시에 지성의 행사를 포기할 것임을 밝히는 고백이다. 이는 기성세대에 대한 지성과 여성의 방어이고 시대적 소명에 대한 이야기이다. 자신의 말대로라면 소르 후안나는 거의 모든 분야의 학문을 공부한 것 같다. 그녀는 단순히 학자적인 호기심을 넘어 각각의 모든 지식을 하나의 일관된 비전으로 통합하고자 하는 지성인으로서의 열망을 갖고 있었다. 소르 후안나는 모든 진리를 연결하는 숨겨진 고리가 있음을 감지하고 있었다. 다양한 여러 학문분야에 대해 언급하면서 그녀는 학문 간의 모순과 충돌이 실제보다 더 두드러져 보이며, 최소한 형식과 순이론적인 측면에서 보면 더욱 그렇다고 말했다. 과학과 예술은 서로 반대되는 입장에 있다해도 상호 간에 자연의 일반적인 이해를 저해하지 않으며, 오히려 서로 일맥상통하는 부분이 많이 있어서 한쪽이 다른 한쪽의 이해를 돕고 길을 열어준다. 그래서 서로 상응하며, 놀라우리만치 서로 관련되고 조화를 이루어 하나로 연결되어 있다는 것이다.

만약에 그녀를 학자가 아니라고 한다면 마찬가지로 철학 정신도 지니지 못했다고 말해야 할 것이다. 왜냐하면 추상력이 부족했기 때문이다. 소르 후안나의 지식에 대한 갈망이 그녀의 풍자적 성향이나 다양한 재능과 어울리지 않는다고 할 수는 없다. 만약에 다른 시대에 살았다면 그녀는 수필이나 비평을 썼을 것이다. 그녀가 한 가지 이념만을 위해서 살았던 것은 아니고, 새로운 이념을 만들어 내지도 않았다. 그러나 이념으로 인해서 그녀의 삶이 있었고 이념은 그녀의 인생이 갖고 있는 환경이지 자연스러운 양식이었다. 그녀는 지성인이고 그 시대의 양심이었다. 그녀가 진실한 종교적 믿음을 갖고 있었음은 의심의 여지가 없다. 그러나 신앙심이 깊은 신자라면 신의 존재와 능력을 체험하게 될 계기에 그녀는 오히려 가설과 의문을 던진다. 사람들이 모든 것은 신으로부터 온다고 반복해서 가르치려고 해도 그녀는 항상 이성적인 설명을 요구했다. "내 앞에서 두 명의 여자아이들이 팽이 놀이를 하고 있었다. 그 팽이가 스스로의 힘으로 동그라미의 모습을 그리는 것을 보는 순간 나는 둥근 형태가 자유롭게 움직여가는 모양에 미친 듯이 열중했다…."

그녀의 책에 담겨 있는 내용은 그 시대나 그 이후에 스페인 작가들의 작품과 비교해 보더라도 아주 대조적이다. 눈에 보이는 현실세계는 그들에게 아무런 문제가 되지 않았다. 그들은 있는 그대로의 현실을 받아들이든지, 아니면 비난하든지 둘 중에 하나를 선택했다. 스페인 황금시대의 문학은 행동이 아니면 관찰이 있을 뿐이라고 말하는 것 같다. 스페인의 역사 속에서는 모험을 선택해서 앞으로 나아갈 것인지, 포기하고 뒤로 후퇴할 것인지를 선택해야 했다. 종교작가들은 물론, 스페인 문학가 그라시안(Gracián)이나 께베도(Quevedo)도 지식 자체에 대해서는 관심이 없었고 지적 호기심을 오히려 무시했으며, 행동과 도덕, 구원에 대해서만 말하고자 했다. 스토아 학파와 기독교주의자들은 전술한 바와 같이 순수한 지식 활동을 무시했다. 파우스트 같은 인물은 이런 전통에서는 생각도 할 수 없는 일이었다. 지성이라는 것은 그들에게 어떤 기쁨도 주지 못하며, 다만 적을 쳐부수기 위한 위험한 무기 같은 것일 뿐이고 어떤 때는 우리의 영혼을 잃어버리게 할 수도 있다고 생각했다. 고독한 소르 후안나의 존재는 의심과 도전의 가치가 무시되고 긍정과 부정의 선택만을 용납하는 당시 사회에서 더욱 쓸쓸하게 고립될 수밖에 없었다.

「휠로떼아 수녀에게 보내는 회신」은 그녀의 자화상이며, 항상 청춘이고 목말라하며 풍자적이고 열정적이며 침묵하는 한 영혼을 변호하는 작품이다. 여성으로서 또한 지성인으로서 그녀의 이중적인 고독은 사회에서의 갈등과 여성으로서의 이중적인 갈등을 더욱 두드러지게 한다. 「휠로떼아 수녀에게 보내는 회신」은 여성을 옹호하는 작품이다. 여성의 입장을 변호하고, 사심 없는 사상의 지지를 용기 있게 선언한 것은 그녀가 현대적 인물이었음을 보여주는 것이다. 소르 후안나가 경험의 가치를 인정한 것은 스페인 전통사상에 대한 본능적인 반발이었다는 것이 올바른 분석이라면, 그녀의 지식에 관한 개념(학식, 종교와는 다른 의미에서의 지식)은 지성인의 양심에 대한 묵시적 방어가 포함되어 있었다고 보아야 할 것이다. 모든 것은 그녀로 하여금 세상을 구원과 타락의 장소라기보다는 하나의 문제로서 더 나아가서 하나의 수수께끼로 보게 했다. 바로 이것이 소르 후안나 사상에 독창성을 불어넣은 특징이다. 그녀의 독창성은 당시에 수많은 사람들의 칭찬이나 고해사제들의 비난을 뛰어넘는 역사적인 가치를 지녔을 뿐 아니라, 오늘날까지도 더욱 깊이 있는 평가와 심층적인 분석이 필요한 분야이다.

"어떻게 멕시코 수도원의 한 수녀를 통해서 그토록 시대를 앞서가는 놀라운 말이 갑자기 나올 수 있었을까?" 하고 보슬러는 경탄한다. 보슬러의 관찰에 의하면 그녀가 갖고 있던 고대신학, 근대 물리학, 아리스토텔레스와 하비(Harvey, 17세기 초 영국 생리학자), 플라톤의 사상, 키르커(Kircher)의 환등기 등에 관한 호기심은 구시대 스페인의 현학적이고 독단적인 대학풍토에서는 도지히 꽃피울 수 없는 것들이었다. 멕시코에서도 이러한 상황은 오래가지 않았다. 1692년 폭동이 있은 후에 지적 활동은 급격히 쇠퇴했다. 시구엔사 이 공고라는 별안간 고고학과 역사 연구를 포기했으며, 소르 후안나는 그녀의 모든 책을 단념하고 얼마 지나지 않아서 죽었다. 사회의 위기가 정신의 위기를 초래했다고 보슬러는 평했다.

빛나는 그녀의 생애, 애절한 죽음, 놀랄 만한 기하학적 구성을 갖춘 시 작품들에도 불구하고 소르 후안나의 삶과 작품 속에는 부서지고 실현되지 못한 무엇인가가 남아 있다. 자신의 여성이라는 신분과 시대를 앞서 가는 대담함을 스스로 용서하지 못했던 한 영혼이 감내해야 했던 슬픔이 느껴진다. 그 시대는 그녀가 그토록 격렬하게 갈망했던 지적인 자양분을 공급해 주지 못했고, 또한 고독 속에서 혼자라도 살아갈 수 있는 사상의 세계를 그녀 스스로 만들어 낼 수도 없었다. (그녀가 아니면 누가 할 수 있었겠는가?) 그녀는 자신이 남다르다는 자각 의식을 언제나 마음에 품고 살았다. "여성들이 부엌에서 음식을 만드는 것밖에 무엇을 더 할 수 있겠어요?"라고 미소 지으며 말하지만 마음 속은 항상 아픔으로 가득했다. "그처럼 모든 사람이 환호하는 것을 보고서 어떻게 내가 갈채를 받으며 힘차게 전진했었다는 사실을 믿지 않겠어요?"라고 그녀는 반문하곤 했다. 소르 후안나는 고독한 사람이었다. 그녀는 자신이 처한 상황의 이중성과 자신의 숙원이 실현 불가능함을 깨닫고 있었고, 동요하고 미소 지으며 새로운 시대로 이행해가는 시기를 쓸쓸히 걸어갔다. 우리는 자신의 운명 안에 안주하는 남자들을 질책하는 소리를 자주 듣게 된다. 그렇다면 어떻게 그 시대의 사회와 문화를 앞서 갔던 한 여성의 비운에 슬픔을 느끼지 않을 수 있겠는가?

그녀에 대해서 떠오르는 인상은 미소 지으며 조용히 있는, 슬프고 고독한 모습이다. 그녀는 어디선가 이렇게 말한 적이 있다. '침묵이란 소리들이 가득 찬 것이다.' 그녀의 침묵은 우리에게 무엇을 말하고 있는가? 소르 후안나의 작품에서 식민지 사회가 긍정적으로 묘사하고 표현되었다면, 그녀의 침묵 속에는 사회에 대한 비판이 숨어 있다. 침묵과 포기로 이어지는 소르 후안나의 경험을 통해서 식민지 사회질서의 드러나지 않은 모든 면까지 살펴볼 수 있다. 그 사회는 모든 사람이 참여할 수 있는 세계였고 살아 있는 문화였던 반면에 모든 개인적인 표현과 새로운 도전이 철저히 금지되고, 따라서 미래에 대해서 아무런 희망도 없는 사회였다. 우리 자신을 회복하기 위해서는 고아로 남게 되는 위험을 무릅쓰고라도 이런 탈출구 없는 질서는 부숴져야 한다. 19세기는 단절의 시대라고 할 수 있다. 동시에 새로운 전통과의 연결을 시도한 시기이기도 하다. 이 새로운 전통은 아직 멀기는 하지만 반면에 가톨릭 교회가 우리에게 전해준 것 이상의 보편적 가치를 지닌 것인데 유럽의 이성주의가 그것이다

chapter 06

독립에서 혁명까지

De la Independencia a la Revolución

부르봉 왕조가 시행한 개혁은 카를로스 3세(1759-88) 때에 더욱 박차가 가해져서 경제구조를 바로잡고 상거래를 원활하게 만들었다. 그러나 동시에 중앙집권제가 강화되었으며, 누에바 에스파냐(Nueva España, 멕시코를 중심으로 한 북중미)는 본국의 강력한 억압 아래 조직적 착취가 이루어지는 확실한 식민지로 탈바꿈하였다. 당시 오스트리아 왕가의 절대주의는 성격이 약간 달랐다. 식민지는 어느 정도의 자치권을 갖는 왕국이며, 제국의 모습은 태양계와 비슷했다. 누에바 에스파냐는 스페인의 다른 해외영토나 왕국과 마찬가지로 처음에는 스페인 국왕을 태양으로 하여 공전하지만 자체적인 빛을 발하는 작은 위성이었다. 그러나 나중에 부르봉 왕조는 누에바 에스파냐를 대제국 영토의 일부인 속국으로 바꾸어 버렸다. 식민지 사회를 활성화하기 위해서는 단순하게 지방행정청을 창설하거나, 과학기술연구, 인문주의 발전, 대규모 공공건설, 또는 식민지 부왕들의 현명한 통치를 장려하는 것만으로는 부족했다. 신대륙 식민지는 본국처럼 활력이 없이 형태만 남은 모습으로 변해 갔다. 17세기 말에 이르자 마드리드와 해외영토의 관계는 살아 있는 조직을 하나로 움직이는 데 필요한 조화로운 연결기능을 잃어버리게 되었다. 당시에 제국을 지탱하는 것은 완벽하고 섬세한 조직과 그 거대한 규모, 그리고 관성의 힘뿐이었으며, 경쟁국들의 분열과 대립도 도움이 되었다. 카를로스 3세의 개혁은 사회 자체의 구조조정과 그 사회의 바탕이 된 가설에 대한 비평이 없이 단순하게 정치적인 개혁만으로는 그러한 시도가 성공을 거둘 수 없다는 것을 보여 주었다.

18세기에 멕시코에서는 독립운동을 향한 움직임이 있었다. 후란시스꼬 하비에르 끌라비헤로(Francisco Javier Clavijero) 등의 스토아 철학의 개혁과 베니또 디아스(Benito Díaz)나 안또니오 알사떼(Antonio Alzate)와 같은 지식인들의 사상과 행동을 통해 그 당시의 철학, 과학은 독립선언을 뒷받침하는 지성적 배경이 되었다. 그러나 독립이 이루어진 것은 식민지와 본국간의 연계가 모두 끊어지고 과거의 타성만이 유일한 연결의 끈으로 남게 된 시기였던 것을 상기해야 한다. 이 가공할 만한 타성은 빈사상태의 사람이 한순간이라도 더 생명에 매달리려는 듯이 허공을 향해 손을 뻗으며 무엇인가를 잡아보려는 마지막 동작 같은 것이었다. 그러나 생명은 이 단말마의 동작을 거칠고 단호하게 뿌리친다. 누에바 에스파냐는 보편적 가치를 바탕으로 창조된 체제이며 피상적인 가면이 아니라 살아서 움직이는 질서였던 만큼, 신앙이 그 사회를 떠받치지 못하게 되자 그대로 소멸하였다. 소르 후안나는 그 당시의 종교적인 원칙과 자신의 지적 호기심 사이의 갈등을 창조적이고 유기적인 방법으로 해결하지 못한 채 포기하고 죽어갔다. 그리고 식민지사회는 아무 쓸모도 없이 완강하게 버티며 한 세기 이상을 더 지탱해 나갔다.

독립은 정복처럼 복합적인 의미를 가지고 있다. 정복자 꼬르떼스의 과업은 스페인에서 가톨릭 왕들이(15세기 스페인 통일을 이룩한 이사벨 여왕과 페르난도 왕 부부) 이룩한 정치적 통합과 메소아메리카에서 아스떼까인들이 시작한 정치적 통일에 이어서 이루어진 일이었다. 독립도 이중적인 의미를 내포하고 있는 현상으로 나타난다. 제국의 잔해가 분해되는 과정과 새로운 여러 개의 국가가 탄생하는 양면성이 그것이다. 정복과 독립의 과정은 거대한 역사의 파도에 의해서 밀려가는 밀물과 썰물의 순간처럼 이어졌다. 15세기에 그 물결이 형성되어서 아메리카 대륙까지 확장되었고, 16,17세기에 가장 아름다운 최고조의 균형상태를 이루다가, 마침내 수천 개의 조각으로 부서지면서 물러나고 말았다.

이 은유법은 철학자 호세 가오스(José Gaos)가 스페인어권의 근대사상을 두 가지로 나누면서 잘 나타내 보여 주었다. 그에 의하면 이베리아 반도에서는 스페인 쇠퇴과정에 대한 기나긴 성찰이 주를 이루었으나, 라틴아메리카 대륙에서는 사색보다는 독립에 대한 주장과 새로운 미래 방향의 모색이 사상의 중심이었다. 스페인의 사상은 쇠퇴의 원인을 찾아내고, 그처럼 죽은 것과 같은 상황 속에서도 여전히 스페인인으로서 존재에 대한 의미와 현실성을 부여하는 요소들을 추출해내기 위해서 과거와 자기 자신을 대상으로 삼았다. 반면 라틴아메리카의 사상은 독립의 정당성에 대한 논의로부터 시작하였으나 이는 곧 미래에 대한 청사진으로 대체되었는데 왜냐하면 미주대륙은 전통보다는 실현해야 할 미래에 중심이 있었기 때문이다. 18세기 말엽부터 오늘날까지도 미래에 대한 청사진과 유토피아는 라틴 아메리카 사상에서 떼어낼 수 없는 중요한 부분이다. 그러나 엘레지 와 비평은 이베리아 반도에 속하는 것들로서 엘레지 시인 우나마노 (Unamano), 비판적 철학자 오르떼가 이 가세뜨(Ortega y Gasset) 등이 대 표적인 사람들이다.

앞서 언급한 이중성이 남미 국가에서는 더 선명하게 드러난다. 지도자들의 성품은 더 순수하고, 스페인 전통에 대한 반대는 더욱 과 격하다. 귀족과 지식인들, 세계를 여행하는 사람들은 새로운 사상을 알게 되었을 뿐만 아니라 새로운 시대의 흐름과 사회에 적극적으로 참여했다. 베네수엘라 독립혁명가 미란다(Francisco de Miranda)는 프 랑스 혁명에 참가했고, 1792년 발미전투에 나가 싸웠다. 벨로(Andrés Bello López)는 런던에서 살았다. 볼리바르(Simón Bolívar, 베네수엘라 독립 영웅)가 성장한 유년시절은 이처럼 영웅과 왕자들이 만들어지는 환경 이었으며, 그는 어린 시절부터 해방과 통치를 위한 교육을 받았다. 우 리의 독립 혁명은 그다지 화려한 것도 아니고 세계사적으로 기억할 만한 사상이나 내용도 없으며, 주로 미주대륙의 당시 상황에 의해서 방향과 내용이 결정되었다. 겸손한 사제에서부터 평범했던 장군에 이르기까지 지도자들은 그들이 가고 있는 길에 대해서 명확한 개념 을 갖고 있지 않았다. 그러나 그들은 현실을 더욱 깊게 이해하고 있 었고, 대중들이 은밀한 언어와 작은 목소리로 그들을 향해서 하는 말 에 귀를 기울일 줄 알았다.

이런 차이는 훗날에 우리의 역사에 많은 영향을 끼친다. 남미의 독립은 거대한 대륙적인 움직임으로 시작된다. 산 마르띤(José de San Martín, 아르헨티나 독립영웅)은 대륙의 절반을 해방시키고 볼리바르가 나머지 절반을 해방시켰으며, 다수의 거대한 국가, 연방들이 만들어졌다. 그들은 스페인으로부터의 미주대륙 해방이 스페인 세계의 해체를 의미한다고 생각하지는 않았다. 그러나 얼마 지나지 않아서 현실 속에서 이런 예상들은 산산조각이 나고 말았다. 스페인 제국의 붕괴 과정은 볼리바르가 생각했던 것보다 훨씬 더 강하게 진행됐다.

결론적으로 독립운동은 두 개의 상반된 세력이 투쟁하는 셈이 되었다. 하나는 유럽에 기반을 둔 것으로서 자유주의적인 유토피아 사상을 갖고 있었으며, 라틴아메리카를 자유국가들이 연합한 하나의 통일된 단일체로 이해하는 쪽이다. 또 다른 하나는 보수적인 전통주의세력으로서 그들은 본국과의 연결고리를 다 끊어버렸으며, 이로 인해 제국의 붕괴는 더 가속화되었다.

미주대륙의 전반적인 역사와 마찬가지로 라틴아메리카의 독립이 의미하는 바는 복합적이어서 이를 해석하는 것은 쉬운 일이 아니다. 왜냐하면 그 배경이 된 사상이 현실을 드러내고 반영하기보다는 이를 위장했기 때문이다. 남미의 독립을 원했던 집단과 계층은 주로 토착 봉건지주들이었는데 그들은 스페인 식민개척자들의 후손으로서 본국에서 온 사람들에 비해 열등한 위치에 있었다. 본국은 보호주의 정책을 유지하면서 식민지의 자유로운 무역을 방해하고 행정적, 정치적 규제를 통하여 경제, 사회의 발전을 억압했다. 또한 식민지 정부의 고위직이나 중앙 집권층에 진입하려는 '끄리오요'(식민개척자들의 후손으로서 미주에서 출생한 스페인사람)들의 정당한 주장을 봉쇄했다. 따라서 독립운동이 사회적인 구조를 개혁하기 위해서 시작된 것은 아니지만 결과적으로는 박제화된 본국 관료체제의 억압으로부터

'끄리오요'들을 해방시키고자 하는 경향을 띠게 되었다.

독립운동을 이끌었던 장군들의 말과 행동은 그 시대의 세계 혁명가들을 회상하게 한다. 의심할 나위가 없이 그들은 매우 진지했다. 그들이 부르짖는 내용은 근대적인 것으로서 프랑스 혁명의 복사판 같았고 특히 미국의 독립이념과도 매우 흡사했다. 그러나 미국의 이념들은 새로운 정치철학을 바탕으로 국가를 근본적으로 변화시키고자 하는 계층의 입장을 반영한 것이었으며, 더구나 이런 원칙 위에서 사회체제 일부를 바꾸는 것이 아니라 완전히 새로운 국가를 세우고자 했다는 점에서 라틴아메리카의 경우와 큰 차이가 있다. 결과적으로 미국은 신흥국가로 태어나 자연스럽게 그 세력을 확장해 가면서 19세기에 새로운 역사를 만들어 냈다. 반면에 라틴아메리카에서는 독립을 일단 쟁취하자 지도세력이 스페인 구질서의 계승자로 자리를 공고히 하게 되었다. 그들은 스페인과의 관계를 단절할 수는 있었지만 근대사회를 만들어 나갈 만한 역량은 없었다. 이는 어떻게 보면 당연한 결과였다. 독립운동을 이끌었던 계층이 새로운 사회세력이 아니라 과거 봉건체제의 연장선상에 있는 집단이었기 때문이다. 신흥 라틴아메리카 독립국들이 새롭다는 것은 속임수에 불과했다. 당시의 라틴아메리카 사회는 쇠퇴하거나 정체되어 있었고, 제국이 붕괴되는 과정에서 생긴 부서지고 와해된 파편과 잔존세력의 일부에 불과했다.

스페인 제국은 남미에서 소수의 토착 정치세력에 의해서 여러 개의 공화국으로 분할되었는데, 이들 소수 권력자들은 언제나 제국의 해체과정을 선호하거나 재촉하는 입장이었다. 다수의 혁명지도자들도 중요한 영향을 미쳤다는 사실을 상기해야 한다. 혁명지도자들은

멕시코 독립기념탑

역사적으로 신대륙 정복자들에 비교할 만한 인물들인데 이들 가운데 운이 좋았던 일부는 마치 중세시대 전리품처럼 왕국을 손에 넣기도 했다. 이때부터 '해방영웅'의 이미지 속에서 '라틴아메리카 독재자'의 이미지가 겹쳐져 나타나기 시작했다. 새로운 공화국들은 그 시대의 정치적, 군사적 필요에 의해서 인위적으로 만들어진 것이며, 당시 역사상황에 의해 형성된 결과가 아니었다. '국가의 정체성'이 형성된 것은 훨씬 나중의 일로서 대부분의 경우에 각국 정부들이 민족주의 정서를 의도적으로 조성함으로써 이루어진 성과에 지나지 않는다. 한 세기 반이 지난 오늘날에도 아르헨티나, 우루과이, 페루, 에콰도르, 과테말라, 멕시코 국민들 간의 국가에 대한 차이점이 무엇인지 만족할 만하게 설명할 수가 없다는 사실이 이를 말해 준다. 마찬가지로 미국의 제국주의에 의해 지탱되고 있는 소수 집권세력의 유지 외에는 중미와 카리브 해에 자리 잡은 9개 공화국들의 존재 이유도 설명할 수가 없다.

이것이 전부가 아니다. 각각의 새로운 국가들은 독립하는 즉시 대체로 민주적이고 자유주의적인 헌법을 만들었다. 유럽과 미국에서는 헌법이 역사적 현실과 잘 부합했다. 즉 부르주아 계급의 부흥, 산업혁명의 진전, 구체제의 붕괴 등을 반영하는 것이었다. 그러나 라틴아메리카에서는 식민체제의 잔재를 근대적인 모습으로 치장하는 역할에 그쳤다. 자유주의와 민주주의 이념은 구체적인 역사적 상황을 반영한 것이 아니라 도리어 현실을 은폐해 버렸고, 정치적인 속임수가 체질적인 것으로 자리를 잡았다. 이로 인한 도덕적 상처는 이루 말할 수 없으며, 그 피해는 우리 존재 자체의 깊은 부분까지 영향을 미친 느낌이다. 우리는 자연스럽게 거짓 속에서 살아 나간다. 라틴아메리카인들은 자유라는 어휘로 포장하고 봉건적인 소수 집권계급에 봉사하는 독재체제에 눌린 채 백년 이상을 시달려 왔으며, 이런 현실은 우리 시대까지도 계속되고 있다. 이러한 사실을 생각해 볼 때 공적이고 제도적인 거짓에 대한 투쟁이 개혁을 향한 시도의 첫걸음이 되어야 할 것이다. 이것이 라틴아메리카에서 진행되고 있는 움직임의 핵심적 의미라고 할 수 있는데 이러한 운동의 공통된 목표는 독립의 이상을 마침내 실현하는 것이다. 바꾸어 말하면 미주 국가들을 관광이나 정치 선동을 위한 목적으로 단순히 겉모습만 꾸미는 데 그칠 것이 아니라 진정한 근대사회로 전환하는 것이다. 이를 위한 투쟁을 해 나가는 데 있어서 교회, 군부, 소수 권력계층과 같은 낡은 스페인의 유산뿐 아니라 독재자와도 싸워야 한다. 독재자는 애국심과 합법적인 형태를 가장한 구태의연한 수사를 사용하며, 구스페인의 제국주의와는 다른 종류의 권력과 결탁해 있는데 그것은 바로 외국의 거대한 자본주의 이익집단이다.

앞에서 말한 모든 것은 멕시코에도 해당한다. 그러나 일부 중요한 예외가 있다. 우선 우리의 독립혁명은 한때 볼리바르의 맹목적 비전이었던 보편성을 주장한 적이 없다. 더구나 반란군은 모랄레스(Morales)의 완전독립과 이달고(Hidalgo)가 제시한 근대적 형태의 자치정부수립 주장 사이에서 동요했다. 전쟁은 스페인 본국과 중앙관료들의 횡포에 대한 항거로 시작되었다. 그러나 그것은 무엇보다도 식민지 토착 대농장주들의 악덕에 대한 저항이기도 했다. 본국의 중앙권력에 대한 식민지 귀족계급의 반역이 아니라, 귀족계급에 대항하는 민중의 반란이었다. 그래서 혁명가들은 독립의 의미보다는 사회개혁에 더 큰 중요성을 부여했다. 이달고는 노예제도를 폐지했으며,

모랄레스는 대농장들을 분할했다. 멕시코의 독립전쟁은 사회계급 투쟁이었으며, 농민혁명으로 태동하였다는 점에서 남미에서 일어났던 독립전쟁과는 다른 특징을 갖고 있다는 것을 이해해야 한다. 따라서 이뚜르비데(Iturbide)와 같은 끄리오요들이 지휘하던 군대와 교회, 대농장주들은 스페인 왕실과 연합했다. 그들은 힘을 합하여 이달고와 모랄레스, 미나(Mina)를 굴복시켰다. 그러나 후에 봉기의 불길이 거의 가라앉았을 때 예기치 않았던 사건이 일어난다. 스페인에서 자유주의자들이 득세를 해서 절대군주제가 입헌군주제로 바뀌고, 교회와 귀족들의 절대권력이 위협을 받게 된 것이다. 이에 따라 멕시코에서도 갑자기 대립세력 간에 전선이 바뀌었다. 예상치 못했던 외부적인 위험요인에 직면한 고위 사제들과 대지주, 관료계급, 군부는 반란 잔존세력과 연합하였고, 이를 통해 독립이 이루어졌다. 정말로 마술 같은 일이 벌어진 것이다. 스페인 본국으로부터의 정치적인 분리가 이루어지면서 당초 독립을 위해 싸워 왔던 사람들은 오히려 패배하였다. 누에바 에스파냐 부왕국은 멕시코 제국으로 바뀌었다. 과거 스페인 왕실의 장군이었던 이뚜르비데는 아구스틴 1세가 되었으나 곧 반란이 일어나서 제거되었고, 폭동과 반란의 시대가 시작된다.

각 세력이 이합집산하고, 변절과 배신이 난무하면서 25년 이상 혼미한 싸움이 계속되는 동안에 자유주의자들은 모든 식민지 전통과의 단절을 시도한다. 어떻게 보면 이들은 초창기의 지도자 이달고와 모랄레스의 뒤를 이은 계승자들이었다. 그러나 사회현실에 대한 그들의 비판정신은 사회를 바꾸는 일보다는 법을 만드는 데 집중되어 있었다. 대부분의 자유주의자들은 백과전서파의 낙관론에 입각하여 새로운 법체제를 만드는 것만으로도 현실을 변화시킬 수 있다고 생각했다. 그들은 미국을 자신들의 모델로 삼았고, 미국번영의 원인이 순전히 공화국이라는 제도의 탁월함에 있다고 믿었다. 이러한 입장에서 보수파의 중앙집권주의와 반대되는 연방주의가 생겨났다. 모든 사람은 민주주의 헌법에 의해 교회의 세속적 권력이 제한되고 지주들의 특권이 사라지면 자동으로 새로운 계급, 즉 중산층이 생겨날 것이라고 기대했다. 자유주의자들은 보수주의자들과 싸워야 했고, 자신들의 이익에 따라 수시로 입장을 달리하는 군부도 고려해야 했다.

세력 간에 투쟁이 계속되는 동안 나라는 분열되었다. 미국은 그 틈을 타서 제국주의 팽창의 역사에서 가장 더럽고 야비한 전쟁을 일으켰고 멕시코 영토의 절반 이상을 빼앗아 갔다. 이 전쟁의 패배는 장기적으로 보아 멕시코에게 긍정적인 결과를 하나 가져다 주었는데 이는 산따 아나(Santa Ana)로 대표되는 군벌정치의 종식이었다. 산따 아나는 자유주의자와 보수주의자로 번갈아 변신하면서 자유의 수호자가 되기도 하고 나라를 팔아먹는 매국노가 되기도 했다. 그는 전형적인 라틴아메리카 독재자였고, 말기에 전쟁터에서 절단된 자신의 다리 한쪽을 위해서 성대한 장례식을 치르는가 하면 스스로를 '가장 고귀한 전하'라고 공포했던 인물이다.

민중의 반란으로 산타 아나는 축출되고 자유주의자들에게 권력이 돌아갔다. 호세 마리아 모라(José María Mora)와 발렌틴 고메스 화리아스(Valentín Gómez Farías)는 자유주의의 대표적인 지성인들이었는데, 그들을 계승한 새로운 세대가 국가를 위한 새로운 기초를 세워나가기 시작했다. 그 첫 번째 초석은 헌법이라고 할 수 있다. 1857년 멕시코는 처음으로 자유주의 헌법을 채택했다. 보수주의자들은 무력으로 저항했다. 이에 대응하여 후아레스 대통령은 개혁법을 제정하여 교회의 특권을 박탈하고 재산을 몰수했다. 패배를 당한 보수주의자들은 외부에 도움을 구했으며, 나폴레옹 3세의 군사력을 등에 업고 막시밀리아노(Maximiliano)를 멕시코의 두 번째 황제로 추대한다. 이는 또 하나의 역사적인 아이러니인데 막시밀리아노는 자유주의자로서 양키세력에 대항하여 라틴제국을 이룩하기를 원했고, 그의 이념은 그를 후원하고 밀어준 완고한 보수주의자들과는 아무런 관계가 없었다. 유럽에서 나폴레옹 제국의 몰락과 링컨이 대통령이었던 당시 미국의 압력, 그리고 가장 중요하고 결정적 요인이 된 민중들의 결사적인 저항에 의해 마침내 공화파가 승리를 하게 되었다. 후아레스 대통령은 막시밀리아노를 총살시켰는데 그 일화는 루이 16세의 경우와 비슷하다. 응분의 대가라는 논리는 엄격했다.

멕시코의 개혁은 사회발전의 배경이 된 역사적, 철학적 가설과 그 사회의 기본바탕에 대한 고찰을 시작함으로써 독립에 진정한 의미를 부여하고 이를 완성했다. 이 시도는 세 가지를 배격하는 것으로 결론을 맺었는데 스페인의 전통유산, 고대 미주역사, 그리고 가톨릭교회에 대한 부정이 그것이다(가톨릭은 스페인과 고대 미주를 연결하여 한 단계 높은 새로운 문화를 만들어 내는 역할을 했다). 1857년 헌법과 개혁법은 이러한 시도의 법률적, 정치적인 표현이며, 앞서 언급한 세 가지 과거유산을 지탱하는 두 가지 사회제도— 인디오들의 토지 공동소유와 종교 단체들의 폐지를 촉진했다. 교회와 국가의 분리, 교회 상속재산의 해체, 그리고 교육을 독점하던 종교교단들이 해산되면서 실현된 교육의 자유는 개혁운동이 이루어낸 소극적인 면에서의 성과들이다. 적극적인 방향의 노력으로 1857년 세대는 전통을 격렬하게 부정하면서 몇 가지 원칙을 세웠다. 그들의 과업은 식민지 시대를 청산하는 데 그치는 것이 아니라 더 나아가 새로운 사회를 건설하는 것이었다. 말하자면 자유주의자들은 가톨릭의 교리 위에 세워진 식민지 전통을 보편적인 하나의 명제, 즉 '인간 개개인의 자유'로 대체하는 것이 그들의 역사적 사명이라고 생각했다. 멕시코라는 나라는 식민지 시대의 계급사회와는 다른 원칙 위에 세워져야 했다. 이는 모든 멕시코 사람들이 법 앞에서 이성을 지닌 한 인간으로서 동등하다는 개념이다. 개혁은 과거를 부정하면서 멕시코를 세웠으며, 전통을 뿌리치고 미래에서 그들의 정당성을 얻고자 했다.

지성인들은 이처럼 자신의 과거를 부정한다는 것이 모친살해와 같은 의미임을 이해하였다. 뛰어난 지성인 가운데서도 특출한 인물이라고 할 수 있는 이그나시오 라미레스(Ignacio Ramírez)의 시는 이렇게 끝을 맺고 있다.

> 자연의 어머니여, 이제 꽃도 피어나지 않는,
> 그곳으로 제 발걸음은 망설이며 나아갑니다.
> 희망도, 공포도 없이 태어나서
> 공포도, 희망도 없이 당신에게로 돌아갑니다.

식민지 사회의 중심이었던 신이 죽고 나서 자연은 어머니로 돌아간다. 나중에 디에고 리베라(Diego Rivera, 20세기 멕시코 벽화가)의 마르크스주의처럼 라미레스의 무신론은 종교적 여운이 남는 유물론의 확신으로 돌아선다. 사물에 대한 순수한 과학적 개념이나 단순한 이성적 사고로는 자연이나 사물에서 어머니를 찾을 수가 없다. 이는 회의

주의 시인 레오파르디(Leopardi)가 말하는 의붓어머니도 아니며, 쉼도 없고, 기억도 없고, 반추도 없이 만들고, 허물고, 창조하고, 반복하는 무감정한 과정일 뿐이다.

오르떼가 이 가세뜨가 말했던 것처럼 한 나라가 이루어지려면 수동적인 영향력인 과거뿐만 아니라, 많은 국민의 의지를 모으고 외로운 투쟁에 연대감과 힘을 더해 줄 수 있는 강력한 역사적 운동이 필요하다고 한다면, 진정한 국가로서 멕시코가 태어난 것은 개혁시기라고 보아야 한다. 멕시코는 개혁 안에서, 개혁을 통해서 시작되고 만들어졌으며 추진되었다. 개혁은 종교와 전통을 수동적으로 추종하는 대중과는 스스로 거리를 둔 극히 소수의 멕시코인들에 의해서 이루어진 역사적 시도이다. 하나의 국가로서 멕시코가 성립된 것은 소수의 개혁세력이 과거전통을 완강하게 고수하려는 다른 소수를 극복하면서 대다수 국민들에게 자신들의 계획을 따르도록 한 결과이다.

식민지 시대의 가톨릭과 마찬가지로 개혁도 보편적인 철학을 추구했다. 그러나 가톨릭과 개혁, 이 두 가지 사이의 같은 점과 다른 점은 확연하게 드러난다. 가톨릭은 식민지정복 후에 소수의 외국인에 의해 강요된 것이고, 자유주의는 프랑스 교육을 받기는 했으나 멕시코 태생의 토착 소수집단에 의해 시민전쟁 이후에 강요된 것이다. 여기에서 가톨릭은 정복의 또 다른 얼굴일 뿐이다. 신정체제는 파괴되고 신들은 죽거나 추방을 당했으며, 다음 세상도 기대할 수 없고 기댈 수 있는 땅 한 뼘도 없는 상황에서 인디오들에게 가톨릭 신앙은 어머니의 품과 같이 포근하게 느껴졌다. 그들에게 신앙은 어머니처럼 자궁이고 휴식이며 우리 근원으로의 회귀였다. 그러나 동시에 탐욕스럽게 집어삼키는 입이고, 형벌을 가하고 불구로 만드는 무서운

멕시코 혁명전쟁

어머니이기도 했다.

　반면 자유주의는 구질서 체제에 대한 비평이고 새로운 사회계약의 구상이다. 그것은 신앙이 아니라 유토피아를 향한 사상이며, 위로가 아니라 투쟁이며, 다른 세상을 향한 희망을 이 땅에서의 미래로 대체한 것이다. 그들은 인간을 옹호하지만 인간 속성의 다른 반쪽 부분, 즉 영적인 교감, 신화, 향연, 꿈, 에로티시즘과 같은 성향은 무시한다. 개혁은 부정으로 출발하며 그래서 위대한 것이다. 그러나 이러한 부정이 주장하는 이념은 유럽 자유주의 사상에서 나타난 바와 같이 정확하지만 무익하고 마침내는 공허하기까지 한 것이다. 기하학이 신화를 대체하지는 못한다. 자유주의가 진정한 의미에서 국가의 통치이념으로 자리 잡으려면 새로운 정치체제에 대한 모든 국민의 동의를 얻어야 한다. 그러나 이는 매우 어려운 과제였다. 왜냐하면 개혁은 모든 사람이 신의 자녀라는 특별한 구체적 명제에 반대하였기 때문이다. 이 명제는 창조주와 피조물 간에 진정한 부모자식과 같은 친밀한 관계를 가능하게 하는 믿음이었다. 그 대신에 개혁은 모든 사람이 법 앞에서 평등하다는 추상적인 가정을 내세웠다. 그러나 마르크스가 지적한 것처럼 자유와 평등은 사회적 관계로 결정되는 것 이외에는 구체적, 역사적 내용이 없는 공허한 개념에 지나지 않는 것이다. 우리는 추상적 개념뿐인 평등이라든가 공허한 자유의 의미를 내세운다는 것이 얼마나 부질없는 짓인가를 이미 잘 알고 있다. 한편 우리나라에서 일어나고 있는 현실과는 상관없이 인간은 무엇인가 하는 일반적 개념 위에 멕시코를 건설하면서 현실은 좋은 말 속에 묻혀버렸고, 사람들의 삶은 더욱 강한 사람들의 욕심에 의해 희생당하고 말았다.

후스또 시에라(Justo Sierra)를 포함하여 많은 사람이 부르주아의 역할을 멕시코의 유일한 희망으로 생각했으나 뛰어난 여러 지성인들의 예상과는 달리 자유주의 혁명은 강력한 부르주아 계급을 창출해 내지 못했다. 오히려 교회의 부동산이 매각되고, 3세기 반 동안에 식민지 군부대장, 대농장주들의 횡포와 권력남용에 저항해서 간신히 유지되어온 인디오 공동소유지가 사라지면서 멕시코의 봉건제도는 더욱 강화되었다. 일단의 투기꾼들이 이 기회를 악용해서 이익을 취했고, 이들이 새로운 사회체제에서 귀족계급을 형성했다. 이렇게 해서 새로운 지주계급이 등장했다. 보수주의자와 제국주의자들을 패퇴시킴으로써 더 이상의 적대세력이 없게 된 공화국은 돌연 그들을 떠받치는 사회기반도 없음을 깨닫게 되었다. 과거와의 연결고리를 다

끊어버리자 현실과의 연결도 끊어졌다. 이런 상황에서 권력은 대담하게 손을 뻗는 사람들의 것이다. 뽀르휘리오 디아스(Porfirio Díaz)가 바로 그런 사람이었다. 그간 전쟁과 폭동이 계속되어왔으나 제국이 붕괴되고나서 장군들은 거의 한 세기 만에 처음으로 활동무대를 잃고 휴식을 취하고 있었는데, 뽀르휘리오 디아스는 그들 중에서 가장 뛰어난 장군이었다.

'4월 2일의 병사'는 '평화의 영웅'이 되었다(디아스 장군이 프랑스침공군에 맞서 1867.4.2. 승리를 거둠). 그는 무정부 상태를 장악했으나 자유를 희생시켰다. 멕시코 국민을 하나로 화합하게 하였지만 일부 특권층의 권력을 복원시켰다. 국가질서를 재건했으나 강압적이고 시대착오적인 봉건체제를 오랫동안 연장했다. 그 당시에 서인도법률은 미주원주민들을 보호하는 내용을 포함하고 있었지만 봉건체제 하에서 인디오들의 상황은 조금도 나아지지 않은 상태였다. 뽀르휘리오 디아스 정부(1977-80, 1984-1911)는 상업을 장려하고 철도를 건설하였으며, 공공채무를 청산했고 최초로 근대 산업을 육성했다. 그러나 이 과정에서 영국과 미국의 자본주의에 문호를 개방했다. 그즈음에 멕시코는 준식민지적인 국가로 탈바꿈하기 시작했다.

사람들이 일반적으로 생각하는 것과는 달리 독재자 뽀르휘리오 디아스는 시대를 과거로 회귀시킨 사람이다. 그는 외견상으로 당시 유행하던 사상에 따라 행동한 것같이 보인다. 예를 들면 그는 진보와 과학을 신뢰했으며, 산업과 자유무역이 가져다줄 기적을 믿었다. 그는 유럽의 부르주아 계층이 갖고 있었던 이상을 공유하였다. 라틴아메리카에서 가장 유명한 독재자였던 디아스가 통치하던 시대는 때로 프랑스의 '아름다운 시절'(Belle Epoque)을 연상시킨다. 지식인들은 꽁뜨와 르낭, 스펜서와 다윈을 알게 되었고, 시인들은 프랑스 보들레르류의 시와 상징주의 시를 모방했다. 멕시코의 귀족들은 도시적이고 문화적인 부류에 속했다. 그러나 또 다른 면을 갖고 있었는데 그들은 진보와 과학을 애호하였지만 산업가나 기업인은 아니었다. 다만 교회 재산을 매입하거나 정부의 공공사업에 참여하면서 부를 축적한 지주였을 따름이었다. 농민들은 그들의 농장에서 식민지시대의 노예와 다름없는 생활을 영위하고 있었다.

디아스 정권은 이념적 관점에서 자유주의의 정통한 후계자로 자처하였다. 1857년 헌법은 이론적으로 유효하며, 아무도 개혁 이념에 이의를 제기하며 다른 기본원리를 내세우는 사람은 없었다. 과거의 자유주의자들을 포함해서 많은 사람이 디아스 정부가 과거의 봉건주의로부터 근대 사회로 넘어가는 과도기를 잘 준비했다고 후하게 평가한다. 그러나 사실상 디아스는 식민지 봉건주의의 계승자였다. 왜냐하면 토지 소유권은 몇몇 사람들의 수중에 집중되었고 지주계층이 더 강화되었기 때문이다. 그 시대에 멕시코는 진보와 과학, 공화국 법치주의로 휘장을 치고 가면을 쓰고 있었으나 과거로 회귀하였으며, 그것은 풍요로움을 빼앗긴 과거였다. 아무런 발전도 없었고 반란만이 기다리고 있었다.

레오폴도 세아(Leopoldo Zea)는 이 시대의 사상을 완벽하게 분석하고 있다. 세아에 의하면 국가의 통치철학으로 실증주의를 채택한 것은 디아스 독재정권의 도덕적, 지적 이념의 필요에 따른 것이었다. 자유주의 사상은 이상향 건설의 시도이자 동시에 비판의 도구이기도 하며, 폭발성을 지닌 원리를 담고 있었다. 따라서 이를 그대로 유지

한다는 것은 무정부상태를 연장하는 것과 다름없었다. 평화의 시대에는 질서의 철학이 필요하다. 당시에 지식인들은 3단계 인간의 지적 발전 법칙을 근간으로 한 콩트(Comte)의 실증주의에서 그들에게 필요한 통치철학을 발견하였다. 후에 스펜서의 실증주의와 다윈의 진화론도 그들의 사상에 영향을 미쳤다. 만민이 평등하다는 초기의 추상적, 혁명적 원칙은 삶을 위한 투쟁과 적자생존의 원리로 대체되었다. 실증주의는 사회의 위계질서에 새로운 정당성을 부여하였다. 다만 그 위계질서를 결정하는 기준은 더 이상 혈연이나 유산, 종교가 아니라 과학으로 대체되었다.

세아의 분석은 한 가지 점만을 제외하고는 완벽하다. 실증주의는 유럽에서 한때 부르주아 계층을 대변하는 사상이었으며, 이를 자연스럽고 유기적인 방법으로 표현하고 있었다. 그러나 멕시코에서는 신흥가문들로 새롭게 형성된 사회계층이 실증주의를 받아들였는데 이들은 대부분 개혁전쟁 직후에 부와 권력을 손에 쥔 사람들로서 역사적으로 식민지시대의 봉건귀족주의를 계승하고 대체했을 뿐이었다. 따라서 실증주의 철학이 유럽과 멕시코에서 비슷한 역할을 했지만, 이 학설과 유럽의 유산계급 간의 역사적, 인간적 관계는 멕시코의 '신흥 영주계급'과 실증주의 간의 관계와 완전히 다르다.

디아스 정권은 실증주의 철학을 채택한 것이지 이 사상을 만들어 낸 것은 아니었다. 그래서 그 이전의 자유주의자나 식민시대 신학자들보다 더 심각하게 의존적인 상태에 빠져들게 되었으며, 실증주의에 대해서 비판적인 관점으로 접근하지도 못하고 완전한 확신을 갖고 포용하지도 못했다. 어떤 때는 타르데(Tarde)의 이론을 좇아 안또니오 까소(Antonio Caso)가 '이성을 벗어난 모방'이라고 불렀던 행동,

즉 따라하는 사람에게 어울리지도 않고 불필요하고 헛된 모방에 지나지 않는 경우도 많았다. 이렇게 되면 정치체제와 그 체제를 수립한 정권 사이에 미묘한 심연이 만들어지고 그 체제를 뒷받침하는 사상과의 진정한 관계가 불가능해지면서 때로는 사상이 가면으로 변하게 된다. 디아스 정권은 사실상 위장된 역사의 시대이다. 산따 아나 (Santa Ana, 1833-55간 10회 집권한 군사독재자)는 즐겨 변장을 바꾸었다. 그는 스스로도 자신이 말한 것을 믿지 않았다. 반면 디아스 정권은 믿으려고 애를 썼고, 채택한 사상을 자기 것으로 만들려고 많은 노력을 했다. 그러나 어떤 면으로 보아도 결국은 흉내를 내는 데에 그쳤을 따름이다.

디아스 정권의 위장은 실증주의를 받아들임으로써 역사적으로 멕시코에 맞지 않는 체제를 채택했다는 점에서 특히 심각한 문제였다. 멕시코 대농장의 지주계급은 유럽의 부르주아에 해당하는 계층이 아니었고, 그 역할도 이들이 모델로 삼고 있는 유럽 부르주아의 역할과는 아무런 상관이 없었다. 스펜서와 스튜어트 밀의 사상은 산업사회의 발전과 부르주아적 민주주의, 자유로운 지식활동 등 역사적 조건이 갖추어져 있는 경우에 실현가능한 것이었다. 그러나 디아스 정권은 거대한 토지소유와 지방 호족정치, 민주적 자유가 없는 체제에 바탕을 두고 있었기 때문에 스스로를 부정하거나 사상을 완전히 왜곡하지 않고는 그 이념을 자신의 것으로 만들 수가 없었다. 멕시코에서 실증주의의 도입은 역사적으로 볼 때 예전의 그 어떤 것보다 더 위험한 사상의 중첩이 되었다. 원래의 실증주의가 잘못 해석되어서 세워졌기 때문이다. 멕시코에서 대지주들과 그들의 정치, 철학 사상 사이에는 보이지 않는 커다란 기만의 벽이 세워졌다. 디아스 정권의 붕괴는 바로 이 착각에서부터 시작되었다.

　실증주의로 포장한 것은 처음부터 민중을 속이기 위한 것이 아니라, 권력을 잡은 세력들이 스스로에게 정권의 도덕적인 치부를 감추기 위한 것이었다. 무산계급에게 가톨릭 종교는 다음 세상에서의 좋은 자리를 약속하고 자유주의자들은 인간의 존엄성을 부여하였지만, 실증주의는 가난한 사람들에게 사회 위계질서의 정당성을 증명할 수 없었다. 이 새로운 철학이 가난한 이들에게 해줄 수 있는 것은 아무것도 없었다. 실증주의의 역할은 유럽 부르주아의 양심, 불량한 양심을 정당화하는 데 도움이 되는 정도였다. 멕시코에서는 가책에 대한 느낌이 유럽 부르주아와는 다른 독특한 뉘앙스를 띠고 있다. 여기에는 역사적으로 복합적인 이유가 있는데 신봉건주의 세력이 자유주의의 계승자임과 동시에 식민시대 귀족계급의 유산을 물려받은 사람들이기 때문이다. 개혁 원칙의 도덕적, 지적 상속자이면서 교회재산을 자신의 것으로 만들었다는 사실에 지도계층은 심각한 죄의식을 느껴야만 했다. 그들이 얻은 사회적 지위는 강탈과 잘못된 개념에서 비롯된 결과였다. 그러나 실증주의는 이러한 부끄러운 상황을 고치거나 완화하는 데 별로 도움을 주지 못했고 반대로 악화시켰는데 이는 그 사상이 사람들의 의식 속에 뿌리를 내리지 못했기 때문이다. 이로 인해 거짓과 허위가 멕시코 실증주의의 심리적 밑바닥을 구성하는 결과를 낳았다.

　독재자는 자신의 방식대로 개혁의 과업을 완성했다. 실증주의를 채택하고 도입한 덕분에 멕시코는 과거와의 모든 연결고리를 끊어버릴 수가 있었다. 정복자는 신전을 파괴했으나 식민지 정부는 다른 신전을 세웠다. 개혁은 전통을 부정하였으나 우리에게 인간의 보편적인 가치를 내세울 수 있도록 했다. 실증주의는 우리에게 아무것도 주지 못했지만 자유주의 원칙들이 얼마나 현실과 동떨어진 아름다운 말에 불과한 것인지를 적나라하게 보여 주었다. 멕시코는 보편적인 진리를 구현하고 그 토대 위에 발전해 나간다는 역사적 과업을 내세웠던 개혁의 구체적인 내용이 한낱 꿈이고 유토피아적인 환상이라는 것을 깨닫게 되었다. 또한 그들이 내세웠던 원칙들은 엄격하고 딱딱한 규율로 변화되어서 우리의 자발성을 억제하고 우리의 모습을 불구로 만들어 버렸다. 멕시코 국민은 100여 년간을 투쟁해 온 끝에 더욱 외로운 처지에 빠졌다. 종교적인 삶은 곤궁해지고 민중의 문화는 더 빈약해졌다. 우리는 역사의 방향을 상실하고 말았다.

19세기 말엽에 멕시코에서 보이는 특징은 부조화의 모습이다. 이는 현실과 맞지 않을 뿐 아니라 오히려 현실을 질식시키고 정체시키는 문화와 법률적 틀이 생겨남으로써 발생한 부조화라는 점에서 앞서 있었던 정치투쟁이나 내전보다도 더 심각한 것이었다. 이러한 상황은 엄격한 의미에서 하나의 사회계급으로는 발전할 수 없는 계층을 자라나게 했다. 멕시코 사회는 거짓과 빈곤에 중독되어 있었다. 과거와의 연결고리는 끊어졌고, 오직 군사력과 경제력을 통해서만 대화를 하려는 미국과는 대화가 불가능하며, 지나간 과거 속에 갇혀 있는 스페인어권 국가들과의 관계는 별 도움이 되지 못하는 상황에서 우리는 항상 우리를 무시해 왔던 프랑스를 일방적으로 모방하는 처지가 되어 있었다. 우리에게 무엇이 남아 있었겠는가? 질식상태와 고독뿐이었다.

멕시코 역사가 자신을 표현하는 방법을 모색하는 국민의 역사라면 멕시코인의 역사는 공감과 친교를 열망하는 한 개인의 역사일 것이다. 가톨릭이 식민지시대에 크게 발전했던 것은 무엇보다도 많은 사람이 참여할 수 있었기 때문이었다. 자유주의자들은 사상을 알려주었다. 그러나 그것이 피와 양식이 되어서 우리에게 체질화되지 않는다면 교감이 없는 이상적 관념에 지나지 않을뿐더러 실제로는 아무런 역할도 하지 못한다. 공동체적인 만남과 교감은 축제이며 의식이다. 19세기 말엽 멕시코인과 국가는 경직된 가톨릭 종교와 탈출구도 희망도 없는 정권의 통치사상 구조 안에 갇혀 질식해 가고 있었다.

후스또 시에라(Justo Sierra)는 이러한 사회 상황의 의미를 누구보다도 잘 이해한 사람이다. 그에 앞서 여러 자유주의자와 실증주의자들이 있었지만 시에라는 당시 멕시코 역사에 대한 우려와 문제점을 파악하고 있었던 유일한 지식인이라고 할 수 있다. 그의 연구에서 가장 중심이 되고 가치가 있는 부분은 세계역사와 멕시코의 역사에 관한 것이다. 그의 관점은 이전의 다른 사람들의 견해와는 근본적으로 다르다. 자유주의자와 보수주의자, 그리고 실증주의자들은 멕시코의 현실이 자체적으로는 의미가 거의 없는 무력한 것이며, 세계의 역사 현실 속에 반영될 때 비로소 의미가 있게 된다고 생각했다. 반면 시에라는 멕시코가 그 시대에 살아 있는 독립적인 현실이라고 보았다. 시에라에 의하면 국가는 미래를 향해서 구불구불하게 앞으로 나아가고 있는 과거이며, 현재 속에는 여러 가지 징조와 표시들이 가득 차 있다. 한 마디로 종교, 과학, 또는 유토피아도 우리를 의미 있게 하는 그 무엇이 아니며, 우리 역사야말로 다른 나라 역사나 마찬가지로 독자적인 의미와 방향성을 갖고 있다는 것이다. 시에라 자신은 이를 인식하지 못하였지만 그는 우리의 고독과 불안에 대해서 해답을 줄 수 있는 역사 철학을 도입하였다.

이러한 사상의 귀결로서 후스또 시에라는 1910년 국립대학을 설립한다. 그는 창립연설에서 이렇게 말했다. "이 새로운 대학은 선조도 없고 할아버지도 없다. 멕시코 왕립 가톨릭대학교(1551-1865)의 교수단과 학장들은 우리의 선조가 아니라 단지 과거일 뿐이다. 그러나 우리는 무의식적인 연대감과 존경심을 가지고 그들을 기억 속에 간직하고 있다. 자발적인 연대감은 아니라 하더라도 감동과 관심이 없는 것은 아니다." 이 연설은 자유주의자와 그 계승자들이 얼마나 단호하게 식민지 시대와 단절했는지를 보여준다. 그는 종교적 교조주의를 뿌리쳤던 것처럼, 자유주의적 인본주의나 실증주의가 얼마나 부족한 점이 많은가에 대해서도 충분히 깨닫고 있었다. 시에라는 과학과 이성이 유일하게 인간의 희망이고 신뢰할 수 있는 근거라고 생각했다. 그러나 과학과 이성은 단순한 도구에 불과한 것이고, 따라서 국가와 국민을 위해서 이바지하는 데 가치가 있다고 믿었다. 이렇게 할 때 비로소 "대학은 국가의 앞날을 밝혀줄 충분한 힘을 갖게 될 것이다."라고 말했다.

연설에서 그는 이렇게 덧붙였다. "진리란 중세 스콜라 철학자들이나 이성주의 형이상학자들이 생각한 것처럼 한 가지로 주어지거나 만들어지는 것이 아니다. 진리는 각 학문의 저마다의 진리 속에 분산되어 있다." 그것을 하나로 재구성하는 것이 시대적 과제였다. 구체적으로 지칭하지는 않았지만 시에라는 이 과제를 실현할 수 있는 수단으로서 철학을 생각했다. 철학은 실증주의의 가르침에 포함되어 있지 않은 분야였고, 이제 실증주의는 새로운 학설과 맞서게 되었다.

교육부장관 후스또 시에라의 연설은 멕시코 사상사의 새로운 서

막을 알리는 것이었다. 그러나 새로운 사상사를 만들어 나간 사람은 시에라가 아니었고, 안토니오 까소(Antonio Caso), 호세 바스콘셀로스(José Vasconcelos), 알폰소 레이에스(Alfonso Reyes), 뻬드로 엔리께 우레냐(Pedro Enrique Ureña) 등과 같은 젊은 그룹이었다. 그들은 실증주의를 비판하고, 마침내는 가치가 없는 것으로 폄하했다. 그들은 지적 동요 속에서 극적인 모색을 시작한다. 혁명의 와중에서 멕시코라는 나라는 그들의 정체성을 찾아 나선 것이다.

멕시코 혁명은 우리 자신의 진정한 모습을 보여준, 역사에서 큰 획을 긋는 사건이었다. 국내의 정치사, 더욱 비밀스러운 국가의 존재 역사 등 여러 가지 사건들을 통해 혁명의 기운은 무르익었다. 그러나 혁명을 예견한 사람은 별로 없었고, 그나마도 그들의 목소리는 작고 이해하기 어려울 정도였다. 멕시코 혁명은 징조와 원인, 동기는 있었지만 진정한 의미에서 이를 이끌어간 선구자는 없었다. 독립은 단순하게 시대적인 역사의 산물이 아니라 당시의 보편적인 지식운동의 결과였고, 멕시코에서도 이러한 움직임은 18세기에 이미 시작되었다. 19세기 중반에 시작된 개혁은 여러 세대에 걸친 지성인들의 노력과 사상의 열매이며, 이를 예견하고 준비하고 실현한 멕시코 지성인들이 이루어낸 실제적인 작품이다. 혁명은 1910년 10월 5일 산 루이스 선언에 나타난 바와 같이 처음에는 정부에 대해 진실되고 정직한 정치를 요구하는 것으로 시작되었다. 이 움직임은 투쟁이 강화되고 힘을 얻으면서 서서히 모양새를 갖추어 나가기 시작했는데, 이처럼 사전에 준비된 계획이 없었으므로 원래부터 순수한 대중운동이 될 수 있었다. 바로 이것이 멕시코 혁명의 위대함이자 취약점이기도 하다.

여기저기 흩어지고 고립되어 보이는 몇몇 사람들이 흔히 혁명의 선구자로 인용된다. 몰리나 엔리께스(Molina Enríquez), 휠로메노 마따(Filomeno Mata), 파울리노 마르띠네스(Paulino Martínez), 후안 사라비아(Juan Sarabia), 안토니오 비야레알(Antonio Villareal), 홀로레스 마곤 형제(Ricardo y Enrique Flores Magón) 같은 사람들이다. 그러나 이들 중 어느 누구도 진정한 의미에서 혜안을 가진 지성인은 아니었다. 당시의 멕시코 상황의 문제점을 정확하게 지적하고 새로운 역사적 대안을 제시한 사람은 없었던 것이다. 몰리나 엔리께스는 농업문제를 이해하고 있었지만 그의 견해는 혁명세력의 주목을 받지 못했고, 사빠띠스따(남부 농업혁명군)들의 열망을 담은 정치문서인 1911년 11월 25일 아얄라 선언 이후에 뒤늦게야 활용되기 시작했다. 멕시코 노동운동가 중에서 가장 순수했던 사람 중의 하나인 홀로레스 마곤은 노동법에 별다른 영향을 끼치지 못했다. 당시에는 무정부주의 사상이 이미 멕시코 노동운동에 영향을 미치기 시작했으나 홀로레스 마곤의 무정부주의는 필연적으로 혁명과는 거리가 있었다. 독립과 특히 개혁은 그 시대의 이념을 반영하고 연장하며 적응시킨 사회움직임의 결과였다. 그러나 혁명은 그렇지 않았는데, 실바 헤르소그(Silva Herzog)는 이에 관하여 다음과 같이 말하고 있다.

"우리의 혁명은 표면적인 것조차도 러시아 혁명과는 전혀 다르다. 우선 러시아 혁명보다 앞서 발생했다. 그렇다면 어떻게 모방할 수가 있겠는가? 지난 세기 말엽부터 1917년까지 멕시코의 혁명 문학에 유럽의 사회주의 용어 같은 것은 등장하지 않았다. 우리나라의 사회 운동은 고유의 토착환경과 민중의 끓는 피 속에서 태어났으며, 고통스러우면서 다른 한편으로는 창조적인 드라마였다."

선견적인 이념의 부재와 당시 세계의 보편적 사상을 충분히 담고 있지 못한 것이 멕시코 혁명의 특징이며, 결국 후일의 많은 사회적 갈등과 혼란의 원인이 되었다. 혁명에 앞서서 이를 예견케 하는 직접적인 전조들을 쉽게 발견할 수가 있다. 첫째로 정치, 사회적인 상황이다. 그 당시에 멕시코에서는 외국인이 대부분의 경제권을 소유하고 있기는 해도 많은 현지인을 고용하면서 상업과 산업이 발전한 덕분에 중산층이 성장해 가고 있었다. 이와 동시에 불안정하며 변화를 갈망하는 젊은 세대가 나타났고, 세대 간의 갈등은 사회불화의 원인으로 자리잡게 되었다. 디아스 정부는 특권층을 위한 정부일 뿐만 아니라 권력이양을 할 줄 모르는 기성세대가 장악하고 있는 사회였다. 젊은 세대는 자유주의 원칙이 마침내 실현되기를 초조하게 갈망하면서 불만을 표출했다. 초기의 혁명이념은 거의 전적으로 정치와 관련된 것들이었다. 시민들은 단순하게 민주적인 권리가 확보되기만 하면 모든 생활이 바뀔 수 있다고 생각했다.

갓 태어난 노동자계급도 중산층과 마찬가지로 불안정한 상태였다. 자유주의 법령에는 권력층의 전횡을 막을 아무런 장치가 없었고, 노동자, 농민들은 봉건 대지주와 산업계 거물들의 압제 아래 살아가고 있었다. 그러나 멕시코 농부들은 기나긴 투쟁의 역사를 갖고 있었다. 반면 노동자들은 가장 기본적인 권리도 행사하지 못했을 뿐 아니라 자신들의 요구를 주장하고 투쟁을 정당화할 수 있는 이론과 경험도 갖고 있지 못했다. 노동자계급은 이처럼 아무런 전통도 없었기 때문에 가장 심각한 무산계급으로 전락하게 되었다. 그럼에도 불구하고 여러 차례의 파업이 일어났고, 파업들은 무자비하게 진압되었다. 이런 와중에 노동자들의 시민투쟁 과정에서 중요한 한 가지 일이 발생한다. 그것은 노동지도자들이 까란사(Venustiano Carranza, 1917-20 대통령)와 동맹을 맺고 1915년 2월 17일 '입헌주의운동과 세계노동자연맹 간 협약'에 서명한 것이다. 노동자를 위한 입법을 추구하는 대신에 무산계급은 혁명운동 주체의 일부로 연결되는 방안을 선택하였다. 이때부터 노동자 계급은 혁명정부의 영향력 아래 편입되었으며, 이것은 오늘의 멕시코를 이해하는 데 고려해야 할 매우 중요한 요소이다.

혁명이 진행되는 데 유리했던 또 하나의 중요한 변수는 디아스 시대가 처해 있던 국제 정세였다. 레르도(Lerdo de Tejada) 등의 자유주의자들과 보수당 대부분이 지지하는 정책에 따라 뽀르휘리오 디아스는 미국의 경제적 영향력을 제한하고 유럽 자본주의와의 협력을 확대하고자 했다. 마지막 몇 년간 디아스 정부는 국제관계에 대해 심각한 우려를 갖고 있었다. 멕시코가 영국 자본을 끌어들인 것은 미국의 불만을 초래했다. 또한 1909년 셀라야(Zelaya) 니카라과 대통령의 멕시코 망명 허용, 미국함대의 막달레나만 주둔연장 요청 거부, 캐나다 중재인이 멕시코에 유리하게 판정을 내린 차미살 국경분경 등 미국과의 관계를 냉각시킨 여러 가지 사건이 있었다. 미국이 멕시코 혁명세력들의 미국 내 정치활동을 묵인했던 것은 의심할 여지가 없다. 그러나 일부 보수주의자들이 주장하는 것처럼 혁명을 양키제국주의 음모의 결과로 치부할 수는 없다. 마데로(Francisco Madero, 1911-13 대통령)의 실각을 가져온 반혁명 쿠데타에 미국대사가 뒤늦게 개입했던 사건에서 볼 수 있는 것처럼 혁명에 대한 외부세력의 영향력은 매우 제한적이었다.

농민파업과 반란이 독재정부의 사회구조를 점차 약화시켰고, 도시지역의 정치불안은 디아스에 대한 대중의 지지도를 하락하게 했다. 이즈음 사상분야에서는 안토니오 까소와 호세 바스콘셀로스, 두 청년이 당시 체제의 정치철학을 비판하기 시작했다. 그들의 활동은 '청년학회'라는 그룹이 주도한 광범위한 지식혁신운동의 중요한 부분을 이루었다.

1909년 안토니오 까소는 실증주의철학을 검증하고 강하게 비판했다. 그는 연이은 일곱 번의 강연을 통해서 공식적인 사회원칙에 대해 조목조목 비판하기 시작했다. 처음 세 번은 콩트와 그에 앞선 지식인들에 관해서, 나머지 네 번은 독자적 실증주의자들인 스튜어트밀, 스펜서와 떼느에 대해 강의를 했다.

그는 부뜨루(Boutroux)의 우연성의 철학원리와 베르그송(Bergson)의 개념을 이용하여 자신의 논리를 전개해 나갔다. 그 강연의 마지막에 그는 개인적인 철학을 피력했는데, 엔리께 우레냐는 그의 소신 있는 행동에 대해서 이렇게 말하고 있다.

"실용주의 및 이와 유사한 주장들이 세력을 펼치려는 시기에 까소는 플라톤, 스피노자, 헤겔과 같은 위대한 건설적 순수철학자들을 칭송하면서 자신의 지성주의적 입장을 밝힌다. 한편 지식문제에 있어서는 자신이 관념주의자임을 주지시킨다. 그의 신념의 고백은 '모든 것은 우리의 사고, 생각에서 비롯된다.'라는 실용주의 지식인 앙리 프앙카레의 경구로 마무리된다. 까소의 마지막 강

연은 철학적 사색에 대한 변론이었다. 오랜 실증주의의 요새인 대
학예비학교에서 양도할 수 없는 권리를 외치는 형이상학자의 목
소리가 다시 한 번 울려 퍼졌다."

한편 바스콘셀로스는 반지성주의자였다. 직관주의 철학자였던
그는 감정이 유일하게 사물을 이해할 수 있는 방법이라고 생각했다.
안다는 것은 사물에 대한 순간적이고 총체적인 시각이라는 것이다.
바스콘셀로스는 나중에 '이베로 아메리카 인종의 철학'을 만들어냈
는데 이는 라틴아메리카 사상의 중요한 흐름을 이루고 있다. 그러나
이 사상가의 영향력이 본격적으로 발휘된 것은 몇 년 뒤 알바로 오브
레곤 정부에서 교육부 장관(1921-24)에 임명된 다음이었다.

실증주의에 대한 비판은 멕시코사상사에서 결정적인 사건일 뿐
만 아니라, 혁명을 이루는 데 반드시 선행되어야 할, 필수적인 과정
의 하나였다. 그러나 이는 부정적인 면의 선행과정이었다. 까소와 그
의 동료들은 디아스 정부의 정치이념은 무너뜨렸지만 그들의 사상
을 통해서 나라를 변화시킬 수 있는 새로운 개혁안은 제시하지 못했
다. 그들의 지적인 견해는 그 시대가 당면한 문제나 국민의 열망과는
거리가 있었다. 그들의 사상은 자유주의 세대와는 큰 차이가 있었고,
이는 현대멕시코 역사에 매우 중대한 영향을 남겼다. 아무런 이념도
가지고 있지 못했던 멕시코 혁명은 현실의 거대한 폭발이며, 혁명을
정당화하고 미주와 세계의 역사 속에 들어가게 할 수 있는 보편적 원
칙을 더듬어 모색하는 과정이었다. 까소의 사상이 혁명의 이념에 영
향을 주지는 못했지만 지식에 대한 그의 식을 줄 모르는 사랑은 거
리에서 혁명 세력 간의 총격전이 벌어지고 있는 동안에도 그로 하여

금 강의를 계속하게 했고, 우리에게 철학이란 무엇인가에 대한 아름다운 전형을 보여주었다. 그의 진리에 대한 사랑은 그 무엇으로도 살 수 없고, 변형시킬 수 없는 것이었다.

멕시코 혁명에서 선행된 주목할 만한 사건들은 대략 전술한 바와 같다. 여러 갈래는 아니지만 뿌리가 깊은 그 원인은 멕시코의 삶과 분리될 수 없는 밀접한 일부였다.

멕시코 혁명의 특징은 사전에 체계적인 이념을 갖추지 못했다는 것과 농지에 대한 열망이 추진동력의 하나가 되었다는 점이다. 멕시코 농민들은 혁명을 통해서 삶의 여건이 더 좋아지기를 기대했을 뿐만 아니라 식민지시대와 19세기를 거치면서 식민지 군부대장과 대농장주들에게 빼앗겼던 토지를 되찾기를 원했다.

깔풀리(Calpulli)는 정복시대 이전에 토지소유의 가장 기본적인 형태였다. 주민들은 여러 개의 구역, 즉 깔풀리로 나뉘고, 구역마다 일정한 크기의 땅을 분배했다. 주민 중에 그 누구도 개인적으로 땅을 소유할 수 없었고 토지는 가족이나 부족단위로 분배되었다. 깔풀리를 포기하거나 자기 땅을 경작하지 않는 사람은 토지공동소유에 참가할 수 있는 권리도 상실했다.

서인도법은 그 제도를 보호했으며, 모든 종류의 횡포와 강탈로부터 원주민의 공동체토지를 보호하기 위해서 수많은 조치와 규정들이 만들어졌다. 그러나 서인도법의 좋은 취지가 항상 지켜지지는 않았고 18세기 말엽에 이르러 농민들의 사정은 절망적인 상태로 악화하였다. 모랄레스(Morales)는 이런 문제를 깨닫고 있었던 몇 안 되는 지도자의 하나로서 농촌의 불만이 독립전쟁에 얼마나 큰 영향을 주었는가를 나타내 보여주었다. 19세기 중반의 개혁은 폰시아노 아리아가(Ponciano Arriaga) 등 일부의 반대가 있었음에도 불구하고 토지에 대한 인디오들의 공동소유권을 말살하는 결정적인 잘못을 저질렀다. 그리고 나중에 디아스 정부는 '미개척 토지의 개간, 점유 및 양도법'을 통해 농민들에게 마지막으로 남아 있던 토지를 모두 정리해 버렸고, 결국 그때까지 존재해 왔던 멕시코의 특징적인 토지의 소유형태는 완전히 사라져 버렸다.

거의 모든 혁명세력들이 혁명추진 계획이나 선언에서 농업문제에 대해 언급하고 있다. 그러나 그중에서도 가장 간단명료하고 단호하게 이 문제를 제기한 것은 남부 혁명세력과 그 지도자인 에밀리아노 사빠따(Emiliano Zapata)였다. 사빠따가 시대를 거듭하면서 많은 멕시코 화가들의 그림 모델이 되고 아름답고 유연한 대중적인 이미지로 기억되는 것은 우연한 일이 아니다. 그는 모렐로스, 꾸아우떼목과 함께 우리의 전설적인 영웅들 가운데 한 사람이다. 사빠따는 현실과 신화가 하나로 연결되어서 우수에 차고 열정적이며 희망이 넘치는 한 인간으로 인생을 살았으며, 살아 있을 때처럼 죽을 때도 대지를 품고 숨을 거뒀다. 그는 대지처럼 인내 속에서 풍요로움을, 침묵속에서 희망을, 죽음으로부터 부활을 바라보았던 인물로 우리에게 영원히 기억되었다. 그의 혁명은 우리를 억압하고 있던 정치, 경제적 굴레로부터 벗어나기 위해서 필요한 계획 이외에는 다른 사상을 포함하고 있지는 않았다. 사빠따가 1911년 발표한 혁명계획, 아얄라 선언의 6항과 7항은 토지의 반환과 분배를 촉구함으로써 농지소유에 대한 개혁을 제시하였으며, 이를 통해 현대 멕시코를 향한 서막을 준비하고 있다. 사빠따의 생각은 봉건주의를 청산하고 멕시코의 현실에 적합한 법을 제정하는 것이었다.

오르떼가 가세뜨에 의하면 모든 혁명은 현실보다 합리적인 계획이나 시도를 더 중요하게 보는 경향이 있다고 한다. 혁명 정신은 과격하고 급진적인 요구를 갖고 있는 것처럼 여겨지는 이유가 여기에 있다. 오르떼가 가세뜨의 생각은 지나치게 급진적이라고 할 수도 있다. 혁명이라는 것은 가까운 미래에 어떤 계획들을 실현하자는 구호를 내세우기는 해도 대부분의 경우에 압제자에 의해 유린된 과거의 질서를 회복하고 사회의 정당성을 재건하려는 시도에 바탕을 두고 출발하기 때문이다. 모든 혁명은 신화시대를 재현하고자 한다. 프랑스혁명은 루소가 주창한 사회계약의 이상적인 조건들이 복구된다면 평화가 이루어질 수 있다는 믿음을 혁명계획을 실현할 수 있는 발판으로 삼았다. 마르크스주의도 그들이 원하는 체제의 전 단계로서 원시적 공산주의 이론을 내세웠다. '영원한 회귀'는 거의 모든 혁명 속에 들어가 있는 가설 중의 하나이다.

마르크스는 모든 급진주의는 인본주의라고 말했다. 말하자면 인간 자신이 이성과 사회의 뿌리인 것이다. 그래서 모든 혁명은 마침내 구체제의 억압으로부터 풀려나서 인간적인 삶의 조건을 회복하고 진리를 구가할 수 있는 세상을 구현하고 싶어한다. 인간은 오직 혁명주의적인 사회에서만 자신을 실현할 수 있고, 본연의 자신이 될 수 있는 존재라고 보는 것이다. 그리고 그 사회는 인간의 본성을 바탕으로 이루어지는데 인간의 본성은 주어진 불변의 것이 아니며, 무한한 가능성을 갖고 있으나 이것이 정치체제에 의해 좌절되었다는 것이다. 그렇다면 인간이 불의에 의해 좌절된 어떤 가능성을 지닌 존재라는 것을 어떻게 알 수 있는가? 여기에서 '황금시대'라는 신화적인 개넘이 등장한다. 역사의 어느 순간, 어느 곳에서인가 인간이 자신을 표현하고 실현할 수 있었던 사회가 존재했었다는 것이다. 그 시대가 혁명주의자들이 만들고자 하는 새로운 세상을 예시하고 예언한 셈이다. 거의 모든 유토피아 사상은 혁명을 정당화하고 가능하게 하는 '황금시대'가 먼 옛날에 존재했었다는 가설을 품고 있다.

아얄라 선언의 독창성은 '황금시대'가 단순히 인간의 이성에 의한 창조나 가설이 아니라는 점이다. 멕시코 농민운동은 합당한 소유권과 함께 농민들에게 토지를 반환해주는 법적 조치를 요구하였다. 토지분배를 요구한 것은 토지소유권을 갖지 못한 모든 농민과 마을에게 전통적제도의 혜택을 주기 위한 것이다. 사빠따주의 운동은 국가존재의 의미와 멕시코 역사를 바로잡고자 했고, 이는 자유주의자들의 역사목표와는 방향이 달랐다. 멕시코는 실현해야 할 미래가 아니라 원래의 기원으로 돌아가야 할 나라였다. 멕시코혁명이 급진적인 것은 우리 사회체제의 유일한 바탕인 근본적인 기원으로 돌아갈 것을 주장한 독창성에 기인한다. 사빠따주의 운동은 깔풀리를 기본적인 경제와 사회단위로 만들고, 식민지시대 전통의 효율적 부분을 회복하였을 뿐만 아니라, 진정으로 건설적인 정치체제를 만들기 위해서는 더욱 오랜 전통과 안정, 지속성을 지닌 원주민들의 과거에서 출발해야 한다고 주장했다.

사빠따의 전통주의는 그가 지역적, 인종적으로 고립되어 있었음에도 불구하고 깊은 역사인식을 갖고 있었음을 보여준다. 사빠따는 땅속에 묻힌 씨앗처럼 홀로 고립되어 있었기 때문에 자문을 자청하며 장군들을 찾아다니던 기자나 사이비 변호사들이 내세우던 사상과 접촉할 기회가 없었고, 이러한 상황은 오히려 그로 하여금 단순하게 진실을 볼 수 있는 힘과 깊이를 갖게 했다. 혁명의 진실은 매우 단순했다. 그것은 보수주의자들과 신보수주의자들의 횡포와 자유주의 체제에 억눌려 있던 멕시코 현실의 반란이었다.

사빠따주의는 오래되고 영구적인 전통으로 회귀하려는 움직임이었다. 엄밀한 의미에서 사빠따주의는 19세기 중반 개혁이 이루어낸 과업을 부정했는데 그들은 자유주의자들이 한칼에 단절해 버리고 싶어했던 과거의 세계로 돌아가고자 했기 때문이다. 멕시코 혁명은 우리의 과거를 되찾기 위한 시도로 전환되었다. 역사철학자 레오폴도 세아는 이에 대해 '우리 역사를 동화시키는 것'이라고 표현했는데 이는 역사를 살아 있는 것으로 만드는 것, 즉 역사의 현재화라고 할 수 있다. 기원으로 되돌아가 과거와 통합하고자 하는 이 의지는 당시 지성인들의 태도와는 큰 대조를 이룬다. 지성인들은 혁명운동의 의미를 정확하게 이해하지 못했고, 가면 외에는 더 이상 아무 역할을 하지 못하는 사상에만 계속 매달려 있었다.

혁명이 즉흥적인 행동으로부터 조직화 단계로 들어서자 멕시코의 지식계급은 민중의 잡다한 열망을 일관성 있게 체계화할 수 있는 능력이 없다는 것이 명백하게 드러났다. 사빠따주의와 비야주의 운동은 남부와 북부를 각각 대변하였는데, 그것은 이성적이라기보다는 감성적인 그들의 주장을 통합할 만한 힘도 갖추지 못한 채 일어난 민중 폭동이었다. 그러나 그것은 답답하고 희미하기는 하지만 혁명의지의 표현이고, 하나의 시발점이었다. 승리를 거둔 까란사파는 경쟁 세력 사빠따와 비야가 가지고 있던 한계를 극복하려고 노력하는 한편, 건전한 혁명의 기반인 민중의 자발성을 부인하고 독재정치체제를 복귀시켰다. 모든 혁명은 그 지도자들을 미화하게 되어 있다. 혁명 독재자로 등장한 까란사는 개인숭배의 첫 번째 모델이 되었는데 이는 완곡하게 표현된 현대적 정치 우상숭배이다. 이런 개인숭배는 오브레곤, 까예스로 이어졌고, 대통령이나 일부 선거공직의 연임금지로 다소 억제되고 있기는 하지만 아직도 우리의 정치판을 지배하고 있다. 동시에 까란사를 둘러싸고 있었던 사람들, 특히 혁명시대에 가장 뛰어난 인재의 하나였던 루이스 까브레라(Luis Cabrera)와 같은 혁명가들은 민중의 욕구를 하나로 모아서 응집된 구심력을 만들려고 노력했다. 그러나 그 단계에서 혁명의 이념적 빈곤은 더욱 명백해졌다. 이 문제를 해결하기 위해서 타협점을 시도하게 되었는데 그때 만들어진 것이 바로 1917년의 헌법이다. 정복 이전의 시대로 돌아가는 것은 불가능하고, 또한 식민지 시대의 전통으로 돌아갈 수도 없었다. 혁명은 자유주의의 내용을 수정해서 그들 자신의 것으로 만드는 수밖에 다른 방법이 없었다. 그들이 혁명을 발전시켜 나가면서 자유주의의 내용을 채택한 것은 혁명주의자들의 사상이 빈곤한 데서 비롯된 당연한 결과였다. 멕시코의 '지식계급'이 내놓은 사상들은 별 도움이 되지 않았고, 나중에 역사의 판단을 받기도 전에 현실 속에서 산산조각으로 부서져 버렸다.

고전적인 권력의 분산(멕시코에서는 존재하지 않는), 이론적 연방주의와 현실에 대해 무지한 자유주의 개념의 부활로 말미암아 다시금 진정성이 없는 위선과 거짓의 문이 열리게 되었다. 아직도 대부분의 정치이념이 우리의 진정한 자아를 은폐하고 억압하려는 미사여구에 불과한 것은 그로부터 연유한 것이다. 한편 제국주의의 영향은 자유주의 체제에 필요한 기반으로서 멕시코에서 토착 부르주아계급이 발전할 수 기회를 무산시키는 데 한몫을 했다. 공동체 토지소유권의 회복은 봉건주의의 청산을 내포하고 있었고, 이 경우에 부르주아의 집권으로 이어질 수 있었다. 그렇게 되었다면 멕시코의 정세는 유럽의 발전단계와 비슷한 전철을 밟아갈 수도 있었다. 그러나 우리의 발걸음은 엉뚱한 곳으로 벗어나고 말았다. 제국주의는 멕시코가 정상적인 역사로 발전하는 것을 방해했고, 멕시코의 지도계급은 외부세력에 협조하거나 방조하는 것 외에는 아무런 역할도 하지 못하고 있다. 우리는 역사적으로 매우 불투명한 상황에 있으며, 이로 인해 디아스 체제의 정책으로 다시 돌아갈 위험도 존재하는 것이다. 은행가와 중개인들이 정부를 접수할 가능성도 있다. 그들의 행태는 디아스 정부 시대의 대농장주들과 크게 다르지 않을 것이다. 디아스 정부가 자유주의를 내세웠던 것과 마찬가지 방법으로 그들은 혁명운동의 계승자임을 자처하며 혁명의 가면을 쓰고 나라를 다스릴 것이다. 다만 한 가지 다른 점은 그들이 디아스 시대의 실증주의와 같은 정치철학을 찾아내기는 어렵다는 점이다. 멕시코에는 더 이상 적합하게 맞추어진 철학이 존재하지 않는다.

이 책에 등장한 사상들을 살펴볼 때 멕시코 혁명은 우리의 과거를 다시 회복하고 동화시키며 현재로 살려내려는 운동임을 알 수 있다. 고독과 절망의 끝에서 과거로 회귀하려는 노력은 멕시코의 역사 전체를 지배하고 있는 것으로 보이는 고독과 교감, 연합과 분리의 변증법적 과정의 한 단면이다. 멕시코 혁명 덕분에 멕시코인들은 자신의 역사와 자신의 근원을 다시 찾아 나설 수 있게 되었다. 이것은 멕시코 혁명이 동시에 절망과 구원의 특성을 갖고 있는 이유를 설명해준다. 그동안 우리에게 수없이 반복된 이 언어들이 아직 의미가 있다면, 민중은 외부의 모든 도움을 거부하며, 자신과는 아무런 관련도 없는 외부로부터 주어진 어떠한 철학이나 발전도 뿌리치고 그들 자신으로 돌아가고자 함을 뜻하는 것이다. 자신과 아무런 관련이 없는 외부적인 간섭에 의한 구원의 거부와 절망의 감정은 모든 위로를 뿌리치고 스스로의 고유한 내밀함 속으로 침잠하는 사람들이 가지는 특성이다. 오로지 홀로 존재하려는 것이다. 바로 그 순간에 고독은 교감을 시도하고, 다시금 절망과 고독, 구원과 교감은 같은 의미를 가진 용어가 된다.

혁명이 극히 완만하고 혼란스러운 모색을 통해서 구체적인 골격을 갖추어 나간 과정은 주목할 만하다. 이는 어떤 집단이 현실에 강요한 계획이 아니라, 독일 낭만주의자들이 원하는 방식처럼 현실이 스스로를 표현하고, 대립하는 여러 집단을 통해 여러 시기에 여러 장소에서 자신의 형태를 갖추어 나가는 과정이었다. 지금에 와서야 우리는 에밀리아노 사빠따(Emiliano Zapata)와 베누스띠아노 까란사 (Venustiano Caranza), 루이스 까브레라(Luis Cabrera)와 호세 바스콘셀로스(José Vasconcelos), 후란시스코 비야(Francisco Villa)와 알바로 오브레곤(Alvaro Obregón), 후란시스꼬 마데로(Francisco Madero)와 라사로 까르데나스(Lázaro Cardenas), 휄리페 앙헬레스(Felipe Angeles)와 안토니오 디아스 소토 이 가마(Antonio Díaz Soto y Gama)와 같이 적대적인 관계에 있던 인물들이 사실은 동일한 역사 과정에 참여하고 있었던 것임을 알게 되었다. 혁명의 주역들을 19세기 중반 개혁의 주인공들과 비교해 보면, 전자가 명확한 사상을 갖고 있었고 후자는 사상의 혼란 속에 있었다는 것 외에도 다음과 같은 차이를 알 수 있다. 즉 탁월한 자유주의자들은 무미건조한 성향을 버리지 못했고, 이로 인해 존경은 받았으나 공직에 있는 영웅으로서 공식적 인물로 끝났지만, 혁명가들은 그 잔인성과 무모함에도 불구하고 대중 속에서 신화적인 인물로 남게 되었다. 오늘날에도 비야는 북부지방의 가요와 민요 속에서 말을 타고 달리고 있고, 사빠따는 축제 때마다 공연에 등장하며, 마데로는 국기를 흔들며 발코니에 나타나곤 한다. 또한 까란사와 오브레곤은 혁명시대의 열차를 타고 멕시코 전 지역을 누비고 다니면서 여자들을 두려움에 놀라 두근거리게 하고 청년들로 하여금 집을 떠나게 한다. 모든 사람이 그들을 따라간다. 어디로 가는 것일까? 그것은 아무도 모른다. 이것이 혁명이다. 이것은 마술적인 단어이기 때문에 모든 것을 변화시키고, 커다란 기쁨을 선사하는가 하면 재빠른 죽음도 가져온다. 멕시코인들은 혁명을 통해 자기 자신과 과거로 되돌아갔고, 스스로의 실체를 발견했으며, 자신의 내면 안에 깊은 곳으로부터 혈통을 찾아냈다. 바로 여기에 19세기의 빈곤함과 비교되는 혁명의 풍요로움이 있는 것이다. 혁명의 예술적, 문화적 풍요는 모든 멕시코인들의 감성과 상상력 위에 영원히 각인된 혁명영웅과 혁명의 병사들, 그리고 그들의 신화로부터 비롯된 것이다.

혁명은 자신 속으로의 갑작스러운 함몰이었다. 멕시코는 그 깊은 곳으로부터 맹목적으로 새로운 국가의 토대를 이끌어냈다. 개혁과 독재정치가 단절시킨 과거와의 연결을 회복하고 전통을 복구한 혁명은 우리 자신에 대한 모색이고, 어머니에게로 돌아가기 위한 노력이다. 그래서 혁명은 향연이기도 하다. 마르띤 루이스 구스만(Martín Luis Guzmán)의 표현을 빌리자면 혁명은 총탄세례의 축제다. 보통의 시민 축제처럼 혁명은 과도하고 낭비적이며, 극단적이다. 기쁨과 체념의 폭발이고, 고독과 환희, 자살과 생명의 부르짖음이며, 이 모든 것이 하나로 뒤죽박죽이 되어 있는 것이다. 혁명은 개혁에 의해 무시되고 독재자에 의해 모욕을 당한 멕시코의 또 다른 얼굴이다. 허례와 가식의 탈을 쓰고 거짓과 위선으로 강요된 형식이 아니고, 죽음과 축제, 파티와 총격, 충동과 총격전의 시장판과 사랑이 어우러진 휘황찬란하고 굉장한 얼굴이다. 혁명은 사상을 거의 담고 있지 않다. 단지 현실의 폭발일 뿐이다. 일종의 반전이고 교감이며, 잠들어 있는 오래된 체제를 뒤집어 놓는 일이고, 존재에 대한 두려움으로 감추어졌던 모든 난폭성과 부드러움, 섬세한 감정을 외부로 분출하는 것이다. 멕시코는 누구와 함께 이 피비린내 나는 축제를 향유하고 있는가? 자신과 함께, 바로 자기 자신과 이것을 공유하는 것이다. 멕시코는 자신의 존재를 확인하기 위해서 용기를 냈다. 혁명의 폭발은 아주 경이로운 축제였다. 스스로에 취해서, 마침내 또 하나의 자신, 다른 멕시코인을 뜨거운 포옹 속에 발견하는 그들만의 축제였다.

chapter 07

멕시코의 지성인들

La 'Inteligencia' mexicana

멕시코 문화가 혁명으로 인한 멕시코 사회의 역사적 변화를 반영하는 것이라고 단언한다면 그것은 현실을 너무 단순하게 바라보는 잘못을 저지르는 것이다. 오히려 이런 변화들이 국가 내부의 —멕시코의 경우 멕시코인이라는 데 대한 책임감과 자긍심을 가진 국민들의— 다양하고 때로는 서로 상충되는 목표와 경향을 나타낸다고 표현하는 것이 더 정확하다. 이런 의미에서 우리 나라 문화의 역사는 항상 정확하게 일치하고 있지는 않지만 대체로 민족의 역사와 크게 다르지 않다. 많은 경우에 문화는 우리의 예측이나 역사를 앞지르기 때문에 둘 사이의 관계를 엄밀하게 일치시키거나 뚜렷하게 볼 수는 없다. 어떤 경우에는 문화가 역사를 표현하기보다 기만하는 쪽에 가까운데, 디아스 독재자 시대가 특히 그러했다. 한편 시문학은 자체의 속성과 그 도구인 언어의 속성으로 인해서, 항상 역사를 도외시하는 것처럼 비쳐지지만 그것은 역사를 무시해서가 아니라 시문학이 역사를 그 내용으로 품고 초월하기 때문이다. 시문학을 역사적인 의미에서 살펴본다는 것은 마치 시를 논리나 문법적인 측면에서 분석하는 것과 같이 그 의미를 감소시키는 것이다. 시문학은 이 두 가지를 취하고 있기는 하지만 역사, 언어와는 많이 다르다. 미술이나 음악, 소설, 연극과 여타 예술에서도 마찬가지일 것이다. 그러나 여기에서는 창작활동을 주제로 다루려는 것이 아니라 멕시코 지성인들이 역사를 통해서 어떻게 그들의 비판적인 사고를 활발하게 보여주고 활동했는가에 대해서 다루어보려고 한다. 사실 그들은 저술활동보다는 오히려 정치와 사회적인 활동에서 더 큰 업적을 남겼다.

혁명이 우리 자신의 근원과 뿌리를 찾아가는 갑작스럽고 필사적인 몰입이었다고 한다면 멕시코 근대교육의 창시자인 호세 바스콘셀로스(José Vasconcelos)야말로 가장 이상적인 방향으로 치열한 노력을 기울인 사람이라고 할 수 있다. 그의 활동은 잠깐이었지만 큰 성과를 거두었고, 지금까지도 본질적으로 영향을 미치고 있다. 그는 후스또 시에라가 시작한 초등교육 확대와, 고등교육, 대학의 발전계획을 계속 추진하는 한편, 실증주의에서 잊혀지고 무시되어 왔던 우리의 전통을 교육의 기반으로 세우고자 노력했다. 바스콘셀로스는 멕시코가 혁명을 통해 역사의 의미를 재발견하게 될 것이라고 믿었다. 이는 후스또 시에라가 시도했으나 이루지 못한 일이었다. 새로운 교육은 '혈통과 언어, 민족' 위에 세워져야만 하는 것이었다.

교육부흥은 사회적인 성격을 갖고 있었다. 바스콘셀로스가 여러 가지 면에서 중요한 역할을 했다고 하더라도 교육의 발전이 특별한 한 사람의 노력으로 이루어질 수 있는 것은 아니었다. 그것은 혁명의 결과였고, 또 혁명에서 많은 것을 취했다. 교육이 구체적으로 실현될 때 혁명운동이 내부적으로 무르익고 최상으로 실현될 수 있을 것이었다. 이를 위해 시인, 화가, 작가, 교사, 건축가, 음악가들이 모두 협력했다. 거의 모든 지성인이 합심한 셈이다. 이는 사회 전체의 과업이기는 하지만 그 모든 사람들의 마음을 불타오르게 할 수 있는 정열적인 인물의 출현이 필요했다. 철학자이자 행동주의자인 바스콘셀로스는 분산된 계획들을 하나로 모아서 추진할 수 있는 비전을 갖고 있었으며, 때로는 세부적인 것은 무시하고 전체적으로 나아가야 할 방향을 뚜렷하게 견지할 수 있는 통찰력이 있었다. 여러 가지 어려운 과정에서도 많은 일을 했지만 그의 과업은 전문관료가 아닌 하나의 선구자로서 이루어낸 업적이었다.

바스콘셀로스는 교육이 활발한 참여를 의미한다고 생각했다. 학교를 세우고, 읽기 교본과 고전을 출판하고, 학회를 만들었으며, 지방의 아주 구석진 외지에까지 문화 사절단을 보냈다. 지성인들은 민중들에게 관심을 기울이게 되었으며, 그들을 새롭게 발견하고 문화 활동의 중심으로 변화시켰다. 몇 세기 동안 잊혀져 왔던 민중예술이 되살아났다. 학교나 사교장에서 오래된 민요들을 노래하고, 순수하고 수줍으며, 정적인가 하면 격렬하며, 조용하면서 동시에 정열적인 민속춤을 추는 공연이 늘어나기 시작했다. 현대 멕시코 회화가 태어났다. 문학적인 부분에서 일부 작가들은 과거의 식민지 시대로 눈을 돌렸고, 어떤 이들은 인디오 원주민들에게 관심을 가졌으며, 가장 용감한 사람들은 현실과 직면하여 혁명소설을 쓰기 시작했다. 멕시코는 독재시대의 연출로 잃어버렸던 자신의 모습을 어리둥절하면서도 사랑어린 시선으로 재발견하였다. 조국의 의미도 모르던 방탕한 국가의 자식들이 그것을 알아채기 시작했다. 스페인의 피와 아랍과 아스떼까 유산이 섞여진 우리의 조국이었다.

실증주의에 대항하는 투쟁을 벌인 아테네클럽 세대에 속하는 바스콘셀로스는 교육은 세계에 대한 이미지를 내면화하고 또 삶에 대한 구체적인 내용도 함께 담고 있어야 한다는 것을 알고 있었다. 종교적으로 중립적인 입장에서 국민교육을 규정한 헌법 3조의 내용보다 더 구체적인 원칙의 토대 위에 교육을 세우려는 그의 노력은 이러한 입장에서 시작되었다. 비종교적이라고 해도 교육은 결코 중립적이 아니었다. 비종교적 교육은 인간의 궁극적인 의문에 대해 의도적으로 무관심을 가장하였지만, 그것을 그대로 믿는 사람은 아무도 없었다. 바스콘셀로스는 가톨릭 신자가 아니고 반종교 과격 혁명주의자도 아니었으며, 그렇다고 중립적인 입장도 아니었다. 다만 그는 혁명이 전통적 공동체농장을 중심으로 새로운 경제체제를 만들기 시작한 것처럼 전통의 기반 위에 교육을 세우고 싶어 했다. 전통 위에 학교를 세운다는 것은 그때까지 본능적이고, 뚜렷하게 표현되지 못했던 혁명정신을 명시적으로 추진해 나가는 것을 의미했다. 우리의 전통이 굳어진 형식이 아니고 생생하게 살아 있는 것이라면 우리와 세계의 전통을 연결해 줄 것이며, 그 속에서 우리 전통이 자리매김하고 확장되며 정당한 의미가 있게 될 것이었다.

우리는 과거의 전통으로 돌아갈 때마다 그것이 스페인의 세계주의 전통을 이어받은 것임을 깨닫게 되는데, 이는 라틴아메리카가 선택할 수 있는 유일한 것이었다. 우리에게는 두 개의 스페인이 존재한다. 하나는 세계를 향해서 닫혀져 있는 스페인이고, 다른 하나는 영혼의 자유를 누리기 위해서 감옥의 철창을 부수어버린 이단적인, 개방된 스페인이다. 후자가 우리의 모습이다. 전자는 순혈주의이고 중세적이며 우리에게 존재의 의미를 부여하지 못하고, 우리를 발견조차 하려고 하지 않는다. 우리나라의 모든 역사는 스페인 역사의 일부가 그랬던 것처럼 폐쇄된 세계를 부수기 위해서 싸워온 과정이다. 지금까지 보아온 바와 같이 미주에서 스페인의 세계주의 전통의 흐름은 무엇보다도 대륙 전체를 통일하여 하나의 단일체로 발전시켜 나가는 것이었다. 따라서 스페인 전통으로 돌아간다는 것은 곧 미주대륙의 통일을 회복함을 의미한다. 한편 모든 인종적인 대립과 동서양의 갈등을 풀어내는 개념으로 만들어낸 범우주적인 인간에 대한 철학은 르네상스 시대의 산물로서 스페인 세계주의의 열매이며, 당연한 결과이기도 하다. 바스콘셀로스의 사상은 멕시코 보수주의자들의 전통주의나 계급주의와는 아무런 연관이 없었다. 여타 미주의 건국자들과 마찬가지로 그에게는 미주대륙이 미래와 신대륙으로 비쳤다. 그들에게 '미주대륙은 지리적으로만이 아니라 정신적으로도 놀라움으로 가득 찬 새로운 땅'이었다. 바스콘셀로스의 전통주의는 과거를 돌아보지 않고 미래에 의미를 두는 것이었다.

바스콘셀로스의 이베로아메리카 철학은 혁명이 시작된 이래로 잠재된 갈등을 풀어내기 위한 최초의 시도였다. 우리 존재의 표출이고, 교감에 대한 열망이자 내면적 충동의 폭발이었던 혁명은 자유주의에 의해 끊어진 우리의 혈통을 추구하고 이것을 발견해 낸 사건이었다. 그러나 전통을 재발견하는 것만으로는 새롭게 태어난 국가의 욕망을 채우기에 충분하지 않았다. 그 당시의 우리나라는 새로운 사회를 건설하는 데 필요한 보편적인 원리를 갖고 있지 않았고, 우리

문화를 지탱해 오던 두 가지의 커다란 세계적 흐름인 자유주의와 가톨릭주의로 다시 되돌아갈 수도 없었기 때문이다. 또한 혁명은 사상적인 면에서 빈약했기 때문에 혁명의 의미를 독자적으로 주장하기도 힘들었다. 그래서 스스로에게서 의미를 찾아내든지 아니면 새로운 체제를 만들어 내야만 했다. 바스콘셀로스는 이베로아메리카 인종이라는 새로운 개념을 창안함으로써 이 문제를 해결하였다. 이로써 실증주의가 내걸었던 '사랑, 질서, 진보'의 표어 대신에 '나의 핏줄 안에서 우리의 영혼을 노래하리라.' 라는 자긍심이 국민적 주제가 되었다.[3]

자유주의와 실증주의가 거대한 사회적 사상의 흐름을 이루었던 데 비해서 불행하게도 바스콘셀로스의 철학은 일개인의 과업에 머물렀다. 바스콘셀로스의 과업은 위대한 철학체계의 시적인 통일성을 갖고 있으나 엄격함은 찾아볼 수 없으며, 어떤 학파나 흐름을 만들어 내지는 못한 고립된 성취였다. 앙드레 말로가 말한 것처럼 신화는 이성에 호소하는 것이 아니라 우리의 본능에 호소하는 것이다. 바스콘셀로스의 사상 속에서 현재까지도 살아 있는 풍요롭고 계몽적이며 선지적인 부분들을 발견하는 것은 어렵지 않지만, 우리 존재와 문화의 건설은 그렇게 충분하지 못했다.

라사로 까르데나스(1934-40, 대통령)가 국가를 다스리는 동안에 혁

---

3) 역자 주 : 이베로아메리카는 스페인, 포르투갈이 위치한 이베리아 반도에서 유래한 명칭으로 라틴아메리카의 또 다른 이름이다.

명은 범위가 넓어지고 더 심화되었다. 그 이전 정부에서 구상되었던 개혁이 마침내 이루어졌다. 까르데나스는 사빠따와 까란사가 시작한 과업을 완성했다. 자유주의 세력의 정책에서 부족했던 부분을 충족시키기 위해서 헌법 3조를 다음과 같이 개정하였다. "국가는 사회주의 교육을 실행한다. 환상과 편견을 척결하며, 젊은이들에게 세계와 사회생활에 대해 이성적이고 정확한 개념을 가르친다."

그러나 공산주의자들조차도 헌법 제3조 개정내용에 결함이 있다고 생각하였다. 다시 말하면 헌법이 사유재산을 신성시하고 노동자 계급이 국가운영에 참여할 수 없는 나라에서 어떻게 사회주의 교육이 뿌리를 내릴 수가 있겠는가? 사회주의 교육은 정치투쟁의 무기로 변질하였고, 정부에 대해 불필요한 적대감을 촉발하였으며, 보수주의자들에게는 쉽고 신랄한 공격의 대상이 되었다. 더구나 멕시코 혁명의 취약한 부분을 극복하는 데 아무런 도움이 되지 못했다. 혁명이 말로 이루어질 수 없는 것처럼 사상이 법령조항으로 뿌리가 내려지지는 않는다. 헌법 3조에 포함되어 있는 사상은 식민지 시대에 가톨릭이 실현한 것과 같이 창조적인 대중의 참여를 이끌어 내거나 국가의 기틀을 마련하는 데 실패했다. 사회주의 교육은 이를 만들어낸 창안자들의 발목을 잡는 함정이 되었고, 보수주의자들에게는 반사적인 기쁨을 선사하였다. 우리의 전통이 보편성을 갖고 있음에도 불구하고 이를 적절하게 표현하는 형식이 없는 데서 오는 갈등을 멕시코에 어울리지 않는 철학으로 해결할 수는 없었다.

그러한 갈등이 혁명에 의해 만들어진 정치와 경제체제에 타격을 주었다. 멕시코 사회에서는 혁명의 독창성과 진실성에 대한 생생한 인식과 함께, 혁명이 가져다주지 못한 통일성과 일관성에 대한 열망을 쉽게 엿볼 수 있다. 깔풀리(고대 미주사회의 토지공동체)는 식민지시대 이전에 자연스럽게 꽃피었던 원주민 사회의 중심적인 종교, 정치, 사회, 경제 제도였다. 스페인 사람들이 건설한 미주식민지는 다원적인 인종, 혈통, 계급을 받아들이고 여러 종류의 토지소유 형태를 허용하는 보편적 질서의 사회였기 때문에 깔풀리도 함께 공존할 수가 있었다. 그러나 문제는 자본주의가 도입되고 어느 날 갑자기 제국주의적 투쟁세계 속에 내던져진 사회에 토지공동체 제도를 어떻게 접목할 것인가 하는 것이었다. 지식인과 예술가들도 동일한 문제의식을 갖고 있었다. 그들이 직면한 문제는 자유주의 체제에서처럼 우리 존재의 특수성이 체제의 보편성으로 인해서 손상 받지 않도록 하는 것이었다. 또한 우리의 참여가 맹목적인 추종이나 모방이 되지 않으며, 수동적인 태도로 제한되지 않도록 하는 유기적인 해결책이 필요했다. 멕시코인들은 처음으로 자신의 역사와 삶을 발끝에서부터 머리까지 완전히 새롭게 만들어내야 하는 상황에 처했다. 그런 어려움 속에서 우리의 문화와 정치, 사회는 양 극단 사이를 오가며 많은 동요를 겪었고, 통합조정 능력이 부족했기 때문에 결국 교육과 사회 분야에서 일련의 타협안을 받아들일 수밖에 없었다. 이러한 중재안들로 인해서 멕시코가 그동안에 성취한 발전을 유지할 수는 있었지만, 이를 최종적인 해결책으로 생각하기는 어려웠다.

현행 헌법 3조가 이러한 상황을 잘 반영하고 있다. 이 새로운 개정내용이 확실히 유익한 결과를 가져오기는 했지만 동시에 풀어야 할 몇 가지 문제들을 남겼다. 멕시코의 전통의 의미는 무엇이며, 우리 시대에서 어떤 가치를 갖고 있는가? 우리 교육이 젊은이들에게 제시하는 삶의 청사진은 무엇인가? 어느 일개인이 이 질문에 대한 해결

멕시코 혁명기념탑

책을 내놓을 수는 없는 일이다. 우리가 이 질문에 답하지 못하고 있는 것은 역사가 아직도 이 갈등을 해결하지 못하고 있기 때문이다.

마침내 혁명전쟁이 끝나고, 나이가 너무 어리거나 기타 다른 사정으로 인해서 혁명전쟁에는 참가하지 못했던 많은 젊은 지식인들이 혁명정부에 참여하기 시작했다. 그들은 문맹의 장군, 노동 및 농업 혁명지도자, 권력 있는 정치 지도자들의 공식, 비공식 자문관으로 자리를 잡았다. 해야 할 일들이 첩첩이 쌓여 있었으며, 일을 추진하는 방식도 자체적으로 새롭게 만들어 나가기 시작했다. 시인들이 경제를, 법률가들은 사회학을 연구하고 소설가들이 국제법과 교육학, 농학까지도 담당해야 했다. 공공건물의 벽에 대형벽화를 그릴 수 있도록 특별한 혜택을 받은 화가들을 제외하고는 일반적으로 지식인들이 담당한 일은 법률제정, 정부계획, 특수임무, 교육업무, 학교와 농업은행 설립 등 구체적이고 시급한 일들이었다. 외교, 대외무역, 공공행정 같은 일들은 중류계층의 지식인들에게 문호가 개방되었다. 새로운 전문대학들과 외국유학 덕분에 단기간에 수많은 전문가, 기술자가 배출되었고, 이들이 정부의 일에 참여함으로써 혁명정부가 시작해 놓은 발전계획들이 계속 추진될 수 있었다. 많은 경우에 혁명유산을 지켜낸 것은 그들이었다. 그러나 당시 상황은 매우 어려웠다. 그들은 물질에서 사상에 이르기까지 자신들의 위치를 지키기 위해 예술과 생활양식에서 일부 타협과 협상을 해야 했다. 물론 많은 면에서 그들이 이룩한 과업은 경탄할 만하지만 독립성과 비판력은 약해졌다. 그 결과로서 멕시코의 지성은 전체적으로 지식의 고유한 능력을 발휘하지 못하고, 비판이나 시험, 이성적 판단 같은 노력을 통해서 그 힘을 올바르게 사용할 줄도 모르게 되었다. 그러므로 혁명에 의해서 정부가 구성되는 경우에 흔히 나타나는 바와 같이 편의주의적인 정신이 국가 활동의 모든 분야에 침투하게 되었다. 또한 관료적 폐쇄성이 강화되어 '국가기밀'이 만들어지고 정부행정조직은 특정 종파나 신흥종교집단과 같이 변모했다. 국가의 중요한 일들이 공개적으로 논의되지 않고, 귓속말로 전해졌다.

그러나 많은 사람이 자신을 희생해 가면서 정부를 위해 일했다는 사실은 잊지 말아야 할 것이다. 그들은 야망보다는 효율성을 지향하면서 공동의 목표를 이루기 위해서 헌신하는 열망을 보여주었고, 지성인으로서 거의 고행이라고 할 정도로 극기의 시민정신을 발휘하였으며, 이로 인해 일부 사람들은 개인적인 성취의 상실이라는 매우 불행한 희생을 치르기도 했다. 이는 유럽의 지성인들과는 전혀 다른 점이다. 미국과 유럽의 지성인들은 권력에서 밀려나 고립되어 활동하며, 정치권 밖에서 비판의 형식으로 영향력을 발휘한다. 반면 멕시코 지성인들의 임무는 정치활동이다. 정치세계에서는 속성상 모든 가치가 상대적이지만 절대적인 가치를 가진 것이 하나 있는데 그것은 효율성이다. 멕시코 지성인들은 국가를 위해서 일해 왔을 뿐만 아니라 국가를 지켜내기도 했다. 그들은 정직하고 유능했다. 그러나 그런 과정에서 그들이 지성인이기를 포기하지는 않았는가? 그들이 조국의 양심이어야 할 의무를 저버리지는 않았는가?

혁명은 여러 가지의 방향 사이에서 동요하기 시작하고, 사회 개혁에 대한 국제적인 압력이 가해졌으며, 민중선동 정치가 출현하여 우리 정치구조의 고질적인 병폐로 굳어지고, 정치적인 부패로 자유주의와 민주주의 이상을 실현하는 것은 불가능해졌다. 이에 따라 국민들은 점차 미래에 대해 회의적이 되고 지식인들은 자신감을 잃어갔다. 멕시코 지성인들은 공동의 목표로 단결되어 있기는 했으나 그들 가운데에는 이단 또는 독립적인 입장, 비판적인 시각, 광신적 열정을 가진 사람 등 여러 종류의 사람들이 있었다. 어떤 이들은 정부를 떠나 야당이나 반정부 모임을 만들기도 했다. 예를 들면 혁명토지법의 제정자이면서 나중에는 우익 야당인 국민행동당(PAN)을 창당한 마누엘 고메스 모린 같은 사람이 그렇다. 또한 헤수스 실바 헤르조그는 기술적 효율성과 사상의 독립성이 서로 크게 모순되지는 않을 수도 있음을 보여주었다. 실바 헤르조그는 잡지 「아메리카 일지」(Cuadernos Americanos)를 통해 라틴아메리카의 독립적인 작가들을 하나로 모으는 역할을 했다. 빈센트 롬바르도 똘레다노와 나르시소 바솔스 등은 공산주의자가 되었다. 공산주의야말로 멕시코 역사의 특수성과 혁명의 보편성을 조화시킬 수 있는 유일한 철학이라고 믿었기 때문이다. 이들의 과업은 특히 사회행동 분야에서 평가될 수 있을 것이다. 그러나 불행하게도 그들은 여러 해 동안 스탈린 정치노선에 순종하면서 다른 방향을 걷게 되었다.

일부 지식인들이 고립에서 탈피하여 세계노동자운동에 참여하고 공개적으로 공산주의를 받아들였는가 하면, 다른 이들은 사회를 비평하고 분석하는 작업을 시작했다. 멕시코 혁명은 멕시코의 진정한 모습을 발굴해 냈다. 사무엘 라모스는 우리나라의 여러 가지 면모에 대해 질문을 던지고 탈을 벗기며 멕시코에 대한 연구를 시작했다. 그의 대표작이며, 우리 자신을 알기 위한 최초의 시도인 「멕시코의 문화와 사람」은 여러 가지 면에서 한계를 보였다. 예를 들면 그 책에서 그려진 멕시코인은 일반적인 사람들이 아니라 소외된 사람들이다. 또한 사무엘 라모스는 현실을 통찰하기 위한 철학적 도구로서 아들러(Adler)와 셸러(Scheler)가 설명한 분노의 이론을 사용하였는데, 그러한 철학이론들은 도리어 결론의 의미를 이끌어 내는 데 어려움으로 작용한다. 그러나 이 책은 지금도 우리 자신을 인식하기 위한 유일한 출발점이 되고 있다. 멕시코 사람들은 자신들을 표현할 때 진정한 모습으로서의 자신은 감추며, 그들의 말과 제스처는 거의 언제나 가면에 불과하다는 그의 핵심적인 생각과 관찰은 대부분 아직도 유효하다. 라모스는 지금까지와는 다른 방법을 사용하여, 폐쇄적이고 이해하기 어려운 멕시코인들의 생각과 행태를 예리하게 묘사하였다.

사무엘 라모스는 우리가 가진 특징적인 동작들의 의미를 연구했는데, 이를 위해 신화, 종교에 대한 심리학적 분석과 성생활의 연구를 함께 진행했다. 반면에 호르헤 꾸에스타는 우리 전통의 의미를 분석했다. 다수의 정치적, 심미적 비평논문들을 통해 기록된 그의 사상은 한 권의 책으로 엮어져 나온 적은 없지만 통일성과 일관성을 유지하고 있다. 꾸에스타가 멕시코 시문학의 고전주의나 멕시코 문화 및 벽화에 미친 프랑스의 영향, 또는 로뻬스 벨라르데의 시집 등에 대해 언급할 때 언제나 강조하는 점이 있는데, 그것은 멕시코가 스스로 건립된 국가이며 따라서 과거를 갖고 있지 않다는 것이다. 좀 더 정확하게 말하자면 멕시코는 그의 과거, 즉 인디오와 스페인 두 세력의 지역주의, 무기력한 타성, 순혈주의에 저항하여 세워진 국가이다. 멕시코의 진정한 전통은 식민지를 계속하는 것이 아니라 부정하는 것이고 프랑스의 이성주의와 같이 세상의 보편적인 가치를 선택할 수 있는 자유를 갖는 것이다. 우리의 프랑스주의는 우연한 일이 아니며, 단순히 역사적인 환경의 산물도 아니다. 멕시코인들은 프랑스 문화에서 보편적 가치를 발견하였다. 우리의 시문학은 정치체제가 원하는 것처럼 시간과 공간, 지방색에 영향을 받지 않고 보편적이며 멕시코의 고유한 특수성을 나타내기보다는 인간의 보편적인 감성이 녹아 있다. 그것은 풍부하며 형식을 지니고 있다. 우리의 시문학은 빛이 바랜 듯한 감정이나 이율배반적일 때에만 낭만적이고 민족적인 색채를 띤다. 이러한 경향은 다른 정치, 예술 분야에서도 동일하게 나타난다.

꾸에스타는 역사적 고찰을 경멸한다. 그는 스페인의 전통 속에서 무기력하고 획일적이고 수동적인 부분만을 보았을 뿐이다. 인디오 전통의 영향을 분석하지도 않았다. 우리가 프랑스 문화를 선호하게 된 것은 양국 문화의 유사성 때문이라기보다는 멕시코와 세계 역사의 여러 가지 상황이 빚어낸 결과가 아닐까 싶다. 줄리앙 벤다의 영향을 받은 꾸에스타는 프랑스 문화가 프랑스의 역사를 배경으로 하고 있으며, 그 역사를 떠받치고 있는 현실과 불가분의 관계라는 것을 망각하고 있다. 그의 지적인 견해에 한계가 있기는 하지만 그럼에도 불구하고 꾸에스타는 많은 중요한 연구업적을 남겼다. 사실상 멕시코는 스스로를 정의할 때 과거를 부정하는 것으로 시작한다. 그는 자유주의자나 실증주의자들과 마찬가지로 과거의 부정은 정치, 예술, 시문학에서 프랑스의 급진주의와 고전주의를 받아들이는 것을 의미한다고 착각했다. 그러나 역사는 그의 가설을 반박하고 있다. 혁명의 물결과 시문학, 회화, 그리고 무엇보다도 국가의 발전이 우리의 특성을 강조하고 있으며, 프랑스에서 받아들인 지식체계에서 벗어날 것을 요구한다. 이 책의 앞부분에서 언급된 멕시코 급진주의는 전혀 다른 성격의 것이다.

라모스와 꾸에스타는 여러 가지 면에서 견해 차이가 있지만, 한편으로 두 사람 사이에 일맥상통하는 부분도 있음을 볼 수 있다. 이 두 사람은 자신을 알고자 하는 우리의 열망을 각각 다른 시각으로 조명한다. 라모스는 멕시코 혁명으로 구체화한, 우리 자신의 고유한 자아를 찾아가는 노력을 대변하며, 꾸에스타는 멕시코의 특성을 세계의 전통 속에 접목시켜야 할 필요성을 역설하고 있다. 주목해야 할 또한 사람으로 다니엘 꼬시오 비에가스가 있다. 경제학자이자 역사학자인 그는 비영리 출판회사 '경제문화 기금'(Fondo de Cultura Económica)을 설립하였는데, 회사 명칭이 말해주는 바와 같이 이 출판사의 주요 활동목적은 애덤 스미스, 중농주의 경제학자들로부터 케인스, 마르크스에 이르기까지 주요한 경제 기본서를 출판해 중남미 사람들에게 보급하는 것이다. 꼬시오의 노력으로 '경제문화 기금'은 철학, 사회학, 역사학 서적을 출판하는 회사로 성장하였고, 이는 스페인어권의 지식 수준을 높이는 데 기여했다. 또한 꼬시오 비에가스는 디아스 정권에 대해서 가장 진지하고 완벽한 연구를 남겼다. 그러나 그의 지적 활동에서 볼 수 있는 가장 훌륭한 점은 생동력 있는 비평과 명쾌한 견해와 편견이 없는 독립적인 판단 속에 느껴지는 그의 영혼일 것이다. 가장 깊은 인상을 남긴 그의 저서는 「미주의 극단」(Extremos de América)인데 이 책에서 꼬시오는 우리의 현실을 풍자와 대담한 용기로서 신랄하게 분석하였다.

까르데나스 대통령은 멕시코의 문을 열어 스페인 내전에서 패배한 사람들을 받아들였다. 그들 중에는 작가, 시인, 교수들이 있었는데, 그들은 철학을 포함하여 멕시코 문화를 새롭게 탄생시키는 데 중요한 역할을 했다. 이들 가운데 멕시코가 특히 감사해야 할 스페인 사람은 젊은 지성인들의 스승이 된 호세 가오스(José Gaos)이다. 새로운 세대는 지적 연구에 필요한 도구들을 활용할 수 있는 재능을 갖고 있었고, 독립 후에 처음으로 멕시코의 지성인 그룹이 대학에서 형성되기 시작하였다. 교수들은 학생들에게 사상을 주입하는 것이 아니라 그것을 창조할 수 있는 방법과 가능성을 가르쳤다. 아마도 그것이 정확하게 교육자의 역할일 것이다.

알폰소 레예스(Alfonso Reyes)의 등장은 새로운 자극제가 되었다. 오늘날 진정한 평가를 할 수 있게 된 그의 사상에서 우리는 엄격함과 일관성을 읽을 수가 있다. 라미레스의 전통주의적 플라톤 학풍과 시에라의 낭만주의 사이의 중간 선상에 있는 레예스의 고전주의는 기성 형식에 구애받지 않는다. 단순한 모방이나 보편적인 형식을 취하는 것이 아니라 자기 자신 속에서 필요한 것을 찾고 모방함으로써 스스로가 창조의 원천인 동시에 하나의 거울이기도 하다. 말하자면 사람들의 모습을 새로이 발견하고 그것을 초월하는 노력을 계속하는 것이다.

레예스에게는 문학이 직업이나 소명을 넘어서서 신앙이었다. 그는 완벽한 작가로서 그에게는 언어로 변화될 수 있는 모든 것이 언어의 역할을 한다. 소리와 상징적 기호, 움직임이 없는 선과 마술, 시계장치와 살아 있는 생명체 등. 그는 시인, 비평가, 수필가로서 진정한 문학가이며, 언어의 광부, 세공사, 미장이, 정원사, 연인, 사제라고 지칭할 수 있다. 그의 작품은 역사이고 시이며, 현실의 반영이면서 창조이다. 레예스는 혼자서 하나의 작가그룹에 필적하며, 그의 작품은 그 자체가 하나의 문학세계를 구성한다. 그것은 형식이 아니라 표현의 모범이 되었다. 레예스는 현란한 웅변과 신중한 침묵이 혼재하는 세계 속에 살고 있는 우리에게 언어의 위험성과 책임을 알려주었다. 때로 그는 어떤 사상이나 방향성을 제시하지 못했다는 비난을 받는다. 그러나 그를 비난하는 사람들은 레예스가 미주대륙의 역사적인

상황들에 대해서 명확하게 서술한 많은 작품이 있다는 사실을 잊은 듯하다. 그에 관한 가장 중요한 평가는 무엇보다 그의 글을 읽음으로써 사고의 명확성과 투명함에 대해 배울 수 있다는 점에 있다. 그는 우리에게 말하는 방법을 가르침으로써 생각하는 방법을 가르쳐주었다. 바로 이 점에서 미주 대륙의 지성과 우리 시대의 지식인, 작가들의 책임에 대한 레예스의 고찰이 중요성을 갖는다.

그는 작가의 첫 번째 의무가 언어에 대한 충실함에 있다고 말한다. 언어는 작가가 가진 유일한 도구이다. 수공예 장인, 화가, 음악가들이 사용하는 도구들과 달리 언어는 의미가 이중적이거나 아주 상반될 때도 있다. 언어를 사용한다는 것은 그것을 명확하게 하고 순화시키며, 가면이나 근사치가 아니라 우리의 생각을 표현할 수 있는 참된 도구로 만들어가는 것을 뜻한다. 글을 쓰는 것은 믿음의 고백이며, 수사적인 표현과 문법을 초월하는 행위이다. 말의 뿌리는 정신적인 뿌리와 함께 얽혀 있으며, 언어의 비평은 곧 역사와 정신의 비평이기도 하다. 모든 종류의 문체는 말하는 방법, 그 이상의 것을 의미한다. 그것은 생각하는 방법이며, 따라서 우리를 둘러싸고 있는 현실에 대한 함축적 또는 명시적 판단을 담고 있다. 사회적인 속성을 가진 언어와 고독 속에서 작업해야 하는 작가 사이에는 이상한 상호관계가 형성된다. 무정형의 수평적 언어는 작가에 의해 일으켜 세워지고 개성을 얻는다. 한편 일반민중 및 시대와 교감할 수 있는 길을 상실한 현대의 작가들은 언어를 통해 사회생활에 참여할 수 있게 된다.

알폰소 레예스의 작품에서 우리는 언어의 비평뿐만 아니라 언어 사상과 윤리까지도 유출할 수가 있다. 이런 점에서 보면 그가 어휘의 투명성과 의미의 보편성을 지켜내면서 동시에 우리가 수행해야 할 임무가 있음을 강조하고자 노력한 것은 우연이 아니다. 모든 작가들이 갖고 있는 언어에 대한 충실성과는 별도로 레예스는 몇 가지 특별한 의무를 더 갖고 있었다. 첫 번째는 우리 자신을 표현하는 것이다. 레예스는 이를 "우리 민족의 정신을 찾는 것이다."라고 말했다.

이것은 매우 어려운 일이다. 왜냐하면 우리는 외부에서 도입한 언어를 사용하고 있고, 혼란스럽고 불분명한 우리 자신과 사회를 표현하는 고유의 언어를 만들지 못했기 때문이다. 공고라, 께베도, 세르반테스, 산 후안이 사용했던 언어를 이용하여 아직 자아형성이 완성되지도 않았고, 스스로에 대해서 분명하게 알지도 못하는 인간을 표현해야 하는 것이다. 글을 쓴다는 것은 스페인어를 해체해서 스페인어의 특성을 가진 멕시코의 언어로 재창조하는 작업이다. 요약하면 우리의 언어에 대한 충실함이란, 폭력적 지성에 의해 겨우 우리의 것이 된 전통과 우리 국민에 대한 애착을 의미한다. 이런 중대한 의무는 레예스의 글 속에서 살아 숨쉬고 있다. 그가 이룩한 최고의 업적은 우리의 억눌린 모든 심리적 갈등을 묻어버리거나 왜곡하지 않고 잘 담아낼 수 있는 보편적인 형식과 언어를 만들어 낸 것이다.

레예스는 언어를 윤리적, 예술적 문제로 접근했다. 그의 작품은 따라가야 할 전형이나 모델이라기보다는 일종의 자극이다. 언어에 대한 우리의 태도는 선조들과 다르지 않다. 우리의 삶과 역사는 우리에게 자신의 삶을 표현하고, 그것을 배신하지 않으면서 초월하는 형식을 만들어 낼 것을 요구한다. 서양문명이 영원하다고 꿈꾸었던 이상에 대해 우리는 환상을 갖고 있지 않으므로 그들보다 더 큰 책임이 있다고도 할 수 있다. 고독과 교감, 멕시코적 특성과 보편성은 멕시코 사람들을 계속 갈등하게 하는 양 극단들이다. 이러한 갈등은 우리의 가장 깊은 곳에 있는 자아의 일부이며, 우리의 행동과 타인과의 인간관계를 빛과 어둠이 교차하는 특별한 색감으로 물들인다. 또한 모든 정치, 예술, 사회 활동에도 큰 영향을 미치고 있다. 멕시코인의 삶은 불안정하고 고통스러운 균형을 이루거나, 아니면 양 극단을 끊임없이 오가는 움직임을 계속한다.

정복에서 혁명에 이르기까지 멕시코의 모든 역사는 외국의 제도에 의해서 일그러지고 가려진 우리 본래의 모습을 탐색하고, 우리 자신을 표현할 수 있는 형식을 찾아가는 것이었다고 볼 수 있다. 스페인 정복군에 의해 대부분 파괴되고 극히 일부만이 남았지만 아직 우리가 갖고 있는 고대유적과 고고학자, 인류학자들의 연구결과는 고대 미주사회가 다양하고 풍요한 창조문화를 만들어 냈음을 보여준다. 스페인 정복군은 그러한 고대 문화를 파괴하고 그 위에 스페인문화를 세웠다.

스페인 문화에는 왕정에 의해 화합을 하기는 했지만 완전한 융합을 이루지는 못한 두 가지 흐름이 있다. 하나는 오늘날에도 스페인에 그대로 살아 있는 중세적인 정통주의 전통이며, 다른 하나는 16세기 반종교개혁 이전 시대에 스페인이 받아들여 자신의 것으로 만든 보편주의 전통이다. 다행스럽게도 가톨릭 종교 덕분에 예술분야에서는 이 두 가지 요소가 하나로 융화되었다. 식민지사회 구성 및 인디오관련 법령에 중요한 영향을 미친 정치적인 권리의 개념과 일부 제도에서도 비슷한 현상이 나타났다. 신자들이나 비판자들도 자주 잊어버리는 일이지만 가톨릭은 가난한 사람들과 고아들을 포함한 모든 사람들을 위한 종교인데, 이와 같은 가톨릭의 보편주의적인 특성 덕분에 식민지사회는 짧은 기간이나마 통일된 질서를 유지할 수 있었다. 형식과 실체가 하나가 되었다. 현실과 제도, 국민과 권력, 예술과 삶, 개인과 사회 사이에 담장이나 간격이 없고, 서로 소통하였으며, 모든 사람이 동일한 개념과 의지를 공유하였다. 아무리 어려운 처지에 있다고 해도 하나가 될 수 있다면 인간은 외롭지 않다. 사회도 마찬가지이다. 이승과 저승, 삶과 죽음, 행동과 명상은 하나의 총괄적인 경험이며, 각각 동떨어진 별개의 행동이나 개념이 아니다. 각 부분이 전체를 구성하며, 전체는 각각의 부분 속에 살아 있다. 고대 미주사회의 질서는 모든 신자가 참여하고 교감할 수 있도록 개방된 보편주의적 형식에 의해 대체되었다.

식민지 사회가 마비되고, 마침내 자비를 가장하고 흉포한 가면으로 굳어지는 말기적인 현상은 아직 연구가 미진한 그 시대의 상황이 원인인 듯하다. 그 당시 서구 문화의 원천이었던 가톨릭이 유럽에서 쇠퇴하고 있었던 것과는 달리 미주대륙 식민지 누에바 에스파냐에서는 확장기를 맞아 절정에 이르고 있었다. 그 전의 시대에는 창조의 근원이었던 종교생활이 미주 식민지의 대다수 사람들에게는 무기력한 참여로 변질하였다. 또한 호기심과 믿음 사이에서 동요하던 일부 사람들에게는 종교가 미완성의 시도와 재능 게임이 되었으며, 그들은 나중에는 침묵과 잠에 빠졌다. 가톨릭은 수많은 인디오 원주민들에게는 하나의 도피처가 되었다. 정복으로 인해서 생긴 고아와 같은 단절감은 어머니의 은밀한 품속으로 돌아가는 것으로 해결이 된다. 식민지 시대의 신앙은 세상에 태어나기 전의 수동적이고 중성적이며 흡족한 삶으로 돌아가는 것과 같은 느낌을 주었다. 그중에서 신선한 공기를 느끼기 위해 세상으로 나오려고 했던 일부 소수는 현실 속에서 질식하고 맘무이 막히며 퇴보하게 되었다.

독립, 개혁과 독재는 기존질서를 뿌리뽑기 위한 의지가 실현되어 나가는 각각의 단계이며, 성격이 서로 대립된다. 멕시코에서 19세기는 모든 사회의 틀이 소멸된 시기로 보아야 한다. 이 시기에 유토피아를 지향하는 자유주의 운동이 출현하였으나 이는 현실의 반발을 불러일으켰다. 이에 따라 자유주의 이념은 실증주의로 위장하고 변환했다. 우리 자신에 대한 자각과, 조국과 민족에 대한 개념을 갖기 시작하면서부터 우리나라 독립의 역사는 단절과 탐색의 과정을 지나왔다. 단절은 전통과 기존의 틀에서 벗어나는 것이며, 탐색은 우리의 개별적 특수성을 담을 수 있고 미래를 향해 열려 있는 새로운 사회의 틀을 찾기 위한 것이었다. 미래를 향해 닫혀 있는 가톨릭, 그리고 구체적인 멕시코의 현실을 생기가 없는 추상으로 대체한 자유주의는 우리가 탐색하는 새로운 틀이 될 수 없었다. 이 새로운 틀은 개별성과 보편성을 동시에 얻고자 하는 우리의 열망을 담을 수 있어야 했다.

혁명은 처음에는 우리 자신을 발견하고 원래의 근원으로 돌아가기 위한 노력이었다. 그 후에 새로운 탐색과 통합의 시도가 있었으나 이는 여러 차례의 실패를 맛보았다. 결국 우리 전통을 소화하지 못하고, 새로운 길을 제시하는 데도 실패하자 마침내 절충안을 만들어 냈다. 혁명은 우리의 폭발적인 힘이 세계로 향하도록 조직할 능력이 없었으며, 멕시코의 지성인들은 전통과 보편주의 사이에서 빚어지는 갈등을 해결하지도 못한 것이다.

지금까지의 설명은 라모스와 세아가 제기한 멕시코 철학의 문제가 무엇인지를 확인할 수 있도록 해 준다. 이 책에서 고찰한 여러 가지 갈등은 얼마 전까지만 해도 외부로부터 도입한 사상과 형식에 의해 감추어져 있었다. 외래 사상은 우리의 행동을 정당화하는 데 도움을 주었으나 동시에 우리 자신을 표현하거나 우리의 내부적 갈등의 본질을 드러내지 못하게 하는 장애가 되기도 했다. 우리의 상황은 신경증 환자와 비슷하다. 신경증 환자에게는 도덕적인 원리나 추상적인 개념의 유일한 효용성은 자아를 감추는 도구로서 이용하는 것뿐이다. 그들은 자신이 가진 성향의 진정한 의미나 내부갈등의 본질에 대해 다른 사람들과 자기 자신까지 속이는 복잡한 기제를 반복한다. 그러나 이런 갈등이 밖으로 드러나는 순간에 그는 그 아픔과 직면해야 하고 스스로 싸워서 이를 극복해야 한다. 우리에게 일어난 일도 이와 비슷하다. 일순간에 우리는 벌거벗은 모습으로, 있는 그대로의 현실에 직면하게 되었다. 그 어떤 것으로도 우리를 정당화시킬 수 없었고, 현실이 던지는 질문에 대해 답할 수 있는 것은 우리들 자신뿐이었다. 철학적 고찰이 시급하게 필요한 과제가 되었다. 멕시코 지성의 역사를 분석하거나 우리의 특징적 태도를 묘사하는 것만으로는 부족하고, 지구상에 우리의 존재의미를 설명할 수 있는 구체적 해결방안을 마련해야 했다.

어떻게 멕시코 사람들은 그들의 본성을 담은 철학적 고찰을 할 수 있을 것인가? 우리의 전통을 여러 가지로 시험해보는 것은 멕시코와 멕시코 사상의 역사를 철학적으로 고찰해 가는 과정이다. 그러나 우리나라의 역사는 세계역사의 단편에 지나지 않는다. 말하자면 우리의 역사는 혁명의 시대를 제외하고는 항상 세계 역사 속의 작은 일부였다. 우리의 사상도 완전히 우리의 것이 아니라 모두가 유럽에서 만들어져 도입되거나 강요된 것들이다. 결국 멕시코의 역사철학이란 반종교개혁, 이성주의, 실증주의, 사회주의 등 세계역사가 우리에게 제안한 여러 가지 주제에 대해 우리가 취한 태도를 고찰한 데 불과한 셈이다. 우리가 멕시코 역사를 반추하고 나면 이런 질문을 하게 된다. '멕시코 사람들은 세계의 보편적인 사상에 어떻게 대응하여 살아왔는가?'

이 질문은 멕시코인의 특성에 관한 개념과 연관되며, 투사된 멕시코 철학의 두 번째 중요한 주제이다. 멕시코인들은 자신들을 표현하고 담아낼 수 있는 틀을 만들어내지 못했다. 따라서 멕시코답다는 것은 이와 관련된 구체적인 역사적 경향이나 틀을 갖고 있지 않다. 멕시코의 정체성은 우리에게 차례로 이식되거나 강요되고 오늘날에는 전혀 쓸모가 없어져버린 여러 가지의 세계적인 사상의 흐름 사이를 방황해온 개념이다. 그러므로 멕시코성이라는 것은 우리 자신이 아니게 되는 방법, 다른 식으로 살아가고 존재하는 방법이라고도 할 수 있다. 멕시코인들은 때로는 가면을 쓰고, 때로는 돌연히 자기 자신을 찾으려는 결기를 보이는가 하면, 더욱 은밀한 우리 내면의 목소리를 발산하기 위해 불시에 가슴을 열기도 한다. 멕시코 철학은 우리 전통과 우리 자신의 존재의지가 명확하지 않다는 문제에 직면하게 된다. 또한 우리가 완전한 민족적 정체성을 얻는다고 해도 그것은 보편성을 담고 있어야 한다는 점도 고려해야 한다.

많은 작가들이 멕시코 지성의 역사를 검증하는 작업을 펼쳐 왔다. 이 방면에서는 레오폴도 세아와 에드문도 오고르만의 연구가 뛰어난 성과를 거두었다. 오고르만이 주목했던 문제는 우리가 아메리카라고 부르는 것의 역사적 실체가 무엇인가? 하는 것이다. 이것은 단순하게 지리적인 명칭이 아니며, 과거도 아니고, 더구나 현재는 아닐 것이다. 아메리카는 유럽의 정신이 만들어낸 하나의 개념이다. 아메리카는 유럽정신이 역사적 특수성에서 해방되어 세계적으로 확장되고, 스스로를 세계의 보편적인 사상이라고 여기던 시대의 유토피아다. 그 보편적 사상이 자리를 잡고 기적과 같이 구현될 수 있는 특정한 시기와 장소가 발견되었는데, 그것은 미래였다.

미주 대륙에서는 유럽의 문화가 우월한 상위문화로 인식된다. 오고르만이 미주대륙은 유럽의 정신이 실현된 장소라고 말하는 것은 적절한 지적이다. 그렇다면 자치권을 가진 역사적 실체인 아메리카는 유럽의 현실에 어떤 식으로 반응하였는가? 이 질문은 레오폴도 세아의 가장 주요한 관심사였다. 라틴아메리카의 역사사상가이며 현실 정치의 독립적 비평가이기도 한 세아는 얼마 전까지만 해도 아메리카가 유럽의 독백에 지나지 않았다고 평했다. 독백은 유럽의 사상을 구현하는 하나의 방법이었는데, 최근에는 이것이 대화로 바뀌고 있다. 대화의 주제에는 순전히 지적인 것뿐만 아니라 정치, 사회, 생활 등의 문제들도 포함된다. 세아는 아메리카의 소외에 대해 연구했다. 소외는 우리가 가진 개성보다도 우리의 존재 형태에 더 큰 영향을 미친다. 그러나 소외는 오늘날 모든 사람들에게 해당하는 보편적인 상황이 되었다. 이것을 깨닫는다는 것은 우리가 스스로를 인식하기 시작했음을 의미한다. 사실상 우리는 역사의 변두리에서 살고 있다. 오늘날 세계사회의 중심부는 분열되었으며, 유럽과 미국 사람들을 포함한 모든 사람이 주변적인 존재로 바뀌었다. 지금은 모든 사람이 주변부에 머물고 있다. 왜냐하면 중심부 자체가 없기 때문이다.

한 그룹의 젊은 작가들은 인생관의 의미를 탐구하고 있다. 명확하고 완벽하게 자신을 규명하고자 하는 강한 욕망은 이러한 탐구가 가진 가장 큰 장점이다. 그러나 선구자격인 에밀리오 우랑가를 포함하여 그들 대다수는 멕시코 정체성이 더욱 광범위한 주제의 일부라는 점을 깨달았다. 부분적으로는 종속된 국민에게, 더욱 일반적으로는 모든 인간들에게 적용될 수 있는 역사적 소외가 바로 근본적인 주제이다.

철학적인 모든 고찰은 진정성이 있어야 한다. 이는 구체적인 문제에 대해서 아무런 사심이나 전제 없이 고찰할 수 있음을 뜻한다. 그렇게 할 수 있을 때에 반추의 대상이 보편적 주제로 전환될 수 있다. 우리의 시대는 이런 종류의 일을 하기에 적당한 듯하다. 역사상 처음으로 멕시코는 자신의 현재 상황을 정당화하는 데 필요한 보편적인 이념을 갖추지 못했다. 사상의 창고였던 유럽도 지금은 우리처럼 하루하루를 힘겹게 살고 있다. 엄밀한 의미에서 볼 때 현대세계에는 사상이 없다. 그래서 멕시코 사람들은 다른 모든 현대인들처럼 현실 앞에 홀로 고독하게 서 있다. 과거의 보편성은 단순히 유럽의 사상에 적응한 결과에 지나지 않았으나, 이제 발가벗은 멕시코인은 진정한 자신의 보편성을 발견할 수 있을 것이다. 진정한 성찰이 이루어진다면 철학의 멕시코적인 특성은 철학자의 강조나 역설, 형식에만 적용될 뿐, 그 사고에 담겨 있는 내용과는 관련이 없음을 알 수 있을 것이다. 멕시코성이란 그 뒤에 진정한 얼굴을 감추고 있는 하나의 가면에 불과하다. 현재의 상황은 우리뿐만 아니라 여러 가지 문제들에 대해 우리 스스로 고찰하는 방향으로 멕시코의 철학이 발전해 나갈 것을 요구하고 있다. 즉 멕시코 철학이 진정한 철학이 되기 위해서는 그저 단순하고 순수하게 철학 자체여야 한다.

이러한 결론은 역사적으로 검증을 해보면 더 확실하게 알 수 있다. 멕시코 혁명은 우리의 지적인 전통을 단절시켰다. 혁명은 과거에 우리에게 정당성을 부여했던 개념과 사상들이 이미 소멸하였거나, 또는 우리의 정체성을 불구로 만들고 있음을 보여주었다. 한편 멕시코가 세계 역사의 흐름 속에 본격적으로 합류하기 시작하면서 과거에는 우리에게 간접적으로 영향을 미쳤던 여러 가지 문제들이 이제는 우리에게 직접적으로 관련된 문제가 되었다. 멕시코가 역사의 중첩, 전통의 모호함, 반식민지상태 등 몇 가지 특징을 가지고 있음에도 불구하고, 우리나라의 상황은 이제 다른 나라들과 크게 다르지 않다. 역사상 처음으로 우리 문화의 위기는 세계문화의 위기와 맥을 같이 하게 되었다. 사라진 문명의 묘지 앞에 선 발레리의 슬픈 회상에 대해 우리는 이제 냉담하다. 미래에는 그리스, 아랍 또는 아스떼까, 이집트문명이 소멸했던 것처럼 서구의 문명이 사라지는 것이 아니라 인류가 사라질 위험에 처할 수 있기 때문이다.

서로 다르고 상반되는 여러 가지 사상과 미래가 공존했던 과거의 다양한 문화는 오늘날 하나의 문화, 하나의 미래로 대체되었다. 불과 얼마 전까지도 역사는 각각의 문화가 만들어 놓은 다양하고 때로는 상반되기도 하는 여러 가지 진실에 대한 고찰이었고, 각 사회의 뚜렷한 이질성을 확인하는 작업이었다. 이제 역사는 다시 통일성을 회복하였으며, '인간에 대한 고찰'이라는 출발할 때의 역할로 되돌아갔다. 현대의 역사주의가 되찾았던 문화의 다양성은 하나의 우리 시대 문화로 통합되었다. 모든 문명은 다른 경쟁상대들을 동화하거나 압도했던 서구문화에서 유래하였다. 이제는 각각 나름대로의 특성이 있더라도 모든 문화는 역사로부터 동일한 질문을 받으며, 이에 대해 같은 입장에서 답을 주어야 한다. 인간은 다시 하나로 통일되었다. 지금 이 시대에는 멕시코인들의 결정이 모든 다른 사람들에게 영향을 주며, 그 반대의 경우도 마찬가지다. 공산주의자와 서유럽인들 사이의 간격은 페르시아와 그리스, 로마와 이집트, 중국과 유럽을 나누는 거리에 비해 훨씬 작다. 공산주의자와 민주주의의 부르주아 계급은 서로 다른 사상을 가지고 대립하고 있지만 양측이 같은 근원에서 나왔고, 같은 언어를 사용하며, 서로의 주장이 무엇인지를 이해할 수 있다. 보수주의자들의 견해에 따르면 우리 시대의 위기는 서로 다른 문화권 사이의 분쟁이 아니라 우리 문명의 내부 분열에 기인하는 것이다. 현재의 문명은 더 이상 적수가 없고, 이 문명의 미래가 곧 세계의 미래이다. 우리 각자의 운명이 바로 인간의 운명이다. 따라서 멕시코 현실의 갈등을 해결하려는 노력은 세계사회의 보편성과 연결되어야 하며, 그렇지 않을 경우에는 아무 소용이 없는 헛된 일로 끝나게 된다.

멕시코 혁명은 우리에게 자신의 내부에서 나와서 역사와 직면하게 하였으며, 우리 미래와 우리 사회를 창조해야 할 필요성을 깨닫도록 했다. 그러나 혁명은 우리의 모순을 해결하지 못하고 끝나 버렸다. 비슷한 현실에 처한 다른 나라 사람들도 우리나라와 마찬가지로 새롭게 자신을 창조해야 할 상황에 처해 있다는 사실을 우리는 2차 세계대전 이후에 알게 되었다. 과거로부터 버림받은 고아이며, 미래를 만들어야 할 의무를 갖고있는 우리는 지구 위에 살고 있는 모든 사람들과 함께 결정적으로 중요한 시대를 살아가고 있다. 이제 세계역사는 모든 인류의 공동책임이다. 그런 의미에서 우리의 미로는 곧 이 세상에 살고 있는 모든 사람들의 미로이다.

우리들의 현재

Nuestros días

　　　　　　　　　　　　　　우리 자신을 향한 탐구이자 스스
로를 발견하는 동기가 되었던 멕시코 혁명은 멕시코를 완전히 다른
나라로 변화시켰다. 자기 자신이 된다는 것은 내부에 숨기고 있던 진
정한 자신을 드러내는 것을 의미한다. 혁명은 어떤 의미에서 나라를
새로 만들었다고 할 수 있으며, 새로운 국가는 식민지 시대와 19세기
까지 소외되어 있던 인종과 사회계층을 구성원으로 흡수하였다. 그
러나 혁명은 그 풍요로운 의미에도 불구하고 뚜렷한 세계관과 자유
롭고 정의로운 사회의 토대가 될 수 있는 활기찬 사회질서를 창조할
만한 역량은 지니지 못했다. 혁명은 우리나라를 하나의 공동체로 만
들어주지 못했고, 최소한 공동체를 이룰 수 있다는 희망조차도 주지
못했다. 여기에서 말하는 공동체는 사람이 서로 존중하고, 권력의 기
원이나 정당성의 논리가 무엇이든지 간에 권력에 의한 힘의 원칙보
다 합리적 자유가 우선하는 사회이다. 사실 기존의 어떠한 사회도 이

런 세상을 이루지는 못했다. 한편 혁명이 식민지 시대의 가톨릭이나 19세기 자유주의에 견줄 만한 인간관을 만들어내지 못한 것은 우연한 일이 아니다. 혁명은 우리에게 일어난 현상이지만 혁명이 갖고 있었던 여러 가지 한계는 당시의 세계역사의 환경에 많은 영향을 받았기 때문이다.

연대기적으로 보면 멕시코 혁명은 20세기 대혁명 중에서 첫 번째로 일어났다. 멕시코 혁명을 정확하게 이해하기 위해서는 아직도 진행 중인 큰 흐름의 일부로서 혁명의 의미를 보아야 한다. 지금까지 일어났던 다른 혁명들처럼 우리의 혁명도 우선 봉건주의 체제를 청산하고, 산업과 기술을 통해서 사회를 변화시키며, 우리의 정치, 경제적 종속 상태를 종식하고 궁극적으로 진정한 민주사회를 건설할 것을 주창하였다. 다시 말하면 시대를 앞서 가는 자유주의자들이 꿈꾸었던 도약을 이루고, 독립과 개혁을 완성하며, 멕시코를 근대국가로 탈바꿈시키는 것이었다. 또한 이 모든 것을 우리가 스스로를 기만하지 않고 이루어내는 것이 중요했다. 오히려 이런 변화는 우리의 참된 모습을 폭로하게 될 것이었다. 그 얼굴은 동시에 알려지기도 하고 무시되기도 한, 고대문명에서 비롯되었지만 묻혀져버린 우리의 새 얼굴이었다. 혁명은 우리 자신에 충실한 새로운 멕시코를 건설하려는 시도였다.

독일을 제외한 선진국들은 자연발생적인 방법으로 구시대 체제에서 근대민주주의 체제로의 변화과정을 이행했다. 정치, 경제, 기술적인 변화가 계속되었고, 마치 어떤 초월적인 힘에 의해 조직된 것처럼 잘 짜여져서 돌아갔다. 역사는 어떤 논리를 갖고 있다고 생각했으며, 역사가 돌아가는 비밀을 발견한다면 미래도 우리가 통제할 수 있을 것이라는 믿음을 갖고 있었다. 이와 같은 근거 없는 믿음은 강대국의 역사가 거대한 논리의 필연적인 전개과정의 하나라는 잘못된 생각을 하게 한다. 실제로 자본주의는 원시적 자본축적의 형태에서 점차 복잡한 형태로 변화하고, 마침내 금융자본시대와 세계제국주의로 발전해 나갔다. 원시자본주의에서 국제 자본주의 시대로 옮겨가는 과정에서 각국의 국내정세는 물론 세계정세에도 근본적인 변화가 일어났다. 식민지와 반식민지에서 한 세기 반의 노동착취는 노동자와 고용주 사이에 큰 차이를 만들었지만, 노동자들은 인도의 천민이나 볼리비아 인부에 비하면 매우 잘살게 되었다. 한편 제국주의의 팽창은 지구를 하나로 만들었다. 제국주의는 은밀하게 숨겨진 것까지 모든 종류의 재화를 장악하고, 그것을 상품으로 만들어 세계경제순환의 격류에 던져 넣었다. 또한 노동을 세계화하였고(예를 들면 면화를 따는 노동자는 수천 킬로나 떨어져 있는 직물노동자와 연결되어 있다), 도덕적 가치에 의해 이루어진 것은 아니지만 어쨌든 처음으로 모든 인간의 지위를 평등하게 만들었다. 제국주의는 이질적인 문화와 문명을 파괴하고, 지구상의 모든 나라를 정치, 경제, 사상적 힘의 원천인 두세 개의 강대국의 세력권에 귀속시켰다. 이렇게 예속된 나라들에게는 수동적인 역할만이 주어졌다. 경제적으로는 단순하게 원자재와 값싼 노동력의 제공자이고, 정치적으로 식민지나 반식민지 상태였으며, 사상적으로는 야만적이거나 목가적인 사회에 살고 있었다. 예나 지금이나 주변 국가들에 있어서 진보란 물질적 향유뿐만 아니라, 정상적인 역사를 회복하고 이성적인 존재가 되는 것을 의미한다. 그것이 멕시코 혁명을 포함해서 20세기에 일어난 모든 혁명의 근본적인 동기이다.

멕시코정부의 문장

이제 혁명의 목표가 무엇이었는지 명확하게 살펴볼 수 있다. 그것은 유럽의 중산층이 150년 이상 걸려서 완성했던 일을, 사람들의 희생을 가장 적게 치르면서 짧은 기간에 이루어가는 것이었다. 이것을 성취해나가기 위해서 먼저 정치적 독립을 확립하고 우리의 천연자원에 대한 권리를 회복해야 할 것이다. 나아가서 이러한 과업들을 실현하는 과정에서 1917년 헌법에 보장된 모든 사회적 권리, 특히 노동자들의 권리가 훼손되어서는 안 된다. 유럽이나 미국에서는 이것을 이루기 위해서 한 세기 이상을 무산계급이 싸워야 했고, 이 투쟁의 핵심은 해외식민지에서 얻은 수익을 나누는 데 참여하는 것이었다. 우리에게는 분배할 수 있는 식민지에서의 수익도 없었을 뿐 아니라, 국가를 발전시키는 데 필요한 석유, 광물, 전기, 기타 자원들도 우리의 것이 아니었다. 그래서 문제는 혁명이 시작될 때부터 있었던 것이 아니라 그 전에서부터 있었던 것이다.

혁명 이후에 정부는 사회 변화를 이끌어가는 주요한 원동력이 되었다. 첫 번째로 토지의 반환과 재분배, 농지개발, 관개사업, 농촌학교 건립, 농민은행 같은 사업이 실현되었다. 그러나 일부 전문가들이 기술적인 실책을 비판하였고, 도덕주의자들은 탐욕스러운 정치인들과 지방토호들의 사악한 간섭을 비난하고 나섰다. 그들의 비판은 맞는 말이었고, 새로운 체제에서 토지독점으로 회귀할 위험도 남아 있었다. 우리가 성취한 것들을 유지하려면 이를 계속 지키려는 노력이 필요하다. 그러나 사회에서 이제 봉건체제는 완전하게 자취를 감추었다는 사실을 잊어서도 안 될 것이다. 토지개혁은 농민들에게 혜택을 주었을 뿐만 아니라 그 이전의 사회구조를 와해시키고 새로운 생산력을 만들어 냈다. 많은 발전이 이루어졌음에도 수많은 농민이 아주 비참한 환경에서 살아가고 있고, 수만 명의 농민들은 해마다 임시 일자리를 찾아서 미국으로 이주할 수밖에 없는 현실이다. 지금의 불균형이 만들어진 원인 중의 하나는 초기 혁명정권이 미처 생각하지 못했던 인구증가이다. 믿기지 않는 일이지만 대부분의 농촌에서 과잉인구가 넘쳐나고 있다. 바꾸어 말하면 경작지가 부족한 상황이다. 그 이유는 두 가지가 있는데, 첫째로 새로운 경작지를 개척하는 노력이 미흡했고, 두 번째로는 이처럼 거대한 농촌의 인구를 흡수할 만큼 새로운 산업과 생산이 급속하게 성장하지 못하고 결국 불완전 고용 상태로 이어졌다는 점이다. 말하자면 현재의 우리 자원을 가지고는 남아도는 인구와 노동인력을 감당할 만큼 산업과 농촌 사업을 부흥시킬 수가 없다. 과도한 인구증가만이 문제가 아니라 불충분한 경제발전도 문제인 것이다. 우리는 국가와 정부의 능력의 한계를 넘는 새로운 상황에 직면한 것이 확실하다. 어디에서 어떻게 기술과 경제적인 자원을 얻을 것인가? 이 문제를 해결하기 위해서 어떤 특정 분야만 고려할 것이 아니라 전체적인 경제개발 계획의 일환으로 접근하는 것이 필요하다. 산업 발전은 인구증가 속도를 따르지 못하고, 그 결과 반 실업이 발생하며, 농촌의 반 실업은 역으로 산업발전을 저해한다. 소비가 이루어지지 않기 때문이다.

혁명은 국가의 부를 되찾을 것을 주장했다. 혁명정부, 특히 까르데나스 정부는 석유와 철도, 다른 여러 산업의 국유화를 공포했다. 이로 인해 멕시코는 제국주의와 대립하게 되었으며, 정부는 이미 진행된 것을 제외하고 새로운 국유화계획은 중단해야 했다. 그러나 만일 석유를 국유화하지 않았다면 멕시코의 산업발전은 불가능했을 것이다. 혁명이 이루어 낸 일은 국유화뿐이 아니다. 은행과 기타 금융기관을 통해서 새로운 국영산업을 설립하고, 민영 또는 반민영산업을 지원하였으며, 국가이익을 위해 합리적인 형태로 경제발전을 추진하기 위해 노력했다. 이 모든 일은 서서히 진행되었고, 추진과정에서 부패와 실수, 방해물도 있었다. 그러나 심각한 모순과 많은 어려움에도 불구하고 점차 멕시코의 모습은 변화하기 시작했다. 새로운 노동자계층과 중산층이 점차 생겨났다. 이 계층들은 그동안에 국가의 보호와 그늘 아래 있었으며 최근에 와서 독립적인 생존력을 갖기 시작했다.

노동자 계급에 대한 정부의 보호는 민중동맹의 형태로 시작되었다. 노동자들은 더욱 진보적인 사회정책의 채택을 대가로 까란사 대통령을 지지하였고, 동일한 이유로 오브레곤과 까예스를 후원했다. 이에 호응하여 정부는 노동조합을 비호했다. 그러나 민중동맹은 정부를 위해서 일을 하는 쪽으로 변질했고 정부는 노조 지도자들에게 고위공직을 보장했다. 이상한 일이지만 이 현상은 가장 강경한 혁명 노선이었던 까르데나스 정부 시기에 최고조에 달했다. 노동자 조직을 정부에 팔아넘긴 사람들은 노조의 부패에 대항해서 투쟁한 노조 지도자들 자신이었다. 까르데나스 대통령의 정책이 가히 혁명적이었기 때문에 노조가 정부를 지지한 것은 당연하다는 주장이 있으나, 노조 지도자들이 노동조합을 정부 여당인 멕시코 혁명당(PRM) 아래에 속하는 하부조직처럼 만들었음은 부인할 수 없다. 그래서 노동당을 창립하거나, 정부의 간섭에서 자유로우며 자치권이 보장되는 미국식의 비정치적 노동조합의 결성 가능성도 완전히 사라지고 말았다. 이익을 얻은 것은 노조지도자들뿐이었으며, 그들은 상하원의원, 주지사 등의 정치인으로 변신했다.

그러나 최근에 변화가 일어나고 있음을 볼 수 있다. 자치권을 얻어내기 위해서 노동자들의 결속력은 점점 힘을 더해가고 있으며, 그들은 부패한 지도자들을 쫓아내고 조합의 민주화를 회복하기 위해서 투쟁하고 있다. 이런 움직임은 민주사회를 실현하는 데 결정적인 힘이 될 수 있다. 동시에 멕시코의 사회적 특성을 고려해볼 때 노동운동이 효과적으로 전개되려면 새로운 지도자들의 분파주의를 경계하고, 농민 그리고 혁명이 만들어낸 또 하나의 사회계층인 중산층과의 연계를 모색해야 할 것이다. 얼마 전에는 중산층이 전통적인 전문직인 변호사, 의사, 교수나 소규모 상인들로 이루어진 소수집단에 불과했지만, 상업과 산업이 발전하고 공공분야가 커지면서 정치, 문화적인 면에서 아직 조악하고 무식하기는 하지만 활기찬 중산층이 성장하고 있다.

힘있고 사회의 주류의식을 갖고 있는 부르주아 계급은 자신들의 독립성을 확보했을 뿐만 아니라, 정부의 지원을 받는 것이 아니라 정책을 주도하는 입장으로 정부 안에서 자신의 위치를 확보하려고 시도하고 있다. 은행가들은 혁명시대 장군들의 영향력을 계승하였고, 산업가들은 정치인과 관료들을 밀어내고 그 자리에 들어서려고 기회를 엿보고 있다. 이 그룹은 점점 더 배타적으로 자신들의 이익을 위해서 정부를 움직이려고 한다. 그러나 부르주아는 하나의 통일된 집단이 아니다. 일부는 혁명의 계승자들로서 민족자본을 형성하기 위해 노력하는 세력이며, 다른 일부는 단순히 외국금융자본의 중개인 내지 하수인에 불과하다. 정부 내에는 전진과 후퇴, 성공과 실패를 반복하면서도 과거 혁명정신에 따라 국가이익을 위한 정책을 지속적으로 추진하고 있는 많은 관료들이 있다. 이런 모든 상황이 정부의 '균형을 깨지 않으려는' 복잡한 정책추진의 이유를 설명해 준다. 까란사 정부시대 이래로 멕시코 혁명의 실현과정은 민족주의와 제국주의, 노동운동과 산업발전, 시장경제와 통제경제, 민주주의와 국가적 가부장제도 같은 서로 대립하는 세력들 간의 절충이었다.

우리 사회에서 일어난 일 중에 고전적 자본주의의 영역에 속하는 것은 아무것도 없다. 멕시코 혁명과 혁명정부가 없었다면 멕시코 자본가들은 생겨나지도 못했을 것이다. 사실상 민족 자본주의의 형성은 혁명의 당연한 결과이고 커다란 의미에서 혁명정권의 산물이었다. 토지의 분배, 거대한 공공건설, 국영기업, 정부지원 기업, 공공투자 정책, 기업에 대한 직간접 투자 등 경제에 대한 전반적인 국가의 지원이 없었다면 멕시코 금융가, 기업가들은 경제활동을 하거나 외국 기업의 현지 협력기업인으로 성장할 기회가 없었을 것이다. 2세기 이상 경제가 정체되었던 국가는 생산력의 자연적인 성장에 박차를 가하는 것이 매우 중요했다. 이런 '성장에의 박차'가 국가의 간섭이며 부분적인 계획경제이다. 이런 정책 덕분에 멕시코는 중남미에서 가장 빠르고 지속적인 경제발전을 이룩한 나라 가운데 하나가 되었다. 이는 베네수엘라의 석유나 쿠바의 사탕수수와 같이 어떤 한 분야의 일시적인 발전이나 번영이 아니라 더욱 광범위하고 전반적인 성장이었다. 특히 가장 의미 있는 것은 경제의 다양성과 우리의 자원 가공이 가능한 산업구조의 발전을 들 수 있다.

아직도 필요하고 부족한 것이 많이 남아 있으며, 모든 것을 성취하기까지는 갈 길이 멀다. 철강산업이 시작되기는 했지만 기초 산업이 부족하고, 기계를 제작하는 기계를 생산하지 못하며, 아직 트랙터조차 만들지 못하고 있다. 도로, 교량, 철도와 같은 사회기반 시설도 태반이 부족한 상태이다. 우리는 그간 바다를 등한시해 왔고, 항만과 선박, 수산업이 거의 전무한 상태이다. 대외무역은 관광과 미국에서 멕시코인들의 외화벌이 덕분에 간신히 균형을 유지하고 있다. 그런데 더욱 중요한 것은 민족주의적인 성향의 입법에도 불구하고 미국 자본이 우리 경제의 핵심분야에서 나날이 세력을 확장하고 있다는 사실이다. 결국 멕시코가 약간의 산업화를 이루기는 했지만 아직도 기본적으로 원자재 생산국에 불과하다. 이것은 우리나라가 아직도 대외적으로 세계 시장의 변동에 취약하며, 대내적으로는 극심한 빈부 차이, 불균형, 빈곤의 문제를 안고 있음을 의미한다.

우리의 경제, 사회정책들이 적합한 것이었는지에 대한 토론이 수시로 벌어진다. 이는 단순하게 기술적인 문제가 아니라 어떤 집단의 잘못, 무지 혹은 부도덕의 문제를 넘어서서 더욱 개괄적으로 다루어져야 할 주제이다. 총체적으로 국가가 가진 자원만으로는 효과적인 발전을 위해서 사회 기반시설을 만들고, 멕시코의 종합적인 발전을 지탱하기에 충분하지 않다. 우리는 자본이 부족하고, 자본축적과 재투자에 이르는 경제 순환속도가 너무 느리다. 전문가들의 의견으로는 본질적인 문제는 개발을 위해 필요한 재원을 확보하는 것이다. 어디에서, 어떻게 재원을 확보할 수 있을까?

세계 경제의 특징 가운데 하나가 낮은 원자재 가격과 높은 공업 생산품 가격 사이에 존재하는 불균형이다. 지구상의 대다수 나라와 마찬가지로 멕시코는 예측하기 어려운 세계시장의 지속적인 변화에 꼼짝 못하고 따르는 수밖에 없다. 국제사회와 아메리카 대륙의 회의 석상에서 우리 대표들이 주장하고 있는 것처럼 이런 국제경제의 불안정성을 해소하지 않으면 장기적 경제계획을 수립하는 것조차 불가능하다. 한편으로 선진국들이 정당한 원자재 가격을 지불하지 않는다면 선진국과 후진국 사이의 간격은 더 심화될 것이다. 원자재는 우리들의 주요 수입원이고, 우리의 경제 발전을 위한 재정적인 자원이다. 그러나 이런 문제를 해결하기 위한 노력에 거의 아무런 진전이 없다. 선진국들은 이것이 인위적인 조작이 거의 불가능한 시장경제의 원리라는 식으로 19세기 초의 냉정한 태도를 버리지 않고 있다.

미국을 포함해서 선진국들이 우리에게 자주 권고하는 수단 중의 하나가 외국인 직접투자이다. 그러나 이것은 문제를 안고 있다. 첫째, 투자의 결과로서 수익금과 기타 형태로 투자이익금이 그 나라에서 유출된다. 외국인 투자는 경제적인 의존을 불러오고, 장기적으로는 외국의 정치적 간섭까지도 야기한다. 또한 민간자본은 멕시코가 필요로 하는 낮은 이윤의 장기투자에는 관심이 없고, 단기간에 많은 돈을 벌 가능성이 있는 유리한 분야를 물색한다. 결국 자본가들은 경제 발전계획에 기여할 능력도, 관심도 없다.

틀림없이 정부도입 차관이나 국제기구 차관에 의한 공공투자가 최상의, 거의 유일한 해결책일 것이다. 정부차관은 정치, 경제적 조건이 개입되기 때문에 후자가 더 바람직하다. UN과 UN 전문기구를 설립한 주요한 목적의 하나는 저개발 국가의 경제, 사회적 발전을 촉진하는 것이다. 미주기구(OAS) 헌장도 비슷한 원칙을 천명하고 있다. 기본적으로 강대국과 저개발국가 사이의 불균형으로 야기된 세계의 불안정한 상황 속에서 이러한 사정을 개선하기 위해서 실질적인 방법을 시도하게 된 것은 당연한 일이다. 그러나 실제로 여기에 제공된 금액은 소규모에 지나지 않으며, 특히 강대국들이 군사력에 투자하는 금액과 비교해보면 참으로 우스꽝스럽다. 그들은 금세 바꾸어지기도 하고 별로 대중적이지도 않은 정권과의 군사협정을 통해서 미래의 전쟁을 준비하거나 달나라의 정복은 꿈꾸면서, 지구상에서 일어나는 일들은 전부 뒷전으로 밀어버린 듯한 느낌이다. 우리가 혼자서는 뛰어넘을 수도 없고 뚫을 수도 없는 커다란 벽 앞에 봉착해 있는 것이 확실하다. 대외 정책은 적절하지만 우리와 비슷한 문제를 가진 다른 나라들과 힘을 합한다면 더욱더 큰 효과를 얻을 수 있을 것이다. 이런 측면에서 멕시코의 상황은 대부분의 중남미, 아시아, 아프리카 국가들과 크게 다르지 않다.

자본의 부족은 다른 방법으로 해결할 수 있다. 이미 우리 모두가 알고 있고, 그 효력이 확실한 방법이 하나 있다. 결국 자본이란 축적된 인간의 노동력에 다름 아니다. 소련의 놀라운 발전은 이 공식이 적용된 하나의 사례가 될 수 있다. 자본주의가 가진 문제점인 낭비와 혼란을 피할 수 있는 계획경제 아래서 거대한 노동력을 '합리적'으로 동원하여 막대한 자원을 개발함으로써 소련은 반세기도 지나지 않아서 미국의 유일한 경쟁국가로 성장했다. 그러나 미국과 인접해 있다는 점과 기타 다른 역사적 사정은 그렇다고 하더라도 우리는 소련과 같은 규모의 그런 시도를 해볼 수 있는 인구나 자원, 자본, 기술조차 전혀 갖고 있지 않다. 더구나 노동력의 '합리적' 고용과 통제경제는 집단수용소, 강제노동, 타인종과 외국인들의 강제이주, 노동자들의 기본권 말살, 관료체제에 의한 지배를 의미한다. 마르크스와 엥겔스가 정당하게 비판하였던 자본의 원시적인 축적보다 스탈린의 '사회주의적 자본축적' 방식은 훨씬 더 잔인하다는 것이 확실하게 드러났다. 전제주의적인 사회주의체제가 나라의 경제를 변화시킬 수 있다는 것은 의심할 여지가 없지만, 인간을 자유롭게 할 수 있는지는 매우 의심스럽다. 인간을 자유롭게 해방시키는 것이 가장 관심을 가진 일이며, 우리가 혁명을 정당화할 수 있는 유일한 의미이다.

이삭 도이처와 같이 일부 작가들은 일단 잉여의 재화가 생성되면 사회는 거의 느끼지 못할 만큼 천천히 사회주의와 민주주의로 이행하게 되어 있다고 믿었다. 그러나 그들은 부가 만들어지는 과정에서 정치, 경제력을 장악하는 사회계급도 함께 생겨난다는 사실을 잊고 있다. 역사는 사회에서 어떤 계층도 자발적으로 자신들의 특권과 이익을 포기한 적이 없다는 것을 보여 준다. 우리도 모르는 사이에 점진적으로 사회주의로 이행된다는 생각은 스탈린과 그 후계자들이 말한 점진적인 국가소멸설의 신화처럼 공상적인 이야기이다. 물론 소련사회에도 언제나 변화의 가능성은 있다. 모든 사회는 역사의 흐름 속에 있으며, 변화하게 되어 있다. 자본주의 국가들도 마찬가지이다. 그러나 지금 양 체제의 공통적인 특징은 변화에 대해서 저항하고, 대내외적인 어떤 압력에도 그들의 의지를 굽히지 않는 것이다. 우리는 많은 나라들이 체제의 변화보다 차라리 전쟁을 선택하게 되는 위험한 국제상황 속에 있다.

19세기 자유주의자들을 포함해서 전통적인 혁명사상의 시각에서 보면 20세기 중반에 들어선 지금, 저개발국가나 전제적 사회주의 제국과 같은 비정상적인 역사가 아직도 존재한다는 것이 이상하게 여겨질 것이다. 19세기에 예상했던 여러 가지 일, 심지어는 꿈으로만 생각되던 많은 것들이 20세기에는 현실적으로 이루어졌다. 예를 들면 위대한 혁명들, 과학과 기술의 눈부신 발전, 자연의 변형 등을 들 수 있다. 그러나 그런 것들은 역사의 논리에 도전이라도 하듯이 역설적이고 예측하지 못한 방법으로 이루어졌다. 공상적 사회주의자들은 노동자 계급이 세계역사의 중심세력이 될 것이라고 확신했다. 그들은 노동자들과 무산계급이 해야 할 일은 가장 발달한 나라에서 혁명을 일으키고, 이를 통해 인간해방의 기반을 마련하는 것이라고 믿었다. 레닌은 역사적인 도약을 이루어서 산업발전이라는 부르주아의 역사적 임무를 프롤레타리아 독재에 위임할 수 있을 것이라고 생각했다. 그는 후진국에서 혁명이 일어나면 이 혁명이 자본주의 국가들에서도 연쇄적으로 혁명적 변화를 촉발할 것이라고 믿었다. 가장 약한 고리를 끊음으로써 제국주의의 족쇄를 부수는 것이다.

우리가 잘 아는 것처럼 후진국들의 민족주의적 산업화 노력은 어떤 의미에서는 비경제적인 시도이며, 국민에게 커다란 희생을 요구한다. 사실 이것은 다른 방법으로는 국민의 생활을 향상시키는 것이 불가능한 상황에서 행해지는 영웅적인 노력이라고 할 수 있다. 자급자립 경제는 세계경제로 보아서는 자살행위나 다름없으며, 국가경제적인 면에서는 노동자, 소비자, 농부들이 대가를 지불해야 하는 값비싼 실험이다. 그러나 후진국들의 민족주의는 이성적인 해결책이 아니라 선진국들이 던져 준 출구도 없는 절망적인 상황에 대한 폭발이다. 이에 반해서 세계경제가 합리적인 방향으로, 즉 사회주의로 진행되었다면 경쟁적이 아니라 상호보완적인 경제구조가 만들어졌을 것이다. 제국주의가 사라지고 국제시장에서의 가격을 통제하여 폭리를 제거한다면 후진국들은 경제발전에 필요한 재원을 손에 넣을 수가 있을 것이다. 미국과 유럽에서 사회주의 혁명이 일어났다면 이는 후진국들의 현대화를 이루려는 노력에 아주 긍정적인 방향으로 도움이 되었을 것이다.

20세기의 역사는 이런 모든 혁명가설들의 가치, 특히 세계 운명을 책임지는 주체로서 노동자 계층의 역할을 의심하게 만들었다. 어떻게 보더라도 프롤레타리아 계급이 금세기 역사의 변화에서 결정적인 동인이었다고 말할 수는 없다. 소비에트 혁명을 포함해서 우리 시대의 커다란 혁명들은 후진국에서 일어났으며, 노동자 계급은 농민, 군인, 부르주아, 전쟁 난민 등으로 이루어진 거대한 군중 속의 작은 한 부류에 불과하고, 중요한 역할을 하지도 못했다. 정치적 형태를 갖추지 못했던 군중은 직업적으로 혁명이나 쿠데타를 주도하는 소수 그룹들에 의해 조직력을 갖게 되었다. 반혁명주의자인 파시스트나 나치주의자들까지도 이런 과정을 밟았다. 그러나 우리를 가장 어리둥절하게 만드는 것은 갈등의 중심지라고 할 수 있는 유럽에서 사회주의 혁명이 없었다는 사실이다. 더구나 상황이 점점 나빠지고 있음은 말할 필요조차 없다. 유럽의 프롤레타리아는 가장 교육수준이 높고, 잘 조직되어 있으며, 오랜 혁명의 전통도 갖고 있다. 이 그룹이 권력으로 도약할 수 있는 객관적인 상황은 여러 번 만들어졌었다. 그러나 스페인, 헝가리의 예와 같이 몇 차례의 혁명은 국제 노동자연맹의 결속도 효과적으로 표현되지 못한 채 무자비하게 진압되었다.

반면에 우리는 히틀러의 경우와 같은 야만으로의 퇴행과 구대륙 전체에 거세게 불어닥치는 민족주의의 부활을 목격했다. 결국 민주적으로 조직된 프롤레타리아의 혁명 대신 20세기에 '정당'이 탄생하였다. 20세기의 정당은 규율과 상하계급이 엄격한 교회와 군대, 2개 부문의 정신과 조직을 합친 국내 또는 국제단체이다. 이 정당들은 옛날식의 정치 정당과는 완전히 달랐고, 1차 세계대전 이후에 일어난 많은 변화의 가장 중요한 동인이었다.

선진국과 주변부의 대조는 아주 확연하다. 식민지와 후진국에서는 1차 세계대전 이전부터 끊임없이 소요와 혁명적 변화가 이어졌고, 그 물결은 점점 더 퍼져 나갔다. 아시아와 아프리카에서 제국주의가 물러나고, 그 자리에 새로운 정부들이 들어찼다. 새로 구성된 정부들은 사상적으로는 혼란스러웠지만, 다른 한편 옛날에는 서로 양립할 수 없었던 두 가지 이념, 즉 대중의 혁명에 대한 갈망과 민족주의를 공유하고 있었다. 얼마 전까지 조용했던 라틴 아메리카에서 독재자들이 물러나고 새로운 혁명의 물결이 밀어닥치고 있다. 인

멕시코시티 중앙광장

도네시아, 베네수엘라, 이집트, 쿠바 또는 가나에 이르기까지 거의 세계 모든 나라에서 그 내용은 비슷하다. 민족주의, 농업개혁, 노동자들을 위한 더 나은 생활여건 등이 주제이며 특히 가장 중요한 것은 산업화의 실행과 봉건시대에서 현대사회로의 이행이다. 이 과업을 실행하기 위해 정부가 부르주아 계급의 영향력 있는 그룹과 밀착하였다거나, 혹은 러시아나 중국과 같이 옛날 지배계급을 폐지하고 관료들에게 경제발전의 임무를 맡겼다든지 하는 내용은 앞서 말한 현상들을 설명하는 데 별로 중요하지 않다. 그것보다 더 특징적이고 결정적인 사실은 프롤레타리아 혁명이 선진국에서 발생하지 않고 서유럽이 아닌 주변부에서 살고 있는 대중들의 폭동으로 일어났다는 점이다. 제국주의에 의해 서양의 운명에 흡수되었던 개도국들은 이제 자기 자신으로 돌아와서 자신의 정체성을 발견하고, 세계의 역사에 참여하고 있는 것이다.

후진국의 반란을 주도했던 사람들과 정치형태는 매우 다양하다. 간디가 있는가 하면 스탈린이 있으며, 또한 모택동이 있다. 멕시코 혁명의 영웅인 마데로와 사빠따 같은 순교자도 있고, 네루처럼 지성인이 있는가 하면 아르헨티나의 페론과 같은 어릿광대도 있다. 가장 독특했던 티토, 까르데나스, 나세르 같은 사람도 빼놓을 수 없다. 이들 중의 상당수가 19세기나 20세기 초였다면 정치 지도자로서 주목을 받고 부각될 수 있는 사람들이 아니었다. 그들이 사용했던 언어도 마찬가지인데, 구원의 내용을 담고 있는 그들의 주장 속에는 민주이념과 혁명사상에 대한 내용이 확실하게 들어 있다. 그들은 강한 사람들이었고, 현실적인 정치가들이었다. 또한 호소력이 있고 큰 꿈을 갖고 있었으며, 때로는 선동적인 혁명가이기도 하다. 대중은 그들을 추종했으며 그들의 주장 속에서 자신이 원하는 모습을 발견했다. 이러한 움직임의 정치철학 속에는 여러 가지 형태와 성격이 혼재되어 있다. 유럽식의 민주주의가 원시적인 정치형태와 결합하게 되었는데, 그러한 정치형태는 인도네시아의 통제민주주의에서부터 소비에트의 개인숭배에 이르기까지 다양하다. 이 중에는 멕시코의 대통령에 대한 존경과 숭배의 정치도 포함된다.

지도자에 대한 숭배와 함께 집권당의 존재는 뚜렷하게 두드러진다. 멕시코의 경우처럼 일부 국가들의 집권당은 정치에 참여하기를 원하는 사람은 사실상 누구나 참여할 수 있고 좌파와 우파 모두를 광범위하게 수용하는 공개적 정치단체이다. 인도의 국민회의당이 이런 예이다. 여기서 강조하고 싶은 것은 멕시코 혁명의 건전한 면모 중의 하나는 조직테러가 없었다는 점인데, 이는 교조주의적 정파의 부재와 정당의 개방적인 성격에 기인한다. 우리는 이념을 갖고 있지 않기 때문에 다른 나라의 경우처럼 정치적인 주장을 위해서 사람들에게 모질게 보복하는 일 같은 것은 생기지 않는다. 멕시코에서도 물론 민중폭력, 과잉진압, 전횡과 몇몇 장군들의 잔인한 횡포가 있었고 변덕스러운 권력 남용이 난무하였지만 최악의 경우에도 인간성을 잃은 적은 없었다. 즉 이 모든 일은 열정과 여러 가지 상황, 또는 우연과 환상으로부터 비롯된 결과였으며, 폐쇄된 체제의 정신적 황폐함이나 삼단논법의 경찰국가적 도덕률과는 전혀 달랐다. 공산주의 국가에서 당은 소수에 의해 유지되고, 폐쇄적이며, 전지전능하고 동시에 군사, 행정, 사법기능을 다 갖고 있다. 정신적인 힘과 세속적인 권력이 하나로 모여 있는 셈이다. 이렇게 해서 역사적으로 아주 새로운 형태의 국가가 나타났고, 이 국가에서는 사유재산의 폐지, 통제경제 등의 혁명의 특징들이 정부와 지도자의 신격화와 같은 구시대 잔재와 혼합되었다. 과거와 현재와 미래의 공존, 기술의 진보와 조악한 정치적 마술, 경제발전과 굴종적 노동조합, 국가주도의 학문과 종교, 이러한 면들이 무시무시하고 경이로운 소련의 모습이다. 우리의 시대는 모든 역사 시대들이 엉키고 혼합되어 끓고 있는 커다란 냄비와 같다.

　현대의 지성인들, 특히 유럽의 혁명 전통의 사상을 계승한 지성인들은 19세기의 시각이 아니라 우리에게 일어나고 있는 새로운 현실에 입각하여 우리 시대의 상황을 분석해야 한다. 그런데 무슨 이유로 이 의무를 다하지 않았는가? 예를 들면 대중혁명의 자연발생설이나 프롤레타리아 선봉대로서 공산당의 역할에 대한 로사 룩셈부르크와 레닌의 논쟁은 오늘날 독일, 러시아가 처한 각각의 여건에 비추어볼 때 다른 의미를 가질 수밖에 없다. 마찬가지로 소련도 마르크스와 엥겔스가 말했던 노동자들의 나라와는 아주 다르다. 그럼에도 불구하고 그 나라는 확실히 존재하며, 이는 역사적인 일탈이나 착오가 아니다. 이것은 명백하고 거대한 현실이며, 모든 생명체와 같이 자신의 무게와 확고한 모습을 통해 스스로의 존재를 보여주고 있다. 부르주아 철학의 발전이 불합리하다는 것을 증명하기 위해서 많은 노력을 들였던 루카치처럼 유명한 철학자도 이성적인 시각에서 소련사회에 대해 진지하게 분석하려고 시도한 적은 없다. 누가 스탈린주의가 합리적인 것이라고 주장할 수 있겠는가? 공산주의자들의 변증법이 합리적인 것이 아니라, 신경증에서 나타나는 것처럼 단순히 자신들의 강박증에 대한 합리화에 불과한 것은 아닌가? '집단통제 이론', '사회주의를 향한 다양한 길', 파스테르나크의 스캔들 등, 이 모든 일들이 이성적이라고 할 수 있는가?

한편 유럽의 좌파 지식인이나 마르크스 연구자들 가운데 그 누구도 중남미와 아시아의 민족주의나 농업혁명에 대해서는 관심을 보이지 않았다. 이러한 움직임들은 아직 형태도 분명하지 않고 판독하기도 어렵지만 중요한 비중을 두어 분석하고 다루어야 할 세계적인 현상이다. 물론 그 소용돌이의 한가운데에서 살고 있는 아시아, 중남미 지식인들의 침묵이 더 실망스럽기는 하다. 역사분석 도구로서 마르크스주의를 부정하거나 옛날 방식을 버려야 한다는 의미는 아니다. 그러나 기존 이론과 모순되는 이런 새로운 흐름을 이해하기 위해서 새로운 방법으로 접근하는 것이 필요하다. 최소한 우리가 갖고 있는 기존 이론들을 갈고 닦아서 새롭게 하는 작업이 필요하다. 트로츠키는 겸허하게 그러나 뛰어난 감각으로 죽기 직전에 쓴 글에서 2차 세계대전 이후에도 선진국에서 혁명이 발생하지 않는다면 세계역사를 새로운 시각에서 바라보아야 할 것이라고 말한 바 있다.

멕시코 혁명은 세계로 흘러들어 가는 세계역사의 일부분이다. 방법과 수준, 역사적인 시기에 약간의 차이가 있기는 하지만 우리의 상황은 중남미, 아시아 및 아프리카 국가들과 크게 다르지 않다. 비록 봉건주의와 군사독재, 교회의 종교권력으로부터 자유롭게 되었을지라도 우리가 안고 있는 모든 문제는 지금도 본질적으로 비슷하다. 이런 문제들은 아주 광범위하고 해결하기 어려우며 위험요소가 곳곳에 잠재되어 있다. 또한 금융정권, 즉 중개상인들의 집권에서부터 독재정치, 선동적 민족주의, 기타 여러 종류의 발작적인 정치형태에 이르기까지 수많은 유혹이 주위에 도사리고 있다. 물질적 자원은 부족하고 그것을 제대로 사용하는 방법조차 배우지 못했다. 우리의 지식이나 전문성은 더욱 보잘것없는 형편이다. 우리는 스스로 생각하는 습관이 없으며, 대부분의 멕시코의 사상은 유럽과 미국에서 배워온 것이다. 우리 민족의 탄생을 촉진한 위대한 사상은 지금 잘못된 의미로 사용되고 있으며, 아무도 그 말이 정확하게 무엇을 의미하고 있는지도 잘 모르고 있다. 예를 들면 프랑코는 민주주의자로서 자유세계에 속하고, 공산주의는 스탈린과 연계된 용어이며, 사회주의는 식민주의 질서를 보존하려는 사람들의 집단을 의미한다고 생각한다. 이 모든 것이 커다란 오류이다. 우리는 과거의 역사를 일어나지 않았더라면 좋았을 텐데 이제 다 지나간 일이라고 위로하면서 살아갈 수도 있다. 그러나 우리가 잘못한 것을 가지고 역사의 탓을 하는 것은 아무런 도움이 안 된다. 현실을 직시하는 방법을 배워야 한다. 필요하면 우리에게 도전을 던진 새롭고, 이상한 현실을 지칭하는 새로운 용어와 사상을 만들어내야 한다. 그것은 지식인들이 해야 할 첫 번째일이고, 어쩌면 유일한 의무일 것이다.

그렇다면 무엇을 할 수 있을 것인가? 지금은 아무런 방법이 없다. 그러나 좋은 출발점이 있다. 우리의 문제는 우리의 것이므로 우리가 책임져야 하겠지만, 사실은 다른 나라의 사람들도 동일한 문제를 갖고 있다. 라틴아메리카의 상황은 대부분의 제3세계 국가들과 비슷하다. 우리는 300여 년 만에 처음으로 강대국들의 의지에 따라 움직이는 무기력한 입장에서 벗어났다. 우리는 옛날에는 하나의 대상에 불과했지만 지금은 역사변화의 주역이 되었으며, 우리의 행동은 열강들에게 영향을 미치고 있다. 현재 세계정세를 싸우는 두 거인과, 그들의 친구, 지원자, 하인, 추종자들로 나누어진 구도로 본다면 너무 피상적인 관찰이다. 지금 세계역사에서 가장 중요한 변화는 주변부 국가들에 밀어닥치는 혁명의 물결이다. 모스크바는 티토가 달갑지 않겠지만 그것은 엄연한 현실이다. 서방진영에서는 나세르와 네루가 그런 인물일 것이다. 제3의 전선, 새로운 국가그룹, 빈곤국가 그룹 등의 개념은 아직 이르다고 할 수 있다. 아니면 너무 늦었는지도 모른다. 역사는 아주 빠르게 흘러가고, 열강들의 팽창 속도는 우리의 성장 속도보다 더 빠르다. 그러나 두 거인의 대결이 고착되어 우리의 역사가 동결되고 완전히 굳어져 버리기 전에 세계가 현명한 공동행동을 취할 가능성은 열려 있다.

우리는 우리와 형편이 비슷한 나라들이 여기저기 흩어져 고립되어 있다는 사실을 잊고 있었다. 멕시코는 중남미 국가들에 대해서 새로운 이해가 필요하다. 지금 그들은 깨어나고 있다. 그들을 홀로 내버려 둘 것인가? 미국과 유럽에도 우리가 모르고 있는 친구들이 많이 있다. 또한 중동의 갈등은 어떤 식으로든지 우리와도 연결되어 있다. 우리의 민족주의가 정신병이나 심리적 감상주의가 되지 않으려면 세계와 연결되어야 한다. 우리가 소외되어 있는 것은 우리만이 겪는 일이 아니고, 대다수의 다른 나라들도 같은 상황에 있다는 것을 먼저 인식할 필요가 있다. 우리 자신이 된다는 것은 인간의 변화무쌍한 모습을 가지고 역사의 동결에 대항하는 것이라고 할 수 있다. 우리의 병을 치료하기 위해서 특별한 처방이나 묘책을 갖고 있지 않아도 좋다. 우리는 최소한 냉정하고 단호하게 생각하고 대처해 나갈 수 있을 것이다.

우리가 고뇌하고 있는 주제는 다른 나라 사람과 비슷한 내용이다. 즉, 우리의 인간성을 부인하거나 공허한 추상적 개념으로 만들지 않을 수 있는 사회와 문화를 만들어 내는 것이다. 오늘날 모든 세상 사람들이 갖고 있는 질문을 멕시코인들도 똑같이 가지고 있다. 우리의 불쾌함, 모순적이고 폭력적인 반응, 내면의 분출, 역사에서 나타나는 폭발적인 야수성 등 모든 것들은 우리를 억압하던 기존 체제를 거부하고 타도하기 위한 움직임으로 시작되었다. 우리는 이제 이런 모든 것들을 거짓말, 더러운 생각, 속임수, 고삐 풀린 욕망, 폭력과 위선이 없는 세상을 창조함으로써 해결하고자 시도하고 있다. 우리가 원하는 이 사회는 인간을 도구화하지 않고 도시를 목장으로 바꾸어 버리지 않는 그런 세상이다.

멕시코인들은 여러 개의 가면 뒤에 숨어 있다. 하지만 멕시코가 자신을 질식시키는 모든 억압적인 질서를 분쇄해 버린 것같이, 멕시코인들은 축제일이나 슬픈 날에는 홀연히 가면을 벗어 던진다. 그러나 우리는 아직도 자유와 질서, 말과 행동 사이에서 가장 인간적인 방법으로 우리 자신을 잘 드러낼 수 있는 모습을 찾지 못했다. 이것을 탐색해 나가는 과정에서 때로는 몇 걸음씩 뒤로 물러나기도 했지만 결국에는 더욱 단호하게 앞을 향해 전진해 왔다. 그러나 이제 우리는 갑자기 한계에 다다랐다. 유럽이 제공해왔던 모든 역사의 형식과 내용은 최근 몇 년 동안에 모두 바닥이 나버렸다. 우리는 벌거벗고 거짓된 모습으로 지금 이 자리에 서 있다. 이성과 믿음, 신과 유토피아가 모두 무너지고 난 뒤에 고뇌를 품어주고 불안을 달래줄 수 있는 이념 체계가 전혀 보이지 않고 있다. 우리에게 남겨진 것은 아무것도 없고 마침내 홀로 남았다. 그것은 이 세상 모든 사람의 모습이기도 하다. 다른 사람들처럼 우리는 폭력과 위장의 세계, 자아가 없는 사람들의 세계에서 살고 있다. 이는 폐쇄된 고독의 세계이며, 이 세계는 우리를 보호해주는 동시에 억압하고, 숨겨주는 동시에 불구로 만든다. 이 가면을 벗어던질 수 있다면, 우리 자신의 문을 열 수만 있다면 마침내 우리는 있는 그대로의 자기모습과 마주 서게 될 것이고, 그때에 가서야 진정한 우리 자신의 생각과 삶을 살게 될 것이다. 우리를 기다리는 것은 적나라하게 자신을 드러내고, 모든 것을 내려놓을 수 있는 무념무상의 체념이다. 이러한 열려진 상태의 고독 속에서 중요한 한 가지가 우리를 기다리고 있는데 그것은 다른 고독한 사람들의 손이다. 역사상 처음으로 우리는 세계의 모든 사람들과 같은 시대를 공유하며 살아가고 있다.

고독의 변증법

La dialéctica de la soledad

                세상과 인연이 끊어지고, 자신으로부터도 벗어나 타인처럼 되며, 홀로 있음을 느끼게 되는 고독은 멕시코 사람만이 갖고 있는 특성은 아니다. 모든 사람들은 살아가다가 어느 순간에 외롭다고 느끼게 되는데, 사실은 인간은 외로운 존재이다. 산다는 것은 생소하고 알 수 없는 미래를 향해서 이렇게 될 것이라는 나 자신의 모습을 붙들고 지금까지 살아온 모든 것들과 분리되어 가는 과정이다. 고독은 인간의 가장 깊은 밑바닥에 숨어 있다. 인간은 고독을 느끼는 유일한 존재이고, 또한 다른 사람과의 관계를 추구하는 유일한 존재이기도 하다. 인간은 자신의 본성을 거부하면서 스스로를 만들어가는 존재인데, 그럼에도 불구하고 그의 본성에 대해 말할 수 있다면 인간의 본성이란 다른 사람에게서 자신을 실현시키려는 욕망이다. 사람은 교감에 대한 갈증과 향수를 갖고 있다. 그래서 우리는 자신의 존재를 의식할 때마다 교감할 수 있는 타인이 필요함을 느끼고, 그런 감정이 바로 고독인 것이다.

자신을 둘러싸고 있는 세상과 하나인 태아는 스스로에 대한 의식도 없는 순수한 생명이다. 우리가 태어나는 순간에 갈증과 충족 사이에 아무런 간격도 없었던 어머니의 자궁 속에서 이어졌던 맹목적인 삶과의 연결고리는 끊어진다. 그 순간에 우리의 삶은 단절되고 보호막을 빼앗긴 채, 낯설고 적대적인 환경에 갑자기 내동댕이쳐진 느낌을 받는다. 이런 원시적인 상실감은 성장해 나가면서 고독으로 변하게 되며, 나중에는 우리가 홀로 살아가도록 운명지어져 있지만 언젠가는 고독을 넘어서 우리의 삶에 일체감과 행복감을 주었던 과거와 다시 연결될 수 있을 것이라는 인식으로 이어진다. 우리는 고독을 극복하기 위해서 모든 노력을 다한다. 홀로 있다는 생각 속에는 두 가지 의미가 포함되는데 하나는 자신에 대해서 의식했다는 것이고, 다른 하나는 자신으로부터 나가고 싶다는 욕망이다. 우리의 삶의 조건 자체인 고독은 우리를 시험하고 정화하며, 마침내 고뇌와 불안정으로부터 벗어나게 한다. 충만함, 휴식과 행복을 주는 재결합, 세상과의 조화가 고독의 미로 저 끝에서 우리를 향하여 손짓하고 있다.

우리의 언어는 고독과 고통을 거의 같은 의미로 사용하면서 그 이중성을 표현한다. 사랑의 고통은 고독의 고통이다. 교제와 고독, 사랑의 갈망은 상반되면서 동시에 보완적인 느낌을 갖고 있다. 어둡지만 실재하는 죄에 대한 개념을 분명하게 보여주는 데 고독이 갖고 있는 구원의 힘이 있다. '고독한 인간은 신에게서 버림받은 것이다'라는 죄책감이 그것이다. 고독은 고통이며, 심판이고 속죄이다. 그것은 형벌인 동시에 마지막에는 추방에서 구원될 것이라는 약속이기도 하다. 모든 인간의 삶은 이러한 변증법으로 구성되어 있다.

태어나고 죽는다는 것은 고독한 경험이다. 인간은 누구나 홀로 태어나고 홀로 죽어간다. 태어난다는 것은 인생에서 처음 겪는 고독이며, 이보다 더 심각한 고통은 이 세상에 없다. 또 전혀 알지도 못하는 곳으로 던져지는 죽음도 우리에게는 심각한 고통이다. 죽음에 익숙해진다는 것은 곧 죽음을 의식하고 있음을 의미한다. 어린아이들이나 원시인들은 죽는다는 것을 믿지 않는다. 말하자면 죽음이 그들의 내부에서 은밀하게 활동하고 있는데도 불구하고 죽음이 존재한다는 사실조차 모른다. 문명사회에서는 죽음을 알아채는 것이 그렇게 어려운 일이 아니다. 모든 것이 우리에게 죽음에 대해서 알려주고 예견하게 만들기 때문이다. 우리는 삶에서 날마다 죽음을 배운다. 사는 것보다 죽는 것에 대해서 더 많이 배운다. 그런데 잘못 배우고 있다.

삶과 죽음 사이에서 우리의 삶은 흘러간다. 우리는 어머니의 자궁에서 추방되면서부터 괴로운 투쟁을 시작하며, 이 싸움은 죽음에 떨어질 때까지 끝나지 않는다. 죽는다는 것은 우리가 태어나기 전의 그곳으로 되돌아가는 것인가? 휴식과 운동, 낮과 밤, 순간과 영원이 서로 대립되지 않는 전생의 삶을 다시 살게 되는 것인가? 아니면 죽는다는 것은 더 이상 존재하지 않게 되는 것을 뜻하며, 영원한 정지 상태로 들어가는 것인가? 어쩌면 죽음이야말로 진정한 의미에서 삶이 아닐까? 아니, 산다는 것이 죽는 것이고 죽는다는 것이 사는 것이 아닐까? 아무것도 알 수 있는 것이 없다. 이처럼 아무것도 모르지만 우리의 존재는 우리를 괴롭히는 이런 상반된 대립으로부터 벗어나기를 소망하고 있다. 우리의 자의식, 시간, 이성, 습관, 관습 같은 모든 것들이 우리를 인생에서 추방하고 분리시키려고 하며, 동시에 우리가 쫓겨나온 자궁으로 다시 돌아가도록 우리를 압박한다. 사랑은 일종의 욕망으로 교감에 대한 갈망이며, 넘어지고 죽고 또한 다시 태어나고자 하는 의지인데, 우리는 사랑이 최소한 진정한 삶, 진정한 죽음을 허락하기를 바라고 있다. 우리가 사랑을 향하여 바라는 것은 행복이나 휴식이 아니라, 한순간, 단 한 순간의 충만한 삶이다. 이는 대립하는 것들이 하나로 융합하고, 삶과 죽음, 찰나와 영원이 조우하는 그런 삶의 순간이다. 삶과 죽음은 동일한 현실 속에, 상반되면서 보완적인 두 개의 움직임이라는 것을 우리는 어렴풋이나마 알고 있다. 창조와 파괴는 사랑의 행위 속에서 하나가 되고, 그 찰나에 인간은 더욱 완벽한 세상을 순간적으로 한번 경험하는 것이다.

우리가 사는 이 세상에서 사랑은 좀처럼 쉽게 얻을 수 없는 경험이다. 도덕, 사회계급, 법률, 인종, 심지어 연인들조차도 사랑에 반대하는 입장을 취하고 있다. 여성은 언제나 남자에게 대립적인 동시에 보완적 의미를 가진 '다른' 무엇이다. 우리 마음의 한구석에서는 그녀와 섞이기를 간절히 원하고 있지만, 다른 한편으로는 우리는 철저하게 여성을 구별하고 배척한다. 여성은 어떤 때는 너무나 소중하고 어떤 때는 해로울 뿐인, 그러나 항상 불가해한 존재이다. 남성은 여성을 분리된 존재인 하나의 대상으로 만들고, 그들의 흥미와 허영, 고뇌와 사랑이 시키는 대로 마음대로 여성의 모습을 변형하면서, 하나의 도구로 만들어 버렸다. 여성은 지식과 향락을 얻기 위한 수단이고, 생존을 위한 통로이며, 시몬느 보부아르가 표현한 것처럼 우상, 여신, 어머니, 마녀, 또는 요정이지만 결코 여성 자신이 될 수는 없다. 우리의 육체적인 관계가 뿌리에서부터 더럽혀지고 타락하는 이유가 여기에 있다. 여성과 우리 사이에는 어떤 환상이 끼어든다. 이 환상은 여성을 보면서 우리가 만들어 낸 것이고 여성들은 그 환상에 맞추어 자신을 꾸민다. 우리와 여성 사이에는 복종하는 육체의 유순하고 비굴한 이미지가 슬며시 자리를 잡는다.

여성에게도 같은 일이 일어난다. 자신을 하나의 대상, 남성과는 '다른' 존재로 생각한다. 결코 자신이 스스로의 주인이라는 생각을 하지 못한다. 여성의 존재는 있는 그대로의 자신과 스스로 만들어 낸 이미지로 분열된다. 이것은 가족이나 사회계급, 학교, 친구, 종교 또는 연인에 의해 주어진 이미지이다. 그녀의 여성적인 면은 표현된 적이 없다. 왜냐하면 그것은 언제나 남성들이 만들어 낸 형식을 통해서만 나타날 수 있기 때문이다. 사랑은 자연스러운 행위는 아니다. 그것은 인간적인 것이고, 말 그대로 인간적인 행위이다. 말하자면 자연에 의해 주어진 것이 아니라 우리 자신이 만들어 낸 것이다. 사랑은 우리가 만들어 놓고, 매일 만들며, 날마다 부수어 버리는 그런 것이다.

사랑과 우리 사이를 방해하는 것은 여러 가지가 있다. 사랑은 선택이다. 사랑은 우리 운명의 자유로운 선택이며, 우리 자신의 가장 은밀하고 숙명적인 부분의 돌발적인 발견이다. 그러나 우리 사회에서는 사랑을 선택할 수가 없다. 브레통은 그의 대표작의 하나인 「미처버린 사랑」에서 우리는 사회적인 금기와 기독교의 원죄의식 때문에 태어날 때부터 사랑의 선택을 금지당하였다고 말한다. 사랑을 실현하기 위해서는 세상의 법을 깨뜨려야 한다. 우리가 사는 세상에서는 사랑이 스캔들이고 무질서이며 위법이다. 그것은 두 개의 항성이 자신의 궤도를 벗어나 공중에서 하나로 만나는 것과 같다. 우리가 유일하게 알고 있는 사랑의 낭만적인 개념은 일탈과 재난의 의미를 품고 있다. 왜냐하면 사회는 사랑이 자유로운 선택이 되는 것을 금지하고 있기 때문이다.

여자는 남성사회가 그들에게 강요하는 이미지에 갇혀 살고 있고, 따라서 자신을 깨뜨려야만 자유로운 선택을 할 수 있다. '사랑은 그녀를 변화시켰고 아주 다른 사람으로 만들었다'고 사랑에 빠진 여인들은 자주 술회한다. 그것은 사실이다. 사랑은 여성을 다른 사람으로 만드는데, 감히 사랑을 하기로 결심하고, 선택을 하며, 자기 자신에 충실하고자 한다면 세상이 그녀를 가둬놓은 자신의 이미지를 깨뜨려야만 한다.

남자도 자유롭게 선택할 수 없다는 것은 마찬가지이다. 그가 선택할 가능성의 폭은 더 좁다. 어렸을 때 어머니나 여자 형제를 보면서 여자에 대해서 알게 된다. 그때부터 사랑을 금기시하게 된다. 우리의 육체적 욕망은 근친상간에 대한 공포와 유혹으로 이루어져 있다. 한편 현대인들의 삶은 불필요하게 성욕을 자극하고, 동시에 사회 계급, 도덕, 위생 같은 모든 종류의 금기로 우리에게 그것을 금지하기도 한다. 욕망에 재갈을 물리면서 박차를 가하는 것은 잘못된 일이다. 모든 것이 우리의 선택을 한정한다. 우리는 사회가 강요하는 여성의 이미지에 우리 열정의 방향을 맞출 수밖에 없다. 종족이나 사회 계층, 언어가 다른 사람을 사랑한다는 것은 어렵다. 예를 들면 백인 남자가 흑인 여자를, 흑인 여자가 중국인 남자를, 주인이 하녀를 사랑할 수도 있고 그 반대도 얼마든지 가능하지만 그런 사랑은 이상하게 받아들여지며, 이러한 일들은 우리로 하여금 얼굴을 붉히게 한다. 자유로운 선택을 할 수 없으므로 우리는 여자들 중에서 우리에게 적당한 배우자를 물색한다. 우리가 결혼한 배우자가 우리를 사랑한다고 해도 그녀는 진정한 자기 자신이 될 수 없는 여자이고, 그래서 그녀를 사랑하지 않는다고 해도 그것을 고백할 수는 없다. 스완의 표현 대로 내 취향이 아닌 여자와 결혼해서 내 인생의 가장 좋은 시절들을 다 잃어버렸다고 생각한다는 식이 된다. 현대의 많은 남성들이 죽어 갈 때에 같은 말을 하고 여성들도 마찬가지로 같은 말을 반복할 것이 다.

　사회는 사랑을 하나의 자연스러운 감정으로 보는 대신에 자식을 낳아 기르기 위한 안정적인 결합으로 본다. 사랑과 결혼을 동일시한 다. 이런 규율에 위배되는 행위는 시대와 장소에 따라 차이는 있겠 지만 처벌을 받는다. 멕시코에서는 범법자가 여성일 경우에는 처벌 이 가혹했다. 멕시코와 중남미 여러 나라의 사회에는 두 가지 도덕률 이 있는데 하나는 남성을 위한 것이고 다른 하나는 가난한 사람, 여 성, 어린아이들에게 적용되는 것이다. 사회가 진정으로 자유로운 선 택을 허용한다면 결혼을 보호하기 위한 여러 가지 방법도 정당화될 수 있을 것이다. 그러나 만약 그렇지 못하다면 결혼이 사랑을 이루기 위한 숭고한 결합이 아니라, 사랑과는 별도의 목적을 갖는 법적, 경 제적, 사회적 형식에 불과하다는 것을 인정해야 한다. 가정의 안정은 결혼에 있는데, 결혼은 단순하게 사회를 보존하기 위한 하나의 제도 가 되고 말았다. 여기에 결혼에 대한 보수성이 깊게 뿌리박고 있다. 결혼을 건드린다는 것은 마치 사회의 가장 기본적인 것을 변화시키 겠다는 것과 같다. 그런 연유로 사랑은 그 의도와 관계없이 반사회적 으로 비추어진다. 사랑이 이루어지면 결혼을 파괴하고, 결혼을 사회 를 원치 않는 방향으로 끌고 가기 때문이다. 이것은 두 고독한 영혼 이 자신들의 세계를 창조함으로써 드러나는 사실인데, 그들의 세계 는 사회의 거짓을 거부하고, 시대와 사회의 의무를 초월하며, 스스로 자립을 선언한다. 사회가 사랑과 그 표현인 시문학에 대해 앙심을 품고 배척하며, 금기와 어리석음, 비정상의 혼탁하고 부정한 것으로 매도하고 불법화하여 사회에서 추방하려는 것은 당연하다. 또한 사랑과 시문학이 이상하고도 순수한 형태, 즉 각종 스캔들, 범죄, 시로 발산되는 것도 우연한 일이 아니다.

결혼을 보호하려는 노력은 진정한 사랑을 박해하고, 비공식적이기는 하지만 매춘을 용인하는 결과를 가져온다. 우리의 이중적인 태도는 창녀에 대해서 명확하게 드러난다. 어느 나라에서는 창녀가 신성시되지만, 우리에게는 천박한 존재임과 동시에 욕망의 대상이기도 하다. 사랑의 풍자이며, 희생양이기도 한 창녀는 세상을 타락시키는 힘의 상징이다. 매춘은 이런 거짓된 사랑만으로 끝나지 않는다. 어떤 부류는 결혼을 단단하게 유지하던 결속력이 느슨해져서 문란한 성풍조가 지배하기도 한다. 여기저기 잠자리를 찾아 배회하는 것이 더 이상 방탕한 일로 비난을 받지 않는다. 여성을 허영이나 고뇌를 해결하는 도구로 여기고 그 생각에서 벗어나지 못하는 호색한은 방랑기사처럼 구시대의 인물이 되었다. 이제는 유혹할 대상도 없고, 보호해야 할 처녀도 없으며, 무찔러야 할 사탄도 없기 때문이다. 현대의 성은 사드(Sade) 시대의 성과는 다르다. 사드는 무엇인가에 완전히 사로잡힌 비극적인 성격의 인물이었다. 사드의 작품은 인간적인 조건을 충격적으로 폭로하고 있다. 사드의 주인공만큼 절망적인 인물은 없다. 반면 현대의 성은 거의 수사학이나 문학 연습, 쾌락에 머무르고 있다. 그것은 인간을 참되게 표현하기보다는 사랑을 심판하고 죄악을 조장하는 사회에 대한 한 편의 드라마일 뿐이다. 열정의 자유를 표현하는 방안의 하나인 이혼은 더 이상 획득하는 것이 아니다. 이혼은 견고하게 묶었던 고리를 풀어낸다기보다는 남자와 여자가 자유롭게 선택할 수 있도록 풀어주는 것이다. 이상적인 사회에서 이혼의 원인은 유일하게 사랑이 식었거나, 새로운 사랑이 나타났다는 사실일 것이다. 모든 사람이 자유롭게 선택할 수 있는 사회에서는 이혼이 간통이나 매춘, 문란한 성생활과 마찬가지로 시대착오적이거나 유별난 일이 될 것이다.

사회는 자신이 주체가 되어 자신을 위해서 살아가는 유기적인 단일체를 지향한다. 사회가 보이지 않는 단일체로 인식되더라도 그 내부는 이중성으로 분열되어 있다. 이중성은 사람이 동물적인 단계에서 진화해서 손을 사용하고 자아와 양심, 도덕을 만들어내는 순간부터 시작되었다. 사회는 자신의 욕구와 목적을 정당화해야 한다는 이상한 의무감에 괴로워하는 유기체이다. 도덕률의 탈을 쓰고 있는 사회의 목표는 때로는 구성원들의 욕망과 요구에 일치하기도 한다. 그러나 어떤 때는 사회의 목표가 일부 그룹이나 중요한 사회계층의 희망과 대립하기도 한다. 그러면 인간의 가장 깊은 본성이 부정되기도 한다. 이런 일이 일어나면 사회는 위기의 시대를 경험하면서, 폭발하기도 하고 깊이 침체하기도 한다. 그 구성원들은 인간이기를 포기하고 영혼이 없는 도구로 전락한다.

모든 사회는 이중성을 갖고 있으며, 사회는 이 문제를 해결함으로써 공동체를 만들고자 노력한다. 우리 시대에 이런 이중성은 여러 가지 다양한 모습으로 나타나고 표현된다. 말하자면 선과 악, 금지된 것과 허용된 것, 이상과 현실, 이성과 비이성, 아름다움과 추함, 망상과 각성, 빈자와 부자, 유산 계급과 무산 계급, 천진함과 자각, 상상과 사고 같은 것들이 있다. 조직의 본능적인 움직임으로, 사회는 이

마야문명의 가면

런 이중성을 극복하고 적대적이고 외로운 사회구성원들을 모아 하나의 조화로운 질서를 만들고자 노력한다. 그러나 현대 사회는 사랑을 가능하게 하는 고독의 변증법을 억압함으로써 이중성의 문제를 해결하려고 시도한다. 이념, 정치, 경제적 차이와 관계없이 모든 산업사회는 질적인 차이, 즉 인간적인 차이를 없애고 획일적인, 수량으로 표시되는 사회로 변모하고 있다. 산업사회에서 이뤄지고 있는 대량생산의 방법이 인간의 도덕과 예술, 감정에도 적용되고 있다. 모순과 예외를 다 없애려고 하고 있는 것이다. 따라서 삶이 인간에게 제공하는 가장 심오한 경험에 도달할 수 있는 길을 막아버린다. 그 경험은 서로 대립하는 것들이 화합하는, 통일된 하나의 현실을 발견하는 것이다. 새로운 권력은 고독이 존재할 수 있는 모든 여지를 지워버리고 있다. 또한 내밀하고 영웅적인 교감인 사랑도 금지한다. 사랑을 지킨다는 것은 언제나 위험하고 반사회적인 행동이었는데 이제는 혁명적인 행동으로까지 간주된다. 우리 시대의 사랑이 처한 상황은 사회가 가장 깊은 부분에서부터 고독의 변증법을 좌절시키고 있음을 보여주고 있다. 우리들의 사회는 진정한 사랑의 화합을 이룰 가능성을 거의 언제나 거부하고 있다.

사랑은 우리가 자신 속으로 깊이 파고 들어가려 함과 자신에게서 벗어나 다른 사람에게서 우리를 실현하고 싶어 하는 우리의 이중적인 본능을 보여주는 가장 확실한 특징 중의 하나이다. 죽음과 재창조, 고독과 소통과 같은 것들이 그렇게 우리를 실현하는 수단들이다. 그러나 사랑만이 유일한 것은 아니다. 각자의 삶 속에는 단계를 거쳐서 변화하는 시기들이 있는데 단절과 결합, 분리와 화합을 거듭한다. 이러한 각각의 단계는 고독을 극복하고자 하는 시도이며, 이런 시도 뒤에는 전혀 낯선 환경에 빠지게 되는 시간이 온다.

어린아이들은 자신이 감당할 수 없는 현실과 마주치면 처음에는 눈물이나 침묵으로 반응한다. 생명과의 연결선이 끊어지고 난 다음, 그는 애정과 놀이를 통해서 그것을 새롭게 만들어 보려고 노력한다. 이런 식으로 시작된 세상과의 대화는 죽음의 독백에 이르러서야 끝이 난다. 그러나 그가 외부세상과 맺는 관계는 더 이상 어머니 뱃속에 있었을 때처럼 수동적이 아니다. 세상은 그에게 대답을 요구하기 때문이다. 현실은 그가 행동하면서 활기를 띤다. 놀이와 그의 상상력 덕분에 어른들에게는 무심한 물건, 즉 의자라든가 책과 같은 것들이 스스로 생명력을 갖게 된다. 언어와 몸짓, 상징과 행동의 놀라운 능력으로 어린아이는 자신이 묻는 질문에 물건들이 대답하는 살아 있는 세상을 만들어낸다. 지식적 의미를 벗어버린 언어는 더 이상 기호의 집합체가 아니라 마술적인 자력을 가진 섬세한 생명체로 변화한다. 이름과 사물 사이에는 아무런 간격이 없고, 단어를 발음함으로써 자신이 지칭한 사물에 활력을 불어넣는다. 어떤 대상을 묘사한다는 것은 그 사물을 재창조하는 것이라고 할 수 있다. 원시사회에서는 조각이 단순한 사물의 표현이 아니라, 표현하고자 하는 대상의 분신인 것과 같다. 말을 한다는 것은 현실의 창조, 즉 시문학 행위로 되돌아가는 것이다. 어린아이들은 마술적인 힘을 갖고 그들의 상상의 세계를 창조하고, 이런 식으로 그들의 고독을 해결한다. 자신의 세계를 가진 존재가 되는 것이다. 그가 자신의 말과 몸짓의 힘을 믿지 못하게 되면 그의 마음속에는 다시 갈등이 머리를 들게 된다. 자의식은 우리가 가진 수단들의 효능에 대한 불신으로부터 시작된다.

사춘기는 유아 세계와의 단절이며, 어른이 되기 전의 일시 정지된 순간이다. 스프랭거는 고독을 청년기의 특징으로 설명한다. 고독한 나르시스는 바로 청소년기의 대표적인 심상이다. 이 시기에 처음으로 인간은 혼자라는 사실을 알게 된다. 이때 감정의 변증법이 다시 개입한다. 사춘기에는 자의식에 대해 극도로 민감해서 그 시기를 극복하기 위해서는 자신을 잊거나 스스로를 포기해야 한다. 그래서 그 시기는 고독의 시절이기도 하지만 위대한 사랑이나 영웅주의, 희생이 꽃피우는 시절이기도 하다. 사람들이 영웅이나 사랑에 빠진 연인들을 청소년으로 그리는 것은 이유가 있다. 자신 속에 갇혀서 소심함과 욕망으로 움츠러든 고독한 청소년들의 모습은 언제나 춤추고 노래하거나 무리지어 거리를 휘젓고 다니는 그룹으로 나타난다. 혹은 연인이 되어 길거리 가로수 아래에서 쌍쌍이 거닌다. 청소년들은 세상을 향해 자신들을 개방하고 사랑이나 활동, 우정, 스포츠, 영웅주의에 열중한다. 악당과 고아들만 등장하는 스페인어권의 문학은 예외로 하더라도, 현대인들의 문학은 사랑과 결투, 자신들의 꿈을 찾아 헤매면서 세상과 교감하려는 고독한 젊은이들로 가득 차 있다. 사춘기는 많은 일이 벌어지는 현실의 세상을 향해 항해를 시작한 무장한 돛배와 같다.

성숙기는 고독의 단계가 아니다. 사람들은 여러 가지 일을 하고, 창조하고, 물건이나 사상, 제도를 만들며, 사람과 갖가지 일에 부딪히면서 자신에 대해서는 잊어버리게 된다. 그들의 자의식은 다른 사람들의 의식과 하나가 된다. 이때에 비로소 그들에게 시간이 의미와 목적을 갖게 되며, 과거 그리고 미래와 생생하고 의미있는 관계를 갖는 역사가 된다. 우리의 독자적인 개성은 우리 존재가 일시적이라는 점과, 우리 자신으로 이루어진 시대, 우리에게 양식을 주는 동시에 우리를 집어삼키는 이 시대에 우리가 위치해 있다는 사실에서 비롯된다. 성숙기에도 우리의 독자성은 사라지지 않고, 다만 약화하며, 어떤 의미에서는 보존된다. 우리의 특별한 존재는 역사의 한 부분이 되며, 엘리엇의 표현을 빌리면 '시간을 초월한 패턴'이 된다. 따라서 왕성한 활동기에 현대인이 고독에 빠지는 것은 비정상적인 경우이다. 그러나 최근 이런 외로운 사람들을 자주 볼 수 있다는 것은 우리 시대의 병폐의 심각성을 보여준다. 함께 일하고, 함께 노래하고, 함께 기쁨을 나누는 시간에 현대인들은 더 외롭다. 현대인들은 자신들이 하는 어떤 일에도 철저하게 몰입할 수가 없다. 그의 일부, 가장 깊은 내면은 항상 홀로 떨어져 있고 경계를 늦추지 않는다. 그는 스스로를 훔쳐본다. 현대사회의 종교라고 할 수 있는 노동조차도 더 이상 우리에게 창조의 의미로 다가올 수 없다. 목적도 없고 끝도 없는 노동이 무의미한 현대인들의 삶이 되고 있다. 호텔, 사무실, 작업장, 영화관에서 이러한 현대의 상황이 만들어내는 고독이 연옥과 같이 우리 영혼을 정화하는 역할을 할 수는 없는 것이다. 이것이야말로 현대인들의 형벌이며, 탈출구가 없는 세상의 단면인 것이다.

세상과의 단절이면서 다른 세상을 창조하려는 시도인 고독의 이중적인 의미는 영웅과 성인, 구원자에 대한 우리의 생각 속에 잘 드러난다. 신화와 전기, 역사, 시의 내용은 나중에 세상으로 돌아와 활동하기 전에 젊은 시절에 겪는 고독과 은둔의 시기를 담고 있다. 이것은 배우고 준비하는 시절이기도 하지만 무엇보다 희생과 참회, 시험, 속죄, 정화의 시기이다. 고독한 시기는 허망한 세상과 관계를 끊고, 세상으로 돌아와 최후의 일전을 벌이기 위해서 준비하는 단계이다. 아놀드 토인비는 많은 예를 들면서 이런 과정에 대해 설명했다. 플라톤의 동굴신화, 사도 바울, 붓다, 마호메트, 마키아벨리, 단테의 일생이 그렇다. 우리 모두가 각각 자신을 정화하고 나중에 우리 가운데로 돌아오기 위해서, 각자의 삶과 좁은 한계 속에서 고독하고 외떨어진 삶을 산다.

토인비가 '후퇴와 복귀의 두 가지 움직임'으로 설명한 고독의 변증법은 모든 민족들의 역사 속에 명백하게 나타나 있다. 아마도 고대사회에서는 이런 것들을 조명하기가 현대사회보다 훨씬 더 쉬울 것

떼오띠우아깐의 께찰꼬아뜰: 멕시코 고대문화 신화에 나오는 날개 달린 뱀의 신. 뱀은 땅의
권력을 뜻하고 날개는 하늘의 권위를 나타낸다.

이다.

고독이라는 것이 원시인들에게 얼마나 위험하고 두려운 상황이 었는지는 쉽게 짐작할 수 있는 일이다. (사실 원시인은 현대인들이 우쭐대는 기분으로 사용하는 부정확한 용어이기는 하다.) 고대문화의 여러 가지 금기사항들과 규율, 관습 같은 복잡하고 엄격한 사회제도는 고독의 엄습으로부터 그들을 보호하기 위한 것이었다. 그들에게는 집단을 이루는 것이 고독을 벗어나 건강하게 살아가는 유일한 방법이었다. 고독한 사람은 병든 것이고, 그 죽은 가지는 잘라서 태워버려야 했다. 구성원 중에서 하나라도 병에 걸리면 사회 전체를 위험에 빠뜨릴 수가 있기 때문이다. 오랜 세월 계속되는 집단의 형식과 태도의 반복은 그 집단의 안전을 보장하고, 단결과 일치를 확인하는 것이었다. 죽은 자의 영혼의 끊임없는 출현과 각종 종교제례는 개인적인 행동을 제한하고, 고독으로부터 사람들을 보호하며, 집단이 해체되는 것을 막는 역할을 했다.

원시인들에게는 건강과 사회, 분산과 죽음은 동등한 의미를 갖고 있었다. 자신이 태어난 땅을 떠난다는 것은 더 이상 그 사회에 소속되지 않는 것을 의미했다. 죽어서 명예로운 장례의식을 갖는 것이 관습이었고, 집단에서 영구 추방은 사형선고와 같았다. 선조들의 영혼과 사회집단을 동일시하고, 조상의 영혼과 그 땅을 동일시하는 것은 아프리카의 상징적 의식에서 많이 나타난다. 원주민이 신부를 데리고 킴벌리에서 돌아오면 이 부부는 고향의 흙을 조금 가지고 온다. 신부는 새로운 곳에 익숙해지기 위해서 날마다 이 흙을 조금씩 먹어야 한다. 이 흙이 장소가 바뀐 생활에 적응하는 데 도움이 될 것이라고 생각한다. 그들의 사회적 결속력은 유기적이고 생동력이 있다. 각 개인은 문자 그대로 소속집단의 하나의 구성원에 불과하다. 이런 이유로 개인의 변절은 그리 흔한 일이 아니다. 한 사람의 행동이 집단 전체에 영향을 주지 않는 한, 아무도 개인적으로 구원을 받거나 형벌을 받지 않는다.

모든 노력에도 불구하고 집단이 해체되는 위험을 항상 벗어나지는 못한다. 전쟁, 종교적 분열, 생산 구조의 변화, 정복 등 많은 위험이 도사리고 있다. 조직이 분해되는 순간에 그 구성원들은 새로운 상황—고독과 직면하게 된다. 건강의 원천이었던 폐쇄사회에서 단절됨으로써 생겨나는 고독은 이제 일시적인 위협이나 사건이 아니라, 존재의 기본 조건이며 배경이 된다. 이러한 상황에서 포기와 단념이 죄의식으로 이어진다. 이것은 어떤 규범을 위반한 죄가 아니라, 인간 본성의 일부가 된 죄의식이다. 고독과 원죄는 같은 의미가 되었다. 또한 친교와 건강함이 비슷한 의미를 갖게 된다. 그러나 이런 것들은 아주 먼 옛날에나 존재했다. 이것들은 역사 이전에 존재했던 왕국의 황금시대에나 있었고, 그 시대는 아마도 시간의 고리를 깨어버려야 돌아갈 수 있을 것이다. 이렇게 해서 죄의식이 생기고, 구원과 구세주를 기다리게 되었다.

새로운 신화와 새로운 종교가 태동했다. 고대사회와는 다르게 고향을 떠난 사람들에 의해 건설된 새로운 사회는 개방적이고 유동적이었다. 이 사회에서는 특정 집단에서 태어난 사람이라도 자동적으로 그 집단의 구성원이 될 수 있는 것이 아니며, 그렇게 하기 위해서는 능력을 입증해야 했다. 그동안 해오던 미신적인 주술을 버리고 기도를 하게 되었으며, 종교의식은 사람들이 정화되어야 할 필요성을 강조하게 되었다. 구원사상과 함께 금욕주의, 신학, 신비주의 등이 출현했다. 고대 토템향연의 성격을 갖고 있던 희생제의와 성체의식이 그 의미가 변질하여 새로운 사회로 진입하기 위한 하나의 방법이되어버렸다. 신이 고대의 창조적 신으로부터 하강해서 아들신이 되었고 주기적으로 죽고 부활을 거듭한다. 그는 풍요의 신이고, 구원의신이다. 그의 희생은 죽음의 저편에서 우리를 기다리는 완벽한 세상을 이 땅에 구현하기 위해서 집단의 보상제물이 되었다. 저세상, 피안에 대한 소망은 고대사회에 대한 향수를 느끼게 한다. 구원의 약속안에 우리들의 황금시대에 대한 기억이 살아서 숨 쉬고 있는 것이다.

지금까지 살펴본 내용들이 특정한 사회의 역사와 모든 면에서 다일치한다고 보기는 어렵다. 그러나 거의 세부적인 것까지 전술한 내용과 부합하는 사회도 있었다. 예를 들면 오르피즘의 탄생을 들 수있다. 알려진 바와 같이 아카이아(고대 그리스) 문명이 멸망하여 그리스 문명이 해체되고 이 지역의 민족과 문화가 재편성된 후에 오르페우스에 대한 숭배신앙이 출현하였다. 과거의 사회적, 종교적 관계를복구하려는 목적에서 비밀종교들이 만들어졌는데, 여기에는 고국을떠나야 했던 이주민들만이 참가했고, 그들은 영원히 머물러 살 수 있는 사회를 만들려는 꿈을 갖고 있었다. 그들을 통틀어서 부르는 유일한 이름은 '고아들'이라는 명칭이었다. (이 단어는 '고아' 또는 '빈 공간'이라는 의미가 있으며, 고아나 고독은 모두 비어 있는 상태를 표현한다.)

근대시대가 막을 내릴 무렵에 번성한 프롤레타리아 종교처럼 오르페우스와 디오니소스 종교는 닫힌 사회에서 열린 사회로 변화하는흐름을 분명하게 보여 주었다. 개인에게서나 마찬가지로 이러한 종교에서도 죄의식, 고독감, 속죄는 이중적인 역할을 한다.

고독의 감정은 우리가 뿌리 뽑히고 떨어져 나온 곳을 그리워하는 것이고, 그 공간에 대한 향수이다. 모든 나라와 민족이 갖고 있는 아주 오래된 옛날의 개념에 의하면 그곳은 세계의 중심이고 우주의 배꼽이었다. 그곳은 천국이나 극락을 의미하기도 하고, 신화적이나 현실적으로 민족의 근원이 되는 장소를 상징한다. 고대의 아스떼까인들은 망자는 자신이 만들어져서 이 세상에 나왔던 북쪽에 있는 믹뜰란으로 돌아가게 된다고 생각했다. 도시나 집들을 세우면서 드리는 많은 제례의식들도 거의 모두 우리가 추방되어 나온 성스러운 중심을 찾고 있음을 암시하고 있다. 로마나 예루살렘, 메카 같은 위대한 성지도 세상의 중심으로 자리 잡고 있으며 우리에게 그런 의미로 상징되고 있다. 성지 순례는 과거에 많은 민족들이 약속된 땅에 들어가기 전에 신화적으로 행해졌던 제례의식을 다시 되풀이하는 것이다. 문이나 입구를 들어서기 전에 그 집이나 마을 전체를 배회하고 돌아보는 것도 같은 관습에서 유래하는 것이다.

미로(迷路)의 신화도 이러한 종류의 신앙에서 출발했다. 여러 가지 개념들이 미로라는 말이 풍성한 의미를 갖는 신화적 상징이 되도록 뒷받침하고 있다. 우선 성스러운 장소의 한가운데 보관하는 것으로 사람들의 건강과 자유를 회복시키는 부적이나 또는 이와 유사한 상징이 있다. 그다음으로는 영웅과 성인들이 있는데, 이들은 고독하고 외로운 세월 속에서 고행과 속죄 의식을 통과하고 나서 미로나 마법의 왕궁으로 들어간다. 그리고 세상으로 돌아와서 도시를 구원하거나 아니면 새로운 도시를 건설한다. 그리스 최초의 영웅인 페르세우스 신화 안에는 신비적인 요소가 거의 없지만, 성배(聖杯) 신화에는 금욕주의와 신비적인 요소들이 결합해 있는데 여기에서는 어부인

임금의 신하들과 그 땅 위에 저주를 가져온 죄와 그것을 정화하기 위한 종교의식, 영적인 전쟁과 그리고 마침내 신의 은총, 즉 신과의 교감이 이루어지는 내용을 담고 있다.

우리는 세상의 중심으로부터 추방되었을 뿐만 아니라 미로인 지하세계와 좁은 협곡을 통과해야 하고, 풀 한 포기 없는 사막과 초원지대를 지나 그곳을 찾아가도록 심판받았다. 언제인가 시간은 연속되고 통과하는 과정이 아니라 현재만이 존재하고 끊임없이 그곳에서 시간이 샘솟는 그런 시절이 있었다. 그곳에는 과거, 현재, 미래의 모든 시간이 포함되어 있었다. 모든 시간 속에서 하나였던 영원으로부터 추방된 인간은 연대기적 시간으로 떨어졌으며 시계, 달력, 연속이라는 감옥 속에 갇히게 되었다. 시간이 어제, 오늘, 내일 또는 시각, 분, 초로 나누어지는 순간, 인간들은 시간과 하나가 되는 것이 중단되고, 현실의 흐름과 일치하고 화합하는 것도 중지되어 버렸다. 우리가 지금 이 순간이라고 말할 때 이미 그 순간은 지나가 버린다. 시간을 측정하기 시작하면서 인간은 영속적인 현재인 현실과 분리되었다. 그리고 베르그송이 말하는 바와 같이 현실 속에 나타나는 모든 사실을 허상으로 만들어버렸다.

시간에 대한 반대되는 두 가지 개념을 잘 살펴보면, 연대적인 시간 개념은 아무런 특징이 없는 동질적인 시간의 연속을 의미할 뿐이다. 여기에서 시간은 항상 동일하며, 기쁨이나 고통에 대해서도 무정하고 오직 흘러갈 뿐이다. 반대로 신화적인 시간은 같은 분량의 아무 변화도 없는 시간의 연속을 의미하는 것이 아니라, 우리 삶의 모든 개별적인 의미와 사연을 흠뻑 담고 있음을 발견할 수 있다. 신화 속의 시간은 영원하게 긴 시간을 의미하기도 하고, 한순간의 호흡처럼 짧기도 하다. 아주 불길하기도 하고 다행스럽기도 하다. 풍요롭기도 하고 척박하기도 하다.

이런 개념은 시간이 다를 수 있다는 것을 말하고 있는 것이다. 시간과 삶은 서로 섞여서 한 덩어리, 즉 분리할 수 없는 일체가 된다. 아스떼까인들은 시간은 공간과 연결되어 있어서 각각의 하루는 동서남북의 한 방향을 가리킨다고 생각했다. 종교 달력도 마찬가지이다. 축제일은 날짜나 기념일 이상의 의미를 지니고 있다. 축하하는 의미보다는 그 일을 연속하여 재현하는 것이다. 연대기적인 시간을 파괴하고, 짧지만 영원한 순간의 공간 속에 영원한 현재를 구현하는 것이다. 축제는 시간의 창조자가 된다. 그런 개념이 되풀이되어 진행된다. 시간이 창조된다. 황금시대가 되돌아온다. 지금 여기에서 사제가 성미사의 신비를 올릴 때마다 실제로 구세주가 하강하고 인간들과 세상을 구원하는 것이다. 진실한 신자들은 키르케고르가 말한 바와 같이 예수와 동시대에 살고 있는 것이다. 영원한 현재가 무의미한 시간의 연속성을 깨뜨리는 것은 단지 종교적인 축제나 신화뿐만이 아니다. 사랑이나 시도 우리에게 짧은 순간이나마 이러한 원래의 시간의 의미를 보여준다. '시간이 더 많다고 해서 더 영원한 것은 아니다.'라고 후안 라몬 히메네스는 말한다. 그는 시적인 순간의 영원성을 표현하고 있는 것이다. 영원한 현재에 대한 시간의 개념은 연대기적인 시간개념보다 더 오래된 것이며, 연대기적 시간은 현실의 흐름에 대한 즉각적인 인식이라기보다는 시간의 흐름에 대한 합리화이다.

이러한 이분법은 역사와 신화, 역사와 시에서 각각 정반대로 표현된다. 종교적인 축제나 동화 속에 등장하는 신화 속의 시간은 날짜가 없고 "옛날에…"라든가 "동물들이 말하던 시절에…" 또는 "태초에"라고 표현한다. '태초에'라는 말은 어떠한 날과 시간을 지정하는 것이 아니라, 모든 사물이 시작되고 모든 시간이 시작되는 순간을 우리에게 생생하게 가르쳐 준다. 신화의 내용을 재현하고 구체화하는 의식과 시, 요정이야기를 통해서 사람들은 서로 반목하는 것들이 화해하고 하나가 되는 세계로 들어갈 수가 있다. 종교의식에서 모든 일은 현재, 지금 이 순간의 것이 된다. 우리가 읽는 모든 시는 각각 하나의 재창조이며, 말하자면 제례의식이고 축제인 셈이다.

연극과 서사시도 모두 하나의 축제이며 하나의 의식이다. 시낭송 등 극장에서 하는 공연은 평범한 시간이 흐르는 것을 중지시키고 우리를 가장 본래의 시간으로 인도한다. 이러한 일에 참여함으로써, 현재라고 불리는 모든 시간의 근원인 창조적인 시간, 신화적인 시간, 즉 내면적이고 주관적인 시간으로 들어가 몰입할 수가 있다. 연속성의 포로인 인간들이 보이지 않는 시간의 감옥을 깨부수고 살아 있는 생생한 시간 속으로 나아갈 수가 있는 것이다. 우리의 주관성은 마침내 외부의 시간과 하나가 될 수 있다. 시간이 공간을 측정하는 단위에서 벗어나 끊임없이 창조하는 샘, 영원한 현재로 변화하기 때문이다. 세속적이든 종교적이든지 간에 신화와 축제는 인간들에게 고독을 부수고 새로운 창조가 가능하게 한다. 변장하고, 감추고, 숨어 있는 신화는 우리 삶의 거의 모든 곳에서 계속 나타나고 우리의 역사에 끊임없이 끼어든다. 우리에게 영원한 세계의 신과 교감하는 통로가 되는 것이다.

우리 시대의 사람들은 신화를 합리화하기는 했어도 파괴할 수는 없었다. 대부분의 도덕적, 정치적, 철학적 개념들과 마찬가지로 많은 과학적 사실들도 과거에 신화적인 형태로 나타났던 경향의 새로운 표현일 뿐이다. 우리 시대의 합리적인 언어도 그 배후에 고대 신화를 담고 있다. 유토피아, 특히 합리적인 이론과 사상으로 포장된 현대정치의 유토피아 사상도 사회집단이 오래 전 뿌리를 박고 살았다고 생각되고, 사람들이 최후의 날에 돌아가기를 희구하는 과거의 황금시대를 상상하게 한다. 정치적인 모임, 시가행진, 데모, 각종 의식 등 모든 축제가 새로운 구원의 날이 도래할 것임을 예언하고 있다. 모든 이들이 사회가 근원적인 자유를 회복하고, 원시적인 순수함으로 돌아가기를 기대하고 있다. 그렇게 되면 역사는 중지될 것이다. 각종 의심, 선과 악, 불의한 것과 의로운 것들, 현실과 가상 사이에서 강압적인 판단을 해야 하는 시간이 더 이상 우리를 괴롭히지 않을 것이다. 영원한 현재, 영속적인 교감과 화합의 나라가 도래할 것이다. 현실은 위선의 탈을 벗어던지고, 우리는 우리의 현실과 함께 다른 사람들을 인식하고 이해할 수 있게 될 것이다.

황폐하고 빈곤해져서 거의 죽어가는 모든 사회는 창조와 풍요의 신화, 구원의 신화를 창조해서 스스로 구원을 받으려는 노력을 하게 된다. 고독과 죄의 문제는 풍요와 교감으로 해결된다. 지금 우리가 살고 있는 사회도 자신의 신화를 만들었다. 부르주아 사회의 황폐성은 자멸의 길을 걷거나, 아니면 새로운 형태로 창조에 참여하게 될 것이다. 오르떼가 가세뜨의 표현을 빌리자면 이것이 우리 시대가 해결해야 할 문제이다. 또한 이것은 우리의 꿈의 실체이며 우리 행동의 의미이기도 하다.

현대인들은 의식이 깨어 있기를 소망한다. 그러나 깨어난 의식은 여러 가지 이성적인 깨달음으로 우리를 더욱 고통스럽게 하고 복잡한 악몽의 회랑으로 달려가게 할 뿐이다. 미몽에서 깨어나는 순간 우리는 눈을 뜨고 꿈을 꾸고 있었고, 이성이 깨어 있는 꿈은 견딜 수 없는 고통임을 깨닫게 될 것이다. 아마 그때는 눈을 감고 다시 한 번 꿈을 꾸게 될 것이다.

EL LABERINTO DE LA SOLEDAD

멕시코인이라는 것은 철학적 본질이 아니라 역사의 산물이다. 형이상학이나 심리학의 문제도 아니다. 나는 멕시코인들의 국민성보다는 그 가면 뒤에 감추어져 있는 모습이 더 알고 싶다.

PART *2*

멕시코의 세 얼굴

머리글 Nota

이 글은 미국 Austin의 텍사스 대학에서 지난 10.30. 열린 Hackett 기념강연회에서 강연했던 내용을 정리, 발전시킨 것으로서 「고독의 미로」(El Laberinto de la Soledad)를 집필하고 난 뒤 멕시코에서 일어난 사건들을 평가해 보는 것이 그 목적이다. 이것은 앞서 나온 책의 연장이지만 설명할 필요도 없이 새로운 비판적 관점에서 쓴 것이다. 이전의 내용을 현재의 상황에 맞추어 보완, 발전시켰을 뿐 아니라 새로운 관점에서 현실을 분석해 보고자 시도하였다.

「고독의 미로」는 비평적 입장에서 여러 각도로 고찰한 결과였음을 강조하고 싶다. 이는 멕시코의 정체성, 또는 우리가 바라는 멕시코인의 모습에 대한 글이 아니다. 멕시코인이라는 것은 철학적 본질이 아니라 역사의 산물이다. 형이상학이나 심리학의 문제도 아니다. 나는 멕시코인들의 국민성보다는 그 가면 뒤에 감추어져 있는 모습이 더 알고 싶다. 이 점에서 다른 나라 사람들과 마찬가지로 멕시코인들의 국민성이란 한편으로는 방패 또는 벽이며, 다른 한편으로는 기호를 적어 넣은 글판, 즉 상형문자이다. 벽은 외부의 시선으로부터 우리를 방어해 주지만 동시에 우리 자신을 꼼짝 못하게 가두기도 한다. 상형문자는 가면이고, 이는 우리를 나타내 보여 주기도 하지만 동시에 우리를 질식시키기도 한다. 멕시코의 정체성은 일종의 문화적 창조물인데 이 창조물은 변하기도 하고 동일하기도 하며, 단수인가 하면 복수이기도 하다. 또한 그것은 각각의 개인에 속한 것 같기도 하고 우리의 공통적인 성향인가 하면 어떤 면에서는 그 누구에게도 해당되지 않는 것 같기도 하다. 인류로서의 인간과 개개인의 인간들, 이 두 가지 부류는 영원한 상호관계에 있다. 인류의 다양한 개성, 성격, 역사, 문명이 개인 인간들을 만든다. 그런가 하면 복수의 인간들은 개개인으로 나뉘고 용해된다. '나', '너', '그'라는 명칭은 말하는 순간 허공으로 사라진다. 이름과 마찬가지로 대명사도 가면이며, 그 가면 뒤에는 아무도 없다. 만일 무엇인가가 있다면 눈 깜짝하는 순간에 지나지 않을 만큼 덧없는 순간의 '우리'라는 느낌 정도일 것이다. 그러나 우리는 살아가는 동안 가면이나 이름, 대명사에서 벗어나지 못한다. 우리는 스스로 만든 허구, 우리의 겉모습과 분리될 수가 없다. 우리는 가면을 만들어 내고, 그 가면이 결국 우리의 진정한 얼굴임을 깨달을 수밖에 없는 운명이다.

완벽하게 성공하지는 못하였지만 「고독의 미로」에서는 추상적인 인본주의의 함정에 빠지지 않도록 노력했다. 또한 얼굴로 변한 가면, 가면으로 굳어진 얼굴이기도 한 멕시코 정체성에 관한 철학적 환상을 피하고자 시도하였다. 지금과 마찬가지로 과거에도 나는 멕시코의 정체성보다 비평에 더 관심이 있었다. 이는 우리 스스로를 아는 것뿐만 아니라 우리 자신을 해방하고자 하는 노력이다. 비평은 자유를 얻을 가능성을 보여주고 이를 통해 행동하도록 길을 열어 준다.

이 글은 20년 전에 썼던 책의 추신이지만 동시에 아직 집필하지 않은 책의 서문이기도 한데 그 책에 대해서는 「고독의 미로」(El Laberinto de la Soledad)와 「다른 흐름」(Corriente alterna), 두 권의 작품에서 암시한 바 있다. 멕시코라는 주제는 결국 라틴아메리카의 운명에 대한 분석과 연결되어 있으며, 멕시코는 더욱 큰 역사의 작은 한 조각, 그 일부에 불과한 것이다. 내가 그 책을 쓰기에 가장 적합한 사람인지 알 수 없으며, 설사 그렇다고 해도 언제인가 그 책을 실제로 집필할 수 있을 것인지는 확신이 없다. 다만 한 가지 분명한 것은 미래의 그 책의 고찰은 스페인의 지배와 우리의 독립혁명 실패 — 19, 20세기 스페인의 계속된 실패에 상응하는 — 로부터 오늘날까지의 시대를 아우르는 우리의 진정한 역사를 회복하는 시도가 되어야 한다는 것이다. 또한 그 책은 개발의 문제를 중심주제로 다루어야 한다.

라틴아메리카의 혁명들은 개발이 제대로 이루어지지 못한 결과로 발생하였으며, 이 점에서 역사적인 당위성이 있는 동시에 결정적이고 명백한 한계를 지니고 있기도 하다. 19세기 고전적 혁명주의자들은 혁명이 개발의 결과라고 생각한다. 즉, 경제·기술적 발전(산업 생산 방식)은 진전된 반면, 사회발전(자본주의적 소유방식)은 정체됨으로써 불균형이 발생하였는데, 도시 프롤레타리아가 이 불균형을 교정하고자 하는 시도가 혁명이라는 것이다. 반면 20세기 저개발 국가의 혁명지도자들은 개발을 추진하기 위한 노력으로서 혁명을 시도하였고, 그 결과는 우리가 익히 알고 있는 바와 같다. 오늘날 우리에게 동서 양 진영이 제시하는 개발모델들은 한 마디로 끔찍한 것들이다. 우리 스스로가 좀 더 인간적이고 우리에게 적합한 개발모델을 만들어 낼 수는 없는가? 변두리 국민이며, 역사의 변방에서 살아온 라틴아메리카 사람들은 서구의 뒷문으로 들어간 초대받지 않은 식객이고, 불이 꺼지려는 순간에 현대화의 대열에 끼어든 침입자이다. 우리는 모든 면에서 늦었다. 역사의 과정에서 너무 늦게 태어났으며, 과거조차 갖고 있지 않다. 만일 우리가 가진 과거가 있다면 그것에 침을 뱉었다. 라틴아메리카인 들은 한 세기 동안 잠들어 있었으며, 그 사이에 도둑질을 당하고 지금은 넝마 차림이 되어 돌아다니고 있다. 스페인 사람들이 떠나면서 남기고 간 것조차 지키지 못하였고, 우리끼리 칼질을 했다.

그렇지만 사상이 척박한 이 대륙에도 19세기 말 소위 현대화 시기부터 여기저기에서 산발적으로 그러나 꾸준히 세계적으로도 뛰어난 시인, 수필가, 화가들이 등장하기 시작했다. 드디어 우리도 스스로 사고할 수 있는 능력을 갖추게 될 것인가? 우리 식의 현대화 발전모델을 만들어 낼 수 있을 것인가? 다른 사람들을 지배하고 그 위에 세워진 체제, 또는 동유럽의 무시무시한 경찰국가나 파티를 망쳐버리는 미움과 증오의 폭발로 끝이 나는 서구 진영 체제와는 다른 우리의 사회를 계획할 수 있을 것인가?

개발에 관한 문제는 우리의 정체성과 밀접하게 연결되어 있다. 우리는 누구이고, 무엇이며, 어떤 사람들인가? 다시 한 번 말하지만 역사의 한 부분이라고 할 수 있는 상호 간의 관계야말로 우리 존재의 유일한 내용이다. 멕시코에 관한 질문은 라틴아메리카의 미래에 대한 질문과 불가분의 하나이며, 라틴아메리카 문제는 장래 미국과의 관계와 연결되어 있다. 우리에 대한 질문은 언제나 다른 사람에 대한 질문으로 귀결된다. 한 세기 전부터 그 나라는 비인간적이고 거대한 현실로 우리 앞에 서 있다. 미소를 띠거나 화난 모습으로, 손을 펴거나 때로는 움켜쥔 채 미국은 우리 말을 듣지도, 쳐다보지도 않으면서 뚜벅뚜벅 발걸음을 옮기며 우리 영토를 침범하고 우리를 짓밟는다. 이 거인을 제지하는 것은 불가능하다. 이 거인이 다른 사람들의 말을 들어본다면 함께 공존할 수가 있을 터이지만 그렇게 설득하는 것은 불가능하지는 않다고 하더라도 매우 어려운 일이다. 하나님이나 그들 자신 이외의 다른 사람들과는 대화를 하지 않는 개신교도의 뿌리와 특히 그들이 가진 강력한 세력으로 말미암아 미국인들은 독백에 익숙해진 사람들이다. 그들은 달변이며, 동시에 침묵의 가치도 알고 있다. 대화는 그들의 강점이 아니다. 들을 줄도 모르고, 대답할 줄도 모른다. 다만 이제까지 그들과 대화해 보려는 대부분의 시도가 헛수고로 돌아가기는 하였으나 최근 몇 년 사이에 그들의 행태가 변화될 수도 있을 듯한 가능성을 보여주는 몇 가지 조짐들이 있었다.

라틴아메리카가 변혁과 전환의 시대를 살고 있다면 미국 역시 그 이상의 격렬하고 큰 변화를 거치고 있다. 그것은 바로 흑인과 미국 내 히스패닉, 청년층과 여성들의 반란이며, 예술인과 지성인들의 봉기이다. 물론 그러한 움직임의 원인이나 배후 이념이 라틴 아메리카와는 다르고, 따라서 맹목적으로 그 흐름을 흉내 낸다면 우리는 또 하나의 실책을 저지르게 될 것이다. 미국사회에는 라틴아메리카가 갖고 있지 않은 내부 비판기능이 있다는 것을 염두에 둔다면 그러한 실책을 피할 수 있을 것이다.

우리는 진정으로 자유롭게 생각하는 방법을 배워야 한다. 이것은 지성의 문제가 아니라 도덕성의 문제이다. 니체는 정신의 가치가 진실을 직면하는 데 있다고 말했다. 라틴아메리카에서 민주주의가 이루어지지 못한 원인의 하나는 이와 관련된 비판기능이 부족하다는 점이다. 미국인들, 특히 사회의 양심을 구성하는 지성인들은 눈을 감지 않고 진실, 그들의 진실을 보려고 노력해 왔다. 이전에는 일부 시인과 철학자들만이 문제의식을 느끼고 있었으나 오늘날 미국에서는 역사상 처음으로 영미 문명의 기반이 된 가치와 믿음에 대해 새로운 고찰이 필요하다는 의견이 사회 전반에 걸쳐 강하게 분출되고 있다. 발전에 앞장선 사람들이 지금은 그에 대한 비판을 하고 있는 것이다. 이는 새로운 일이 아닌가? 발전에 대한 비판은 새로운 변화의 시작을 알리는 조짐이다. 누군가가 미국이 우리와 대화를 할 수 있을 것인지를 묻는다면 나는 그렇다고 대답할 것이다. 단, 미국이 흑인, 히스패닉, 청년 등 그들 사회 내부의 소수 그룹과 대화하는 법을 먼저 배워야 우리와의 대화도 가능할 것이다. 라틴아메리카인들 역시 남을 비판하기에 앞서 스스로를 먼저 돌아보아야 할 것이라는 점을 말해 두어야겠다.

1969년 12월 14일, Austin

chapter 02

올림픽과 뜰라떼롤꼬 [4)]

Olympiada y Tlatelolco

1968년은 중요한 전환점이었다. 프라하, 파리, 동경, 벨그라드, 로마, 멕시코, 산티아고 등지에서 시위, 소요, 폭동이 일어난 것이다. 중세시대 전염병이 종교의 벽이나 사회계층을 넘어 퍼져 나간 것처럼 청년폭동은 이념의 구분을 넘어 확산되었다. 자연스럽게 비슷한 양상으로 전개된 세계 각지에서의 시위에 대해 여러 나라가 보인 반응은 유사했다. 각국 정부는 하나같이 사회의 혼란이 외부의 음모에 의해 부추겨진 것이라고 분석한 것이다. 어느 나라에서나 비밀 속의 선동혐의자들은 거의 동일했지만 이들 가운데서도 구체적으로 의심을 받은 배후 그룹은 나라에 따라

---

4) 역자 주 : 1968.10.2. 멕시코 올림픽이 개최되기 직전 시내중심지의 뜰라떼롤꼬 광장에서 군대에 의한 대학생 시위대 대량 학살사건이 발생하였다.

각각 달랐다. 그러나 흥미롭게도 여러 나라가 우연히 같은 배후를 지목한 경우도 있었다. 예를 들면 멕시코 정부와 프랑스 공산당은 동일하게 모택동주의자들과 미국 CIA가 폭동을 선동한 그룹들이라고 생각한 것이다. 한편 전통적으로 혁명계급임을 자처해 온 프롤레타리아가 시위에 참가하지 않거나, 프랑스에서의 경우처럼 침묵을 지킨 것은 주목할 만하다. 기술사회가 끌어안지 못했거나 아니면 끌어안기를 원하지 않았던 사회 소외계층이야말로 오늘날까지 학생들의 유일한 지지그룹이었던 것이다. 물론 현재는 계급투쟁이 격화되기보다는 일시적이든 영구적이든 기술사회가 저변으로 내몬 사회계층들의 저항이 대두하고 있는 시점인 것은 분명하다. 학생은 이러한 소외층의 두 번째 부류에 속하며, 진정한 의미에서 유일하게 국제화된 그룹이다. 오늘날 세계화된 기술은 선진권의 모든 청소년들을 하나로 연결해주고 있으며, 이를 통해 범세계적 청소년 공동체가 형성되어 있다.

사회 불만세력 가운데 학생 그룹은 가장 불안정하고, 미국의 흑인을 제외하고는 가장 큰 절망감을 안고 있는 계층이다. 그들의 절망감은 특별히 어려운 생활여건 때문이 아니라 학생신분의 모순에서 비롯된 것이다. 대학과 고등교육기관 속에 격리되어 지나는 몇 년 동안 남녀학생들은 한편으로는 특권층 은둔자로, 다른 한편으로는 위험하고 무책임한 사람으로 취급받는 인위적인 상황에서 생활한다. 여기에다 대학의 지나치게 많은 학생 수, 그리고 잘 알려진 바와 같이 학생들이 비현실적 세계의 현실적 존재라는 사실은 사회로부터 격리원인이며 문제를 더욱 심각하게 만드는 요인이 되고 있다. 청년층의 사회적 소외는 기술사회가 모든 사람에게 부과하는 소외의 한 종류이며 그중에서 덜 가혹한 형태임은 사실이다. 바깥세상의 모든 법칙이 반드시 통하지는 않는 일종의 실험실에 살고 있는 것 같은 비현실적 상황 속에서 학생들은 그들을 둘러싸고 있는 세계에 대해, 또한 그들 자신에 대해 깊이 생각해 보게 된다.

대학은 학생들의 비판의 대상이자 조건이기도 하다. 대학은 젊은이들을 집단생활로부터 격리시키고, 이러한 격리는 미래의 사회적 소외를 촉진한다는 점에서 비판의 대상이 된다. 청년들은 현대사회가 사람들을 격리하고 분산시키며, 현재의 사회체제는 속성상 진정한 공동체를 만들어 낼 수 없음을 알게 된다. 비판의 조건이라 함은 대학이 학생과 외부사회 사이에 간격을 만들어 놓지 않았다면 비판이 이루어질 수 없었을 것이며, 학생들은 바로 생산과 소비의 기계적인 순환 속으로 들어갔을 것이기 때문이다. 또한 대학이 존재함으로써 학생들은 소멸하기를 원하는 비판의 대상을 갖게 되며 따라서 대학이 사라지면 비판의 가능성도 없어지게 되는데 이것은 해결될 수 없는 모순이다. 학생들의 저항은 '비판은 현실적이나 행동은 비현실적'이라는 양 극단을 오간다. 비판의 내용은 정확하게 맞지만 그들의 행동은 사회를 변화시킬 수가 없고, 어떤 경우에는 다른 사회계층을 같은 편으로 끌어들이거나 고무시키지는 못하고 1968년 프랑스선거에서 보았던 것처럼 사회를 후퇴시키기까지 한다.

한편 정부의 조치는 단기적으로는 현실성이 있지만 장기적으로는 대변혁이나 쇠락으로 이어지게 될 우둔한 대처였다. 더욱 강력한 현상유지는 그것을 지탱하는 사람들의 희생에 의해 체제를 확대하고 강화하는 결과를 낳으며, 이러한 방향으로 갈수록 우리는 현실에서 멀어지게 된다. 금욕주의 스토아 철학자들이 감정을 제어함으로써

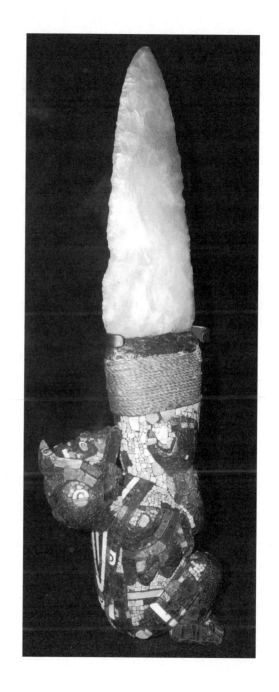

아스떼까 제국에서
희생제례의식에 사용한 돌칼

도달할 수 있다고 주장하는 평온함 속에서의 무감각한 상태를 무감정이라고 할 수 있는데, 현대의 기술사회에서는 무감정이 만병통치약처럼 사람들 사이에 널리 퍼져 있다. 이것은 우리가 인간이라는 사실로부터 비롯되는 불행을 치유하지는 못하지만 정열적인 행동의 가능성도 내포한 만족스러운 체념의 느긋한 기분을 우리에게 안겨 주기 때문이다. 그러나 갈수록 더 격렬하고 빈번하게 위기, 폭력사태, 폭발 등 여러 가지 형태로 현실은 모습을 드러낸다. 결정적인 시점이 된 1968년, 시위는 전 세계로 확산되면서 동시에 현실과는 거리가 있음을 분명하게 보여주었는데, 무감정의 심화와 사회의 파열 후 폭발은 스스로 소멸되었으며, 폭력은 새로운 소외를 낳았다. 폭발이 사회체제에서 비롯된 것처럼 자발적이든 강제적이든 그에 뒤따르는 억압과 동면상태 역시 우리의 사회조직과 밀접하게 연결된 것이다. 우리 사회를 갉아먹는 질병은 구조적이고 선천적이며, 외부로부터 온 것이 아니다. 마르크스주의자도, 토크빌(Tocqueville, 19세기 프랑스 역사학자) 추종자들도 이 병을 정확하게 진단해내지는 못했다. 이것은 우리가 계속 발전하고 번영할수록 모순이 더 커지고 종양이 생기며 파괴성향은 강화되는 이상한 질병이다. 성장의 철학은 마침내 그의 진정한 모습, 얼굴 없는 모습을 드러냈다. 이제 우리는 발전의 왕국이 이 세상의 것이 아니며, 약속된 낙원은 만질 수도, 얻을 수도 없는 영원히 먼 미래에 있다는 것을 알게 되었다. 문명의 발전은 인류역사에 경이로우면서 한편으로는 괴물과 같은 기술을 가져다주고 인간의 삶을 빼앗아 갔다. 발전은 더 큰 물질적 풍요를 주었으나 더 큰 존재의 의미를 주지는 못하였다.

청년층의 시위는 구체적 목표나 희망 사항 등 여러 가지 배경과 원인이 있겠으나 더욱 근본적인 의미는 타협될 수 없는 미래의 환상을 오늘의 현실에 대비시켰다는 점이다. 오늘의 폭발은 금기시되어 온 매우 나쁜 말, '쾌락'이라는 단어가 우리 삶의 중심에 나타났음을 의미한다. '쾌락'은 '정의'라는 말 못지않게 아름답고 폭발적인 힘을 가지고 있다. 쾌락에 대해 언급한 것은 새로운 향락주의를 만들거나 과거의 관능주의를 되살리기 위한 것이 아니라(그렇다고 향락주의가 경멸스럽다는 것은 아니며, 관능주의는 바람직하기까지 하다) 발전의 도덕률에 의해 무시되고 매장당한 인간 속성의 감추어진 다른 한 부분을 비추어보기 위한 것이다. 이 부분은 예술과 사랑의 이미지를 통해서 표현되는 인간 본성의 중요한 단면이다. 인간의 정의는 일하는 존재에서 욕망을 가진 존재로 바뀌어야 한다. 이는 Blake(18세기 후반 영국의 낭만주의 문학 시대를 연 시인)로부터 초현실주의 시인들까지 이어지고 현시대의 청년들도 받아들인 전통이며, 독일 낭만주의에서 시작된 서구 시문학의 예언적 전통이기도 하다. 중세의 폐허에서 발전의 철학이 태동한 이래 처음으로 세계에서 가장 발전이 앞선 사회, 미국의 젊은 이들이 현대문명을 건설한 토대가 된 원칙들의 정당성과 의미에 대해 질문을 던지고 있다. 이 질문이 이성과 과학에 대한 증오나 신석기 시대에 대한 향수를 의미하는 것은 아니다. (Levi-Strauss를 비롯한 여러 인류학자에 의하면 신석기 시대야말로 아마 인류역사에서 유일하게 행복했던 시대였다.) 그 반대로 이는 오직 기술사회만이 스스로에게 할 수 있는 질문이고, 그 대답이 우리가 건설한 이 세계의 운명을 결정하게 될 것이다. 과거, 현재, 미래 가운데 어느 것이 진정 인간의 시대인가? 인간의 왕국은 어디 있는가? 만일 왕국이 현재 속에 있다면 폭발적이고 방탕한 성향이 있는 현재를 어떻게 역사의 시간틀에 삽입해 넣을 것인가? 현대사회는 현재에 대한 이러한 질문들에 대해 답을 주어야 한다— 지금 즉시. 다른 선택방안은 상품의 생산이 쓰레기만도 못한 물건의 생산으로 악화되고 있는 현재의 파멸적 진행 속으로 한 걸음씩 가라앉거나 아니면 자폭에 의해 소멸되는 것이다.

청년층의 시위가 전 세계적인 것이기는 하나 지역에 따라서 그 성격에 차이가 있음은 물론이다. 이미 설명한 바와 같이 미국과 유럽 청년들의 운동은 18세기부터의 중심적인 원칙들과 현대시대의 근본 토대에 대해 함축적인 질문을 제기하고 있다. 이러한 의문들은 동유럽국가에서는 매우 희석된 상태로 제기되며, 라틴아메리카에서는 전혀 나타나지 않고 공허한 구호만 있을 뿐이다. 그 이유는 명백하다. 미국과 유럽만이 발전, 그리고 발전이 의미하는 바를 온전하게 경험한 유일한 사회이기 때문이다. 서구의 청년들은 기술사회의 체제에 반항한다. 현실은 덧없는 것이라고 하는 불교의 가르침을 확인이라도 하듯 우리 손에 넣는 순간 소비되어 사라지는 현란한 물질의 세계에 대한 저항이며, 또한 서구사회가 내부적으로는 소수 그룹에 대해, 대외적으로는 다른 국가에 대해 공개적으로 때로는 은밀하게 행사하는 폭력에 대한 반대이다.

반면 동유럽 청년들의 투쟁에는 서유럽에는 없는 두 가지 주제가 있다. 민족주의와 민주주의가 그것이다. 민족주의는 동유럽국가들에 대한 소련의 지배와 간섭에 맞서는 것이며, 민주주의는 동유럽국가들의 정치, 경제에 뿌리박은 공산주의 관료체제에 맞서기 위한 것이다. 민주주의 회복이 동유럽 청년들에게 가장 중요하고 시급한 과제가 된 것은 의미 있는 일이다. 이에 반해 서구에서 민주주의가 이미 관심의 대상이 되지 않고 있음은 염려스러운 현상이다. 서구 민주주의는 정당의 관료주의, 정보 독점, 부패 등 여러 가지 중대한 문제를 안고 있지만 그러한 한계에도 불구하고 민주주의가 보장해주는 비판의 자유, 양심과 결사의 자유가 없다면 정치생활도 끝나는 것이다. 우리 현대인들에게는 정치생활이 이성적, 문명적 생활을 의미하는 것이며, 이는 고도로 발달한 문명을 이어받은 국가이든 또는 고대 중국처럼 민주주의를 몰랐던 국가이든 모두에게 공통된 것이다. 모택동의(사실 그는 평범한 전통적인 시인에 불과하다) 교리를 맹목적으로 따르는 광신자 청년들은 지적, 미학적 오류만이 아니라 도덕적 잘못도 저지르는 것이다. 고속 경제성장이나 혁명이념, 지도자의 권위와 무오류성, 기타 비슷한 종류의 어떠한 신기루를 위해서도 비판정신을 희생시켜서는 안 된다. 러시아는 획기적인 경제성장을 이룩하였고, 멕시코의 경우 상대적으로 성장규모는 상당히 작지만 비율로 볼 때 결코 나쁘지 않은 성과를 거두었다. 그러나 이 두 나라의 경험은 민주주의 없이는 경제성장이 아무런 의미가 없다는 것을 분명하게 보여주었다. 개인이든 정당에 의한 것이든 모든 종류의 독재는 정신분열증 환자들이 유난히 좋아하는 두 가지 형태인 독백 또는 웅장한 무덤으로 결론이 난다. 멕시코와 모스크바에는 수많은 방부처리 시신과 혁명기념탑들로 가득 차 있다.

멕시코 학생 운동은 서유럽이나 동유럽 등 다른 나라들과 비슷한 양상을 보여주었다. 특히 동유럽국가들에 더욱 가까운 상황이었는데 소련의 개입에 대한 동유럽의 저항과 미 제국주의에 대한 멕시코의 저항, 민주주의 개혁에 대한 열망, 동유럽 공산당 관료주의에 대한 반발과 멕시코 제도혁명당(PRI, 1929-2000 멕시코 집권여당) 관료주의에 대한 반발 등이 그러한 경향을 보여준다. 그러나 멕시코라는 국가가 그런 것처럼 멕시코의 청년봉기에는 유별난 특징이 있다. 이러한 분석에는 아무런 민족주의 감정이 작용하지 않았다고 말할 수 있다. 멕시코는 서구문명에서 특이한 위치를 차지하는 국가이다. 멕시코 시인 로뻬스 벨라르데는 멕시코가 '아스떼까(멕시코 최후의 왕조)의 무늬가 곁들여진 스페인식' 국가라고 평했다. 또한 라틴 아메리카에서 멕시코의 역사적 상황도 역시 특이한데, 멕시코는 이미 혁명후 시대를 살고 있으나 대부분의 다른 나라들은 혁명전 시대를 지나고 있는 것이다. 끝으로 언급할 특징은 멕시코의 경이로운 경제성장에 대한 것이다. 오랜 기간의 유혈폭력 시기를 거친 후 멕시코 혁명은 독창적인 체제를 갖춘 새로운 국가를 건설하는 데 성공했다. 경제학자, 사회학자들이 저개발국의 모범사례로 인용할 만큼 멕시코 경제는 지난 40년간, 특히 최근 20여 년간 큰 진전을 이루었다. 성장실적의 통계수치는 대단했다. 특히 멕시코의 1910년 상황과 그 뒤에 약 20년간의 내전으로 인한 인명과 재산 피해를 감안할 때 그 성과는 더욱 두드러져 보인다. 현대 또는 준 현대국가로의 성장에 대한 국제사회의 인정을 얻기 위해 멕시코는 1968년 올림픽 유치를 신청했고 이를 얻어냈다. 멕시코시티 올림픽은 성공적으로 조직되었을 뿐 아니라 스포츠 경기에 더하여 경쟁이 아닌 평화를 강조하는 독창적 프로그램까지 만들었다. 이에 따라 국제 미술전시회, 연주회, 세계 각국 공연단의 연극·무용공연, 시인대회, 기타 이와 유사한 성격의 여러 행사가 개최되었다. 그러나 학생봉기와 이에 대한 정부의 진압이 뒤따르자 올림픽과 그 관련행사들은 정부의 폭력에 충격받고 공포에 휩싸인 국가의 현실을 가리기 위한 과장된 제스처처럼 되고 말았다. 이처럼 지난 40년간 이룩한 정치적 안정과 경제성장에 대한 국제사회의 인정을 얻는 순간, 유혈 사태는 정부의 낙관론을 날려버리고 사람들의 마음속에 발전의 의미에 대한 의구심을 심어 주었다.

학생운동은 처음에는 대립하는 청소년 그룹들끼리의 길거리 싸움으로 시작되었다. 경찰의 난폭한 대응이 청소년들을 하나로 뭉치게 만들었다. 이어서 탄압이 강화되고, 거의 노골적으로 정부 편에서 있는 신문, 라디오, TV가 학생들의 움직임을 비난하고 나서자 시위는 오히려 더 격렬해지고 확산되었으며, 스스로를 자각하기에 이르렀다. 누구도 명시적으로 그렇게 말하지는 않았지만 학생들은 몇 주일이 지나는 동안 국민의 대변자가 되어 있었다. 한 가지 분명히 짚고 넘어가야 할 것은 학생운동이 어떤 특정 사회계층의 입장을 대표한 것이 아니라 일반 국민의 생각을 대변하였다는 점이다. 초기 단계에서부터 학생운동을 사회에서 격리함으로써 이들을 고립시키고 이념적 확산을 차단하려는 시도가 이어졌다. 노조 지도자와 조합원들은 위협적인 언사로 즉각적으로 학생들을 비난하고 나섰으며, 이보다는 강도가 낮았지만 좌우익 정당들도 학생시위를 공격하는 데 가세했다. 경찰, 군대에 의한 물리적 폭력은 물론, 갖가지 종류의 선전선동과 심리적 공세에도 불구하고 국민들은 자발적으로 청년시위를 지원했다. 이러한 움직임의 하나가 널리 알려진 '침묵시위'이며 여기에는 멕시코 사상 유례 없이 대규모인 40만 명에 달하는 군중이 참가했다.

1968년 5월 봉기한 프랑스 학생들과 달리 멕시코 학생들은 격렬하고 혁명적인 변화를 요구하지 않았으며, 독일, 미국의 다수 청년그룹처럼 급진적 구상을 하고 있지도 않았다. 또한 히피족의 무절제하

1968 - 1998

¡¡ADELANTE!!

A LOS COMPAÑEROS CAÍDOS
EL 2 DE OCTUBRE DE 1968 EN ESTA PLAZA

CUITLAHUAC GALLEGOS BAÑUELOS 19 AÑOS, ANA
MARÍA MAXIMIANA MENDOZA, 19 AÑOS, GILBERTO
REYNOSO ORTÍZ, 21 AÑOS, ANTONIO SOLORZANO
GAONA, 47 AÑOS, AGUSTINA MATUS DE CAMPOS,
60 AÑOS, CECILIO LEÓN TORRES, 27 AÑOS, ANA
MARÍA TEUSCHER KRUGER, 19 AÑOS, JORGE RAMÍREZ
GÓMEZ, 59 AÑOS, CARLOS BELTRÁN MACIEL, 27
AÑOS, MIGUEL BARANDA SALAS, 18 AÑOS, JUAN
ROJAS LUNA ( ), LEONARDO PÉREZ GONZÁLEZ,
29 AÑOS, JOSÉ IGNACIO CABALLERO GONZÁLEZ,
36 AÑOS, LUIS GÓMEZ ORTEGA, 20 AÑOS, JAIME
PINTADO GIL, 18 AÑOS, GUILLERMO RIVERA TORRES,
15 AÑOS, REYNALDO MONZALVO SOTO, 68 AÑOS,
CORNELIO BENIGNO CABALLERO GARDUÑO, 15
AÑOS, FERNANDO HERNÁNDEZ CHANTRE, 20 AÑOS,
ROSALINO MARTÍN VILLANUEVA, (?)...
Y MUCHOS OTROS COMPAÑEROS CUYOS NOMBRES
Y EDADES AÚN NO CONOCEMOS.

¿QUIÉN? ¿QUIÉNES? NADIE. AL DÍA SIGUIENTE NADIE.
LA PLAZA AMANECIÓ BARRIDA;
LOS PERIÓDICOS DIERON COMO NOTICIA
PRINCIPAL EL ESTADO DEL TIEMPO.
Y EN LA TELEVISIÓN, EN EL RADIO, EN EL CINE
NO HUBO NINGÚN CAMBIO EN EL PROGRAMA,
NINGÚN ANUNCIO INTERCALADO
NI UN MINUTO DE SILENCIO EN EL BANQUETE.
(PUES PROSIGUIÓ EL BANQUETE).

Rosario Castellanos, Memorial de Tlatelolco.

Plaza de las Tres Culturas, 2 de octubre 1993

뜰라떼롤꼬 광장의 1968년 시위학생 학살사건 추모비

고 유사종교의 색채를 띠는 성향을 갖고 있지도 않았다. 지도세력에 일부 극좌성향 그룹이 있기는 하였으나 멕시코의 학생운동은 전체적으로 개혁과 민주주의를 지향하는 것이었다. 이것이 전략적인 선택이었는가? 그렇다기보다는 멕시코 학생운동이 더욱 온건하고 신중한 입장을 취한 것은 당시의 상황과 객관적 현실에 기인한다고 보는 것이 맞을 것이다. 멕시코 국민의 기질은 혁명적이 아니며, 역사 상황도 혁명에는 적합하지 않다. 누구도 혁명을 원하지 않으며, 다만 40여 년 전에 제도혁명당(PRI)에 의해 시작된 독점권력을 종식시키는 개혁을 희망할 뿐이었다. 어쨌든 학생들의 요구는 정말 온건했다. 어떻게 보아도 위헌이며, 인권에 대한 모독이라고 할 수 있는 소위 '의견표현의 범죄'라 부르는 형법조항의 폐기, 다수 정치범의 석방, 경찰청장의 해임 등이 학생들의 요구사항이었다. 이 모든 요구는 한 마디로 '민주화'로 집약되며, 이것이야말로 학생운동의 핵심이고 그들의 봉기가 민중의 마음을 순식간에 사로잡은 비밀이다. 청년들은 정부 당국과 국민 사이에 대화의 전 단계로서 정부와 학생 간 공개토론을 여러 차례 촉구하였다. 이 요구는 1958년 규모는 작지만 비슷한 소요사태가 발생했을 때 문학 작가 그룹이 이미 내놓았던 제안을 이어받은 것이다. 당시 문학 작가들은 그 뒤로부터 10년 뒤에 발생한 것과 같은 사태가 일어날 위험성에 대해 정부에 경고를 했었다.

학생들의 행동은 정부가 체면을 잃지 않고 정책을 바로 잡을 수 있는 기회를 주었다. 정부는 청년들의 요구를 통해 나타난 국민들의 의견을 듣는 것만으로 충분했을 것이었다. 그 누구도 급진적 변화를 원하지 않았으며, 다만 더욱 큰 유연성과 과거 혁명전통으로의 복귀를 희망할 뿐이었다. 멕시코 혁명은 결코 독단적이지 않고, 민심의 흐름에 순응하는 것이었다. 그렇게 했다면 정부가 스스로를 그 속에 가두었던 고립된 말과 생각의 감옥을 부수어 버릴 수 있었을 것이다. 그것은 집권세력이 유일 정당에 붙인 '제도적 혁명'이라는 이름으로 집약되는, 더 이상 아무도 신뢰하지 않는 체제의 감옥이었다.

대화단절의 감옥에서 벗어나면 정부는 그들을 둘러싸 마비시키고 있는, 더욱 현실적인 또 하나의 감옥— 경제계와 은행·금융권의 이해관계가 만든 감옥을 부수어 버릴 수 있었을 것이다. 국민과의 대화가 회복되었으면 정부의 권위를 되찾고, 국내의 좌익과 우익진영, 그리고 미국과도 대화할 수 있는 자유를 얻었을 것이다. 멕시코를 대표하는 날카롭고 정직한 지성인의 한 사람인 Daniel Cosío Villegas 는 '유일한 치료책은 국가업무를 공개하는 것이다'라는 견해를 명백하고 정확하게 밝혔는데 이 의견에는 멕시코 대다수 지식인들도 공감할 것이다. 그러나 정부는 때로는 물리적 힘에 혹은 제도적 혁명이라는 미사여구에만 의존했다. 이 두 가지 서로 다른 입장은 아직 남아 있는 혁명 전통의 흔적이나마 지켜보려는 정부관료들과 강경책을 주장하는 정당관료 간의 투쟁에서 비롯된 결과일 것이다. 그러나 어떤 경우에도 '국가업무를 공개'하거나 국민과의 대화를 시작하려는 의지는 보이지 않았다. 정부 당국이 협상을 제안한 것은 사실이다. 그러나 제안된 것은 비밀리에 하는 막후협상이었고 대화는 실패로 돌아갔다. 학생들은 그와 같은 비도덕적 방안을 거부했기 때문이다.

9월 말 군대는 멕시코 국립대학과 국립공과대학을 점령했다. 그러나 이러한 조치가 여론의 반감을 불러일으키자 군부대는 대학 캠퍼스에서 철수하였다. 이에 따라 잠깐의 숨 쉴 여유가 생겼고 용기를 얻은 학생들은 10월 2일 뜰라떼롤꼬 광장에서 협의모임을 가졌다(시위가 아니었다). 참석자들이 모임을 마치고 해산하려는 순간 군대가 광장을 포위하였고, 곧이어 살육이 시작되었다. 몇 시간 뒤 군대는 철수했다. 피살자가 얼마나 될까? 멕시코에서는 어떤 신문도 인명피해 규모를 기사화하는 용기를 내지 못했다. 영국 일간지 가디언은 신중한 조사를 거쳐 피살자 수가 325명으로 추산된다고 밝혔다. 수천 명의 부상자가 발생했고, 몇천 명이 체포되었다. 10월 2일 학생운동은 끝이 났다. 그리고 멕시코 역사의 한 시대 역시 그렇게 막을 내렸다.

학생시위는 전 세계적인 현상이었으나 발전된 사회일수록 더 격렬했다. 따라서 학생시위와 멕시코 올림픽은 상호 관련된 사건이고, 이 두 가지는 국가가 더욱 큰 발전을 이루었음을 보여주는 징조였던 것이다. 다만 비정상적이고 예측불가능하며 불협화음을 일으킨 것은 바로 정부의 행동이었다. 그것을 어떻게 설명할 수 있을 것인가?

학생들의 요구사항들은 정권의 존립을 위태롭게 하는 것이 아니었고, 국가가 혁명상황에 놓인 것도 아니었다. 다른 한편 어느 나라 정부도, 심지어 혁명의 물결이 닥쳐올 수 있는 현실적 위협에 직면해 있던 프랑스 정부조차도 멕시코의 경우와 같이 잔인하다고밖에 말할 수 없는 난폭한 진압 행동을 취하지는 않았다. 거의 매일 어두운 사건들을 보도하는 세계 언론도 이번에는 약간 충격을 받았다. 미국의 한 유명잡지는 이 사건에 놀라움을 표시하면서 그러나 신중한 어조로 멕시코의 사건은 정권의 경화현상으로 나타나는 전형적인 과잉반응이라고 평했다. 이는 흥미로운 과소평가이다. 생명체의 지나친 과잉반응은 공포나 불안을 드러내는 것이며, 경화현상은 노화되면서 변화할 수 있는 능력이 없을 때 나타나는 증상이다. 정권은 자신의 내면을 들여다볼 능력도 의지도 없음을 보여주었다. 그러나 비판, 특히 자신에 대한 비판 없이는 변화의 가능성이 없다. 이러한 정신적, 도덕적 결함이 멕시코를 물리적 폭력사태로 몰고 간 것이다.

정신신경증 환자들은 새롭고 어려운 상황에 직면하면 뒷걸음질을 하고, 공포를 느끼면서 분노를 터뜨리며, 비상식적인 행동을 하고, 유아나 동물처럼 본능적인 존재로 퇴행한다. 이처럼 정권도 멕시코의 과거역사 시대로 퇴행했다. 공격은 퇴보와 일맥상통하는 유사어이다. 멕시코에서 일어난 사건은 고대사회의 희생의식을 본능적으로 반복한 행위이다. 이 사건이 고대 멕시코, 특히 아스떼까 세계에서 일어났던 일들과 정확하게 일치한다는 것은 매우 놀라우며, 두렵게 느껴지기까지 한다. 뜰라뗄롤꼬의 학살은 땅속에 묻혔다고 믿었던 과거역사가 아직 살아 있으며, 우리 시대에 다시 분출될 수 있음을 보여주었다. 과거역사는 언제나 가면과 무장을 하고 대중 앞에 출현하며, 우리는 이것이 무엇인지 알지 못한다. 다만 파괴이고 복수임을 알 수 있을 뿐이다. 이는 우리가 모르는 역사이며, 우리는 이 과거의 역사를 알아보거나 가면을 벗기거나 이름을 붙이지 못한다. 이것은 멕시코 역사의 비밀스럽고도 중심적인 주제인데 이 문제를 다루기에 앞서 우선 개괄적으로 현대 멕시코의 개발에 대해 설명해야 할 필요가 있다. 멕시코의 모순된 개발은 여러 가지 이율배반적인 요소들을 바탕으로 이루어졌는데 이것들은 두 가지 상징적인 사건으로 집약될 수 있다. 즉 올림픽과 뜰라뗄롤꼬가 그것이다.

chapter 03

경제발전과 신기루
El desarrollo y otros espejismos

구정권의 군사적 패배 직후 멕시
코는 혁명의 승리를 위협하는 새로운 위험에 직면하게 되는데 그것
은 바로 무정부상태였다. 혁명에 참여한 분파 간의 대립은 뽀르휘리
오 디아스(Porfirio Díaz, 1877-1911 멕시코 대통령) 독재정권의 군대와 무
력봉기한 국민 간의 충돌 못지않게 격렬했다. 혁명파벌은 이념보다
는 지도자에 따라 분파가 나누어졌지만 이미 농민, 농장주, 하층 부
르주아, 초기 형성단계의 노동자계급 등 여러 사회계층, 그룹의 이해
관계와 성향을 어느 정도 반영하는 기능을 갖고 있었다. 새로 채택
된 1917년 헌법은 민주선거를 통한 정권의 평화적 교체를 규정하고
있었지만 이는 실제 현실과 큰 차이가 있었다. 정당은 아직 존재하
지 않았으며, 혁명독재자, 즉 혁명을 이끈 군사지도자들이 국가를 독
점적으로 지배하고 있었다. 혁명파벌 간의 경쟁은 민주적 방식이 아
니었으며, 투표가 아닌 병사와 소총 숫자가 정치적 힘을 결정하는 요

인이었다. 대통령 선거는 매번 무력충돌을 불러일으키고 이로 인해 권력을 꿈꾸는 다수의 정치후보자와 그 지지자들이 살해되었다. 뿐만 아니라 거물들의 모험과 대립에 연관되어 다수의 무고한 시민들도 희생되었다. 뽀르휘리오 디아스 독재정권이 붕괴한 후에 멕시코는 독재정권에서 무정부상태로, 무정부상태에서 독재정권으로 넘어가는 단조로운 유혈순환의 함정으로 다시 빠져드는 것 같았다. 그러나 무력에 의해 군사파벌 지도자들이 하나씩 제거되면서 민주적은 아니지만 그렇다고 파멸적이지도 않은 새로운 정치체제가 확립되었다. 첫째, 억제하는 조치로서 헌법에 의해 대통령의 재선을 금지하였다. 이로써 개인의 독재를 피할 수 있게 되었다. 둘째, 발전적인 조치로서 1929년 민족혁명당(PNR: Partido Nacional Revolucionario)을 창당하였다. 이로써 혁명독재 체제가 확보되었는데 이는 혁명파벌 간 투쟁에서 승리한 분파의 독재 확립을 의미하는 것이었다.

민족 혁명당(PNR)은 까예스 장군(혁명지도자, 1924-28 대통령)을 중심으로 한 군사, 정치지도자들의 연합체였다. 혁명세력의 민간분야활동 대리자인 이 정당은 독자적인 힘이 없이 지방을 다스리는 군인, 지역권력자들과 최고지도자의 힘에 의존하고 있었다. 그러나 평화가 확산되고 나라가 정상으로 돌아감에 따라 PNR도 힘을 얻기 시작했고 이에 비례하여 장군들의 영향력은 감소한 반면, 최고지도자의 권력은 그대로 유지되었다. 대통령과 당으로 이루어지는 현대 멕시코의 이중적 권력구조는 이미 PNR에서 배태된 것이다. 이 새로운 정치조직의 주요 임무는 정책을 수립하는 것과 같은 적극적인 것이 아니라 분파간의 충돌을 줄이고 준동세력을 제압하는 소극적인 성격의 것이었다. PNR는 민주주의의 씨앗이 되지는 못했지만 새로 탄생한 국가와 밀접하게 연결된 국가정치구조의 출발점이 되었다. 정당명칭에서 두 번째 단어인 '민족'(Nacional)은 특별한 의미를 갖는데 PNR은 지방수령과 혁명두목들의 권력에 맞서서 이들을 약화시켰던 것이다.

1938년 라싸로 까르데나스 대통령(Lázaro Cárdenas, 1934-40)은 정당명칭, 조직, 정강을 바꾸었다. 멕시코혁명당(PRM: Partido de la Revolución Mexicana)은 전신인 PNR보다 폭넓은 사회기반을 가지고 있었으며, 여기에는 노동자, 농민, 일반대중, 군인 등 4개 그룹이 포함되었다. 이것은 정치적 민주주의가 아니라 기능적 민주주의를 실현하기 위한 시도였다. 정당의 정책과 활동은 진정 혁명적이었다. PRM은 민심의 동향을 탐문하는 효율적인 도구가 되었다. 즉 너그럽고 훌륭한 까르데나스 대통령의 눈과 귀가 되어 주었다. '노동자들이 민주주의를 위하여'라는 구호를 내걸기는 했지만 PRM 역시 민주적 정당은 아니었다. 토론기록이 남아 있지 않은 것은 토론이 없었기 때문이다. 정당의 정책은 공개적인 논의에 의해 결정되지 않았으며, 까르데나스 대통령의 지시로 만들어졌다. 노동자, 농민 단체들의 정당 가입은 그들을 강화한 것이 아니라 오히려 복종상태가 되는 결과를 만들었다. 대다수 역사학자들에 의하면 멕시코 혁명은 1940년대에 끝이 났다고 보는 것이 타당하다. 그 이후부터는 경제개발과 산업화가 정권의 가장 중요하고 시급한 과제가 되었다. 이러한 정책을 시작한 것이 까르데나스 대통령 이상으로 적극적인 성향의 미겔 알레만 대통령(Miguel Alemán, 1946-52)이다. 1946년 알레만 대통령은 당명을 다시 바꾸었으며, 이렇게 하여 이 정당은 논리에 앞서 정치적으로 모순된 의미를 그대로 용감하게 보여주는 명칭, '제도혁명당'(PRI: Partido Revolucionario Institucional)이라는 당명을 갖게 되었다.

정당이 가졌던 3개의 명칭은 국가의 수립, 사회개혁, 경제발전 등 멕시코 역사의 3대 전환점을 반영한 것이다. 그러나 3대 전환점을 만든 변화는 당에서 시작된 것이 아니고 위로부터, 대통령과 그의 측근 고문들로부터 나온 것이다. 창당 이후 40여 년 동안 정당은 그 어떤 아이디어나 정책도 만들어내지 못했다. 이 정당은 진정한 의미의 정치단체가 아니다. 당원 모집방식은 민주적이 아니며, 정강이나 이를 실현하기 위한 전략은 당에서 만들어지지 않는다. 이것은 정치, 행정기능을 수행하는 관료조직이며, 주요 임무는 물리적 힘이 아니고 노조, 농민단체, 중산층을 움직이는 조직을 통해 대중을 통제, 조정함으로써 정치적 지배를 유지하는 것이다. 이 임무를 수행하면서 정부의 비호와 거의 모든 언론기관의 노골적인 혹은 최소한 호의적 중립의 지원을 받는다. 정치권력 독점은 시민단체뿐 아니라 여론도 통제하는 체제이다. 한편 PRI는 민심과 국민 여론의 희망 사항이나 흐름을 파악하는 역할도 하고 있다. 이것은 매우 중요한 임무로서, 이 기능은 과거에는 당이 유연하고 활력 있고 여론의 지지를 받는 조직이 되도록 하는 데 기여했으나 요즈음은 경직된 상하조직과 움직임이 둔화되는 경화현상으로 인해 점차 효율성을 잃어가고 있다. PRI가 여론에 둔감해지고 있는 데 비례하여 대중의 절규는 점점 커지고 있다.

그 기능과 과격한 구호의 무절제한 사용이라는 공통점으로 인해 PRI는 동유럽의 공산당과 비슷해 보일 수가 있다. 동유럽은 국가경영경제이고 멕시코는 혼합경제라는 차이는 있으나 PRI와 동유럽의 공산당은 모두 국가 경제에 뿌리박은 정치관료 조직이다. 그러나 PRI는 이념정당이 아니라 파벌과 이해관계가 모인 정당으로서 부정부패에는 취약할 수 있으나 어떤 형태의 정통노선을 추종할 끔찍한 위험성에서는 벗어나 있다. 한편, 당내에 존재하는— 더욱 정확하게 말하자면 당내에 존재했던 다양한 분파는 PRI가 인도의 국민회의당과 비슷한 정당처럼 보이게 한다. 그러나 두 정당 간에는 한 가지 중요한 차이가 있는데 그것은 PRI가 내부 민주주의를 갖고 있지 않으며, 현직 대통령에게 맹목적으로 복종하는 당내 지도층에 의해 지배되고 있다는 점이다. 이는 참으로 안타까운 일이다. 멕시코 내에는 많은 의견이 있고 이러한 정치, 사회적 현실을 반영하여 당내에도 다양한 분파와 의견이 허용되었다면 PRI의 당내 민주개혁이라는 실험이 가능했을 것이고, 이를 통해 정권 재창출과 활력 강화는 물론 국가가 10여 년 전부터 직면하고 있는 위기에 대한 해결책이 모색될 수도 있었을 것이다. 바로 이것이 우리가 원하던 것이며, PRI 당내 민주화를 추진한 까를로스 마드라소 (Carlos Madrazo)가 내놓았던 제안이다. 이러한 시도가 실패한 것은 이제는 너무 때가 늦었음을 보여주는 것이다.

정부의 계속성이 확보되면서 PRI는 평화와 안정의 도구가 되었다. 지방 토호 외에는 견제세력이 없고 대부분의 경우 유혈 사태로 막을 내리는 개인독재의 악몽 앞에서 혁명지도자들은 제한적이고 제도적인 독재체제를 구상하게 되었다. 대통령은 막대한 권력을 지니지만 임기는 단임으로 제한된다. 권한은 취임과 함께 주어지고, 임기가 끝나는 순간 사라진다. 당내 순환과 선출원칙이 지켜지며, 대통령, 주지사, 상원의원, 하원의원, 시장이 되려면 PRI에서 일정한 과정을 통과하고 맡은 바 임무를 다하면서 한 계단씩 올라가야 한다. PRI는 정치가, 정부지도자들의 학교이자 실험실이며, 이들을 걸러내는 장치이다. 다른 관료조직에서와 마찬가지로 승진하기 위해서는 규율, 단체정신, 상급자에 대한 복종, 근무경력, 행정능력, 헌신, 효율성, 수완, 유연성, 재치, 끝없는 에너지 등이 요구된다. 승진은 상급자들의 일치된 합의로 이루어진다. 당은 민주선거 원칙은 무시하나 지도층의 거부권은 수용한다. 대통령이 후임자 지명권을 가진 것은 분명하지만 먼저 전직 대통령, 정부 지도자들과 협의해야 하며, 한 가지 불문율은 최소한 대통령이 내세우는 후보자에 대해 이들의 반대가 없어야 한다는 것이다. 지도층 인사들은 각각 민간기업에서부터 노조, 농민단체에 이르기까지 각 분야의 강력한 이해관계를 대변하고 있기 때문이다. 특히 전직 대통령들은 거부권을 갖는데 그들은 전통을 대변하고 혁명의 지속성을 담보하는, 이를테면 원로원(프랑스 혁명 때 세워진 상원)과 같은 존재이다.

거부권은 있으나 비판을 할 권한은 없다. PRI는 결코 대통령을 비판하지 않는 조직이다. 그 반대로 대통령의 조치를 무조건 지지하고 그의 명령을 충실히 수행할 뿐이다. 멕시코에서는 지성적 비판이나 다른 의견 등을 제기하는 데 대한 두려움이 있다. 이것을 성스러운 두려움이라고까지 표현해도 지나치지 않을 것이다. 의견의 차이는 깨닫기도 전에 즉시 개인적인 분쟁으로 변한다. 이 문제는 특히 대통령과 관련될 경우 더욱 중대하다. 대통령에 대한 어떤 비판도 신성모독에 해당한다. 물론 이러한 숭배는 후임자에게 대통령직을 물려주는 순간에 없어진다. 사실 충성은 개인 인물이 아니라 그 사람의 국가, 사회적 지위에 대해 바치는 것이다. 고대 멕시코 신들의 얼굴을 가렸던 가면처럼 사회적 지위는 그 사람을 감추고 글자 그대로 그를 하나의 이미지로 바꾼다. 수령 개인에 대한 광신적 충성은 아람 전통에 뿌리를 두고 있으며, 라틴 아메리카 전 지역에서 볼 수 있다. 반면 멕시코인들은 대통령의 비인격적, 사회적 실체에 대해 신앙에 가까운 존경심을 갖고 있으며, 이는 아스떼까 문명(14-16세기 멕시코 최후의 왕조)에 뿌리를 둔 감정이다. 이에 대해서는 뒤에 다시 설명하기로 하고 여기서는 다음에 대해 말하고자 한다. 상원과 하원은 과거로부터 오늘에 이르기까지 항상 어떤 종류의 비판도 하지 못하고, 수다스럽기만 한 아첨꾼이다. 사법부는 침묵을 지키는 무능력자이다. 언론의 자유는 실제가 아닌 형식뿐이며, 라디오와 TV는 2-3개의 가문이 장악하고 있는데 이들은 국가의 문제를 정직하고 객관적으로 분석하기보다는 국민을 무감각하게 만들면서 돈을 버는 데만 혈안이 되어 있다. 끝으로, 여당과 통신언론을 장악하고 있는 대통령은 연방정부 재정을 거의 무제한으로 사용할 수 있는 권한도 가지고 있다. 특이한 것은 멕시코 대통령은 비슷한 권력을 보유하고 있으면서도 로마황제 네로, 칼리굴라와는 다르다는 점이다. 그 원인은 PRI가 오랜 기간 당원들에게 부과해온 규율과 훈련에 있는 것 같다. 대통령과 정당 간의 유기적 관계가 다시 주목되는데, 이 둘은 처음부터 서로 보완적인 현실이었고, 역사적 위기상황에 대처하기 위한 방안이며, 수령들의 개인적 독재와 멕시코 혁명의 민주주의 추진계획 간의 타협책이었다.

  PRI(제도혁명당)의 장점과 단점은 분명하다. 장점 중에서 특히 두드러진 것은 군대로부터의 독립이다. PRI는 국가정치와 군사의 분리 원칙을 유지하고 있으며, 이것은 멕시코 이외의 어떤 라틴아메리카 국가도 아직 이루지 못한 성과다. 미래에도 이 독립이 지켜질 것인지는 매우 의심스럽다. 정치위기가 악화하면서 PRI는 점점 더 물리적 군사력에 의존하게 될 것이다. 멕시코 현대역사를 연구하는 대다수의 학자들은 PRI가 너무 오래 살아남았다고 생각한다. 그러나 PRI는 그의 많은 단점에도 불구하고 국가의 평화와 안정에 결정적으로 기여하였으며, 그러한 기여가 없었다면 멕시코의 발전은 불가능했을 것이라고 말한다. 이 견해에 동감은 하지만 한편으로 국가발전에서 파생된 문제들의 많은 부분이 PRI에서 비롯된 것이 아닌가 하고 자문하게 된다. PRI가 국가경영의 연속성을 유지해 준 것은 사실이나 이와 관련한 분석과 비판을 봉쇄한 것도 사실이다. 더구나 당은 경제개발 프로그램을 담당한 공직자들의 무책임한 행위와 부정부패를 감싸주었다. 오늘날은 어떠한가? 독재와 무정부상태의 악순환으로 빠져드는 위험, 국가파멸을 위협하는 만성적인 질병에 대한 극약처방으로 창설된 PRI는 이제 예외적이고 과도기적인 체제를 영속적인 것으로 만들어 가고 있다. PRI는 멕시코에 존재하는 유일한 독재자이며, 이 정당의 정치독점 연장은 순리를 거스르는 것으로서 무정부상태를 초래할 수 있는 가장 큰 위험요인이다.

2차 세계대전 기간에 엄밀한 의미에서의 현대 멕시코 혁명은 막을 내리고 경제개발 시기가 시작되었다. 파산하지 않고 사회개혁의 무게를 감당할 능력과 경제적 기반이 없는 국가에서 혁명운동이 승리를 거두는 과정은 완전히 동일하지는 않더라도 서로 비슷했다. 이것은 러시아와 중국을 포함한 모든 후진국들이 혁명을 추진하면서 경험하게 되는 심각한 한계, 아니 형벌이라고 할 수 있다. 즉 개발과 사회혁명 사이에는 극복할 수 없는 모순이 존재하며, 이 모순은 언제나 개발을 선택하는 것으로 끝이 난다.

멕시코의 경우 여러 가지 요인 중 다음 세 가지가 정책 방향의 전환에 큰 영향을 주었다. 우선 국가의 어려움을 해소하는 유일한 방안으로서 소박한 규모로나마 산업화를 추진해야 한다는 정부의 결정이다. 또한 미국의 영향과 새로운 자본주의 계층의 출현도 중요한 배경이었다. 이 중에서도 첫 번째로 지적되는 정부의 결정이 가장 중요한 요인이 되었다. 세계대전 기간에 멕시코인들은 그들이 수출하는 1차 산품의 국제시장 가격이 크게 상승하였지만 반대로 시장에서 살 수 있는 상품은 아무것도 없다는 사실을 깨달았다. 그 뒤 전쟁이 끝나고 나서는 1차 산품의 극심한 시세 변동, 지속적인 1차 산품 가격 하락세와 공산품 가격의 상승으로 인해 그간 쌓아온 저축이 모두 사라졌을 뿐 아니라 그대로는 자본축적, 국가발전이 불가능하다는 것을 알게 되었다. 이와 같이 불리한 국제교역 환경에서 최대한 벗어나기 위해서 정부는 생산을 다양화하였으며, 그렇게 함으로써 멕시코 경제의 대외 의존성과 취약성을 줄여나갔다. 이러한 정책추진에서 멕시코는 보유하고 있는 자원과 국민의 노력으로 다른 나라보다 큰 성과를 거둘 수 있었다. 쿠바가 아직도 설탕생산에만 의존하고 있음은 비교되는 사례이다. 생산의 다양화, 1940-50년대의 호황이 없었다면 최근 20여 년간의 급속한 발전은 불가능했을 것이다. 그와 같은 경제환경, 또한 국가의 경제구조를 변화시키려는 정부의 의지가 중요하게 작용했고, 그러한 정치적 결단은 당시의 경제여건 이상으로 중요한 역할을 했다.

미국의 영향은 결정적인 것은 아니었으나 매우 컸다. 다른 나라에서도 미국의 경제적 영향력은 적지 않았지만 멕시코와 같이 구조적인 변화에까지 영향을 미치지는 않았다. 이 문제는 예나 지금이나

멕시코 대통령궁

많은 논란거리이기 때문에 여기서 이를 짧게 분석해 보고자 한다. 강
대국과의 관계에서 약소국들이 가진 유일한 방편은 강대국 간의 대
립을 최대한 활용하는 것이다. 게임의 원칙은 간단하다. 국제무대에
서 강대국 숫자가 많을수록 중소국가들의 행동의 자유는 커진다. 게
임은 2차 세계대전부터 더욱 어려워졌다. 우선 미국과 소련 간의 동
맹으로 인해 다른 국가들이 조금이나마 의견을 달리하거나 중립적
인 입장을 취할 가능성이 없어졌다. 이어서 모든 국가들이 대립하는
두 개의 그룹으로 나뉘어 흡수되는 양극화 구도가 만들어졌다. 서유

럽국가들의 독립적인 국제정책 부재(드골주의 대안은 멕시코에 뒤늦게야 알려졌다), 스탈린 휘하 러시아의 팽창주의적, 민족주의적 성향, 덜레스 미 국무장관의 강경하고 공격적인 입장 등으로 인해 멕시코의 대외정책은 더 수세적이 되었다. 또한 1840년대 이후 멕시코는 미국과의 관계에서 기본적으로 방어적인 정책을 취해 왔음을 잊지 말아야 한다.[5] 여러 가지 어려움과 모순 가운데 대외관계가 점차 더 소극적, 형식적으로 변하고는 있었지만 어쨌든 멕시코는 국제관계에서의 전통적인 입장을 지켜왔다. 변화는 내부에서 이루어졌다. 외부 압력이 변화를 촉진하기는 했으나 가장 중요한 변화의 요인은 내부의 결정이었다. 산업화에 매진하거나 아니면 정체에 빠지게 될 기로에서 정부는 첫 번째 길을 선택하였다. 동시에 민간분야의 개발계획 참여가 절대 필요하다고 판단하고, 가능한 한 이를 위해 최대한의 지원을 하기로 결정했다. 또한 이 시기의 멕시코 자본주의가 아직 초기 단계에 머물러 있음을 감안하여 많은 망설임과 내부토의를 거친 끝에 국제 민간분야(사실상 미국을 의미)의 개발계획 참여도 허용하기로 했다. 이렇게 해서 멕시코의 경제적 의존성은 더욱 커졌다. 이와 관련하여 경제가 아닌 역사적 관점에서의 고찰을 하고자 한다.

미국의 정치, 경제적 제국주의에 대해서는 수많은 분석이 이루어졌고, 더 이상의 설명이 필요 없는 사실이다. 그러나 미국과 라틴아메리카의 대립은 단지 정치, 경제적 성격의 문제에만 국한되는 것이 아니라 그 뿌리가 깊고, 오래되었다. 미국의 정치체제가 바뀌거나 또

---

5) 역자 주 : 멕시코는 1846-48년 미국과의 전쟁 패배로 영토의 절반 이상을 상실하였다.

는 더욱 가능성이 큰 시나리오로서 과학기술의 진보에 의해 1차 산품을 대체하는 물질이 발명되고 이로써 선진국 경제가 물질의 자급자족이 가능해지면 제국주의는 내일이라도 사라질 수가 있다. 아마도 그리 멀지 않은 장래 선진국들은 더 이상 후진국을 착취할 필요가 없을지도 모른다. 그렇게 되면 후진국들은 가난과 혼란 속에 버려질 것이다. 이는 현재의 우리가 변한다는 의미가 아니다. 다만 분쟁과 다툼의 무대가 바뀔 뿐이다. 강조하고 싶은 것은 경제 제국주의가 소멸한다고 하여 힘이 평준화되지는 않는다는 점이다. 따라서 현재와 같은 힘의 불균형이 있는 한 미국의 미주대륙 지배는 계속될 것이다. 이는 각국 간 정치, 경제체제의 차이가 아니라 각 사회의 힘의 불균형에 기인하는 것이다. 이러한 불평등은 자본주의 국가에서와 마찬가지로 소위 사회주의 국가 간에도 엄연히 존재한다. 산토도밍고와 프라하의 경우가 이를 증명한다.[6] 이러한 힘의 불균형이 없어진다고 가정해 보자. 그래도 대립은 계속 남아 있을 것이다. 왜냐하면 이는 정치, 경제뿐 아니라 더욱 근본적인 깊은 곳에 뿌리가 있기 때문이다. 현대 사회가 끈질기게 망각하고 거부해 온 현실은 그때마다 더 큰 모습으로 우리 앞에 나타난다. 현세와 내세, 삶과 죽음, 나와 타인, 이 모든 것들에 대한 우리의 태도가 합해져 만들어진 것이 우리가 소위 문명이라고 부르는 것이다.

　　러시아, 중국, 일본인들이 서구 사상인 현대화와 발전의 이념을

---

6) 역자 주 : 도미니카 공화국은 수 차례 미국의 군사개입을 경험하였고, 체코의 1968년 자유화 시위, 프라하의 봄은 소련 블록에 의해 무력진압을 당하였다

열정적으로 받아들였지만 그럼에도 불구하고 그들은 계속 러시아, 중국, 일본인으로 남아 있다. 단테가 연옥에서 보았던 그리핀(사자 몸과 독수리 머리를 가진 그리스 신화의 동물)과 같이 그들은 한편으로는 다른 사람들이면서 또한 같은 사람들이기도 하다. 프랑스 비교철학자 두메질(Dumezil)은 인도유럽 사회가 현대국가들보다 더 크고 깊은 변화를 겪었음에도 불구하고 수천 년 동안 이념의 삼각구조를 그대로 간직하였음을 보여주었다. B.C. 2천 년 이래 진행된 유목민 사회로부터 대규모 도시문명으로의 이행은 중세로부터 현대사회로의 발전보다 더 큰 변화였지만 두메질이 말하는 이념적 기반은 그대로 유지된 것이다. 정신분석학의 사례는 이와 관련한 설명을 훨씬 쉽도록 도와준다. 즉, 유아기의 상처와 정신적 구조가 성인이 되어도 남아 있는 것처럼 어떤 역사적 구조 ─혹은 내부역사의 구조─ 는 그 사회에 그대로 남아 있다. 이 역사적 구조가 문명이라고 하는 일련의 차별적인 특징들을 만들어내는 기반이다.

물론 미국과 라틴아메리카의 대립은 서로 다른 문명의 충돌이 아니라 같은 문명권 내에 작은 가지에 해당하는 종류 사이의 갈등이다. 그렇기는 하나 이 책의 앞부분에서 많은 노력을 들여 설명한 바와 같이 양측 간의 차이는 매우 크다. 한편의 거만함과 다른 한편의 불안심리가 대화를 흐리고 망치지 않았다면 양측 간에 더욱 건설적인 관계가 만들어졌을 수도 있었을 것이다. 어쨌든 대화는 매우 어렵다. 미국인과 라틴아메리카인 사이의 대화는 그 내용이 기초적인 정보와 통계숫자 정도의 범위를 넘어서면 혼선과 억측 속을 맴도는 위험한 길로 들어선다. 사실 이것은 대화라기보다는 각자의 독백이라고 해야 맞을 것이다. 상대방의 말을 들으려 하지 않고, 듣는다고 해도 언제나 말하는 사람의 의도와는 다르게 해석한다. 시와 문학조차도 이러한 혼돈의 틀에서 벗어나지 못한다. 미국의 대다수 시인, 소설가들은 라틴아메리카의 문화와 사람에 대해 모르거나 낮추어 본다. 첫 번째 경우의 예로서 왕성한 미국의 세계학문 발전에 기여한 기념비적 존재인 에즈라 파운드는 그의 대표작 칸토스(Cantos)에서 세계 모든 종류의 문명과 사람들을 소개했으나 미주대륙 고대사회와 식민지 라틴아메리카는 여기에 포함하지 않았다. 마야 신전, 바로크식 교회, 마야 성서 뽀뿔 부(Popol vuh), 소르 후안나(Sor Juana, 17세기 식민지시대 대표적 여성시인)의 그 어느 것도 포함되지 않았다. 두 번째 라틴아메리카를 무시하는 경우의 예는 거의 모든 미국 작가들에게서 볼 수 있다. 왈리스 스티븐스와 같이 뛰어난 시인조차도 그의 작품에서 미주대륙 원주민의 고대 역사, 자연은 칭송하면서 다른 한편 라틴아메리카인들은 하찮게 평가하고 있다. 라틴아메리카는 유적과 자연 그리고 호텔지배인이나 고용원들처럼 굼뜨고 이해하기 어려운 사람들이 있는 지역 정도로 생각하는 것이다.

한편 라틴아메리카인들이 미국에 대해 가지는 느낌은 과대망상적이다. 루벤 다리오(Ruben Dario, 니카라과 시인)는 디어도어 루즈벨트 대통령을 고대 바빌로니아 나부코왕의 화신이라고 생각했으며, 보르헤스(Jorge Luis Borjes, 아르헨티나 문학가)가 텍사스주를 방문했을 때 먼저 생각해 낸 것은 알라모 요새를 방어한 미국 영웅들을 기리는 시를 쓰는 것이었다. 과장된 분노, 질투, 아부 등과 함께 우리는 아무 주저 없이 미국을 골리앗, 폴리페모스(그리스 신화의 외눈박이 거인) 또는 팬터그루웰(16세기 Rabelais의 소설에 등장하는 거인)인 것처럼 느끼는 것이다.

「멕시코 혁명, 어제와 오늘」이라는 논문에서 역사학자 비예가스

(Cosio Villegas)는 산업화와 경제개발 계획의 초기 단계에서 민간부문에 중심적 역할을 맡기는 실책을 범한 대가로 멕시코 정부가 새로운 자본주의 계급의 포로가 되었다고 주장했다. 이 분석은 기본적으로는 옳은 것으로 판단되지만 약간의 보완, 수정이 필요하기도 하다. 우선 자주 언급되지 않은 한 가지를 강조하고자 한다. 그것은 일본에서 메이지 유신 이후에 시작된 현대화 운동이 자본주의 계급을 만들었던 것처럼 멕시코의 새로운 사회계급은 혁명세력이 계획적으로 만들어낸 계층이라는 점이다. 일본과 멕시코 두 나라의 경우에 모두 전후관계가 마르크스주의의 주장과는 정반대이다(또한 마르크스주의는 현실에서의 과정을 지나치게 단순화했다). 최소한 생성단계에서는 지배세력이 국가를 만들어낸 것이 아니고, 역으로 지배계급이 국가에 의해 만들어진 것이다. 여기에 한 가지 더 고려해야 할 요인은 노동자·농민 조합의 조직들을 포함하고 있고 비교적 자율적인 힘을 갖춘 정치관료조직인 PRI(제도혁명당)의 존재이다. 이것은 사회주의 국가들 이외에 다른 나라에서는 찾아볼 수 없는 예이다.

　　PRI는 멕시코 자본주의와 밀접하게 결합해 있지만 자본주의 그 자체는 아니다. 새로운 '기업가' 계급을 분석한 브란덴부르크에 의하면 알레만 정부(1946-52)는 복합적 구조의 사회계급 하나를 만들어냈는데 그 구성원 일부는 민간기업들을, 다른 일부는 국영기업체 경영을 담당한다. 국영기업분야 그룹에는 멕시코혁명으로부터 상속된 과업을 지켜온 상당한 규모의 전문관료들도 포함되어 있다. 이들은 새로운 국가의 새로운 관료조직이며, 정치관료조직인 PRI와는 달리 행정·전문관료조직이다. 정치인들이 정치에서 민간경제 분야로 활동 무대를 바꾸는 경우는 많이 있지만 새로 만들어진 '기업가' 계급이 공직으로 진출하는 경우는 드물다고 브란덴부르크는 지적했다. 한 마디로 민간부문과 공공분야는 상호 독립적이며, 동시에 PRI는 상당 수준의 자치권을 갖고 있다. 정부 관료조직 내 좌파와 많은 지성인 그룹들은 PRI의 연합 대중세력들과 PRI의 정치력을 배경으로 정부가 언젠가는 민간경제 부문과 맞설 수 있을 것이라는 희망을 꿈꾸어 왔다. 그러나 10월 2일 사건(68년 학생 시위대 학살)은 이러한 희망을 무산시켜 버렸다. 은행, 금융세력과 맞서려면 PRI는 우선 일반대중에 대한 영향력을 회복해야 하며, 이를 위해서는 변화하고 내부민주화를 달성해야 하는데 당은 이를 실천할 의지도 능력도 없다. 한편, 점차 빈번하게 표출되는 불만과 저항의 물결을 흡수하지도, 피하지도 못하는 PRI의 위태로운 무능력이 드러나고 있으므로 민간부문은 조만간 PRI로부터 벗어나고 싶은 유혹을 느끼게 될 것이다. 여기에서 학생운동이 제기한 두 가지 선택안이 나타난다. 멕시코의 현 상황을 분석하면 결론은 이 두 가지 방안으로 귀결된다. 그것은 바로 민주화냐 독재이냐의 선택이다.

지금까지 설명한 세 가지 요인 ─ 산업화, 미국의 영향, 자본주의 계급의 형성이 없었다면 멕시코의 개발은 불가능했을 것이다. 여기에 더해 또 하나의 중요한 요소가 있다. 혁명개혁이 새로운 사회질서를 만들어 내지는 못했지만 과거의 대농장 체제를 파괴함으로써 역사의 힘을 해방시켰고, 이것이 지난 25년간 멕시코의 모습을 변화시키는 원동력이 되었다. 가장 두드러진 성과들은 다음과 같다. 우선, 멕시코의 인구증가율은 세계에서 가장 높은 편인데도 불구하고 경제성장률은 항상 인구증가율을 앞질렀다. 이 기간에 1인당 실질소득이 지속적으로 증가했다. 교통통신망이 건설되어 고립되어 있던 마을과

벽촌들이 연결되고, 비교적 견고한 경제기반이 만들어졌다. 멕시코는 산업화 1단계를 완성하고 몇 가지 어려움 속에서도 2단계 산업화를 준비하게 되었으며, 산업화 진전으로 소비재 수입은 감소하였다. 농업개혁, 저수지와 관개시설의 건설, 북부지역에서의 기업영농 출현, 미국과 멕시코 유전학자들의 성공적인 공동노력에 의한 새로운 종자, 특히 신품종 밀의 개발 등으로 농업생산이 비약적으로 증가하였고 이로써 식량의 자급자족이 달성되었다. 보건분야의 발전은 괄목할 만하며, 교육 역시 상당한 진전을 이룩하였다. 다만 교육부문에서는 특히 중등 및 대학교육의 경우 발전이 더디고 불충분하였다. 이 모든 성과는 노동자, 중산층, 자본주의 계급의 형성이라는 한 마디로 집약될 수 있다. 19세기 멕시코 진보주의자들의 오래전 꿈이 실현된 듯했다. 마침내 멕시코는 현대국가가 된 것이다. 그러나 좀 더 유의하여 그림을 살펴보면 커다란 그림자가 있음을 알 수 있다. 이는 문제를 안고 있는 불완전한 현대화였던 것이다.

경제개발정책은 종합적, 장기적 국가계획을 바탕으로 하여 세워지지 못했다. 이에 따라 일부 지역은 국가정책의 호의적 고려와 금융지원 혜택을 받는가 하면 다른 지역들은 거의 방치되다시피 했다. 이같은 지역적 불균형과 함께 수직적 불균형 역시 심화되었다. 30여 년간 빈곤율이 지속적으로 낮아지기는 했으나 그 하락률은 경제성장률에 크게 미치지 못하는 수준이었다. 30년 전에 비해 부유층이 많이 늘어나는 동시에 빈곤층의 인구대비 비율 감소에도 불구하고 빈곤인구 절대수는 오히려 증가했다. 획기적 경제발전은 달성되었으나 사회발전은 이루어지지 못했으며, 멕시코는 극심한 불평등국가로 남아 있다. 이러한 과정을 추적해보면 산업화가 초래한 부작용을 추론해 내기가 어렵지 않을 것이다. 그것은 미국 경제학자 샌포드 모스크가 지적했던 국내시장의 약화이다. 정부가 국내시장을 늘리고 국민의 구매력을 확충하지 않으면 성장 속도가 늦어지고 마침내는 성장이 멈춰버릴 수도 있다. 이러한 위험을 방지하려면 먼저 현실타협적 세력에 의해 장악된 각 분야 노동조합 하부조직의 노조활동 자유를 회복시키고 동시에 사회개혁을 실현해야 할 것이다. 사회 저변층의 흡수통합과 노동자들의 진정한 교섭자유권이 없이는 멕시코의 발전은 중단될 것이다. 발전의 선후관계가 바뀌었다. 처음에는 경제발전이 우선이었으나 이제는 경제발전이 계속되기 위해서는 사회발전, 즉 사회정의도 동시에 우선적인 목표가 되어야 한다.

최근 출간한 저서에서 제임스 윌키 교수는 멕시코의 현대화 과정을 3단계로 분류했다. 그에 의하면 정치혁명은 과거 질서를 무너뜨렸으나 민주국가를 세우지는 못했다. 사회혁명은 구시대의 사회구조를 타파하였으나 경제, 사회적인 면에서 새로운 사회를 만들어내지 못했다. 한편 경제혁명은 산업화를 촉진하여 이를 한 단계 끌어올리는 데 성공했지만 경제개발이나 대규모 국내시장 조성에는 실패하였다. 이 결론은 기본적으로는 올바르지만 현시대 상황에 근본적인 요소 하나를 놓치고 있는데 그것은 2개의 멕시코─ 현대화된 멕시코와 저개발 상태의 멕시코가 공존한다는 사실이다. 이러한 이중성은 혁명과 그 뒤를 이어 진행된 국가개발이 낳은 결과로서, 우리에게 큰 희망을 주는 원천이자 미래의 잠재적 위협이기도 하다. 이로 인한 딜레마는 발전한 멕시코가 다른 반쪽을 흡수, 통합할 것인가 아니면 인구증가의 무게로 인해 저개발 멕시코가 발전한 멕시코를 질식시키는 결과가 될 것인가 하는 것이다. 발전의 속도나 비율이 희망하는 수준에 아직 못 미치고, 잠재력이 모두 발휘되지는 못하고 있지만 현재까지는 다행히 발전한 멕시코는 커지고 있고, 저개발 멕시코는 줄어들고 있다. 사회학자 빠블로 까사노바는 "어제의 농부들이 오늘 노동자가 되고, 이 노동자들의 자녀는 내일의 전문직 종사자가 될 수 있다"고 하면서 현 상황의 긍정적인 면을 보여주는 신호로서 사회유동성을 꼽는다. 그러나 까사노바는 현재의 경제개발이 국가, 사회적 기능을 수행할 수 있도록 하기 위해서는 방향을 재정립하여 바로잡는 일이 시급하며, 그렇지 않으면 2개의 멕시코 사이 간격이 더욱 멀어지게 될 것이라고 경고한다. 어쨌든 어떤 수정이나 변경을 하든지 간에 무엇보다 전제조건으로서 현 체제의 민주화 개혁이 선행되어야 한다는 데는 모두가 공감하고 있다. 자유로운 비판이 허용되는 환경이 갖추어져야 비로소 멕시코가 안고 있는 주요한 문제들이 제기되고 토의될 수 있을 것이다. 이러한 문제 가운데 어떤 것은 매우 심각한 것들이며, 이 중에는 과중한 인구증가와 같이 정부가 손댈 용기조차 내지 못하는 문제도 있다.

멕시코와 세계 다른 나라에서 일어나고 있는 일들을 잘 살펴보면 모든 것을 희생하면서 성급하게 추진하는 개발방식에 대해 다시 생각해보지 않을 수 없다. 여기서는 공산주의 러시아나 사회주의 인도, 페론주의 아르헨티나 또는 나세르 정부의 이집트 등과 같은 국가에서 개발이라는 미명하에 저질러진 어리석은 짓과 범죄는 잠시 접어두고 우선 미국, 서유럽에서 진행되고 있는 현상을 살펴보자. 이런 나라에서는 환경균형의 파괴, 폐와 정신의 오염, 환경이 열악한 도시 변두리지역의 인구밀집과 더러운 공기, 청소년들의 정신적 황폐, 노인들의 방치, 감성의 소멸, 상상력의 변질, 성(性)의 타락, 쓰레기의 퇴적, 증오의 폭발 등과 같은 일들이 일어나고 있다. 이러한 상황에서는 당연히 뒤로 한 걸음 물러나 다른 개발방식을 찾아보아야 할 것이다. 이는 과학과 상상력, 정직과 민감성이 요구되는 시급한 과제이다. 또한 동서 어느 진영에서 온 것이든 우리가 알고 있는 모든 개발방식이 파괴적인 결과를 초래하고 있음을 고려해보면 이제까지 전례가 없었던 과제이기도 하다. 현 상황에서의 개발경쟁은 서둘러 스스로의 무덤을 파는 행위이다. 그러나 최소한 한가지 조건— 비판적 사고와 상상력이 펼쳐질 수 있는 무대, 자유로운 환경이 갖추어지기 전에는 이 주제에 대해 토의할 수가 없을 것이다.

정치적 위기는 도덕적 위기다. 1943년의 유명한 기고문에서 역사학자 실바 헤르조그는 혁명이 중대한 위기를 지나고 있으며, 이는 육체적인 질병이 아니라 도덕적 병이라고 지적했다. 현재 멕시코 현대역사의 제3기가 시작되고 있는데 미국 역사학자 스탠리 로스는 이를 멕시코판 테르미도르(프랑스 혁명력의 제11월, 공포정치가 막을 내리고 혁명이 안정기로 들어선 전환점)라고 불렀다. 이 단계에서 아이디어는 형식으로 정착되며, 형식은 가면으로 바뀐다. 도덕주의자들은 과거 혁명가들이 엄청난 재산을 축적한 데 대해 분노했으나 물질뿐 아니라 사회적 소통과 대화에서도 비슷한 현상이 일어났음은 깨닫지 못했다. 즉 웅변이 재력가들이 특별히 좋아하는 문학장르가 된 것이다. 이것은 스타일이라기보다는 신분의 표시이자 상징이었다. 연설과 인위적이고 화려한 수사가 넘치는 가운데 신문지면의 야만스런 문장표현, 영어도 스페인어도 무지한 사람들이 스페인어로 번역자막을 넣은 우스꽝스러운 미국 TV 프로그램, 라디오와 스피커에서 매일 흘러나오는 훼손된 언어, 짜증나게 하는 꼴불견의 광고들이 사회 전체로 확산되었다. 이는 포만감으로 만족하고 나른해진 사람들의 달콤하면서 동시에 역겨운, 그리고 우리를 질식시킬 듯한 말의 홍수였다. 새로운 지배층과 그 추종자, 그리고 아첨꾼들은 멕시코 위에 군림하여 그들이 선택한 거대한 쓰레기 요리에 군침을 흘렸다.

사회가 썩을 때는 언어부터 부패하기 시작한다. 따라서 사회에 대한 비판은 문법과 말의 의미를 다시 세우는 노력으로부터 시작된다. 멕시코에서도 이러한 과정이 그대로 진행되었다. 당시 상황에 대한 비판은 도덕주의자나 강경 혁명주의자들이 아니라 작가들에 의해 시작되었다. 그들 가운데는 기성세대도 일부 포함되어 있었으나 젊은 작가들이 다수를 차지했다. 작품 속에서 정치문제를 다루는 것을 회피하지는 않았지만 그들의 비판은 정치적인 것이 아니라 언어와 관련된 것이었다. 즉, 언어 탐색을 통해 현실을 비판하고 비판을 통해 언어를 탐색하는 것이다.

새로운 문학은 시와 소설 어느 것이나 사회의 언어를 반영하는 동시에 또 다른 언어— 우리의 현실을 비추어 보여주는 슬라이드 필름과 같은 언어를 만들어 내기 위한 시도로 시작되었다. 이 목적을 달성하려면 언어를 깨끗하게 정화하고 형식적 수사를 뿌리 뽑아야 하며, 이를 위해 먼저 작가들은 혁명으로부터 이어받았으나 완전히 썩어버린 새로운 전통, 타협적인 민중예술과 민족주의에 맞서야 했다. 혁명정권과 그 후계자들은 이 두 가지 새로운 추세를 지지했다. 스탈린을 미화하려는 공식적 노력과 멕시코 정치인, 지도자들을 미화하기 위한 비공식적 시도가 비슷하다는 것은 우리에게 시사하는 바가 많다. 애초 활력 있는 운동이었던 멕시코 벽화는 정권과 '진보주의' 예술가 사이의 공존을 보여주는 대표적인 사례였다. 과시적 민족주의, 애국심이나 혁명을 부르짖는 슬로건 예술에 대한 비판은 예술성이 아닌 도덕성과 관련된 것이었다. 즉 예술의 기만과 굴종에 대한 비판이었던 것이다. 이러한 비판의 대상에는 벽화(그림에 의한 웅변)에서부터 시인 네루다를 비롯한 라틴아메리카의 많은 시인들이 병적으로 고집하는 시어를 이용한 웅변(벽화와 같은 시)까지도 포함된다. 예술을 해방하는 것이 더욱 큰 자유의 시작이었다.

작가와 청년 미술가들은 혁명 또는 민족주의 예술에 대한 비판을 거쳐 혁명으로 세워진 사회와 이를 계승한 정권을 비판하기에 이르렀다. 그러나 이것 역시 언제나처럼 직접적인 비판은 아니며, 구체적 내용을 가진 것도 아니었다. 또한 어떤 기존 이념에 의해 영향을 받지도 않았으며, 정치적이거나 도덕적이라기보다는 탐구적 성격을 띠고 있다. 그들의 비판은 특정 원칙을 토대로 하지 않으며 현실에 대한 판단도 아니다. 그것은 미래를 향한 '비전'인 것이다.

언어의 비평은 숨겨진 것들을 발견해 내기 위해 언어의 광산을 파 내려가는 적극적 행동이다. 찾아서 드러내야 할 것은 국가, 사회 기관들의 부식된 토대, 진흙의 지하층, 끈적거리는 짐승들, 시멘트와 갈증, 수많은 멕시코 젊은이들을 가두어 놓은 감옥처럼 끝이 보이지 않는 지하복도 등이다. 일상생활의 평범한 일과 경이로운 사건들, 유머와 열정 등의 이중적인 이미지를 응시하는 정열적인 비평예술의 출현에 새로운 집권세력은 놀라고 동요했다. 이는 당연한 일이었다. 멕시코의 기업가, 은행·금융가, 정치지도자들은 지금 100여 년 전에 미국과 유럽이 걸었던 길을 가기 위해 첫걸음을 딛고 있다. 그런데 멕시코가 걸음마를 시작하는 이 순간 그들에게 선망의 모델이고 부러움의 대상이었던 미국과 유럽 국가에서는 기술, 경제, 사회, 정신,

철학, 감성 등 사회 여러 분야에서 커다란 변화가 시작되었다. 멕시코에서는 이제 막 시작되고 있는 일들이 선진국에서는 막을 내리고 있으며, 다른 곳에서 진행되기 시작한 일들이 멕시코에서는 전혀 보이지 않는다. 멕시코 지도층이 현대적인 것이라고 믿는 것은 사실은 이미 지나간 것이며, 이러한 시대적 간격으로 인해 그들은 작가, 예술가들의 행동에 두려움과 불안을 느낀다. 국내 비판세력이 서구사회의 토대를 약화시키는 해체와 비판, 부정의 움직임을 쫓아가고 있다고 믿기 때문이다.

이로써 혁명과 함께 시작되어 국가발전이라는 필요(신기루)에 의해 유지된 권력층과 지성인그룹 사이의 오랜 휴전은 막을 내렸다. 멕시코 문화는 원래의 임무인 비판활동을 다시 시작하였다.

최근 전국의 대학들은 독립성을 유지하면서 정치에서 주요한 역할을 하고 있다. 멕시코 교수와 학생들의 이념, 표현법은 미국이나 서유럽과 거의 비슷하다. 그러나 그들이 요구하는 내용은 사실상 혁명과 산업발전의 결과 형성된 새로운 사회계층의 열망을 대변하는 것들이다. 이 새로운 사회계층이란 범위가 좀 막연하기는 하지만 중류사회라고 부르는 그룹을 지칭한 것이다. 지식인과 전문직 업무 종사자들이 많은 이 계층은 가장 활발하고 독립적인 그룹이어서 사회적으로 상당한 영향력이 있다. 멕시코 중류사회는 아직 고도기술사회가 만들어낸 새로운 지식노동자 계층과 같은 수준에는 이르지 못하였으나 과거의 전통적 중간계급의 범주에서는 벗어나 있다. 이는 유동적인 계층으로서 비교적 만족스러운 경제력을 갖고 있지만 그들의 상황이 언제라도 변할 수 있음을 잘 알고 있다. 이러한 불안정성으로 인해 중류사회는 노동자들과는 달리 공격적 성향과 불안감을 안고 있다. 노동자들은 그들이 쟁취한 일자리를 가지고 있으며, 노조와 노동법에 의해 보호되고 있기 때문에 그러한 불안을 느끼지 않는다. 사회적 불안정에 더하여 또 하나 중요한 사실은 중류사회는 혁명 후 사회가 만들어낸 계층으로서 새로운 사회 위계질서 내에서 확실한 위치가 없다는 것이다. 중류계층은 프롤레타리아와 같은 명시적 지위도, 새로운 부르주아 계급과 같은 묵시적 지위도 없으며, 조합이나 클럽도 갖고 있지 않다. 끝으로 중류사회는 그들이 수행하는 기능과(상당히 높은 수준) 경제적 조건(평범한 중간 수준), 그리고 정치적 영향력(거의 없음) 간의 불균형을 매우 민감하게 느끼고 있다.

작가, 교수, 지식인, 예술가, 학생 등이 모두 중류사회에 속하는 구성원들이며, 이제까지의 분석은 왜 중류계층이 변화의 열망을 지지하고 추진하는 세력이 되었는지를 보여준다. 중류사회는 역사에서 하나의 사회계급으로서 역할을 한 것이 아니라, 필요한 계기마다 여러 가지 방법으로 비판활동을 하는 기능을 통해 자신의 역할을 해왔다. 이들은 지금도 대학, 공무원 단체 그리고 노동자 단체와 정당 PRI 등에서 그러한 역할을 하고 있다. 중류사회는 전국적으로 넓게 확산된 활발하고 비판적인 세력이다. 이들은 불만과 저항의 온상이며, 다른 그룹과 사회계층을 일깨우고 자극하여 현재 지속되고 있는 위기가 머지않아 정치투쟁으로 악화하는 단계에 이르게 할 것이다. 멕시코에서 정치투쟁이 벌어질 것이라는 데는 의심의 여지가 없다. 다만 이것이 공개적 대결이 될 것인지 아니면 암묵적 싸움이 될 것인지, 그 과정이 평화적으로 진행될 수 있을 것인지 아니면 폭력적으로 변할 것인지의 문제만이 남아 있을 뿐이다. 이에 대한 대답은 집권세력만이 결정할 수 있으며, 이것은 그들의 의무이기도 하다.

  프롤레타리아 계층이 프랑스에서는 학생들을 배척하고, 미국 피츠버그에서는 흑인반대 시위를 벌이기도 했는데 멕시코의 프롤레타리아는 그러한 자만에 빠져 있지 않으며, 중류계층의 일부 그룹과 같이 크게 불만을 터뜨리거나 비판적이지도 않다. 경제여건이 아직 부족한 점이 많기는 하지만 프롤레타리아의 생활수준은 대다수 농민이나 특히 농촌에서 도시로 유입된 대규모의 반 실업자들에 비하면 높은 편이고 따라서 혜택을 받은 그룹이라고도 할 수 있다. 농촌에서 유입된 신규 도시빈민층은 숫자가 엄청나게 많은데 그들의 상태는 매우 절망적이다. 그들은 굴욕적이고 비참한 넝마 차림의 처지에 빠져 있고 농촌에도 도시에도 뿌리가 없어 잠재적인 사회저항세력이 될 위험성이 크다. 그러나 세계와 정치에 대해 거의 모르고, 전통적 문화에서 아직 벗어나지 못하였으며, 하나의 세력으로 조직화되어 있지 않은 계층이다. 그럼에도 불구하고 이들 신규 도시빈민층이 언제나 소극적일 것으로만 생각하거나 그들의 잠재력을 무시하면 이는 큰 실책이 될 것이다.

  다시 프롤레타리아에 대한 주제로 돌아가서, 프롤레타리아 계급이 강경 청년그룹의 주장과 구호에 호응하지 않는다고 하여 민주화에 대해 무관심하다고 해석하면 안 되며, 오히려 그 반대이다. PRI를 떠받치는 주요한 기둥인 관료조직은 노조를 움직이면서 노동자들을 우롱하고 조정해 왔으며, 그 결과 노동자단체와의 관계는 현 정권의 가장 심각한 취약점의 하나가 되었다. 노동자계급과 중류계급은 한 가지 점에서 같은 입장을 취하고 있는데 그것은 진정한 자치권의 인정과 더욱 폭넓은 정치참여에 대한 요구이다. 노동자들은 사리사욕과 정치관료적 출세를 위해 자신의 지위를 악용하는 뻔뻔한 노조 지도자들로부터 해방되어야 한다. 정권에 대한 비판은 우선 노조의 내부 민주화 회복을 요구하고 있다. 노조의 민주화가 이루어지면 정치의 민주화는 쉽게 진전될 수 있을 것이다.

신문기자, 노조 및 농민지도자, 전직 대통령, 일부 순진한 국민 등 정부의 입장을 대변하는 사람들은 학생운동에 맞서 두 가지의 위협용 허수아비를 내세웠다. 하나는 마르크스-레닌주의 혁명가능성이고 다른 하나는 군사쿠데타 위험이다. 어떤 사람들은 학생봉기가 사회혁명의 서막이라고 생각했고, 다른 사람들은 이것이 헌정질서를 무너뜨리고 군대개입을 정당화할 수 있는 대혼란을 조성하기 위한 양키 제국주의의 사악한 음모라고 믿었다. 실제로 군대의 개입이 있었다. 그러나 이는 기존 질서를 무너뜨리기 위한 것이 아니라 광장에 모인 수백 명의 소년, 소녀들을 말살하기 위한 것이었다. 다시 군국주의의 함정에 빠질 위험성을 무시해서는 안 될 것이다. 하지만 그런 일이 일어날 가능성이 당분간은 없을 것 같다. 군사반란의 재발을 방지하기 위해 정당 PRI와 대통령제 정치체제가 만들어졌다. 만일 가까운 장래 현재의 위기, 긴장, 무질서, 폭력사태를 민주적으로 해결할 가능성이 없어진다면 장기적으로 군대에게 행동의 문을 열어 주는 결과가 될 것이다. 그러나 아직은 그 단계에는 이르지 않았다.

사회혁명의 가능성은 더욱 희박하다. 물론 이 책의 분석에서는 도시혁명의 발생 가능성을 제외하였다. 혁명의 역사적 주체가 될 사회계급이 존재하지 않기 때문이다. 현 상황에서는 혁명을 일으킬 수 있는 조건을 가진 시민그룹이 전혀 없는 것이다. 그렇다면 2개 멕시코의 다른 한쪽, 농촌에 있는 저개발 멕시코는 어떠한가? 일반적인 관찰에 의하면 저개발 멕시코의 많은 곳에 혁명이 촉발될 수 있는 요인이 있다. 이를 '일반적' 관찰이라고 말한 이유는 바로 이 부분이 좌파와 우파가 항상 의견을 같이하는 극소수 관점의 하나이기 때문이다. 그러나 저자는 좌·우파 모두의 의견에 동의하지 않는다.

농촌은 불만과 걱정으로 가득 차 있다. 일부 지역에서는 농민들이 불안을 넘어 분노를 느끼고 있으며, 어떤 지역에서는 불만이 빈번하게 절망적인 폭력사태로 발전하기도 한다. 이러한 사태가 벌어지고 있는 것은 당연하다. 산업화와 발전은 상당 부분 농민의 희생으로 이루어졌기 때문이다. 농민들의 극히 가난한 생활수준은 거의 개선되지 못한 반면에 노동자, 중류계급 등의 상대적으로 윤택한 새로운 사회계층이 생겨나고 성장했다. 헐벗고 굶주리고 문맹상태의 저개발 멕시코는 오래전부터 다른 반쪽의 개발된 멕시코가 발전해 나가는 모습을 지켜보아야 했다. 이러한 과정에서 곳곳에서 민중들의 폭력시위가 벌어졌다. 그러나 이러한 소요는 혁명적인 성격이 아닌 지역적인 충돌에 불과했다. 더구나 정부는 일반 민중들의 소요를 잠재울 수 있는 두 가지 무기를 가지고 있는데 그것은 군대와 사회유동성이다. 첫 번째 무기인 군대는 증오스럽지만 매우 현실적인 힘이다. 한편 두 번째 무기, 사회유동성은 진정한 사회안전판으로서 매우 중요한 역할을 하고 있다. 토지분배, 농업 관개시설 등 여러 가지 효과적인 정부정책과 사회유동성은 농촌이 혁명위험 상황으로 가는 것을 방지하는 데 크게 기여했다. 하지만 농촌이 매우 괴로운 형편인 것은 부인할 수 없다. 그러나 내가 농민혁명을 예고한 사람들의 의견에 동조하지 않는 것은 농민들의 경제, 사회 조건과 관련된 이유에서가 아니라 농민운동이 두 가지 내재적인 어려움이 있기 때문이다(이에 대해서는 마르크스가 가장 명확하게 분석했다). 즉 농민운동은 여러 개의 지역적인 반란으로 분산되는 경우가 많다. 또는 중도에 힘을 잃고 멈춰 서게 되는데 이 경우에는 그대로 소멸하거나 아니면 사회의 다른 세력에 흡수되어 혁명을 보조하는 역할을 하는 데 그치게 된다.

농민계급은 권력의 행사와는 생리가 맞지 않는 속성이 있다. 이제까지 농민국가가 세워진 전례가 없고 미래에도 그럴 것이다. 농민들은 결코 권력을 잡으려 한 적이 없다. 그들이 권력을 잡는다면 이를 어떻게 행사해야 할지 모를 것이다. 수메르, 이집트 시대에서부터 국가와 도시 간에는 유기적인 관계가 형성되어 있었다. 그러나 이와 반대로 국가와 농민사회 간에는 대립과 갈등의 관계만이 있었다. 왕이나 제사장이 아직 존재하지 않았던 행복했던 시기, 신석기 시대와 우리를 이어주는 유일한 연결고리는 농민이다.

이달고(Hidalgo, 1910년 멕시코 독립운동을 최초로 시작한 독립영웅)와 그의 농민군대가 멕시코시티를 눈앞에 두고 취한 행동은 농민들의 권력에 대한 혐오, 또는 권력을 쟁취할 능력이 없음을 보여주는 좋은 예다. 이달고 군은 멕시코시티가 무방비 상태로 포기되었다는 것을 알았음에도 불구하고 이를 점령하지 않고 퇴각하였으며, 몇 달 뒤 농민군은 분쇄되고 이달고는 체포되어 총살당했다. 혁명 기간에 사빠따(Zapata)와 비야(Villa) 군이 수도 멕시코시티를 점령하여 두 사람이 대통령궁을 방문했을 때 비야와는 달리 사빠따는 대통령 의자를 혐오의 시선으로 바라보고 그 의자에 앉아보기를 거절했음은 잘 알려진 사실이다. 나중에 사빠따는 '인간의 야심을 없애버리기 위해서 대통령 의자를 불태워버려야 할 것'이라고 말했다. (이와 관련된 관찰 한 가지: 대통령 의자는 언제나 스페인어 대문자로 표기하며, 멕시코인들에게 미신적인 숭배심을 불러일으키는데 이는 멕시코인들의 마음속에 고대 아스떼까 왕국과 과거 스페인·아랍시대의 유산이 그대로 남아 있음을 보여주는 증거다. 멕시코인들의 권력에 대한 신앙 속에는 두려움과 숭배심이 함께 있으며, 이는 새끼양이 칼 앞에서 느끼는 이율배반적인 심리와 같은 것이다.)

어쨌든 냉철한 역사, 특히 혁명시대와 같은 상황에서 사빠따의 태도는 멕시코시티 앞에서 이달고가 취한 행동과 같은 것이다. 권력을 받기를 거부한 사람은 그 역작용으로서 운명적인 과정에 의해 권력에 의한 파멸을 당한다. 사빠따가 대통령궁을 방문했을 때 있었던 일은 농민운동의 속성과 그로 인해 나중에 맞이하게 될 운명을 그대로 보여주는 것이었다. 사빠따는 후에 남부 산악지대에 고립된 채 포위되었으며, 까란사 군에 의해 최후의 파국을 맞이한다. 까란사와 그 이후 오브레곤, 까예스 등 혁명지도자 3명이 차례로 승리를 거둘 수 있었던 것은 강경보수파였던 까란사를 비롯하여 3인 모두 보수세력을 대표하면서도 동시에 국민 전체의 열망과 국가의 발전방향을 대변하였기 때문이었다. 비야는 한 분파에 불과했고, 사빠따는 고립된 분리주의 세력에 머물렀다. 그러나 다른 혁명지도자들은 농민군이 패배하고 난 뒤에 농민운동을 더욱 광범위하고 전국적인 세력으로 통합하였다.

농민은 땅에 연결되어 있다. 그들의 계획은 국가적 차원이 아니고 국제적인 것과는 더욱 거리가 멀다. 농민들은 전통적인 방식으로 정치단체를 구상하며, 그들의 조직 형태는 농촌사회의 혈연, 종교, 세습토지를 기초로 한 관계를 답습한다. 농촌에서 일어나는 반란은 그 범위가 언제나 해당 지역 또는 인근지방으로 국한된다. 이러한 농민반란이 혁명운동으로 변화하려면 최소한 두 가지 조건이 갖추어져야 하는데 하나는 중앙정부 권력의 위기이고, 두 번째는 지역적인 농민반란을 국가적 혁명으로 변모시킬 수 있는 혁명세력의 출현이다. 강력한 혁명세력은 일반적으로 농민들이 토지에서 쫓겨나 전투조직으로 변화해 나가는 과정을 거치면서 만들어진다. 농민이 병사가 되고, 병사가 혁명가가 되는 것이다. 이러한 일련의 과정이 중앙정부가 위기에 직면하고 지방 도시에서 국가권력의 붕괴가 일어나는 시기에 진행될 경우 혁명상황이 조성되는 것이다. 러시아는 군사적 패배의 후유증으로, 중국의 경우에는 외국과의 전쟁과 동시에 내부투쟁의 발발로 국가권력의 위기가 왔다.

두 가지 혁명조건이 갖추어지지 않으면 농민봉기는 얼마 안 가서 스러지고 마는 불꽃에 지나지 않는다. 그의 무장봉기가 디아스 정권이 붕괴하고 이에 뒤따른 전국적 반란이 확산하는 시기에 일어나지 않았다면 사빠따는 멀고 외진 남부지역에서 활동한 이름 없는 지도자의 하나로 끝났을 것이다. 쿠바는 농민반란 없이 소규모 혁명군이 부르주아를 포함하여 모든 국민들의 지지를 완전히 잃어버린 부패한 정권을 무너뜨린 혁명이라는 점에서 큰 차이가 있기는 하지만 혁명의 전체적인 흐름은 지금까지 설명한 것과 일치한다. 불운하게 끝난 체 게바라의 게릴라전 이론을 통해 블랑키(Blanqui, 19세기 프랑스의 급진 사회주의 혁명가)의 이념이 20세기에 부활하였다. 블랑키의 사상이 다시 살아난 것은 그 자체가 매우 뜻밖인데다 그 힘이 강렬했다는 점에는 의외의 특이한 일이었다. 그러나 블랑키는 최소한 동질적인 도시 시민사회에 행동의 기반을 두었던 반면, 게릴라전 이론은 이질적인 도시와 농촌의 차이를 무시한다는 점에서 차이가 있다.

농민반란은 전국적 차원의 더욱 광범위한 혁명의 일부로 합쳐지지 않으면 멈춰 서고 만다는 것을 다시 강조하고자 한다. 고대 중국 한나라 말기에 반란을 일으킨 홍건족은 황실과 유교관료 조직의 공격을 여러 해 동안 버티어 냈다. 홍건족은 농민군대로서 넓은 영토를 장악하고 공동체 성격의 사회를 구성하였으며, 현대의 어떤 이념에 의한 것보다 강하고 긴밀한 유대관계로 단합되어 있었는데 그것은 일종의 종교주술적 색채가 강한 민중도교였다. 이러한 여건들은 홍건족에게 황실권력에 대항할 수 있는 힘을 주었으나 그것만으로 승리를 거두기에는 부족했다. 그 결과 반란은 더 이상 뻗어 나가지 못하고 정체되었고, 결국에는 포위당하여 무자비하게 섬멸되었다. 홍건족의 난은 새로운 국가권력을 창출해 내는 대안이 아니었던 것이다. 결론적으로 농민반란의 성공은 도시에서 중앙권력이 심각한 위기상황에 빠진 경우에만 가능한 것이다. 멕시코는 아직 이러한 상황이 아니다.

나의 분석은 세 가지 결론에 도달한다. 첫째, 멕시코의 위기는 새로운 중산층의 출현과 사회구조의 변화에서 비롯된 것이며, 국가발전의 결과이다. 둘째, 민주적 해결방안만이 국가가 당면한 중대 문제, 특히 사회하층이나 소외계층을 아우르는 해결책이 될 수 있으며, 국내외적으로 진정 민족주의적인 정책으로 나가는 길이다. 셋째, 정부가 민주적 해결방안을 거부한다면 현상유지가 아니라 강압적인 현상고착 상황을 만드는 것이며, 이는 결국 사회폭발을 야기하고 무정부상태와 독재의 악순환으로 다시 돌아가는 결과를 가져올 가능성이 크다.

물론 이 구도에는 다른 극단적인 해결책, 즉 혁명에 의한 해결이 빠져 있다고 지적할 수 있다. 이와 관련하여서는 이미 이 글에서 설명을 했다. 그러나 이는 혁명의 의미를 어떻게 해석하느냐에 달렸다. 만일 현시대가 태동한 이후에 서유럽이 경험한 것들을 의미한다면 여러 차례 밝힌 바와 같이 선진국에서는 혁명의 시대가 막을 내렸다는 것이 내 생각이다. 그렇다면 저개발국에서는 어떤가? 의심할 바 없이 중대한 변혁과 큰 변화의 시기가 닥칠 것이며, 그것은 거대한 변화지만 엄격한 의미에서 혁명이라고 할 수 있는지는 확실치 않다. 20세기 전반에 있었던 혁명들에 대해서 그러한 의구심이 든다. 그러나 여기서는 이 주제를 다루지 않을 것이다. 다만 이것이 단순히 언어의미론상의 문제만은 아니라는 점을 말해 둔다. 여하간 현대역사를 보면 외견상 혁명에는 두 가지 종류가 있음을 알 수 있다. 한 가지는 역사, 경제, 사회, 문화적 발전의 결과로 나타나는 것이며 프랑스 혁명이 대표적인 예다. 다른 하나는 발전이 불충분하여 일어나는 혁명인데 이것을 바로 혁명이라고 부를 수 있을는지 확신이 가지 않는 것들이다. 그 명칭이 무엇이든지 간에 한 가지 확실한 것은 이러한 사회변혁이 승리를 거두고 나면 개발의 문제에 직면하게 되며, 이 문제를 해결하기 위해서는 다른 정치, 사회적 목표를 희생할 수밖에 없다는 사실이다. 이 경우 혁명은 개발의 결과가 아니라 개발을 촉진하기 위한 방법이 된다. 여하간 이러한 종류의 혁명들은 러시아 혁명에서부터 멕시코 혁명까지, 민족주의적이든 국제주의 성향이든 모두 대체로 가부장적이고 억압적인 관료정치 체제로 변질한다.

미래가 어떤 형태가 될 것인지는 알 수가 없다. 이는 비밀이며, 마르크스 또는 그와 적대관계에 있는 사람들의 책에서도 해답을 찾을 수 없다. 이것이 격변의 20세기 전반기를 보내고 나서 우리가 배운 교훈이다. 그러나 치열한 열정을 가진 젊은이들이 세계 곳곳에서 만들어가고 있는 미래에 대해 한 가지만은 분명하게 말할 수 있다. 권력을 가진 사람과 다른 의견을 말할 수 있는 자유, 비판정신 그리고 평화적인 정권교체 가능성이 배제된 혁명은 그 자체가 패배한 혁명이며, 사기극이다. 많은 사람이 이 말에 화를 내겠지만 그래도 좋다. 어차피 독립적인 사고방식은 거의 언제나 인기가 없는 법이다. 혁명 전통세력, 특히 마르크스주의파의 권위주의적 성향은 명확하게 거부해야 한다. 동시에 국가, 정당, 민간경제계가 가지고 있는 현재의 모든 독점권을 부수고, 정치, 경제는 물론 언론, 교육에 대한 새롭고 효율적이며 국민의 지지를 받는 민주적 통제기능을 만들어내야 한다. 내가 꿈꾸는 정치 이상향은 다수파도 소수파도 없는 다원주의 사회이며, 모든 사람이 행복하지는 못하더라도 모두가 책임 있는 구성원이 되는 사회이다. 무엇보다 먼저 현재의 개발계획보다 덜 비인간적이고, 적은 대가를 지불하며, 덜 비합리적이며 실현 가능한 개발 모델을 만들어야 한다. 이것이 긴급한 과제라고 앞서도 말한 바 있는데 사실 이것은 '우리 시대가 해야 할 과제다'. 한 가지 덧붙여야 할 것은 가장 중요한 가치는 미래가 아니라 현재에 있다는 사실이다. 미래는 언제나 우리에게 '아직 시간이 되지 않았다'라고 말하고 그럼으로써 우리를 부정하는 거짓된 시간이다. 미래는 사랑의 시간이 아니다. 인간이 진실로 무엇인가를 원한다면 그것을 *지금* 원할 것이다. 행복한 미래의 집을 건설하는 것은 곧 현재의 감옥을 짓는 것이다.

피라미드 비판
Crítica de la pirámide

이 책의 여기저기에서 개발된 부분과 미개발 부분으로 나누어진 두 개의 멕시코에 관한 주제가 나타난다. 이는 멕시코 현대사의 중심주제이며 멕시코인들이 하나의 국민으로 계속 남게 될 것인지 여부는 이 문제의 해결에 달려 있다. 일반적으로 경제학자, 사회학자들은 전통사회와 현대사회의 차이를 개발과 미개발의 대립 개념으로 본다. 이런 입장에서는 두 개의 멕시코 사이의 불균형은 수량적인 것이고, 이 문제는 결국 개발된 부분이 미개발 부분을 흡수할 수 있을 것인가로 귀결된다. 통계자료가 현실의 질적인 면을 나타내지 못하는 것은 당연하다. 그러나 이러한 통계수치 뒤에는 역사, 문화, 심리적 현실이 숨겨져 있고 이런 것들은 사회의 실태조사에서 사용하는 통계숫자로는 나타낼 수 없는 현실이며, 최소한 사회학자들은 이것들을 읽어내야 할 것이다. 더구나 이러한 통계방식은 멕시코를 위해 고안된 것이 아니고 외국의 것을 엉성하게 빌려다 쓴 것으로서 이는 논리를 벗어난 모방이며, 과학적 방법이라기보다는 경솔함을 드러낸 사례이다.

　일례로 개발지수에는 밀과 옥수수로 나타내는 것이 있다. 밀가루로 만든 빵을 먹는 것은 개발과 미개발을 분류하는 선에서 개발된 쪽에 있음을 의미하며, 옥수수 또르띠야(멕시코 부침개) 소비는 미개발 계층임을 보여주는 것으로 분석한다. 개발지수에 밀을 포함한 이유는 두 가지인데 하나는 밀이 더욱 큰 영양가를 가지고 있고, 두 번째로는 밀 소비가 전통사회에서 현대사회로 도약하였음을 보여주는 표시라는 것이다. 이 기준에 의하면 일본은 영원히 저개발 국가로 남게된다. 쌀은 밀보다 영양가가 적고, 옥수수보다 더 전통적인 식량이기 때문이다. 사실은 밀 역시 현대 작물은 아니기 때문에 쌀이나 옥수수와 구별되는 차이는 밀이 다른 문화권인 서유럽에 속한다는 것뿐이다(인도에서 먹는 빵 치파티도 재료가 밀가루이므로 유럽 이외의 문화권에서도 밀이 소비되기는 한다). 결국 이러한 것들이 가리키는 것은 음식, 요리를 비롯하여 모든 것에서 서유럽문화가 다른 것에 비해 우월하며, 그중에서도 미국이 가장 우수한 문화라는 것이다. 우리 통계에 의하면 멕시코 가죽신 과라체의 사용은 미개발을 나타내는 지표의 하나다. 모양과 편안함에 있어서 멕시코 기후에서는 과라체가 신발보다 더 좋다. 그럼에도 불구하고 과라체와 옥수수는 저개발 멕시코의 특징을 보여주는 징표로 간주되는 것이다.

　우리의 개발모델은 멕시코의 역사, 문화, 심리적 현실에 맞지 않고 단순히 미국의 전형을 부실하게 복사한 것에 지나지 않는데도 불구하고, 개발된 멕시코는 이러한 사실을 깨닫지 못하고 이것을 저개발 멕시코에 강요하고 있다. 다시 한 번 강조하지만 우리는 아직 우리에게 맞는 실현이 가능한 발전모델을 만들어내지 못하였다. 개발이라는 단어가 의미하는 바는 말려 있는 것을 펴고 넓히며, 자유롭고 조화롭게 성장한다는 것인데 지금까지의 개발은 이와 정반대로 진행되어 왔다. 개발은 우리를 꽉 조이는 구속복이 되었다. 개발을 통해 구시대의 많은 불합리한 속박이 풀렸지만 동시에 그에 못지않게 어렵고 감당하기 힘든 새로운 부담이 우리를 억누르게 되었다. 결국 개발이 가져온 자유는 겉모양만의 해방에 지나지 않았다. 현대의 개발 물결이 밀어닥치자 미주 고대의 잔재와 가톨릭-스페인 문명의 낡은 벽돌로 지어져 있던 우리의 집은 허물어졌고, 그 자리에 우리가 새로 지은 집은 멕시코의 일부 소수만을 수용했을 뿐 아니라 정신이 깃들어 있지 않은 건물이 되었다. 그러나 정신이 떠나가 버린 것은 아니며, 숨었을 뿐이다. 일부 인류학자들은 저개발 멕시코를 가리킬 때 '빈곤의 문화'라는 원색적 표현을 사용한다. 이 용어는 부정확하다기보다 불충분하다. 다른 반쪽의 멕시코는 가난하고 비참하다. 더구나 '타인'이다. '타자(他者)'라는 것은 빈부차이나 개발과 낙오로 구별되는 개념이 아니다. 이것은 무의식 속의 태도와 심리구조의 복합체이며, 지나간 과거세계에서 살아남은 흔적이 아니라 오늘날 우리 문화를 구성하고 있고, 우리 속에 살아 있는 현상이다. 현대화된 오늘의 멕시코에서 수면 아래 가라앉아 억압되었던 다른 반쪽의 멕시코가 살아나고 있다. 우리가 독백을 하고 있을 때 우리는 다른 반쪽의 멕시코와 대화하고 있는 것이고, 이 대화는 곧 우리 자신과의 대화이다.

　인간이 이중, 삼중적인 것처럼 문명과 사회도 그렇다. 모든 국민들은 보이지 않는 상대와 대화를 하고 있는데, 그 상대는 자신이기도 하고, 동시에 자신의 이중적 존재인 타인이기도 하다. 자신의 이중적

존재? 어떤 것이 원래의 자신이고, 어떤 것이 환영인가? 뫼비우스의
띠와 마찬가지로 여기에는 정해진 내부나 외부가 없다. 타인은 바깥
쪽 멀리 있는 것이 아니고 여기 우리 내부에 있다. 타인은 바로 우리
자신인 것이다. 이중성은 덧붙여지거나 인공적인 것, 또는 외부의 것
이 아니라 우리의 본질적인 실체다. 타자(他者)가 없으면 단일성도 존
재하지 않는다. 더구나 타자는 단일체의 표현이고, 자신을 전개해 나
가는 방법이다. 타자는 단일체가 투사된 것이며 우리는 악몽 속에서
이 그림자와 싸운다. 반대로 단일체는 타자의 한순간이기도 하다. 이
순간에 우리는 그림자가 없는 우리의 몸, 또는 몸이 없는 우리의 그림
자를 본다. 과거는 밖에 있지 않고, 안에 있지도 않으며, 앞서 지나가
거나 뒤에 오는 것이 아니라 지금 우리 눈앞에 다시 나타난다. 과거는
숨겨진 현재이기 때문이다. 여기에서 말하는 과거는 단순히 '일어났
던 일'이라는 의미가 아니라 날짜, 인물, 그리고 우리가 역사라고 부
르는 모든 것을 망라한 진정한 과거를 뜻하는 것이다. 일어났던 일들
은 흘러가버렸다. 그러나 그렇게 흘러가지 않는 것이 있다. 일어났던
일 가운데 과거 속에 묻혀 사라지지 않는 것이 있는데 그것은 바로 윤
회하는 영원한 현재이다.

　　각 민족의 역사에는 변하지 않는 요소들이 있고, 이 요소들은 변
하더라도 그 속도가 너무 완만해서 변화를 감지할 수가 없다. 이 불
변요소들에 대해서, 또는 이 불변요소들이 조합하거나 분리되는 형
태에 대해 우리가 무엇을 알고 있는가? 우리는 다른 분야에서 진행되
는 과정을 보고 유추함으로써 역사요소들이 작동하는 방법도 조합에
있음을 짐작할 수 있다. 생물학적 과정이나 영화편집 또는 시인의 언
어연결 등에서 볼 수 있는 것처럼 불변요소들은 조합을 통해 각각 독

특한 모양, 즉 역사를 만들어낸다. 그러나 이러한 역사 구성성분과 불변요소들이 자체의 생명을 가진 독립적인 실체인 것처럼 말한다면 이는 틀린 설명이 될 것이다. 이 요소들은 항상 전체를 구성하는 한 부분에 지나지 않으며, 서로 간의 관계에 의해서만 기능을 한다. 또한 이 복잡한 시스템을 경제, 문화 등의 소위 역사적 요인과 혼동해서는 안 된다. 이 요인들은 역사의 동력이라고 할 수 있지만, 여기에서 가장 중요한 것은 어떤 방법으로 이것들을 조합하는가, 즉 역사를 만들어내는 방식이라고 할 수 있다. 모든 민족이나 모든 문화권에서는 동일한 시스템이 작용하는 듯하며, 다만 각각의 문화에 따라 조합 방식의 차이만 있을 뿐이다. 그렇지 않다면 인류의 단일성과 역사의 보편성은 유지될 수 없을 것이다.

타자(他者)는 우리의 일부다. 이는 멕시코나 또는 어떤 국민이 독특한 개성을 가지고 있다고 말하려는 의도가 아니다. 문화와 문명이라고 부르는 현실은 모호한 것들이다. 멕시코를 명확하게 그려내기가 어렵다기보다 우리 스스로를 파악하고 우리가 누구인지 정의하려고 할 때마다 우리 자신이 뒷걸음을 하는 것이다. 다른 나라 국민의 경우나 마찬가지로 멕시코의 특성이란 신기루와 같은 것이고 하나의 가면이다. 그러나 동시에 실제 모습이기도 하다. 멕시코의 특성은 단한 순간도 동일하지 않으면서 항상 동일하다. 이것은 영원한 모순인데, 우리는 자신의 한 부분을 확인할 때마다 다른 한 부분을 부인하게 된다. 1968년 10월 2일 일어난 학살사건은 혁명 이후 도달하기를 원했던 자신의 모습을 부정하고, 동시에 정복 이전 시대로부터 이어져 내려오는 자아를 확인한 일이었다. 이는 또 하나의 멕시코, 좀 더 정확하게 말하면 그 일부분의 출현이라고 말할 수 있다. 다시 말할

치첸이싸 문명의 피라미드

필요도 없이 또 하나의 멕시코는 외부가 아니라 우리 속에 있으며, 우리 자신을 절단하기 전에는 뿌리를 뽑을 수가 없다. 우리가 또 하나의 멕시코를 찾아내 확인하고 이름까지 붙일 수가 있으면 언제인가 그것을 변모시켜 끝장을 낼 수 있으며, 그렇게 되면 그것이 현실 속으로 기어들어와 피의 악몽을 만드는 망령으로 표변하는 일은 더 이상 없게 될 것이다.

1968년 10월 2일 사건은 역사적 사실임과 동시에, 눈에 보이지 않는 무의식의 역사가 상징적으로 표출된 이중의 현실이다. 표출되었다고 말하는 것은 부정확하다고 할 수 있다. 우리 눈앞에 펼쳐진 것은 의식(儀式), 즉 희생제의였기 때문이다. 의식을 통해 역사에 참여하는 것이 우리가 역사를 받아들이는 방식이다. 정복이 스페인 사람들에게는 위대한 업적이었지만, 인디오들에게는 우주의 재앙이 인간사회에서 시현된 일종의 제례의식이었다. 멕시코인들의 감성과 상상력은 위업과 희생의식의 양 극단 사이에서 항상 흔들리고 있다.

어느 민족이든 역사는 상징적인 것이다. 즉 역사, 역사적 사건과 주인공들은 감추어진 역사를 암시하고, 숨겨진 현실을 눈에 보이게 드러내는 것들이다. 따라서 우리는 십자군전쟁, 미주대륙의 발견, 바그다드 약탈, 프랑스 혁명 시 자코뱅당의 공포정치, 미국 남북전쟁의 진정한 의미는 무엇인가 하는 의문을 던지게 된다. 우리는 무대 위에서 미지의 인물을 묘사하는 가면극을 하듯이 역사를 살아나간다. 우리의 행동이 무엇인가를 말하고 있다는 사실은 알지만 그 내용이 무엇인지는 모르며, 이로 인해 우리가 공연하는 부분의 의미를 이해하지 못한다. 이를 알고 있는 사람이 있을까? 역사의 대단원의 결말은 아무도 알 수 없다. 역사의 끝은 인간의 종말이기도 하기 때문이다. 그러나 우리는 명쾌한 해답이 없는 이 질문에 대해 계속 생각하며 여기 머물러 있을 수는 없다. 우리는 역사를 살아나가야 한다. 이는 우리의 삶의 내용이자 죽음의 장소이기도 하다. 우리가 인생을 산다는 것은 역사를 만들고, 역사를 해석하는 행위이다. 역사를 해석하면서 이를 만들어 나가며, 역사를 살면서 이를 해석해 나간다. 이와 관련된 우리의 모든 행동은 일종의 상징이다. 우리가 만드는 것은 기록된 역사이며, 눈에 보이는 이 역사의 기록 뒷면에 숨어 있는 감추어진 역사의 변형과 변화를 읽어 내는 것이 중요하다. 역사의 뒷면을 읽는 것은 암호를 해석하는 것이며, 암호를 만든 원문을 볼 기회는 없다. 역사의 해석은 항상 임시적이며, 동일한 역사일지라도 그 해석은 끊임없이 변화한다. 어느 시기에는 타당한 것이었던 해석이 다른 시기에는 맞지 않는 것으로 버려질 수 있고, 이와 반대로 버려졌던 해석이 전면에 등장하기도 한다. 역사의 해석은 새로운 의미를 만들어 낸다. 이 책에서는 10월 2일 사건을 멕시코의 감추어진, 진정한 역사에 비추어 해석해 보고자 한다. 그 날 오후 고대역사의 한 장면같이, 감추어진 역사가 멕시코 역사의 표면으로 분출되었다. 그것은 놀라운 일이었다. 상징이 구체적인 현실로 모습을 드러냈기 때문이다.

지리적 지형도 상징적인 것이며, 물리적 공간은 상징들을 나타내는 기하학적 원형이 된다. 평야, 계곡, 산과 같은 지형들은 역사 속으로 들어가는 순간 의미가 있다. 자연풍경은 역사를 품고 있는 암호문과 상형문자가 된다. 바다와 육지, 평야와 산, 섬과 대륙, 밀림과 사막의 대치는 여러 사회, 문화, 문명 상호 간의 역사적 대치를 상징한다. 각각의 대지마다 사회가 만들어지며, 그것은 현세와 내세가 투영된 하나의 세계이다. 각각의 역사는 지리적 지형과 밀접하게 연계되어 있고, 지형은 기하학적인 상징들을 보여준다. 인도는 거꾸로 놓인 원뿔 형태로서 뿌리가 하늘로 뻗어 있는 나무와 같은 모습이다. 중국은 거대한 원반이며, 우주의 배와 배꼽에 해당한다. 멕시코는 윗부분이 잘린 거대한 피라미드 형태가 되어 양 대양 사이에 솟아 있다. 피라미드의 네 개의 밑변은 동서남북 사방을 가리키고, 계단의 높이에 따라 각 지역의 기후가 결정되며, 가장 윗부분은 별과 태양의 집이다. 다시 설명할 필요도 없이 고대인들에게 세계는 하나의 산이었으며, 수메르나 이집트에서와 마찬가지로 메소아메리카에서도 피라미드는 우주의 산을 기하학적이고 상징적으로 나타내는 것이었다. 멕시코는 피라미드 형태이며, 마치 자연의 지형과 기하학적 상징, 그리고 감추어진 역사 사이에 은밀한 그러나 명백한 상호관계가 있는 것 같이 느껴진다.

세계 형태에 대한 원시적 상상의 원형이고 우주의 기하학적 표현인 메소아메리카의 피라미드는 맨 윗부분이 자기장이며, 성역의 제단이다. 이는 우주의 중심축이자 동서남북 4방위의 교차점이고, 사각형의 중심이며, 우주운동의 종착점인 동시에 출발점이다. 우주의 춤이 마무리되고 다시 시작되는 정지의 순간이다. 화석이 된 시간으로 쌓아올린 피라미드의 4개의 밑변은 4개의 태양 혹은 세계의 나이를 상징하며, 계단은 날짜, 월, 연, 세기를 의미한다. 피라미드의 정상에 위치한 제단은 나우아, 아스떼까 시대를 여는 다섯 번째 태양이 태어난 장소다. 피라미드는 시간으로 만들어진 건조물이며, 이는 과거에도 미래에도 그리고 현재도 변함이 없다. 제단은 공간적으로 신들이 출현하고 희생제의를 드리는 장소로서 인간세계와 신의 세계가 만나는 곳이다. 시간상으로는 우주운동의 중심이고, 한 시대의 종착점이자 다음 시대의 출발점이며, 신들의 영원한 현재이다. 피라미드는 세상의 모양이며, 세상의 모양은 인간사회가 투영된 것이다. 인간이 자신의 모습을 본떠서 신을 만든 것이 사실이라면, 하늘과 땅이 만드는 이미지에서 자신의 모습을 발견한다는 것도 사실일 것이다. 인간은 자연으로부터 역사를 만들고, 역사는 자연을 바탕으로 우주를 만들어 나간다. 역사는 별들의 춤이 된다.

피라미드는 희생제의를 통해 인간과 우주의 시간이 계속 이어지게 한다. 즉 이곳은 생명이 생성되는 공간이다. 세상은 산이며, 산은 생명의 제공자라는 은유는 피라미드에서 놀랄 만큼 정확하게 현실로 구현된다. 세계의 형태처럼 사각형인 피라미드 제단은 신들의 무대이고 놀이터다. 무엇이 신의 유희인가? 신은 시간을 가지고 놀이를 하며, 그 놀이는 세상의 창조와 파괴이다. 인간의 노동과 신의 유희는 목적이 전혀 다르다. 인간은 먹고살기 위해서 노동을 하지만 신은 창조하기 위해서 놀이를 한다. 더욱 정확하게 말하자면 신에게는 유희와 창조가 같은 개념이다. 신이 한 바퀴 선회할 때마다 세계가 만들어지거나 소멸한다. 창조와 파괴가 인간에게는 정반대의 개념이지만 신에게는 같은 개념이고, 모든 것이 유희다. 전쟁이든지 춤이든지 간에 모든 유희에서 신들은 창조하고, 파괴하고, 때로는 자신까지도 파괴한다. 신은 스스로를 희생으로 바치면서 세상을 창조한다. 신의 유희는 세상을 창조하는 행위인 희생으로 종결되는 잔혹한 놀이다. 인간의 의식, 행사, 축제는 건설적 파괴를 위해 희생을 바친다는 점에서 신들의 창조적 파괴를 모델로 하는 것이다. 고대 멕시코인들에게 춤과 속죄는 같은 의미를 가지고 있었다. 이것은 좀 신기하게 생각되겠지만 전혀 이상한 것이 아니다. 춤은 기본적으로 종교의식이고, 이는 창조적 파괴인 유희를 통해 신들이 세상을 창조하는 행위를 묘사하는 의식이었기 때문이다. 우주를 창조하는 신의 희생과 신의 유희 사이에는 긴밀한 연관이 있었고, 인간도 하늘 세계를 따라 속죄의 의미로서 춤을 추는 의식을 거행했던 것이다.

춤과 속죄의 등식은 피라미드의 상징에서 다시 한 번 확인된다. 피라미드 정상의 제단은 우주운동과 시간의 창조적 놀이인 신들의 춤이 펼쳐지는 신성한 장소이다. 춤을 추는 장소는 동시에 희생의식의 장소임을 유추할 수 있다. 아스떼까인들에게 정치세계는 종교세계와 다르지 않았다. 창조적 파괴인 신들의 춤은 곧 우주 전쟁이었고, 하늘에서 일어나는 이러한 사건들은 땅에서도 그대로 반복되었다. 꽃 전쟁이라고 불렀던 종교의식으로서의 전쟁은 신들의 춤으로 구성되는 전쟁의 복사판이었고, 전쟁포로들을 희생양으로 바침으로써 끝이 났다. 다른 민족을 지배하는 정책과 창조적 파괴는 인간과 신의 두 가지 특성을 동시에 지닌 동전의 양면과 같은 개념이었다. 시간의 화석이며 신의 희생의식 장소인 피라미드는 아스떼까 국가를 표현하는 이미지이며, 전쟁포로의 희생제의를 통해 우주생명의 원천인 태양숭배 의식을 계속해 나가야 하는 국가적 의무의 상징이기도 했다. 멕히까 부족(아스떼까)은 태양숭배 신앙을 갖고 있었고, 그들의 다른 부족 지배는 매일 태어나고, 전쟁하고, 죽고, 다시 태어나는 태양의 지배와 같은 것이었다. 피라미드는 그 자체가 세계이며, 세계는 곧 멕시코-떼노츠띠뜰란이었다. 이처럼 중심수도 떼노츠띠뜰란을 조상 전래의 우주 이미지인 피라미드와 동일시함으로써 아스떼까 제국을 신격화하고자 했다. 아스떼까 제국의 계승자들은 더 이상 종교의식과 정치적 지배행위를 연계시키지 않았지만 무의식 속에 자리 잡은 권력의 틀은 변하지 않았다. 그것은 피라미드와 희생제의로 이루어지는 것이다.

멕시코가 윗부분을 잘라낸 피라미드 형태라면 멕시코 분지는 피라미드의 정상 제단에 해당한다. 분지의 중심에는 아스떼까 제국의 수도 멕시코-떼노츠띠뜰란이었으며 오늘날에는 멕시코 공화국의 수도인 멕시코시티가 있다. 아무도 주의를 기울이지 않지만 매우 중요한 의미가 있는 일이 하나 있는데 그것은 멕시코의 국가명이 수도의 이름을 본떠 만들어졌다는 사실이다. 이는 좀 특이한 경우라고 할 수 있다. 일부 극소수 예외를 제외하고 거의 대부분의 국가들이 수도의 명칭과는 다른 국가명을 갖고 있다. 이는 한 도시의 특정한 현실을 국가 전체의 복합적이고 광범위한 현실과 구분하기 위한 신중한 고려에 의한 것이며, 공식화되지는 않았지만 일반적으로 받아들여지는 묵시적 원칙인 듯하다. 이러한 명칭의 분리는 수도가 자체의 고유한 역사를 가진 오래된 도시이고, 더구나 다른 도시나 지방을 지배해 온 역사를 갖고 있을 경우 더욱 엄격하게 적용된다. 로마/이탈리아, 파리/프랑스, 동경/일본, 테헤란/이란, 런던/영국 등이 그러한 사례이다. 스페인을 통일한 까스띠야 왕국의 중앙집권주의자들도 이 원칙은 거스르지 못하여 마드리드/스페인이 되었다. 미주 고대사회를 구성했던 여타 부족들에게 멕시코-떼노츠띠뜰란 명칭은 아스떼까의 지배와 그 혹독함을 연상시킨다는 점에서 멕시코의 경우는 더욱 특이한 사례이다. 지배 도시의 이름을 나라 전체의 명칭으로 만들었다는 사실은 멕시코의 알려진 일도 없고 기록되지도 않은 역사를 이해하는 열쇠이다. 아스떼까인들은 거부할 수 없는 매혹의 마력을 갖고 있었으며, 스페인 정복자들도 여기에서 벗어나지는 못했다. 정복자 꼬르떼스는 멸망한 멕시코-떼노츠띠뜰란 자리에 새로운 왕국의 수도를 건설하기로 결정하였으며, 이로써 아스떼까 제국을 이어받는 계승자가 되었다. 스페인은 미주대륙 정복과 함께 원주민 세계를 파괴하고 그 자리에 새로운 세계를 만들었지만 고대사회와 새로운 스페인 식민지 사회는 눈에 보이지 않는 끈으로 이어져 있었는데, 그 연결 고리는 지배관계였다. 이 연결끈은 없어지지 않았다. 스페인 식민지 부왕, 멕시코 대통령은 아스떼까 지배자들을 이어받은 계승자들이다.

14세기 이래 비밀스러운 정치적 연속성이 존재한다면 고대 멕시코인들의 정치, 종교적 원형으로서 완벽한 계급체제, 최상위의 대제사장과 희생제단을 갖춘 피라미드가 그 연속성을 지탱하는 무의식속의 토대라고 해서 하등 이상할 것이 없다. 여기에서 설명하는 역사와 정치 개념의 무의식적 토대는 지배층이 아닌 피지배층과 관련된 것이다. 스페인 식민지 부왕들은 멕시코의 신화에 대해 무지했을 것이다. 그러나 부왕 아래 원주민이나 혼혈족 심지어 끄리오요조차도 신화를 알고 있었고, 그들은 모두 자연스럽게 스페인을 아스떼까 제국의 연속으로 생각했다. 이러한 개념이 명시적이거나 이성적인 형태로 표현되지는 않았으며, 단지 세상이 돌아가는 당연하고 자연스러운 현상으로 간주하였을 뿐이었다. 한편 아스떼까 왕과 스페인 식민지 부왕, 고대 우상숭배 도시와 기독교 도시를 잇는 연속성은 식민지사회와 미주 고대사회 간 연결관계의 한 측면에 지나지 않는다. 종교에서도 연결관계는 나타난다. 또난친 여신(Tonantzin, 아스떼까의 어머니신)의 사당이 있었던 폐허에서 과달루뻬 성모가 발현한 것이 대표적인 사례다. 이 외에도 원주민과 식민지의 두 세계를 연결하는 연관성은 여러 곳에서 발견된다. 소르 후안나의 종교 시 작품 「성스러운 나르시스」(The Divine Narcissus)에서 고대의 미주 종교는 유혈의 참혹한 제례의식에도 불구하고 멕시코 땅에 기독교가 도착할 것임을 보여주는 예시로 묘사되었다.

스페인인들이 역사 속의 모델로 삼은 것은 로마와 그 제국이었다. 멕시코-떼노츠띠뜰란, 그리고 멕시코시티는 로마의 축소판이었다. 기독교 로마가 이교도의 로마를 이어받고 바로잡은 것처럼, 새로 건설된 멕시코시티는 아스떼까 제국 수도를 승계하였으며, 이를 교정하고 중심지로서의 위치를 확고하게 만들었다. 독립 이후에도 이러한 개념은 크게 바뀌지 않았다. 스페인 식민지는 멕시코 역사가 한때 단절되었던 시기이며, 멕시코는 유럽의 지배에서 해방됨으로써 자유를 되찾고 전통을 회복했다고 생각했다. 이 관점에서는 독립이 일종의 원상회복이다. 이러한 정치, 법률적 가설은 아스떼까 지배의 정당성을 입증하고, 멕시코-떼노츠띠뜰란이 과거에도 현재에도 권력의 기원이며 원천임을 확인하는 것이다. 독립 이후 고대 세계로 돌아가려는 감상적인 움직임이 크게 대두하였으며, 이는 혁명 이후 현대 멕시코의 가장 두드러진 특성의 하나가 되었다. 대다수 멕시코인은 자신도 모르는 사이에 아스떼까 제국의 관점을 받아들였고, 그럼으로써 피라미드와 희생제단으로 구현된 신화를 강화하였다.

메소아메리카에 대한 지식이 확대됨에 따라 아스떼까에 대한 평가도 바뀌었다. 과거에는 고대 미주문명이 멕시코-떼노츠띠뜰란 시대에 전성기에 도달했다고 생각했다. 이것이 스페인 사람들의 믿음이었고, 오늘날까지도 상당수 역사학자, 고고학자, 예술 비평가 및 기타 역사 연구자들을 포함한 많은 멕시코 사람들이 그렇게 생각하고 있다. 그러나 13세기 아스떼까인들이 멕시코 분지에 도달하기에 앞서 이미 여러 세기 전에 메소아메리카가 창조시대의 전성기를 구가하였음이 이제 확실해졌다. 또한 7세기경까지 번성했던 고대 메소아메리카의 최대, 최고 문명 떼오띠우아깐이 나우아 종족(Nahua; 뚤라, 아스떼까가 속한 인종그룹)의 독점적 문명이 아니었을 가능성이 크다는 것도 알게 되었다. 따라서 뚤라와 떼오띠우아깐 사이에 명백한 연결관계가 있다고 하더라도 ―뚤라가 미개부족으로서 앞선 문명을 승계한 관계― 메소아메리카 문명 전체를 나우아 종족의 관점에서, 더욱 심하게는 아스떼까 제국의 관점에서 보는 것은 잘못이다. 메소아메리카는 더욱 풍요하고 다양하며 오랜 역사를 가진 문명이기 때문이다.

어쨌든 현대 고고학자들이 '위대한 신권정치 시대'라고 부르는 메소아메리카의 창조시대는 9세기경 막을 내린다. 이 시기의 뛰어난 지성적, 예술적 풍요는 마야, 사뽀떼까, 떼오띠우아깐, 따진 등 같은 뿌리에서 나온 것으로 추정되지만 각각 다양하게 발전한 여러 지역의 독창적 문화가 공존하고 있었기 때문에 가능했던 것으로 보인다. 어떤 특정 국가가 다른 국가들을 압도하는 일이 없이 다양한 여러 국가가 균형을 이루었고, 상호 영향을 주고 이에 반응하면서 창조적 발전을 해나갔다. 메소아메리카는 한 개의 피라미드가 아니라 피라미드 군락으로 만들어진 문명권이었다. 물론 이 시기는 일부 순진한 고고학자들이 말하는 바와 같이 전반적인 평화시대는 아니었다. 이 도시국가들은 신정체제이든 아니든 평화적은 아니었다. 마야 유적지 보남빡 벽면에는 전쟁과 전쟁 후 의식으로 치러지는 포로들의 희생제의가 그려져 있으며, 떼오띠우아깐에서는 나중에 아스떼까 태양숭배에서 나타나는 여러 가지 상징들, 독수리, 재규어 등의 군부대 기장, 식인 의식을 나타내는 표시들이 발견된다. 많은 학자가 이러한 메소아메리카 문명의 자취를 과소평가하는데 이는 과대평가 이상으로 위험한 것이며, 양 극단 모두 과학의 목적이 판단이 아니라 배우고 이해하기 위한 것이라는 점을 잊어버리고 있다. 더구나 메소아메리카는 예찬론자도 중상비방자도 원하지 않는다.

두 번째 시기, 소위 '역사시대'는 강대 세력들의 패권기다. 주역은 나우아 종족이었고, 이들의 패권시대는 뚤라(Tula)의 주변지역 제패로 시작된다. 뚤라를 수도로 하고 10-12세기경 중부지역을 장악한 뚤떼까(Tolteca)인들은 남부로 유카탄 반도까지 확대해 나갔으며, 그곳의 마야인들은 경이와 공포 속에 그들을 지켜보았는데 이러한 상황은 몇 세기가 지난 뒤에 아스떼까인들의 팽창시기에도 다시 한 번 재현되었다. 유카탄반도 우스말에는 마야의 신 챠크(Chac) 신전이 있는데, 그 신전 앞면 벽을 가로질러 돌로 만든 나우아 뱀이 조각되어 있다. 다른 종족에 대한 지배가 의미하는 바를 이해하기 위해서는 이 돌조각 뱀을 보아야 한다. 뱀은 노예의 이마에 찍힌 낙인처럼 신전 벽을 가로지르며 그 모양을 일그러뜨리고 있다. 한동안의 혼란과 투쟁기를 지난 후에 멕시코-떼노치띠뜰란이 뚤라의 뒤를 이었다. 새로운 지배세력은 얼마 전까지만 해도 유목민이었으며, 주변 도시들을 살금살금 도둑질하러 다니던 처지였는데 나중에는 이 도시들이 모두 그들의 지배 아래로 들어왔다.

아스떼까가 건설한 메소아메리카 문명은 웅대하면서 음침했다.

군인과 사제계급, 그리고 평민들까지도 과대하고 영웅적인 믿음에 사로잡혀 있었는데, 그들은 태양숭배를 계속 이어 나가기 위해 모든 것을 바치며, 이를 통해 우주질서를 유지하는 데 이바지해야 할 신성한 의무를 가지고 있다고 믿었다. 이 신앙은 우주가 계속 진행되도록 하기 위해 인간의 피를 신들에게 공급하여 달라고 요구했다. 우주의 운행은 춤이나 전쟁의 움직임과 비슷하며, 인간의 피가 여기에 활력을 불어넣는 물질이라는 장엄하면서도 두려운 신념이었다. 별과 행성들의 전쟁 춤, 그리고 창조적 파괴의 춤이 추어졌고, 종교의식→춤→전쟁 의식→희생제의로 이루어지는 등식과 변환의 연쇄적 순환이 반복되었다. 그들의 우주관에서 나우와족과 그 계승자인 아스떼까인들의 시대는 우주역사의 다섯 번째 세계이고 이 세계는 제5번 태양이 지배하고 있었다. 이것은 피를 마시고, 매일매일 세상을 파멸로부터 지켜내는 운동의 태양이자 전사의 태양이었다. 전쟁, 지진, 일식과 월식, 우주의 춤을 주관하는 활동의 태양이고, 논쟁의 태양이다. 아스떼까가 제5번 태양의 민족이라면 그 세상이 끝나면서 아스떼까의 패권도 막을 내릴 것이므로 전쟁, 다른 부족의 정복, 희생제의 등을 통해 이를 방지하는 것이 신성한 임무이고 정치, 군사적 목표였다.

우주의 순환주기와 국가의 운명을 동일시하는 것은 아스떼까 제국이 그들의 종교, 철학적 사상을 정치적 이해관계와 밀접하게 연계시키고 있음을 잘 보여주는 단면이다. 사하군(Sahagún) 신부를 위해 일하던 인디오가 멕시코인들의 신, 우이찔로포치뜰리(Huitzilopochtli)의 진정한 종교적 의미에 대해 '신은 곧 우리입니다'라고 설명한 것은 매우 적절한 표현이었다. 유럽의 민주주의자들은 '국민이 신이다.'라는 입장을 보인 데 반해 멕시코 원주민들은 '신이 곧 백성이다'라고 생각하였으며, 이는 신이 사회에 강림하며 인간으로 하여금 희생제의를 주관하거나 당하게 하는 잔인한 의무를 사회에 부과함을 의미했다. 이교도 원주민학자들은 아스떼까 제국의 패권을 '아스떼까의 평화'라고 불렀는데 이는 종교의식으로서의 전쟁을 상시적인 제도로 만들었다. 뜰락스깔라와 같은 종속국들은 아스떼까 및 그 동맹국들과 주기적으로 전쟁을 해서 희생제의용 포로를 제공하거나 잡아들여야 했다. 피지배 부족들은 피를 공급하는 저장고였다. '꽃 전쟁'은 사냥과 경기를 현대사회의 인류애적 기구인 혈액은행과 같은 것으로 만들었다.

아스떼까인들은 그들에 앞서 똘떼까 혹은 떼오띠우아깐 문명이 만든 우주관에 자신들의 종교적 전통을 수정해서 접목했다. 부족신인 '남부의 전사' 우이찔로포치뜰리가 신앙의 중심에 있고, 그 옆에는 아스떼까에 앞서 멕시코 분지에서 꽃핀 문명들이 받들었던 위대한 신 뜰랄록, 께찰꼬아뜰이 자리를 잡았다. 이처럼 아스떼까는 매우 발달된 심오한 우주관을 몰수하여 자신들의 지배의 도구로 만들었다. 아스떼까인의 기질은 태양신앙과 팽창주의 이념, 초인적 영웅주의와 비정한 정치적 현실주의, 광신적 믿음과 냉혹한 교활성, 희생제의와 약탈 등 양극단 사이를 움직인다. 도덕적, 정신적 이중성은 사회조직의 이중성, 그리고 종교, 우주론적 이중성과도 관련되어 있으며, 이러한 이중성은 나우아 종족의 특징이고, 어쩌면 모든 미주대륙 원주민들의 기질일 수도 있다. 또한 역사적 배경을 가진 이중성이 하나 있는데 그것은 중앙고원의 정착부족과 유목민이었던 아스떼까의 신앙의 혼합에 의한 것이다. 이를 두고 쟈크 수텔르는 농업신앙과 태양신앙의 만남이라고 말했다. 장엄한 것으로부터 괴기한 것까지, 공식적인 것에서 감상적인 양식까지를 아우르는 혼합예술은 종교와 우주관에서의 혼합주의와 일치한다. 멕시코 비평가들은 거대한 신학의 화석 덩어리 꼬아뜰리꾸에(Coatlicue) 조각상 앞에서 넋을 잃는다. 그들이 그것의 진정한 의미를 보았을까? 그들은 현학적 태도와 영웅주의, 성적인 순결함과 흉악성, 치밀한 계산과 광적인 흥분 기질을 동시에 지니고 있고, 군인과 사제, 점성술사와 희생제의를 바치는 사람들로 이루어진 부족이다. 또한 빛나는 색감과 음울한 열정으로 가득 찬 그들의 세계를 간략하고 뛰어난 시구로 그려내는 시인들의 사회이기도 하다. 그리고 별자리 신화와 시인들의 은유, 일상적인 종교의식과 사제들의 명상이 충만하고, 특출하면서도 가공할 만한 이 나라의 모든 움직임에는 피 냄새, 강박적인 피비린내가 배어 있다. 사드의 소설에 등장하는 고통의 수레바퀴처럼 아스떼까의 1년은 피에 젖은 18개월의 순환이다. 18차례의 제례의식이 있고, 화살형, 익사, 참수, 가죽 벗기기 등 18가지의 죽는 방법이 있다. 춤과 참회의 의식이다.

어떤 종교, 사회적 망상이 호수, 돌, 하늘로 둘러싸인 아름다운 도시 멕시코-떼노츠띠뜰란을 정신착란적인 장례 무도회장으로 만들었는가? 구태의연한 민족주의자는 제외하더라도 학자, 역사연구가, 예술가, 시인 등 우리 가운데 그 누구도 아스떼까 세계가 역사의 일탈이라는 점을 직시하고 인정하지 않은 것은 어떤 정신적 착각인가? 아스떼까의 잔인성은 부인할 수 없는 날카로운 논지와 완전무결한 일관성을 갖춘 체제에서 나온 것이라는 점에서 매우 독특한 사례이다. 성적 순결주의, 감성의 억제, 종교의 중압감이 폭력을 낳은 원인으로 설명될 수도 있다. 그러나 우리를 놀라 얼어붙게 만드는 것은 이성적인 동시에 광란적인 형이상학적 관념을 위한 현실주의적 방법으로 비이성적인 인명의 살육을 자행했다는 사실이다. 이는 칭기즈칸이나 티무르의 광란적 살육, 또는 에프탈족(5-6세기 중앙아시아를 장악한 유목민족)의 방화, 살인 도취와는 성격이 다르다. 오히려 도시의 웅장함, 인명살해의 엄숙한 의례와 대규모성 등을 고려할 때 아스떼까인들은 아시리아인들과 비슷하다. 아시리아인들 역시 고도의 문명을 계승한 민족이었고, 윗부분을 자른 형태의 피라미드를 좋아하는 경향이 있었다. 그러나 아시리아인들은 신학이 없었다. 사실 아스떼까와 비교할 수 있는 대상은 아시아가 아니고 서유럽에 있다. 왜냐하면 이 두 지역만이 공통으로 형이상학적 관념과 정치 사이의 관계가 매우 밀접하고, 극심하며, 치명적이기 때문이다. 종교재판, 종교전쟁, 그리고 특히 20세기의 전체주의적 사회 등이 이를 보여준다. 여기서는 아스떼까 세계를 평가하고자 하는 것이 아니며, 더구나 비난하려는 의도는 전혀 없다. 멕시코-떼노츠띠뜰란은 사라졌다. 이미 붕괴된 이 제국과 관련하여 염려되는 것은 역사적 평가의 문제가 아니라, 우리가 그 시체를 똑바로 바라보지 못하고 있다는 사실이다. 아스떼까의 망령이 아직도 우리 안에 살아 있는 것이다. 따라서 멕시코와 그 역사의 비판은 ―이는 정신과의사의 치료와 비슷하다― 아스떼까의 세계관이 과거 어떤 의미가 있었으며, 현재에서의 의미는 무엇인지 먼저 살펴본 다음에 시작해야 한다. 멕시코를 한 개의 피라미드라고 상정해 보는 것은 시도해 볼 수 있는 관점의 하나인데, 이는 피라미드의 맨 윗부분 제단에 있는 신과 신을 받들던 사람들, 즉 왕과 제사장들이 가졌던 관점이다. 또한 그들의 계승자인 식민지 부왕, 장군들, 대통령들의 관점이기도 하다. 더 나아가 대다수의 국민, 피라미드에 짓눌리고 제단에서 희생제의의 제물이 되었던 희생자들의 관점이다. 멕시코의 비판은 피라미드에 대한 비판으로부터 시작되어야 한다.

메소아메리카의 두 번째 시대는 뚤라와 멕시코-떼노츠띠뜰란의 시대이다. 두 나라는 고고학자들이 뚤라에서 발굴해낸 거대한 석상 전사들처럼 다른 부족들 위에 군림했다. 그러나 이들의 문화는 반복, 확대, 거대규모의 건설, 웅장함이 전부였으며 위대한 창조시대와는 비교가 되지 않았다. 아스떼까와 메소아메리카 전통 간의 이상한 관계를 주목할 필요가 있다. 뚤라에 앞서 존재했던 위대한 '신권정치 국가'들에 대해 아스떼까는 거의 아무런 지식도 없었다. 이는 암흑시대의 유럽이 그리스-로마 고전시대에 대해 무지했거나, 미래의 어느 시점에 가서 우리 후손들이 파리, 런던, 뉴욕에 대해 모르게 되는 경우와 같은 것이다. 아스떼까는 떼오띠우아깐과 그 문명의 건설자들에 대해서는 단편적이고 조잡한 지식밖에는 없었지만 뚤라에 대해서는 열광적이었다. 멕히까족(아스떼까족의 다른 이름)은 항상 자랑스럽게 그들이 뚤라와 꼴우아깐을 건설한 똘떼까족의 적법한 직계 상속자라고 주장했다. 그러한 주장의 배경을 이해하기 위해서는 나우아 종족이 세계를 문명/미개의 두 권역으로 나누면서 이를 똘떼까/치치메까(북부 유목민의 통칭)라는 명칭으로 불렀음을 상기해야 한다. 아스떼까는 치치메까(야만인)인 자신들의 과거역사를 부인하고 싶었다. 그렇지만 그들의 주장은 근거가 없었다. 14세기 초 멕시코-떼노츠띠뜰란을 세우기 전에 아스떼까는 법테두리에서 벗어난 도망자들의 집단에 불과했기 때문이다. 모든 야만인이나 외래인들이 공통으로 갖게 되는 불법자라는 자괴심은 아스떼까인들에게는 일종의 정신적 상처였고, 더구나 우이찔로포치뜰리 신의 뜻에 의해 달성한 세계 지배자로서의 지위에 흠집이 되는 일이었다. 또한 제5번 태양주기의 중심이며 태양신앙의 중심축인 우이찔로포치뜰리조차도 사실은 부족의 신에 불과하고, 메소아메리카의 오랜 역사를 가진 신들 가운데서는 외래자의 입장이었다. 멕시코 건설의 공을 세운 뜰라까에뜰의 조언에 따라 이츠꼬아뜰 왕(1427-1440재위)이 모든 고문서와 사본들을 불태워버리고, 아스떼까인들은 대륙 영주들의 후손임을 입증하는 새로운 기록을 만들도록 명령한 것은 이러한 연유에서 나온 것이다. 똘떼까와의 직접적인 연결을 주장함으로써 아스떼까는 메소아메리카의 다른 부족에 대한 지배권의 정통성을 찾고자 했다. 이와 같은 사실은 역사의 조작과 종교적 혼합주의가 어떻게 연관되었는지를 더욱 분명하게 보여준다.

피지배 부족들은 이러한 아스떼까의 주장에 회의적이었다. 아무도 이에 대해 감히 말을 할 수는 없었지만 아스떼까인들 자신조차도 이것이 사기극임을 알고 있었다. 마치 국가 상속권자가 파견해 온 특사를 맞이하듯이 목떼수마 2세가 꼬르떼스를 정중하게 대한 것은 이러한 역사적 배경에서였다. 꼬르떼스는 스페인 카를로스 국왕의 특사가 아니라 뚤라의 몰락 이후 단절된 제5번 태양의 성스러운 우주질서를 회복하기 위해 파견된 신, 또는 신에 버금가는 인물이나 마법의 전사로 생각되었다. 당시 아스떼까인들은 스페인 사람들에 대해 아무 지식이 없었던 것이다. 16세기 초 스페인 정복군이 도착한 시기는 메소아메리카에서 권력의 공백 기간으로 간주되는 때였다. 뚤라는 멸망하고, 제사장겸 왕인 께찰꼬아뜰 신은 언젠가 돌아올 것이라는 말을 남기고 떠났으며, 그 사이에 멕시코-떼노츠띠뜰란이 패권을 잡았다. 그러나 야만부족 출신의 아스떼까는 제5번 태양의 원리를 실제로 구현하였던 전설의 똘떼까인들이 다시 돌아올 것이라는 믿음으로 인해서 자신의 지위에 항상 위협을 느끼고 있었다. 께찰꼬아뜰에 관한 전설은 스페인인들에 대한 메소아메리카의 태도를 설명해준다. 전설에 의하면 께찰꼬아뜰은 아까뜰-1년(메소아메리카 태양력, 52년의 순환주기)에 태어났고, 52년 뒤 아까뜰-1년에 먼 곳으로 떠나갔다. 그는 언젠가 아까뜰 1년에 다시 돌아오리라고 사람들은 믿고 있었으며, 공교롭게도 꼬르떼스가 멕시코에 도착한 1519년은 아까뜰-1년이었다!

목떼수마 황제가 꼬르떼스를 맞이하는 다음 연설은 매우 인상적이다. "전하, 피곤하시겠습니다. 힘드셨을 것입니다. 그러나 이제 당신의 땅에 도착하셨습니다. 당신의 도시, 멕시코에 오셨습니다. 당신의 왕좌, 당신의 옥좌에 앉기 위해 여기 오셨습니다. 오, 잠시 짧은 기간 중 대리인들이 당신의 자리를 지키고 보존했습니다만 이제 그들은 모두 떠났습니다." 아스떼까 왕은 꼬르떼스의 성스러운 권한에 대해 추호의 의심도 없었다. 멕시코는 꼬르떼스의 것이고, 이는 정복에 의한 권리가 아니라 원래부터 그의 권리였다. 지금은 다만 그의 상속권을 회복하는 절차에 불과할 뿐이다. 목떼수마는 그들이 '이미 떠나갔다'고 강조했는데 이는 멕시코의 선대 왕들― 이츠꼬아뜰, 목떼수마 1세, 띠족, 아사야까뜰, 아우이쵸뜰 등을 지칭하며 이들이 단지 대리인 또는 섭정으로 나라를 다스렸음을 의미하는 것이었다. 선왕들은 목떼수마나 마찬가지로 똘떼까 상속권을 지키는 보관자이며 감시인에 불과했다. 아스떼까 왕은 "오, 그들은 얼마나 짧은 기간 동안 당신을 위해 이 왕위를 보관했는지요!"라고 섭정이 짧은 기간이

달의 피라미드(떼오띠우아깐)

었다고 언급하였는데 이것이 아쉬움의 표현인지 아니면 꼬르떼스의 호감을 얻기 위한 언급인지는 확실치 않다. 목떼수마의 강조하는 표현은 비감하기까지 하다. "저는 신비의 나라를 향해 시선을 고정하고 5일이고 10일이고 고뇌하고 있었습니다. 그리고 구름 사이로, 안개 사이로 마침내 당신이 오셨습니다. 당신이 이곳에 오고, 자신의 옥좌에 앉으리라는 것이 당신의 도시를 맡아 다스리고 통치했던 선대 왕들이 남긴 예언입니다."

목떼수마와 멕시코-떼노츠띠뜰란 지배층의 태도가 얼핏 생각되는 것만큼 이상한 것만은 아니다. 뚤라, 께찰꼬아뜰의 귀환은 시간의 순환 개념 속에 자연스럽게 포함된 사건이기 때문이다. 현대인들은 이것을 이해하기가 어렵다. 왜냐하면 우리는 앞을 향해 나갈 뿐 돌아오지 않는 직선적인 시간개념의 추종자이자 희생자이며, 시간 순환론과 그에 따라 발생하는 여러 가지 사건들을 이해할 수 없기 때문이다. 아스떼까의 경우 흘러간 시간이 다시 돌아올 것이라는 예상은 그들의 죄책감 속에 뿌리를 내리고 있다. 초기 시간의 복귀는 '보상'의 성격을 갖고 있었는데, 이는 아스떼까인들이 신화역사의 주인공 뚤라 문명과 다른 피지배 부족들에 대해 죄책감을 갖고 있었기 때문이다. 테스까뜰리뽀까 신의 등장과 그에 얽힌 기묘한 사건이 이를 입증하고 있다. 알려진 바와 같이 이 신은 뚤라가 멸망하는 데 결정적인 역할을 했다. 그리스도와 사탄, 부처와 마라의 경우처럼 테스까뜰리뽀까는 께찰꼬아뜰을 유혹하였는데 한 가지 다른 점은 좀 더 영악하고 운이 좋아서 고행 중인 께찰꼬아뜰을 마법으로 유혹하여 술에 취해 누이와 근친상간을 범하게 만드는 데 성공한 것이다. 그 결과 께찰꼬아뜰과 뚤라는 멸망했다. 아스떼까인들은 특별히 테스까뜰리뽀까를 높이 숭배한다.

꼬르떼스와 그 부하들이 요청이나 은근한 위협에도 불구하고 돌아갈 것을 거부한 채 멕시코-떼노츠띠뜰란을 향해 진군을 계속하자 목떼수마 2세는 확실한 무기, 마법을 가지고 그들과 대적하기로 결정했다. 목떼수마는 한 무리의 주술가와 마법사를 파견했고, 그들은 길을 떠났다. 그러나 마법사들이 거의 스페인 사람들과 만나게 되었을 때 '취한 듯이 말하는'(신이 들린 것인가?) 청년을 만났다. 그 청년은 마법사들을 멈춰 세우고 말했다. "당신들이 원하는 게 무엇이오? 목떼수마는 무엇을 하려는 거지요? 그는 실수를 저질렀어요. 백성들을 멀리멀리 끌고 갔고, 파탄에 빠트렸지요." 마법사들은 '취한' 청년의 혼란스럽고 웅얼거리는 말을 유심히 듣고 있었다. 마법사들이 그를 건드리려고 하자 청년은 돌연 사라졌다. 그러나 목소리는 계속 들렸고, 그는 마법사들에게 시선을 돌려 계곡 아래 도시를 내려다보라고 말했다. 사원과 마을회관, 사제학교, 모든 가옥이 불타고 있는 멕시코시티는 마치 전쟁터와 같았다. 이 모든 것을 본 마법사들은 혼비백산했고 말조차 제대로 할 수가 없었다. 그들은 말했다. "그 청년은 범상한 사람이 아니다. 그는 청년 테스까뜰리뽀까임이 틀림없다." 마법사들은 임무를 완수하지 못하고 돌아왔으며, 목떼수마에게 그들이 보고 들은 것을 이야기했다. 처음에 왕은 너무 낙담해서 아무 말 없이 있다가 마침내 중얼거렸다. "무슨 방법이 있겠는가, 용감한 이들이여? 이로써 우리는 마땅한 벌을 받은 것이오…!"

목떼수마에게 스페인 사람들의 도착은 어떤 면에서 아스떼까가 과거에 저지른 신성 찬탈의 죄악에 대한 대가라는 의미가 있었다. 지배의 정통성을 뒷받침하는 데 이용되었던 정치와 종교의 혼합은 스페인군이 도착하면서 오히려 불리한 일이 되었다. 스페인사람들이 가진 것으로 믿어지는 신의 힘, 신성은 아스떼까가 스스로 주장했던 우주적 임무와 같은 맥락의 것이었다. 스페인이나 아스떼까 모두 신의 질서를 지키는 관리자이며, 제5번 태양의 대리자이고 집행자였다. 다만 그들을 대하는 인디오들의 입장이 매우 복잡미묘했다는 사실을 정작 스페인인들은 깨닫지 못하고 있었다는 점은 흥미롭다. 이 모든 착각에 의한 비극적 혼란은 여타 인디오 부족들이 스페인군과 연합함으로써 더욱 악화되었다. 여타 인디오부족들은 멕시코-떼노 츠띠뜰란의 멸망이 메소아메리카에서의 권력 공백기, 이를 틈탄 아스떼까의 강탈과 그들의 종속적 상태에 종지부를 찍을 것으로 기대했다. 그러나 스페인은 아스떼까를 계승함으로써 권력의 강탈상태를 영구화했으며, 이로 인한 실망감과 환멸이 오랫동안 인디오들을 극히 수동적인 인종으로 만든 원인인 듯하다.

멕시코-떼노츠띠뜰란의 계승자로서 스페인인들은 아스떼까 정치체제 원형의 중심적 요소인 통치자(tlatoani; 왕 또는 주권자)와 피라미드를 후세에 전달하는 역할을 하였다. 이는 의도적인 역할은 아니었고 이성적 비평이나 검증 없이 무의식적으로 이루어진 일이다. 역사의 흐름 속에서 통치자 중심의 아스떼까 정치권력 형태는 수령 중심의 스페인-아랍 형태와 대립하는가 하면, 때로는 혼합되기도 했다. 이 두 가지 원형 사이에서의 진동이 스페인, 포르투갈 및 여타 라틴 아메리카 국가들과는 달리, 멕시코만이 가진 특징의 하나다. 다른 나라들은 절대적으로 수령(caudillo; 두목 또는 우두머리)들이 이끌어가는 체제였다. 통치자는 제도상의 지위로서 비인격적이고 제사장을 겸한다. 대표적인 예로 관료적, 계급적 기관인 PRI(멕시코 제도혁명당)에 속하는 대통령이라는 추상적 인물을 들 수 있다. 반면 수령은 개인주의자이고 웅대하고 예외적인 존재이며, 질서가 무너진 시기에 출현한다. 통치자는 지배체제가 제도적으로 계속 유지되도록 하며, 사제나 제사장 계급은 통치자를 내세워 권력을 행사한다. 대통령은 6년 임기 동안 그 자신이 PRI와 동일시되지만 임기가 끝나면 PRI의 분신으로 다른 대통령이 등장한다. 멕시코 대통령제도는 연속되는 대통령들이 각각 다른 인물이면서 역할은 동일할 것을 요구한다. 대통령에게는 막대한 권력이 집중되지만 이는 개인적인 것이 아니며, 그의 지위에 따른 권력이다. 즉 대통령직은 제도적 기능이다. 그러나 수령은 예외적인 지위여서 그의 권력은 항상 개인적이다. 수령은 어떤 사회계급에 속하지 않고, 특정한 종교 또는 비종교적 집단에 의해서 선출되지 않는다. 그는 위기와 혼란의 시대에 등장하는 예상치 않은 인물이고, 급변하는 상황 속에서 지도자 역할을 하며, 등장할 때처럼 어느 날 홀연히 사라진다. 수령은 법을 등지고 다스린다. 그는 자신이 법을 만든다. 반면 아스떼까의 권력강탈이든 PRI의 권력독점이든 권력을 장악한 방법에 관계없이 모든 통치자는 언제나 합법성에 지지기반을 두고, 모든 행위는 법의 이름으로 실행한다.

멕시코의 역사에는 후아레스, 산타 아나, 까란사, 비야 등 수많은 통치자, 수령들이 있다. 물론 이들 가운데 통치자, 수령 중 어느 한쪽의 특징만을 가진 사람은 없다. 그러나 아스떼까의 정치권력 모델이 은연중에 우리 사회를 지배하고 있음을 보여주는 분명한 흔적이 있다. 그것은 멕시코의 모든 과거 지도자들, 가장 자의적이고 수령 스타일에 가까운 사람들마저도 통치자의 범주에 들고 싶어 했다는 사실이다. 멕시코인들은 합법성에 대한 향수가 있는데 이는 라틴아메리카 다른 나라의 수령들은 갖고 있지 않은 감정이다. 볼리바르, 피델 카스트로, 로사스, 페론 등 모든 라틴아메리카의 수령들은 자신들의 행동을 위대한 업적이라고 믿는 반면, 멕시코인들은 그것을 일종의 의식(儀式)이라고 생각한다. 어떤 경우에는 폭력이 위법이지만 다른 면에서 보면 속죄를 위한 행동이 된다. 1929년 PRI의 창설과 함께 멕시코에서 수령들의 시대가 막을 내리고, 점차 아스떼까의 정치형태가 자리를 굳혀 가기 시작했다. 우리에게는 다른 길이 없었다. 그것은 안정을 위해 가장 좋은 모델이었고, 혁명 수령들 사이에 벌어진 20여 년의 내전과 폭력투쟁 후에 멕시코에서는 안정이 가장 시급하고 필요한 정치적 목표였기 때문이다.

그러나 극단적인 안정 지향주의자들은 겉으로 단단해 보이는 피라미드 구조물을 뿌리째 뒤흔들릴 수 있는 한 가지 요인이 있음을 간과하였다. PRI는 당시 상황에서 예외적인 임시방편으로 마련된 해결책이었는데, 영속적인 PRI의 권력독점 체제는 멕시코-떼노츠띠뜰란의 권력찬탈과 제5번 태양의 중심축이라는 주장과 일맥상통하는 면이 있었다. 현대 정치상황을 고대 미주사회의 신화적 개념으로 해석해 보면 PRI에 의한 혁명유산 강탈은 멕시코-떼노츠띠뜰란의 똘떼까 유산 찬탈과 같은 일이다. 또한 격변의 움직임, 지진, 그리고 위대한 피라미드의 붕괴 시대인 제5번 태양주기는 우리가 살고 있는 오늘의 세계— 혁명, 반란과 기타 사회변혁을 겪고 있는 우리 시대에도 해당하는 것이다. 제5번 태양의 동요와 격변 앞에서 우리를 구해줄 수 있는 것은 바위의 안정, 견고성과 단단함이 아니라 가벼움, 유연성과 변화의 능력이다. 안정은 결국 화석으로 굳어진다. 운동의 태양은 이 피라미드 돌덩어리를 부수어 가루로 만들어 버릴 것이다.

뜰라떼롤꼬 광장은 역사가 서려 있는 곳이다. 메소아메리카의 이원성을 보여주는 또 하나의 예로서 뜰라떼롤꼬는 멕시코-떼노츠띠뜰란의 쌍둥이 도시이다. 이 도시가 자치권을 완전히 잃었던 적은 없지만, 반란시도가 마사야까뜰 왕(1469-81재위)에 의해 무자비하게 진압된 후에는 중앙권력의 강력한 지배통제하에 들어갔다. 뜰라떼롤꼬는 상인계층의 거점이었고 광장에는 신전과 함께 큰 시장이 있었는데, 스페인 정복자 꼬르떼스와 베르날 디아스는 마치 전설을 이야기하듯 이 유명한 시장을 경이에 찬 감동으로 상세하게 묘사했다. 뜰라떼롤꼬 지역주민은 스페인 정복자들의 포위공격에 격렬하게 저항하였으며, 이곳은 아스떼까 제국에서 가장 마지막까지 버틴 지역이다. 선교사들은 마치 무모한 도박이라도 하듯 돌바닥으로 만든 거대한 뜰라떼롤꼬 광장 한복판에 자그마한 교회를 지었다. 그 교회는 오늘날까지 서 있다. 뜰라떼롤꼬는 멕시코 뿌리의 하나다. 그곳에서 선교사들은 원주민 귀족들에게 고전 문학, 스페인 문학, 웅변술, 철학과 신학을 가르쳤고, 사하군 신부는 미주 고대역사 연구 과정을 세웠다. 그러나 왕실과 교회는 무자비하게 이 연구를 중단시켰으며, 그 부정적 여파는 오늘날까지도 스페인과 멕시코인들에게 영향을 미치고 있다. 그 결과는 스페인의 강제에 의해 멕시코인들은 자신의 과거와 단절되고, 스페인은 멕시코인들과의 관계가 단절된 것이다. 미주문명 연구를 위해 16세기에 적극적인 시도가 있었고, 17세기까지도 이러한 노력이 일부 이어졌으나 이후에는 이와 관련한 스페인의 기여가 거의 없다.

그 뒤로부터 뜰라떼롤꼬는 군사감옥, 철도기지창, 흙먼지 날리는 변두리 등으로 변모하면서 눈에 띄지 않는 평범한 지역으로 남아 있었다. 몇 년 전 정부는 이곳을 거대한 서민 아파트 지역으로 만들었고, 이렇게 해서 유서 깊은 이 장소를 살려보려고 했다. 이 과정에서 피라미드 일부가 발견되었으며, 피라미드와 작은 교회 앞쪽에 개성이 없는 초고층빌딩— 외교부 건물을 지었다. 그러한 개발은 황폐한 도시지역에 3종류의 과잉문화를 한 자리에 모아놓는 달갑지 않은 결과가 되었다. 그 광장에 붙인 명칭인 '3색 문화의 광장'(떼노츠띠뜰란, 스페인, 현대 멕시코)은 10월 2일 학살사건 기념연설자들이 누구나 인용하는 상투어였다. 그러나 그 광장을 부를 때면 아무도 공식명칭을 사용하지 않고 전에처럼 뜰라떼롤꼬라고 부른다. 이처럼 옛 지명을 더 선호하는 것은 우연한 일이 아니며, 10월 2일 뜰라떼롤꼬는 두려운 논리에 의해 현실적, 상징적으로 우리 역사에 삽입되었음을 보여주는 것이다.[7]

뜰라떼롤꼬는 PRI(제도혁명당)의 화석화에 대항하여 나타난 피와 희생의 대응반응이다. 이 두 가지는 동일한 원형에 뿌리를 둔 현상이며, 다만 피라미드의 확고한 변증법적 체계 속에서 각각 다른 기능을 수행했을 뿐이다. 고대역사에서 뜰라떼롤꼬 광장과 멕시코-떼노츠띠뜰란 중앙광장 간의 연관관계는 오늘날 새로운 3색 문화의 광장(Plaza de las Tres Culturas)과 대통령궁이 위치한 멕시코시 중앙광장(Zólcalo) 간의 관계에서 반복되고 있는데, 이는 마치 묻혀 있는 현재라고 할 수 있는 과거가 현재의 사건들을 통해 은유적으로 표출되고 있는 듯하다. 두 장소 사이의 관계는 겉으로 드러난 외면역사에서 명시적으로 볼 수 있다. 그러나 또한 이 관계가 보이지 않는 멕시코 내면역사와 연관되어 있음을 깨닫는 순간 그것의 상징성을 알 수 있다. 우리

---

7) 역자 주 : 멕시코 올림픽 직전 1968.10.2. 뜰라떼롤꼬에서 시위학생 수백 명이 학살된 사건이 있었다.

는 어깨를 한번 움찔하고 신문이나 통계자료에서 보는 것 이상의 모든 역사해석을 거부할 수 있다. 그러나 사건의 의미를 외면적인 역사의 범주로 축소하는 것은 진정한 이해의 거부이며, 일종의 정신적 수족절단이다. 시 중앙광장과 뜰라떼롤꼬 간 관계의 진정한 속성을 확인하려면 제3의 참고기준이 필요하며, 이를 위해서는 중요한 역사적 의미가 있는 또 다른 장소, 챠플떼펙 공원을 가 보아야 한다. 그곳에 훌륭한 기념물, 멕시코 국립 인류학 박물관이 건설되어 있다.

멕시코 외면역사가 숨겨진 내면역사의 상징적 기록이고, 외면과 내면의 역사가 억눌리고 수면 아래 잠겨졌던 순간들의 표출이고 반복이며 은유적 표현이라고 한다면, 인류학 박물관에서 흩어진 조각들이나마 우리가 찾고 있는 모형을 재구성하는 데 필요한 것들을 발견할 수 있다. 그러나 전시관의 부서진 상징물과 발굴해낸 돌 조각 이외에도 박물관은 더욱 직접적, 구체적이고 확실한 가치가 있는 역할 하나를 더 가지고 있다. 즉 박물관 자체와 박물관이 고양하는 정신을 통해 마침내 우리 눈앞에 역사의 원형을 완전히 드러내는 것이다. 사실 인류학 박물관이 우리에게 보여주는 멕시코 역사의 이미지는 학문적 요청보다는 패러다임의 미학을 더 고려한 결과이다. 이는 박물관이라기보다 거울이라고 하는 것이 더 맞을 것이다. 다만 상징물들로 가득 찬 전시장에 우리 자신이 투영된 것은 아니며, 우이찔로포치뜰리 신과 그 어머니신 꼬아뜰리꾸에, 왕, 전설의 뱀, 전쟁 포로, 선인장 열매 모양의 심장 등 거대하게 과장된 멕시코-떼노츠띠뜰란의 신화를 볼 수 있을 뿐이다. 우리는 그 거울 속에서 자신의 이미지를 발견하는 것이 아니라, 우리를 압도하는 이미지를 경탄의 눈으로 바라볼 뿐이다.

인류학 박물관을 들어가는 것은 신화라는 장엄한 재료로 만들어진 건축물 속으로 들어가는 것이다. 입구에는 커다란 사각형 안마당이 있고 그곳에 돌로 만든 거대한 우산 모양의 구조물이 세워져 있다. 높은 돌 우산 위에서 부서진 달력 소리와 함께 빛과 물이 떨어진다. 수많은 연도와 세기들이 회색, 녹색의 돌바닥 위로 쏟아지고 있다. 높은 기둥 하나가 돌 우산을 받치고 있는데, 이 기둥에 공공 주제의 문장들을 새겨 넣은 조각들이 없었다면 더욱 훌륭했을 것이다. 그러나 이 박물관에 대해서 얘기하고자 하는 것은 미학이 아니라 윤리학과 관련이 있다. 그곳에서는 인류학과 역사학이 멕시코의 역사의식을 고양하는 역할을 하고 있다. 이 역사의식이 바로 우리의 국가 개념, 정치권력, 사회질서를 지탱하는 접착제이고, 드러나지 않지만 확고한 기반이다.

박물관을 방문하는 사람들은 전시관을 둘러보며 매료된다. 작은 나체 인형들로 꾸며진 신석기 시대; 올메까인과 숫자의 제로 개념; 시간과 하늘의 광부 마야인; 우아스떼꼬인 그리고 직선 도형의 단순한 모양으로 조각된 큰 바위들; 올메까의 둔중함과 떼오띠우아깐의 종교성을 탈피하며, 마야의 허식에 빠지지 않고 우아한 아름다움을 지닌 예술, 엘 따진 문화; 똘떼까와 수없이 많은 거대한 조각상들. 이처럼 다양하고 발달한 2천 년의 메소아메리카 역사 전체가 멕시코-떼노츠띠뜰란의 신격화와 대재앙이라는 마지막 무대에 앞선 서막처럼 펼쳐져 있다. 재차 설명할 필요도 없이 인류학 박물관이 보여주는 멕시코 고대문화 이미지는 역사, 과학의 관점에서 잘못된 것이다. 아스떼까가 그에 앞서 있었던 모든 문명을 대표하는 멕시코 문명의 최고점은 결코 될 수 없다. 오히려 그 반대라고 보아야 한다. 아스떼까가 구현한 메소아메리카 문명은 어느 부분은 지나치게 단순화되고, 어느 부분은 너무 과장되었으며, 전체적으로 빈약해졌다. 인류학박물관은 멕시코-떼노츠띠뜰란을 영광의 역사로 숭배하는 신전이 되고 말았다. 박물관에서 설파하는 신앙은 오늘날 우리의 역사책과 정치지도자들의 연설에서도 볼 수 있는 것과 동일한 것이다. 이는 계단식 피라미드와 희생제단이다.

우리는 왜 고대사회 잔해 속에서 멕시코의 원형을 찾으려고 노력하는가? 이 원형의 뿌리는 왜 아스떼까이며, 마야, 사포떼까, 타라스꼬나 오또미는 안 되는가? 여러 사람들이 다음에 이어지는 설명에 공감하지 않을 수도 있다. 미주 고대세계를 말살한 살인자들의 후예는 스페인 식민자들이 아니라 끄리오요(미주출생 스페인인), 혼혈, 인디오 등 인종과 관계없이 스페인어를 말하는 모든 멕시코인들이다. 따라서 인류학 박물관은 죄책감을 표현하고 있으며, 다만 심리분석 연구가 설명하는 바와 같이 방출과 전이의 심리과정을 통해 죄책감이 희생자에 대한 찬양으로 탈바꿈하였을 뿐이다. 동시에 우리 현대역사에서 아스떼까의 지배방식이 그대로 지속, 유지되고 있는 데 대해 박물관은 형식적으로만 비난할 뿐 실제로는 아스떼까 시대를 찬미함으로써 이를 정당화하고 있으며, 이는 매우 중요한 의미가 있다.

앞서 말한 바와 같이 아스떼까인과 스페인인과의 관계가 단지 대립적인 것만은 아니다. 스페인은 아스떼까 권력을 대체하여 계속 이어나갔다. 또한 독립 후에는 멕시코 공화국이 명시적, 묵시적으로 아스떼까-스페인, 중앙집권주의 및 권위주의 전통을 이어가고 있다. 아스떼까의 왕과 식민지 부왕, 공화국 대통령을 연결하는 맥이 있는 것이다. 인류학 박물관의 멕시코-떼노츠띠뜰란 찬미는 이제 학문적으로도 뒷받침되고 있는 아스떼까 피라미드 이미지의 찬양이다. 멕시코 정권은 변형된 형태로 아스떼까 세계 속에서 자신의 모습을 본다. 자신을 바라보면서 스스로의 존재를 확인한다. 따라서 뜰라떼롤꼬, 소깔로(멕시코시 중앙광장), 대통령궁 비판, 즉 현대 멕시코의 정치, 사회, 도덕 비판에는 인류학 박물관이 대상으로 포함되어야 하며, 이는 바로 역사 비평을 의미한다. 정치가 역사의 한 부분이라고 한다면 역사 비평은 동시에 정치, 도덕 비평이 될 것이다. 소깔로, 뜰라떼롤꼬, 인류학 박물관으로 만들어진 멕시코를 다른 이미지로 대체하여 바꾸려고 해서는 안 되며, 비평으로 맞서야 할 것이다. 모든 이미지는 화석화되는 치명적인 성향을 안고 있지만, 비평은 이미지를 녹여버리는 황산이다. 이 경우, 또는 항상 비평은 단지 상상력이 작용하는, 즉 상상력이 표현되는 하나의 방법이다. 우리 시대에 상상은 비판적이다. 비평이 꿈의 내용이 아님은 사실이다. 그러나 우리에게 꿈꾸는 법을 가르쳐주고, 악몽 속의 환영과 진정한 비전을 구분하는 법을 알려준다. 비평은 어떤 면에서 상상, 환상에서 벗어나 현실세계와 대면할 수 있는 상상의 연습이다. 비평은 우리가 우리 속에 있는 우상들을 부수는 방법을 배워야 한다고 말한다. 우리는 바람이 되고, 자유롭게 꿈꾸는 법을 배워야 한다.

아스떼까 신들의 어머니 여신 꼬아뜰리꾸에

EL LABERINTO DE LA SOLEDAD

삶의 의미가 존재하는 것이 아니라, 그 의미를 추구해 나가는 과정이 있을 뿐이다.

PART 3

멕시코와 고독의 미로

멕시코와 고독의 미로
(작가와 Claude Fell 교수의 대화)

　　　　　　　　　　　「고독의 미로」는 완벽한 일관성
이 있고, 전체적으로 변증법적인 균형이 잘 잡혀있으며, 알폰소 레예
스의 작품에서와 같은 '명확성과 투명성'을 독자들의 머릿속에 떠오
르게 하는 작품인데 이 작품에 관해 질문을 하는 것은 매우 어려운 일
이다. 그렇지만 이 책의 출판 25주년을 기념하여 「고독의 미로」에서
제기된 주요한 문제들이 어떻게 진행되고 있는지 살펴볼 필요가 있
다고 생각된다. 1968년 멕시코와 세계 각지에서의 대규모 시위 이후,
작가께서도 1970년에 다시 이 책으로 돌아와 '제2부 멕시코의 세 얼
굴'의 원고를 첨부하였는데, 그 덧붙인 글에서 이렇게 말하였다.

　　"고독의 미로(El Laberinto de la Soledad)는 비평적 입장에서
여러 각도로 고찰한 결과였음을 강조하고 싶다. 이는 멕시코의 정체
성, 또는 우리가 바라는 멕시코인들의 모습에 대한 글이 아니다. 멕
시코인이라는 것은 철학적인 본질이 아니라 역사의 산물이다."

■ 저의 첫 번째 질문은 기술적인 것인데, El Laberinto의 1950년 초 판과 1959년 수정판 사이의 차이점을 무엇인가?

두 출판물 간에 근본적인 차이는 없다. 수정에서 가장 중요한 부분은 책 내용을 시대의 흐름에 맞춘 것이고, 그 다음으로는 더욱 정확하고 간결하게 정리를 하는 것이었다. 또한 초판에서 너무 단순하게 생각했던 부분들이 있어 이를 교정하고자 했다. 그러나 기본적으로 두 개의 출판물은 같은 책이다.

■ 그 기간 중에 멕시코의 국내사정은 어떻게 변했는지?

제2판이 출간될 무렵에는 멕시코 혁명의 활동기가 끝났음이 분명해졌다. 그러면서 멕시코에는 제도화된 정권이 정착하였고, 우리는 혁명의 화석화 또는 제도화라는 역설에 빠졌다.

■ 국제정세와 관련해서 선진국과 개도국 간의 대립구도가 완전히 자리를 잡았다고 보는가?

이는 최근 내가 큰 관심을 갖게 된 주제다. 역사, 문화적 관점에서 보자면 부국과 빈국 간의 대립은 곧 중심권력, 제국주의 국가들과 주변의 변방국가들 그리고 종주국과 피지배국 간의 관계이다. 이 책은 문자 그대로 자의식을 회복하고 자신의 주인공 자리로 되돌아가기를 원하는 변방국가들의 노력과 방향을 같이하고 있다. 한편 초판에서 없었던 주제로서 유일정당 체제에 대한 비판이 포함되었다. 이 책은 스탈린주의의 끔찍한 경험을 겪고 나서 쓰여졌다. 그러나 이는 사실 세계적인 현상이다. 유일정당들은 이탈리아, 독일 등 파시스트 국가들에서, 또한 소련이나 멕시코 등 혁명세력이 집권한 국가들에서도 출현했다. 오늘날 이 현상은 사라지기보다 오히려 제3세계 전체로 확산되고 있다. 동시에 이념적 독단주의가 출현했다. 정통주의는 정치, 종교적 관료체제에 일반적으로 수반되는 현상이다. 현시대의 정통주의와 이를 신봉하는 주교들에 대해서 내가 느끼는 거부감은 기독교 초기시대에 이교도인 철학자 셀서스가 기독교 신자와 그들의 유일신앙에 대해 가졌던 감정과 비슷하다. 다행히도 멕시코 정당은 이념정당이 아니고, 인도의 국민회의당과 마찬가지로 이익단체들의 연합이다. 멕시코에 현대적 의미의 테러가 없는 것은 이 때문이다. 이단 심문 행위도 없다. 국가폭력과 민중폭력이 있었지만 나치즘이나 볼셰비키즘의 이념적 테러와는 전혀 성격이 다르다.

■ 출판되고 나서 이 책에 대한 반응은 어떠했는지?

좀 부정적이었다. 많은 사람이 화를 냈는데, 그들은 이 책이 멕시코를 폄하했다고 생각한다. 한 시인이 내게 재미있게 표현을 해주었다. 내가 멕시코 사람들을 향해 어머니를 욕하는 우아한 모욕의 글을 썼다는 것이다.

■ 사무엘 라모스(Samuel Ramos)의 작품, 그리고 호세 가오스(José Gaos) 그룹의 작품들과 대비해 본다면 이 책은 어떤 위치에 있는가?

이러한 종류의 국가에 대한 연구는 이미 오랜 역사가 있다. 19세기 프랑스에서는 이 분야에서 중요한 논문들이 나왔다. 스페인어권에서는 98스페인세대(1898년 미국-스페인전쟁 패배 후 결성된 스페인 지식인 그룹)가 최초로 이에 대한 연구를 시작했다. 아르헨티나에는 마르띠네스 에스트라다의 글이 있는데, 그것을 「고독의 미로」집필 전에 읽어보지는 못했다. 그러나 보르헤스의 짤막한 글 2-3개를 읽었다. 여기에서 보르헤스는 아르헨티나인들의 성향과 어법을 우아하고 엄밀하게 그려냈다. 멕시코에서는 사무엘 라모스가 국가에 대한 고찰을 처음으로 시도했다. 라모스의 관찰은 무엇보다도 심리적인 면과 많이 관련되어 있고, 프로이트의 정통 제자라고 할 수 있는 정신분석학자 아들러의 영향을 많이 받았다. 라모스는 소위 '열등감'과 그에 대한 보상의 형태로 나타나는 남성 과시욕에 대해 주로 서술했다. 그의 설명이 완전히 잘못된 것은 아니지만 그 내용에는 한계가 있고, 아들러의 심리분석 모델에 지나치게 의존하고 있다.

라모스에 이어 스페인 철학자 가오스의 영향으로 사상사(思想史)에 관심이 집중되었다. 다수의 책이 출판되었는데 그중의 하나로서 오고르만의 미주발견 사상의 역사에 대한 저서가 있고, 멕시코의 실증주의에 관한 세아의 책이 있다. 세아의 저서는 현대 멕시코의 결정적인 시기를 분석하고 있다는 점에서 특별한 관심을 끈다. 이 책이 나올 무렵에 나는 부에노스 아이레스의 일간지 '수르'에 실은 기고문을 통해 그 책의 내용 일부에 대한 비판적 입장을 밝혔다. 세아의 저서는 멕시코 실증주의의 역사적 기능을 훌륭하게 분석했고, 지배계층이 실증주의 철학을 채택하게 된 배경과 과정을 설명하였다. 우리와 마찬가지로 유럽에서도 실증주의는 지배적인 사회질서를 정당화하기 위한 철학사상이었다. 그러나 실증주의는 대서양을 건너 멕시코에 도입되는 과정에서 본질이 바뀌었고, 이것이 바로 내가 하는 비판의 초점이다. 당시 서유럽에는 부르주아 사회질서가 확립되어 있었으며, 이는 민주주의, 자유토론, 기술, 과학, 산업, 진보 등을 주요 내용으로 하는 체제였다. 반면에 멕시코에서의 실증주의는 지적, 언어적 구조는 동일하지만 실상은 대농장 제도에 기반을 둔 질서를 가리기 위한 가면이었다. 멕시코 실증주의는 사상과의 관계에 대한 잘못된 믿음을 심어주었다. 현실을 정당화하기 위한 사상과 사회현실 사이의 관계가 모호하였을 뿐만 아니라 실증주의자들의 의식 속에 자리 잡게 된 그릇된 사고방식의 출현은 상황을 더욱 왜곡시켰다. 심리적 단절이 발생했다. 실증주의 사회학자 콩트와 스펜서를 추종하는 계층이 학식 있고 민주주의를 신봉하는 부르주아가 아니라 토지를 소유한 소수지배 계층을 대변하는 사상가들이었기 때문이다.

젊은 청년 철학자들이 호세 가오스를 중심으로 1950년대에 구성한 하이페리언 그룹의 연구에 대해서도 살펴볼 필요가 있다. 그들은 당시 유행하던 실존주의, 특히 사르트르와 메를로 퐁티를 중심으로 한 프랑스 실존주의 철학의 깊은 영향을 받았다. 이들 중에 루이스 비요로는 사상사의 관점에서 멕시코 독립 초기단계를 날카롭게 분석하였다. 그의 분석은 이달고를 포함한 독립혁명 수령들과 그들이 추구한 사상 사이의 관계가 주요 대상이었다. 뽀르띠야의 고찰에서 볼 수 있는 바와 같이 기타 그룹 구성원들도 뛰어난 심리분석을 했다. 전체적으로 이 청년그룹은 '멕시코인의 철학' 또는 '멕시코 정체성 철학'을 확립하고자 시도했다. 이들 가운데 하나로서 특히 뛰어난 지성을 보여준 에밀리오 우랑가는 '멕시코인의 실체론'에 대해 얘기했다. 나는 멕시코인의 실체론이나 철학을 논하고 싶지 않았다. 이 책은 정치, 사회, 심리적 비평서로서 '도덕주의' 프랑스 전통의 범주에 들어간다. 이 책은 한편으로는 사고방식, 태도에 관한 서술이며, 다른 한편으로는 역사 해석 시도이다. 따라서 라모스의 분석과는 아무런 관련이 없다고 생각된다. 라모스는 심리학에 집중했지만 내 경우는 심리학이 역사적, 도덕적 비평을 위한 방편에 불과하다.

■「고독의 미로」에서 당신은 라모스가 제시한 것과 같은 인종 유형학은 심리분석으로 대체해야 한다고 말했다.

그렇다. 이 책의 중심 주제의 하나는 묻혀 있지만 살아 있는 멕시코가 있다는 것이다. 다시 말하자면 남성이건 여성이건 모든 멕시코인들에게는 숨겨진 이미지와 욕망, 그리고 충동으로 이루어진 우주가 존재한다. 억압, 억제, 기억, 욕구, 꿈으로 구성된 과거와 현재의 멕시코 세계를 그려보고자 했다. 물론 이를 완벽하게 그려내는 데는 크게 미치지 못했고, 주마간산격으로 한번 둘러본 데 불과하다. 유대인 유일신 종교에 관한 프로이트의 연구에 깊은 인상을 받았다. 전에는 도덕에 대해서만 말했는데, 이제는 임상요법을 추가해야겠다. 도덕 비판은 숨기고 있는 것을 스스로 드러내 보여주는 것이며, 이는 프로이트가 말한 바와 같이 상대적인 치유이다. 이러한 의미에서 나는 이 책이 숨겨진 아픈 현실을 그려내는 도덕 비판의 글이 되기를 원했다. 현대사회에서 비판 정신과 마르크시즘은 불가분의 관계가 있고, 나도 마르크시즘의 영향을 받았다. 최근에는 20세기 프랑스의 지성, 까이요와(Roger Caillois), 바타유(Nicolas Bataille), 그리고 이 두 사람의 스승격인 모스(Marcel Mauss)가 집필한 축제, 희생, 재능, 신성한 시대와 세속적 시대에 관한 많은 글을 읽었고, 그 논문들의 내용과 내가 멕시코인으로서 경험하는 일상생활 사이에 어떤 통하는 점이 있음을 깨달았다. 또한 몇 년 전 오르떼가 가세뜨가 스페인어로 소개한 독일 철학자들의 연구에서 많은 것을 배웠는데 그것은 현상학, 문화철학, 딜타이(Wilhelm Dilthey)와 짐멜(Georg Simmel)과 같은 역사학자, 사회학자의 연구 등이다.

나는 지금 생각하고 있는 내용을 그 당시 이미 깨달을 수 있었다. 즉 역사란 소위 과학과 시(詩)의 중간에 위치하는 지식이라는 것이다. 역사지식은 수량으로 나타낼 수 없고, 역사에는 일정한 법칙이 있는 것이 아니다. 역사학자는 과학자처럼 기록하고 시인과 같은 비전을 가져야 한다. 이런 점에서 마르크스는 위대한 역사학자이며, 역사의 연구는 그의 소명이었다. 마키아벨리의 경우도 마찬가지이다. 우리는 역사를 통해 과거를 이해하고, 때로는 현재를 알게 된다. 이는 지식이라기보다는 지혜라고 해야 할 것이다.

결론적으로 말해서 나는 멕시코 역사를 통해 멕시코의 개성을 보려고 시도했다.

■ 이로써 「고독의 미로」의 중요한 핵심, 즉 이 책에서 말하고자 하는 역사 개념에 대해 얘기해야 할 때가 되었다. 이 책은 과거 일어난 일들을 나열한 역사기록과는 성격이 전혀 다르다. 저자께서는 사건 기록 중심의 역사, 역사 결정론을 부정하고, 일부 현대 프랑스 역사학자들이 말하는 소위 '내면의 역사'를 규정하고자 노력하고 있다. 이 책의 제2부 「멕시코의 세 얼굴」 앞부분에서 "멕

시코인은 역사 속에 있는 것이 아니라 그 자신이 바로 역사다."라고 말함으로써 이러한 흐름을 확인했다. 이에 대해 설명해 주겠는가?

스페인어는 프랑스어에 비해 한가지 장점을 가지고 있는데 이는 '-에 있다'(estar)와 '-이다'(ser) 두 가지 동사를 가졌다는 것이다. '역사 속에 있다'는 어떤 역사적 환경에 둘러싸여 있음을 뜻한다. 그러나 '역사이다'는 자신 스스로가 역사환경이며, 변화하는 주체임을 의미한다. 그에게 작용하는 소위 역사요인의 하나는 바로 그 자신이다. 끊임없는 상호작용이 일어난다. '내면의 역사'라는 용어를 처음 사용하기 시작한 것은 우나마노, 아메리코 가스트로 등의 스페인 지식인들인데, 스페인에서는 요즘 '사고방식의 역사'라는 표현을 많이 사용하고 있다. 하지만 '내면의 역사'가 '사고방식의 역사'보다 더 적합한 표현으로 생각된다. 최소한 스페인어 사용자에게 사고방식이란 정신, 사상과 관련된 외형적인 것이기 때문이다. 한 사회의 진정한 역사는 드러난 사상뿐만 아니라 내면적인 믿음과도 큰 관련이 있다. 따라서 오르떼가 가세뜨가 사상과 믿음, 두 분야를 구분한 것은 적절하다. 믿음은 영혼의 깊은 곳에 머무르며 따라서 사상보다 훨씬 조금 변화한다. 예를 들자면 중세는 성토마스 학파의 시대이고, 17세기는 데카르트 시대이며, 현대에는 많은 사람이 마르크스주의자다. 그럼에도 불구하고 런던, 모스크바, 파리 시민들은 아직도 바빌로니아 시대에 기원을 둔 점성술을 읽고, 신석기 시대 주술에 매달린다. 멕시코에 대한 내 관심사는 땅속에 묻혀 숨겨져 있는 믿음을 찾아보는 것이다.

■ 앞서 말한 것들과 관련해서 또 하나의 본질적인 관념, 신화로 자연스럽게 시선이 돌아간다. 「고독의 미로」가 멕시코 신화를 해석하기 위한 노력이라고 볼 수 있는가?

그렇다. 바로 그것이 내 의도이다. 이와 관련하여 '신화의 해석은 또 하나의 신화다.'라고 한 레비-스트로스(Levi-Strauss, 1908-2009, 벨기에 인류학자)의 말을 되새겨볼 필요가 있다. 4권으로 구성된 '날것과 익힌 것'은 남미 신화에 관한 논문인 동시에 그 자체가 하나의 신화이다. 언어가 다른 신화일 뿐이다. 「고독의 미로」는 신화들을 기록하고 이해하기 위한 시도였고, 동시에 문학작품이라는 점에서 또 하나의 신화가 되었다고 볼 수 있다.

■ 레비-스트로스는 잡지 「마음」에 기고한 글에서 신화는 힘이 고갈되었지만 소멸되지 않을 것이며, 신화가 선택할 수 있는 길이 아직 두 가지 남아 있는데 이는 공상적인 세계의 확장 또는 역사적 정통성 수립에 대한 기여라고 했다. 레비-스트로스가 말한 바와 같이 신화가 쇠퇴해서 마침내 죽음을 맞이할 위험이 있다고 생각하는가? 멕시코 신화는 우리의 정치체제 또는 지적 자산의 일부가 되지 않았는가?

모든 살아 있는 생명체와 마찬가지로 신화는 태어나 쇠퇴하고 죽는다. 또한 신화는 부활하기도 한다. 그러나 레비-스트로스의 견해에는 동의할 수 없는 부분이 있고, 이에 대해 상세한 글을 썼었다. 레비-스트라우스는 시(詩)와 신화(神話) 사이에 본질적인 차이가 있는데 그것은 신화는 번역이 가능하지만 시는 불가능하다는 것이라고 주장했다. 나는 오히려 그 반대라고 생각한다. 신화나 시는 번역이 가능하다. 그러나 번역과정에서 변환이나 부활이 일어난다. 스페인어로 번역된 보들레르의 시는 다른 시이고, 동시에 같은 것이기도 하다. 신화도 마찬가지다. 미주 고대사회의 신들은 과달루뻬 성모를 통해 다시 살아났다. 과달루뻬 성모가 이들을 누에바 에스파냐(멕시코 식민지 부왕국)의 기독교 언어로 번역하였다. 스페인 식민자들은 과달루뻬 성모 -스페인 성모- 를 멕시코 상황에 맞는 언어로 번역하였다. 스페인과 원주민 신화의 이중 번역이다. 과달루뻬 성모는 살아남은 소수의 멕시코 신화 중 하나다. 우리는 사람들의 감성 속에서 매일 과달루뻬 성모의 부활을 본다. 께찰꼬아뜰의 경우는 매우 다르다. 여기에서도 레비-스트라우스가 생각한 것처럼 신화는 정치, 문학으로 전환된다. 소설, 시, 연극으로 나타난 께찰꼬아뜰 신화의 문학적 성과는 변변치 못하다. 가장 뛰어난 작품이 로렌스의 「깃털 달린 뱀」인데 이 책은 훌륭하지만 균형이 없고 논리가 흩뜨려져 있다. 정치신화로서는 께찰꼬아뜰이 성공을 거두었다. 우리의 영웅 가운데 상당수는 대중의 상상에 맞추어진 인물이 아니라 께찰꼬아뜰을 구현하는 인물들이다. 이는 무의식적인 구현이다. 께찰꼬아뜰 신화는 정부의 정통성에 관련된 주제라는 점에서 중요한 의미가 있다. 이는 아스떼까 제국, 스페인 식민정부, 멕시코 공화국의 PRI 등 모든 집권세력들이 집착했던 문제이다.

멕시코인 심리의 밑바닥에는 역사와 현대생활로 가려진 현실이 숨어 있다. 감추어져 있으나 엄연히 존재하는 현실이다. 이를 보여주는 예가 정치권력에 대한 이미지이다. 그 이미지 속에는 미주 고대사회의 요소가 들어 있으며, 또한 스페인, 지중해, 아랍의 여러 신앙이 녹아 들어가 있다. 대통령 각하에 대한 존경심의 배후에는 전통적 아버지의 이미지가 있다. 가족은 매우 강력한 현실이다. 문자 그대로 보금자리다. 산 이와 죽은 이가 만나는 중심이고, 제단이며, 사랑을 나누는 침실이고, 식사를 준비하는 부뚜막이며, 조상을 묻는 재다. 멕시코 가족제도는 몇 세기의 불운했던 힘든 시기를 꿋꿋이 헤쳐왔으며, 최근에 와서야 도시에서 해체의 조짐을 보이기 시작했다. 멕시코인들은 신앙, 삶과 죽음에 대한 생각, 좋은 것과 나쁜 것, 여성다움과 남성다움, 아름다움과 추함, 해야 할 일과 해서는 안 될 일, 이모든 것들을 가정을 통해서 배웠다. 가정의 중심에는 '아버지'가 있다. 아버지라는 존재는 가부장과 마초(macho, 남성, 수컷을 일컫는 통속어), 두 종류로 분류된다. 가부장은 보호자이고, 좋은 사람이며, 강하고, 지혜가 있다. 반면 마초는 무서운 사람이고, 불량배이며, 아내와 자식을 버리고 떠나버린 아버지다. 멕시코 지도자들에게는 이러한 두 가지 극단적 이미지가 동시에 투영되어 있다. 대통령각하인가 하면 두목 또는 수령이기도 하다.

수령의 이미지는 멕시코뿐만이 아니라 스페인과 라틴아메리카에도 존재한다. 처음 시작된 기원은 아마도 아랍일 것이다. 아랍세계는 안정된 정부체제, 즉 개인을 초월하는 정통성을 만들어내지 못했다. 불안정에 대한 대책은 예나 지금이나 두목, 수령이다. 불안정한 대륙, 라틴아메리카에서는 독립 이후 수령들이 나타나기 시작했다. 우리 시대를 풍미한 페론, 카스트로, 그리고 멕시코의 디아스, 까란사, 오브레곤, 까예스 등이 그러한 예다. 수령은 영웅적이고, 서사적이다. 법을 초월할 뿐만 아니라, 법을 만드는 인물이다. 반면 대통령은 법의 사람이고, 그의 권력은 제도를 배경으로 한다. 멕시코 대통령들은 입헌 독재자이며, 수령은 아니다. 대통령으로 재직하는 동안 권력을 가지며, 그의 권력은 거의 절대적이고 신성하다. 권력은 그가 취임한 직책으로부터 나온다. 그러나 라틴아메리카 수령들의 권력은 직책에서 얻어지지 않으며, 오히려 그들이 직책에 권한을 부여한다.

멕시코 정치체제의 특성인 순환 원칙은 수령을 중심으로 한 라틴아메리카 정치체제에는 존재하지 않는다. 이에 따라 무서운 아버지에 대한 주제와 함께 정통성 문제가 다시 제기된다. 이는 출생의 비밀 또는 수수께끼로서, 라틴아메리카에서는 19세기 초 독립 이후 내내 매우 심각한 문제였다. 예나 지금이나 라틴아메리카의 권력구조인 수령체제는 정통성의 문제를 해결하지 못하였고, 따라서 권력승계 문제도 해결할 수가 없었다. 수령체제에서 권력승계는 쿠데타나 수령의 죽음에 의해 이루어진다. 불안정에 대한 과감한 해결책으로 만들어진 수령체제는 미주대륙에서 오히려 불안정의 근원이 되었다. 불안정은 정통성이 결여된 데에서 나온 결과다. 스페인 왕실에서 독립을 쟁취하고 나서 2세기가 지난 현재까지도 미주국가들은 아직 정통성을 갖출 수 있는 방안을 마련하지 못하였다. 이러한 점에서 단일 정당에 의한 관료적 지배와 대통령제의 결합을 주요 내용으로 하는 멕시코의 타협방안은 하나의 해결책이 되었다. 그러나 그 효력은 시간이 흐를수록 쇠퇴해가고 있다.

■「고독의 미로」에서 분석한 바 있는 역사과정에 대해 한번 얘기해 보았으면 한다. 1910년 멕시코 혁명을 소개하는 부분에서 저자는 사빠따 운동을 높이 평가했다. 그러나 이 책을 집필할 때만 해도 에밀리아노 사빠따(Emiliano Zapata)에 대한 일반대중의 관심이 거의

없었기 때문에 그러한 평가는 예외적이고 새로운 것이었다. 당시 언론이나 글에 언급될 경우에 사빠따는 언제나 잔인한 도적 등으로 묘사되었다. 이 책에서 사빠따주의에 관심을 기울이게 된 이유를 설명해 주었으면 좋겠다.

두 가지 이유가 있는데 첫 번째는 내가 살았던 경험에서 비롯된 것이다. 나의 부친은 중산층 집안 출신이면서도 위대한 혁명가로서 노조 '세계 노동자의 집' 창시자인 안토니오 디아스 소또 이 가마 (Antonio Díaz Soto y Gama)의 친구이자 동료였다. 부친은 '소또 이 가마'의 무정부주의 영향을 받은 청년그룹에 속해 있었다. 이 청년 그룹은 빅토리아노 우에르따 독재정권시절에 북부로 가서 그곳 군대에 합류하고 싶어했다. 북부군은 가장 잘 조직되어 있고, 군사적 관점에서 사실상 혁명의 승리를 가져다준 군대였다. 당시 북부는 대농장주와 중산층이, 남부는 언론이 야만적인 무장폭도라고 부르는 무토지 농민들이 장악하고 있었다. 그러나 청년그룹은 북부군에 합류하지를 못했고, 방향을 바꾸어 남부로 가게 되었다. 그곳에서 사빠따를 알게 되고 사빠따주의에 매료되었다. 부친은 그때부터 사빠따주의가 멕시코의 진실이라고 생각하게 되었다. 나는 부친의 생각이 맞았다고 믿는다. 남부에서 농민군에 합류하여 투쟁했던 여러 사람들과 '소또 이 가마'와 나중에 우정을 쌓게 되었고 이를 통해서 내 믿음이 정당하다는 확신을 갖게 되었다. 남부는 과거에서부터 지금까지 완전히 인디오 사회다. 그곳에는 전통문화가 아직 그대로 살아 있다. 내가 어렸을 때는 나이가 많은 사빠따주의 지도자들과 많은 인디오들이 우리 집을 방문했었다. 변호사인 내 부친은 소송이나 토지 요구 등에서 그들의 변호를 맡아 도와주었다. 한 인디오 공동체가 푸에블라로 가는 길의 중간에 있는 작은 호수들의 소유권을 요구하였던 사건이 기억난다. 그 인연으로 부친의 가톨릭 영명축일이 되면 인디오들이 선인장술 풀케를 뿌린 오리고기 요리를 가져다주어 여러 차례 그것을 먹었다.

정부의 사빠따주의에 대한 설명은 상투적이고 틀린 것이다. 내가 「고독의 미로」에서 설명한 바와 같이 사빠따주의가 다른 혁명그룹들과 구별되는 점은 역사 근원으로의 회귀를 시도하였다는 것이다. 모든 혁명은 그 사회의 근원으로 생각되는 과거로 돌아가려는 충동을 갖게 된다. 이는 한때 정의와 화합이 지배하는 사회였으나, 권력자와 폭력배들에게 유린당한 과거이다. 혁명은 황금시대로의 회귀라는 신화가 현대에 다시 살아난 현상이다. 그렇기 때문에 이것은 폭발적인 감염력을 갖고 있다. 사빠따주의에서 이 열망은 토지공동체로의 환원을 요구하는 형태로 나타났다. 이러한 집단농장 형태의 토지공동체는 고대사회에 실제로 존재했었고, 특히 스페인왕실도 인정한 제도였다. 고통스럽고 힘들게나마 인디오의 토지공동체는 식민지대농장, 교회의 거대한 농장과 함께 공존하며 명맥을 이어왔다. 사빠따주의의 첫 번째 요구는 토지의 반환이며, 두 번째는 부수적인 요구로서 토지의 재분배였다. 토지의 반환은 출발점으로의 회귀를 의미하였다.

사빠따주의의 모순은 이것이 뿌리 깊은 전통주의 운동이라는 데 있다. 혁명을 추진하는 힘도 바로 이 전통주의에서 나왔다. 전통주의를 배경으로 하고 있기에 사빠따주의는 강경한 파괴적 성향을 가졌다. 전통적인 동시에 혁명적인 성향은 처음부터 나를 사로잡았다. 사빠따주의는 억눌리고 감추어진 현실을 표면에 드러내기 위한 운동이었다. 이는 이념보다는 본능적인 움직임에 의한 혁명이었고, 위계질서, 사회계급, 재산 등을 넘어서는 진정한 현실을 폭로하고자 하는 폭발이었다.

■ 저자는 멕시코 혁명이 이념적 기반을 갖고 있지 않다고 강력히 주장하였다.

이것은 멕시코 혁명이 19세기 자유주의 등 다른 운동들과 구별되는 중요한 차이다. 1910년경 시작된 멕시코의 변화와 사회 대변동을 '혁명'이라고 부르는 것은 어쩌면 언어적 편의에 지나지 않는다. 여러 해가 지난 뒤에 20세기의 대격변과 사회의 지각변동에 대해 다시 생각해 본 결과, 혁명과 폭동, 반란을 구분해야 한다는 결론에 이르렀다. 혁명은 직선적으로 앞을 향해 진행되는 시간 개념의 산물이며, 폭력에 의해 하나의 사회체제를 다른 체제로 영구히 바꾸는 것이다. 마르크스와 엥겔스가 수없이 말한 바와 같이 혁명은 개발의 결과로 발생한다. 폭동은 소외된 개인이나 집단의 행동이고, 반란은 혁명처럼 사회질서의 변화를 추구하지 않고 다만 독재자 타도를 목표로 할 뿐이다. 반란은 순환적인 시간개념을 갖고 있다. 이는 정의롭지 못한 체제에 저항하는 민중봉기이고, 동등한 구성원 간의 사회계약에 기초를 두었던 초기 시대로 돌아갈 것을 주장한다.

1910년부터 1929년까지 멕시코의 격변기에 발생한 몇 가지 현상들은 서로 구분해야 할 필요가 있다. 첫 번째는 국가 현대화를 위한 부르주아와 중산층의 혁명이다. 이 혁명은 승리를 거두었고, 좋든지

나쁘든지 간에 오늘날 우리 사회가 갖고 있는 많은 것들이 그 결과로 부터 나왔다. 거대한 멕시코시티의 건설이 대표적인 예다. 자유주의 와 디아스정권의 연장이라고도 할 수 있는 진보주의 혁명과는 달리 남부에서 일어난 멕시코 농민반란은 이를 부정하는 반대 방향으로의 움직임이다. 농민반란은 군사적으로 패배했고, 지도자 사빠따는 암살되었다. 승리한 세력은 그 후에 사빠따주의의 이념을 탈취하고 이를 왜곡하여 이용하였다. 승리세력은 인디오 토지공동체를 전적으로 경제적으로만 해석했다. 인디오 토지공동체는 생산수단으로서는 자본주의 농업보다 열등하다. 그러나 토지공동체는 더 많은 생산을 위한 것이 아니라 더욱더 잘살기 위한 제도이다. 우리가 살고 있는 사회에서보다 더 자유롭고, 공정하며, 조화롭게 살기 위한 제도이다. 토지공동체는 자본주의도 사회주의도 아닌 제3의 사회체제를 위한 경제적 기반이다.

사빠따 운동은 진정한 민중봉기로서 모든 것을 원래대로 돌려놓아 처음으로 돌아가려는 시도였다. 이는 역사적 토대를 가진 운동이었다. 농민들이 원하는 것은 토지공동소유 제도로의 복귀였고, 또한 역사 초기에 존재했던 황금시대라는 신화의 영향을 많이 받았기 때문이다. 이 농민봉기는 유토피아적 성향이 강했다. 그들은 경제력이 아니라 전통과 정신에 의해 위계질서가 만들어지는 공동체의 건설을 희망했다. 이 공동체는 신석기시대 마을과 유사한 것으로서 경제적으로 자급자족이 이루어지고, 부모와 자식, 남자와 여자, 노인과 청년, 기혼자와 미혼자 간의 관계와 같은 자연의 위계질서를 제외하고는 모든 사람이 평등한 사회이다. 또한 여기에서는 정치, 종교적 권위는 최소한으로 억제되는데 이로써 정부와 교회, 두 종류의 관료체제가 제거된다. 한 가지 특이한 것은 사빠따주의 세력이 과달루뻬 성모의 깃발과 휘장을 가지고 다녔다는 점인데 그들은 종교적이었으나 성직 지지자는 아니었다. 그들은 민족주의자도 아니었다. 사빠따주의자들이 알고 있고, 지키고자 한 현실은 마을이었으며, 이는 국가, 민족과 같은 거대한 추상개념이 아니라 농민, 수공예 직공들이 더불어 사는 작은 공동체였다. 할 수만 있었다면 사빠따는 대통령 의자를 불태워 버렸을 것이다. '소또 이 가마'는 콘벤시온에서 행한 그의 유명한 연설 중 국기를 구겨버리면서 '이 헝겊조각'이라고 불렀다.

■ 유토피아 개념은 스페인 정복 시기의 선교사, 19세기의 자유주의, 20세기 초 사빠따주의 등과 함께 멕시코 역사에서 주기적으로 등장한다.

그렇다. 유토피아와 공동체 개념은 가톨릭 선교사들, 그리고 사빠따주의에서도 발견할 수 있다. 그러나 언어적 의미로는 유토피아 사상을 포함하는 자유주의에서는 유토피아 개념을 볼 수 없었다. 20세기 대부분의 혁명은 19세기 멕시코 자유주의 혁명과 비슷한 양상을 보였다. 이것들은 현실세계에 기하학적인 체제를 적용하려는 시도였는데, 결과는 괴물을 만들었다. 멕시코에서 혁명 승리파는 19세기에 시작된 '현대화'를 계속 추진했다. 후아레스와 까란사 사이에는 분명한 연관이 있다. 그러나 후아레스와 사빠따 사이에는 연결관계가 보이지 않는다. 후아레스에 대한 증오에 눈이 먼 바스콘셀로스는 사빠따가 후아레스에 대해서 반대 입장이며, 모든 진보주의와 급진주의를 부정하고 있음을 깨닫지 못했다. 19세기로부터 20세기에 걸쳐 멕시코를 이끌어간 인물들이 많은 경우 이념적으로 대립된 것처럼 보이지만 한 가지 계속 이어지는 공통점이 있는데 그것은 진보주의, 즉 멕시코를 '현대화'하려는 시도였다. 현대화 계획들은 공통으로 멕시코가 현대세계의 흐름을 거슬러 태어났다는 오점, 원죄를 지우고자 하는 욕망을 반영했다. 사빠따는 그 모든 것들을 부정했다. 사빠따는 자유주의와 보수주의, 마르크스주의와 신자본주의 간의 논쟁을 넘어서는 존재이다. 그는 훨씬 이전부터 있었고, 아마도 미래에 멕시코가 사라져도 존재할 것이다.

- ■ 혁명시대와 관련한 마지막 질문이다. 까르데나스 정부정책 (Cardenas, 1934–40 대통령)에 대한 저자의 평가는 대단히 신중한 것 같은데 어떻게 생각하는지?

나는 까르데나스 정부시기에 살았고 따라서 직접 경험했다. 반면에 사빠따는 읽고, 공부하고, 숨 쉬고, 익혀서 알게 되었고 그 시대를 살아보지는 못했다. 많은 면에서 까르데나스 장군의 정책은 훌륭했다. 국제관계에서 파시스트, 히틀러, 무솔리니, 에티오피아 침공, 스페인에 반대한 행동을 예로 들 수 있다. 이에 관해서는 흠 잡을 데가 없다. 내가 특히 감동한 것은 까르데나스가 레온 트로츠키의 망명 (1940.8. 멕시코에서 암살당함)을 받아들인 유일한 국가원수라는 점이다. 까르데나스는 첫 번째로는 스페인 난민들에게 문을 열어주었으며, 나중에는 유럽인들을 받아들였다. 까르데나스의 국제정책에는 호의적인 국내의 정치사정과 함께 당시의 국제적인 정세가 도움이 되었다. 국내적으로는 까르데나스의 대외정책이 국가현실과 맞았고, 당시 멕시코의 열망과 필요성을 반영하고 있었다. 한편 세계는 아직 동서의 양대 블록으로 굳어지기 이전이었으며, 강대국들 간의 대립구도에서 중소국가들이 움직일 여지가 남아 있는 상황이었다. 2차 대전 후에는 드골이나 그 뒤로 중국의 반헤게모니 노력에도 불구하고 국제사회는 점차 경직되어갔다. 쿠바의 경우는 다른 초강대국의 그물망 속으로 도망하기 전에는 어느 일방 강대국의 마수를 벗어난다는 것이 불가능함을 보여주었다. 그러나 상황은 다시 변하기 시작하였고, 이제 일정한 한도 내에서 독립적 국제정책 추진이 가능해지고 있다. 당연히 이러한 정책을 마련해야 할 것이다. 이는 까르데나스 정부 정책으로 돌아감을 의미하는 것은 아니다. 그것은 시대착오적이다. 모든 부문에서와 마찬가지로 국제정책에서 라틴아메리카가 빠진 거대한 유혹에서 벗어나야 한다. 우리가 빠진 유혹— 겉모양의 제스처는 행동을 대신할 수 없는 것이다.

전쟁으로 인해 유럽 지성인들, 특히 스페인 지식인들이 이주해온 것은 멕시코에 큰 도움이 되었다. 그들은 멕시코의 문화혁신에 매우 중요한 역할을 했다. 그러나 까르데나스의 문화정책에는 심각한 한계가 있었다. 그는 대학에 관심이 없었고, 과학과 순수 학문, 자유 문학과 예술 등의 상층문화에 대한 호의도 없었다. 까르데나스와 측근들의 관심은 혁명적 교훈주의와 민족주의에 집중되어 있었다. 사실 이러한 현상은 바스콘셀로스의 문화정책과 같은 예외적인 경우를 제외하고는 역대 멕시코 정부의 예술문화 정책이기도 했다. 멕시코의 공공예술은 서커스 단원의 근육처럼 부풀려진 국가 예술이다. 이와 비교할 만한 예술을 가진 나라는 소련이 유일하다. 우리의 전문 분야는 공공 인물, 특히 최근 정부 고위 공직자들을 큰 규모의 그림이나 조각으로 영광스럽게 표현해 내는 것이다. 거대한 시멘트 동상들이 만들어지고, 애국심을 고취하는 육중한 석재 조각 기둥들이 숲을 이루어 공원과 광장을 짓누르고 있다. 그러나 까르데나스는 이에 대해 큰 책임이 없다. 이 끔찍한 일은 그에 앞서 이미 시작되었고, 그 뒤에 오는 정부에서 더욱 확대되었다. 반면 까르데나스 정부는 당시 멕시코 문학계에서 가장 뛰어난 사람들이었던 '현대작가' 그룹의 시인과 작가들을 반혁명분자이고 동성애자라는 가증할 비난 아래 중상모략 하여 정부에서 축출하였다. 까르데나스 정부에서 가장 어처구니가 없는 일은 사회주의권이 아닌 나라에서 사회주의의 학교교육을 시킨 것이다. 이는 또 하나의 이념의 단절이었다.

까르데나스 정부는 경제, 사회 분야에서 중요한 업적을 남겼고, 대체로 긍정적인 평가를 얻었다. 석유의 국유화는 당초 목표로 했던 성과를 얻어내지는 못했지만 중요한 한 걸음이었다. 농업 및 노동 정책도 훌륭했다. 그러나 까르데나스와 그 후임자들은 아무도 미래에 닥쳐올 일에 대해 의심을 갖지 않았으며, 맹목적인 산업화와 개발이 가져올 수 있는 파멸적 결과를 내다보지 못했다. 까르데나스의 후임자들은 근시안적 시각에서 미국의 개발모델을 채택하였고, 이러한 보수주의 정책은 이미 조금씩 마각을 드러내기 시작한 파탄을 더욱 촉진하였을 뿐이다. 멕시코의 해묵은 문제들을 해결하기 위해 채택한 길은 길이 아니라 벽이었고, 우리는 그곳에 충돌하고 말았다. 국가현대화 계획에 매진하고 있던 정부 지도자들은 보좌관, 전문가, 이념가들에 둘러싸여 있으면서도 통제를 벗어난 폭발적 인구증가의 위험을 감지하지 못했다. 저개발의 '또 하나의' 멕시코는 발전한 멕시코보다 더 빠르게 확장되고 있었으며, 발전한 멕시코를 익사시켜 버릴 위험이 있었다. 또한 멕시코시티의 인구, 정치, 경제, 문화적 집중에 대한 대책도 취해지지 않았는데, 이러한 과도한 집중으로 인해 멕시코시티는 괴물로 변모했고, 나약한 몸통을 짓누르는 기형적으로 거대한 머리가 되었다. 산업사회의 도덕적, 물리적 문제들은 차치하더라도 국경너머 미국의 대도시는 숨을 쉴 수 없을 정도로 공기가 악화되었음을 보았는데도 불구하고 대기오염을 방지하기 위한 아무런 조치도 취하지 않았다. 또한 교육계획의 무참한 실패와 고등교육의 붕괴를 예견하지 못했다.

정치적으로 까르데나스 정권에서는 폭넓은 표현의 자유가 주어졌다. 이는 대단히 중요한 진전이다. 또 하나 중요한 사실이 있다. 까르데나스는 자발적으로 물러난 최초의 대통령이며, 까예스처럼 배후에서 권력을 행사하려고도 하지 않았다. 통치 스타일도 칭찬을 받을 만했다. 멕시코 대통령들은 국민의 우상이 되고 싶은 유혹을 상당히 받게 되는데, 그는 이러한 유혹을 물리쳤다. 그가 집권하고 있던 기간 중에는 마치 우리 가운데에서 한 사람이 국가를 통치하고 있는 듯한 특이한 느낌을 받았다. 그러나 까르데나스 정부는 민주주의 실험을 시도하지 않았으며, 오히려 단일정당 체제를 강화했다. 까르데나스 장군은 민족혁명당(PNR)을 설립한 혁명지도자들의 노선을 따랐다. 그는 PNR의 명칭을 멕시코혁명당(PRM)으로 변경하였고, 정당 이름은 나중에 제도혁명당(PRI)으로 바뀌어 오늘에 이르고 있다. 3개의 정당명칭은 20세기 초 이후에 나라를 지배해온 정치관료제의 역사를 반영하고 있다.

PRI를 모르면 멕시코를 이해할 수 없다. 마르크스주의 시각에서의 설명만으로는 충분하지 않다. PRI는 국가구조의 일부로 자리 잡고 있고, 자신 만의 독특한 개성을 가진 정치계급을 구성하며, 작은 마을 사무소부터 중앙정치 무대의 최상층까지 연결조직을 가지고 있어 사회유동성의 큰 통로 기능을 한다. 단일 정당은 라틴 아메리카의 다른 나라에서는 찾아볼 수 없는 현상이다(쿠바도 단일정당이지만 이는 경우가 다르다). 물론 멕시코에서는 경제력보다는 권력을 더 추구한다. 백만장자라 할지라도 기업계에서 정계로 진출하는 것은 매우 어렵고, 거의 불가능하다고 해야 할 것이다. 반면 정계에서 기업계로의 진출은 가능하다. 경제력에 대한 정치권력의 압도적인 우월은 멕시코의 반현대적 특징이다. 멕시코인들이 생각하고 느끼는 방법이 얼마나 전근대적이고 비자본주의적인가를 나타내는 예는 일상생활에서 볼 수 있다.

■ 「고독의 미로」의 역사적 관점으로 되돌아가서 식민지시대에 대해 얘기해 보자. 이 책에서 저자는 일종의 변증법적 균형에 의해 가톨릭이 인디오들의 피난처가 되었다고 했다. 그러나 당시의 가톨릭은 돌처럼 굳어버린 종교였다고 평가했는데 이 두 가지 측면을 어떻게 연결시켜야 할 것인지?

한 가지 사실로부터 추론하여 답을 찾을 수 있다. 그것은 바로 혼합주의이다. 스페인 사람들은 멕시코에 도착했을 때 아스떼까 사회를 발견했다. 멕시코 중앙신전에는 아스떼까 부족의 신 우이찔로포치뜰리와 함께 비의 신 뜰라록의 조각상이 세워져 있었다. 뜰라록은 아스떼까의 신이 아니라 그 이전부터 이어져 내려온 신이었다. 쟈크 수텔르는 그의 저서 「고대 멕시코인들의 우주관」에서 최초로 아스떼까 제국의 혼합주의에 대해 날카롭게 분석했다. 멕시코에 이식된 유럽문화 역시 혼합의 산물이었다. 그리스-라틴 고대종교, 동양과 야만족의 여러 신들을 흡수한 가톨릭 혼합주의가 있었고, 또한 스페인 혼합주의가 있었다. 수백년에 걸쳐 아랍세력과 투쟁하는 동안 이슬람은 스페인인들의 종교적 의식 속에 깊이 침투하였고, 십자군 원정과 성전(聖戰)은 기독교적이면서 동시에 이슬람적 성격을 띠고 있었다. 영국, 네덜란드, 프랑스 등 다른 나라들과는 달리 스페인 사람들은 '선교사업'이라는 독특한 행동양식을 갖고 있었는데, 그 기원은 중세와 이슬람이었다. 스페인의 정복군 병사 베르날 디아스는 아스떼까 제국의 떼노츠띠뜰란 성전들을 보고 이를 '회교 사원'이라고 기술했다. 꼬르떼스나 그에게 인디오들은 '이방인'들이었고, 그들에게 이방인이란 즉 이슬람교도들이었다.

스페인 정복군은 신을 형상화한 조각상들을 파괴하고, 신전을 무너트리고, 고문서들을 불태웠으며, 사제계급을 없애버렸다. 이는 인디오들에게서 눈과 귀, 영혼, 과거의 기억을 빼앗은 것과 다를 바 없었다. 이와 동시에 가톨릭은 인디오들에게 현세와 미래세계에 대한 새로운 비전을 제시하고, 법령과 하늘을 갖게 하였으며, 세례를 주었다. 즉 인디오들에게 새로운 종교의 문을 열어준 것이다. 가톨릭은 혼합종교였기에 인디오의 피난처가 될 수 있었다. 인디오들에게 세례를 주면서 그들이 갖고 있는 신앙과 신에게도 세례를 준 셈이다. 또 한 가지 유념해야 할 사실은 당시 가톨릭이 수세에 몰려 있었다는 점이다. 멕시코에 도착한 가톨릭은 반종교개혁파였다. 미주대륙 최초의 대학인 멕시코대학에서는 신 토마스 학파 이론을 가르치고 있었는데 이는 당시 유럽에서 폐기 처분된 철학을 토대로 삼아 멕시코의 문화가 시작되었음을 의미한다. 현대 세계, 특히 미국에 대한 전통 멕시코의 저항의식을 이해하기 위해서는 멕시코가 반종교개혁에 기원을 두고 있음을 알아야 한다. 이는 양국 간에 근본적인 차이가 있음을 보여준다. 미국이 종교개혁과 함께 태어난 데 반해, 멕시코는 반종교개혁 속에서 태어났다. 이러한 의미에서 '돌처럼 굳어진' 종교라고 표현한 것이다.

■ 마리아노 삐꼰 살라스는 「정복에서 독립까지」라는 논문에서 가톨릭이 초기에는 호전적이고, 선교 중심이며, 정착되지 않았고, 개방적이었으나 나중에는 예수회의 영향으로 도시에 자리를 잡게 되었다고 주장했다. 그의 분석처럼 시간이 지나면서 가톨릭이 변화했다고 생각하지 않는가?

가톨릭이 변화하기는 했으나 삐꼰 살라스가 말한 의미로의 변화는 아니다. 예수회는 지방으로 갈 이유가 없었다. 그곳은 이미 개종이 되었기 때문이다. 다만 캘리포니아 지방의 포교에는 예수회의 역할이 컸다. 멕시코 북부와 미국 남부지역의 유목민 선교도 예수회의 업적이었다. 로버트 리카드에 의하면 호아낀 데 플로라(12세기 이태리 신부)의 영향을 받은 프란시스코회와 초기 선교사들의 정책은 원주민 종교를 말살하는 것이었다. 그 뒤를 이은 예수회는 재정이 풍부하고 강력한 조직을 갖추었으며, 17-18세기 멕시코에서 영향력이 가장 큰 선교조직이었다. 인디오 신화를 '번역'하여 기독교로 편입한 것은 주로 예수회 선교사들이었다. 그들은 과달루뻬 성모를 열렬히 숭배하였으며, 께찰꼬아뜰은 성 토마스라는 환상적 가설을 지지하였다. 프란시스코회가 인디오들을 기독교화하려고 한 데 비해 예수회는 가톨릭을 멕시코화하려 했다는 것은 교회 입장의 큰 변화를 의미하였다. 개인적으로 나는 예수회에 대해 호의적은 아니다. 예수회는 가톨릭의 볼셰비키파라고 생각한다.

■ 다른 한편 교회는 점차 멕시코에서 가장 강력한 지주가 되었고, 최소한 인디오와 일용 노동자들에 대해서는 억압적인 조직이 되었다.

그렇다. 그러나 교회를 지주라고 부르는 것은 너무 단순한 시각이다. 최소한 두 가지는 분명하게 해야 할 필요가 있다. 첫째는 교회재산이 하나가 아니고, 여러 종류가 있다는 점이다. 일반 교회 외에도 가톨릭 종단, 수도원 등 많은 소유 주체가 있다. 둘째, 교회 토지는 개인이 아닌 단체의 재산이다. 이 점에서 오히려 마을 공동체의 토지와 비슷하다고 볼 수 있다. 교회재산은 또한 오늘날의 주식회사와도 비슷한 면이 있다. 실제로 주식회사를 움직이는 것은 개개인 주주가 아니라 그 회사를 운영하는 전문 경영조직이다. 교구의 교회, 종단, 수도원의 재산도 이와 비슷하다. 그러나 멕시코 식민지시대 교회를 현대 자본주의 기업들과 유사하다고 비교함은 물론 지나친 과장이 될 것이다. 무엇보다도 기업 활동의 동기는 이윤인 반면, 아무리 강경한 반교회주의자라고 할지라도 당시 가톨릭교회의 기능이 순전히 이윤의 추구였다고 주장할 수는 없을 것이다. 누에바 에스파냐(멕시코 식민지)의 역사, 사회적 성격을 새롭게 연구해 볼 필요가 있다. 이 부분은 「고독의 미로」에서 다루어지지 않았으며, 앞으로 이에 대해 글을 써보고 싶다. 이런 의향을 나는 라파예의 저서 「과달루뻬와 께찰꼬아뜰」의 서문에서 암시한 바 있다. 라파예는 멕시코의 역사가

전사들을 위한 사원(치첸이싸)

미주의 고대로부터 오늘날까지 하나로 이어져 있다는 생각을 가지고 논리를 전개하였는데, 나는 이에 동의하지 않으며, 역사에 여러 차례의 단절과 중단이 있었다고 생각한다.

우리 역사에는 3개의 각각 다른 사회가 있었다. 첫 번째는 미주 고대사회인데 이것은 다시 두 부분으로 나누어진다. 먼저 떼오띠우아깐, 빨렌께, 몬떼 알반 등 위대한 신정국가 시대가 있었고, 이는 미주의 고대문명이 최고점에 다다른 시기이다. 후반은 군사적 도시국가 시대로서 뚤라에서 시작하여 떼노츠띠뜰란(아스떼까 수도)에서 절정에 달했다. 여기에서 시대를 나누는 커다란 분기점인 미주 정복이 일어난다. 두 번째는 17세기에 새로 형성된 끄리오요(미주대륙 출생 스페인인)사회로서 스페인에 종속되었지만 시간이 흐를수록 점점 더 독립적으로 변해갔다. 스페인 미주식민지, 누에바 에스파냐는 건축, 통치기술, 시문학, 도시개발, 요리, 종교 등 여러 분야에서 독창적 창조성을 갖고 있었다. 17세기 말에는 멕시코 최초의 국가계획이 형성되었다. 이는 누에바 에스파냐를 또 하나의 스페인, 즉 북미 제국으로 만들고자 하는 계획으로서 그 속에는 로마의 라틴 전통과 멕시코-떼노츠띠뜰란의 원주민 전통이 동시에 반영되어 있었다. 예수회는 이 계획의 추진에 중요한 역할을 했다. 그러나 독립과 함께 끄리오요 사회는 막을 내렸다. 또한 독립은 스페인 제국의 해체와 새로운 사회의 탄생을 알리는 사건이기도 했다. 누에바 에스파냐의 죽음의 고통은 길었고, 19세기 후반 막시밀리아노 황제의 제2멕시코 제국이 패배하고 공화정이 재수립되는 시기에 가서야 끝이 났다. 이처럼 19세기에 18세기 제국주의를 복고하려던 시도는 실패로 돌아갔다. 그 뒤로 세 번째 사회, 즉 오늘날 우리가 살고 있으며, 아직도 형성과정에 있는 현대의 사회가 태어났다. 17, 18세기의 스페인 식민지 사회는 20세기 전반의 멕시코 사회보다 전체적으로 더 완벽하고 조화로웠다. 건축은 각 사회를 보여주는 객관적인 증인이다. 건축을 통해 3개의 사회를 비교해 보자면 고대 시대에는 메소아메리카 피라미드와 신전이 있고, 누에바 에스파냐 시대에는 교회, 수도원, 궁전이 세워졌는 데 비해 20세기에는 국가의 과대망상과 부르주아의 이윤추구 정신을 반영한 천박하고 거대한 건축물이 있을 뿐이다.

■ 스페인 사람들이 만들어준 가톨릭 피난처는 고대 미주문화의 뿌리가 살아남을 수 있도록 해주었다고 「고독의 미로」에서 주장하였는데 생존한 뿌리는 어떤 것인가?

혼합주의가 그 대답이다. 미국 언론인 아니타 브레너는 이를 '제단 뒤의 우상들'이라고 표현했다. 멕시코 가톨릭이 신학이나 신비술을 만들지는 못했지만 대신 많은 이미지를 만들어 냈고, 유럽의 이미지들과 고대 미주문명의 이미지들을 혼합했다. 이미지가 없는 사회나 종교는 얼마나 불행하겠는가? 이미지가 결여된 사회는 청교도적인 사회이고, 육체와 상상력을 억압하는 사회이다.

■ 주제를 바꾸어서 이 책에서 다루고 있는 또 하나의 주요 분야, 멕시코 문화활동으로 가보자. 당신은 '현실참여'와 '비판'이라는 두 개의 대립하는 용어로 문화활동의 방향을 정의하였다. 그러나 다른 한편으로 이 책의 후편 「멕시코의 세 얼굴」에서는 다시 한 번 '비판적' 행동의 필요성을 역설하였는데 이에 대한 견해를 좀 더 설명해 주었으면 한다.

사르트르가 사용하기 시작한 '현실참여'라는 표현은 그 의미가 모호해서 우리는 정확한 뜻을 잘 모르고 있다. '현실참여'가 작가의 현실세계와 그가 살고 있는 사회와의 관계를 의미한다면 우리는 모두 참여작가이며, 심지어는 이를 원치 않는 사람들까지도 현실참여자라고 해야 한다. 한가지 용납할 수 없는 것은 정당이나 교회에 대한 작가나 지식인들의 굴복이다. 우리는 20세기에 수많은 위대한 작가들이 정당과 교회의 압력에 무릎을 꿇는 것을 보았다. 클로델의 프랑코, 페탕 찬양시, 아라곤과 네루다의 스탈린 찬가 등이 그 예다. 벤자민 페레는 20세기가 시인들의 불명예 시대라고 말했다. 하지만 숙청의 원인이 된 만델스탐의 스탈린 풍자, 시인 로르까의 희생 등이 있었던 명예로운 시인들의 시대이기도 하다.

비판은 자유로운 형태의 현실참여라고 생각한다. 작가는 게릴라 전사가 되어야 하고, 고독을 견디며, 변방의 인물이 될 수 있어야 한다. 작가가 변두리 인물이 된다는 것은 불행이 아니고 축복이며, 작품 가치를 높이는 결과가 될 수 있다. 비판은 창조적이라는 사실을 덧붙이고 싶다. 스페인, 라틴아메리카가 프랑스, 영국과 크게 다른 점은 18세기에 칸트, 볼테르, 디데로, 흄 등과 같은 인물을 전혀 갖지 못한 것이다.

- ■ 「고독의 미로」, 그리고 「변화하는 기호」 등 나중에 집필한 여러 작품에서 언어 표현의 문제, 가면으로서의 언어를 강조했는데….

프로이트, 마르크스 등 나에게 영향을 준 사람들에 대해 얘기했지만 정작 가장 중요한 인물로서 「고독의 미로」 집필에 결정적인 영향을 준 작가에 대해서는 아직 얘기하지 않았다. 그는 니체이다. 특히 그의 저서 「도덕의 계보」에서 큰 영향을 받았다. 미덕, 친절, 악행 등의 언어 뒷면에 숨어 있는 의미를 보는 방법을 니체로부터 배웠다. 그것은 '언어가 가면이라면 그 뒤에 무엇이 감추어져 있는가?'를 찾아보는 멕시코의 언어 탐구에 중요한 가이드가 되었다.

■ 진정한 언어를 찾는 과정에서 알폰소 레예스의 작품을 중요하게 평가한 이유는 무엇인가?

레예스는 언어에 충실했던 사람이고, 이 점에서 존경받을 만하다. 물론 그가 도덕적 약점을 갖고 있었음은 사실이다. 권력자들에게 지나치게 관대했다는 평을 받을 만도 하다. 그것은 그렇다 하더라도 레예스가 여러 작품에서 스페인어를 더욱 명료한 언어로 만든 공로가 있음을 기억해야 한다. 예를 들면 그의 위대한 시 「잔인한 이피게니아(그리스 여신의 하나)」, 그리고 여러 개의 산문 작품들이 있다. 비오이 까사레스와 보르헤스는 글이 잘 쓰였는지 확인하고 싶을 때는 '알폰소 레예스와 같은 음정으로 한번 읽어보자'라고 말했다고 한다.

■ 언어에 대한 작가의 태도는 어떤 것이어야 한다고 생각하는가?

언어에 대한 작가의 태도는 사랑에 빠진 연인과 같아야 한다. 충직하되, 사랑하는 대상에 대한 존경심은 없어야 한다. 숭배와 도전. 작가는 언어를 사랑하지만 그것에 도전하는 용기도 있어야 한다.

■제1부 고독의 미로 '8. 우리들의 현재'에서 선진국과 개도국 간의 대립 문제가 다루어졌다. 이와 관련해서 인류학자 오스카르 루이스 교수가 멕시코의 사례에서 출발하여 연구한 결과로 '빈곤의 문화'개념이 나왔다. 이에 대해 어떻게 생각하는가?

나는 그 견해에 동의하지 않는다. 우선 개념이 과학적이지 않고 불분명하다. 가난이란 무엇인가? 빈곤은 지극히 상대적인 개념이다. 어떤 부문에서 가난하다는 것인가? 루이스 교수의 연구는 다른 면에서 중요한 의미가 있다. 그가 연구한 주제는 전통문화 속에서 살다가 농촌의 인구 과다, 실업문제, 그리고 대도시의 환상으로 인해 마을을 떠나는 농민들에 관한 것이었다. 이는 유럽에서 19세기에 일어났던 일인데, 미주대륙에서는 이 현상이 20세기에 더욱 더 비극적인 형태로 진행되어 전통문화가 쇠락하고 파괴되었다. 농민들은 비록 문맹이라도 문화적인 사람들이다. 그들은 역사와 전통, 이미지를 갖고 있다. 그러나 농민들은 멕시코시와 과달라하라에 도착하면서 모든 것을 망각한다. 그렇다면 그들의 자녀, 그리고 그 다음 세대에게는 무엇이 남겠는가? 현대 산업사회의 문화가 주어질 것이다. 그러나 멕시코에 유입된 산업사회의 문화는 미국이나 유럽의 문화에 비해 훨씬 뒤떨어지고 열악하다. 더구나 극빈층이 받게 되는 것은 그러한 하급문화, 사상의 찌꺼기와 파편에 지나지 않는다. 이러한 상황은 엄격한 의미에서 빈곤과 관련되었다기보다는 산업사회와 전통사회, 두 사회의 공존 문제이다. 이는 우리가 오늘날 '종속'이라고 부르는 현상이고, 좀 더 간단히 표현하자면 제국주의의 부산물이며, 도시의 인구과밀로 인한 현상이다.

인간은 속성상 소외의 존재이다. 마르크스는 인간이 자기 생산물의 주인이라면 자기 운명의 주인공이 될 것이며, 스스로의 본성을 회복하고 소외에서 벗어날 수 있을 것이라고 생각했다. 그러나 나는 인간의 소외가 근본적으로 자신 속에 있는 또 다른 자아의 문제라고 생각한다. 소외는 인간 속성과 관련된 것이며, 사회 계급의 문제가 아니다. 내 경우는 마르크스나 루소보다는 니체, 프로이트와 입장이 가깝다. 모든 문화는 소외의 문화이며, 모든 문화인은 소외에 대해 저항한다.

■ 「고독의 미로」에서 제기됐던 질문에 대해 대답해 주었으면 한다. 첫째 이 세상에서 우리의 존재 의미는 무엇인가? 둘째 멕시코는 수백 년 전부터 투쟁하면서 추구해 온 '틀'을 발견했는가?

우선 두 번째 질문에 대해서 말하겠다. 결론적으로 멕시코는 아직 원하는 '틀'을 찾지 못했다. 사빠따주의에서 해답의 씨앗을 찾을 기회가 있었던 것 같다. 그러나 다시 한 번 우리 현실과 맞지 않는 외부의 방식이 덧씌워졌고 사빠따 봉기에 내재해 있던 씨앗은 말살되고 말았다. 그렇지만 시와 문학창작 분야에는 멕시코의 창조성을 확인할 수 있는 작품들이 분명히 있다.

이 세상에서 우리의 존재 의미에 대해서 나는 대답을 줄 수 있는 입장이 아니라 이 질문 가운데 서 있음을 고백한다. 바빌로니아와 그 이전, 역사 초기부터 반복돼온 이 질문은 세상에서의 우리 열망과 노력을 떠받치는 원천이다. 삶의 의미가 존재하는 것이 아니라, 그 의미를 추구해 나가는 과정이 있을 뿐이다.

■ 당신은 우리 세계에서 사랑과 시(詩)가 변방으로 밀려났다고 주장하였다. 아직도 역사와 시문학이 대립된 관계를 유지하고 있다고 생각하는지?

그렇다. 진정한 현실과 또 다른 현실 사이에는 근본적인 대립이 있다. 루이스 부뉴엘이 영화 '황금시대'의 소제목으로 사용하려고 했던 마르크스의 공산당 선언에 나오는 명언이 있다. 이 영화는 현대 사회에서 사랑의 운명에 관한 것이었는데 마르크스의 명언은 완벽한 알렉산더격 시구와 같은 표현으로서 '이기적 계산의 차디찬 물속에서'이다. 이것이 사회이다. 그래서 사랑과 시는 사회의 주변으로 밀려나 있는 것이다.

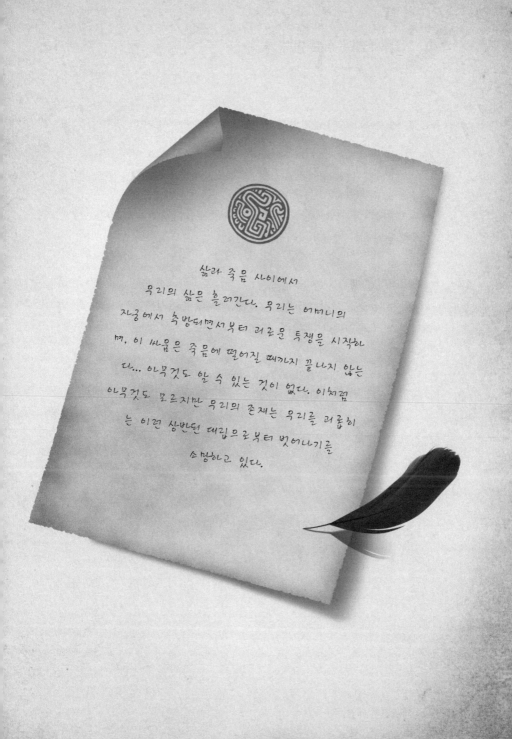

삶과 죽음 사이에서

우리의 삶은 흘러간다. 우리는 어머니의
자궁에서 추방되면서부터 괴로운 투쟁을 시작하
며, 이 싸움은 죽음에 떨어질 때까지 끝나지 않는
다... 아무것도 알 수 있는 것이 없다. 이처럼
아무것도 모르지만 우리의 존재는 우리를 괴롭히
는 이런 상반된 대립으로부터 벗어나기를
소망하고 있다.

멕시코의 주요 연대기

■ B.C. 1200-900년 멕시코 최초의 올메까(Olmeca) 문명 출현.

■ A.D. 250-600년 떼오띠우아깐(Teotihuacan) 전성기
  - 전성기 인구 약 20만 명으로 추정되는 고대 최대문명.
  - 메소아메리카 대륙에는 이외에도 많은 문명들이 공존하였으며,
    특히 남부에는 마야문명이 번성.

■ 10-12세기 똘떼까(Tolteca) 문명.
  - 뚤라(Tula)를 중심지로 하여 메소아메리카에서 번성한 문명
    일명 뚤라 문명이라고도 함.

■ 1325년 아스떼까제국의 수도 Tenochtitlan 건설(현재의 멕시코시티)
  - 멕시코 고대사회의 최후의 제국.

■ 1492년 콜럼버스의 미주 대륙 발견.

■ 1519-21년 스페인 정복자 꼬르떼스, 아스떼까 제국을 정복.

■ 1531년 12월 멕시코시티 외곽 떼뻬약 언덕에서 과달루뻬 성모 발현.
  - 과달루뻬 성모는 멕시코 종교와 문화를 대표하는 상징적 존재.

■ 1810년 멕시코 독립전쟁 시작.

■ 1846-48년 미국-멕시코 전쟁
- 멕시코는 전쟁의 패배로 영토의 절반 이상을 미국에 빼앗김.

■ 1850년대 개혁시대
- 1858-61년간 개혁 전쟁에서 자유주의 세력이 승리.

■ 1864-67년 막시밀리아노 황제의 제 2제국 시대
- 프랑스 나폴레옹 3세와 멕시코 보수파가 옹립.
- 1867년 제국 붕괴후 막시밀리아노 황제는 총살됨.

■ 1876-1911년 뽀르휘리오 디아스(Porfirio Diaz) 독재정부 시대

■ 1910년 멕시코 혁명
- 1920년까지 10여년간 혁명내전 지속.
- 1917년 신헌법 공포.

■ 1929년 민족혁명당(PNR) 창당
- 1938년 멕시코혁명당(PRM), 1946년 제도혁명당(PRI)으로 개명.
- 1929-2000년간 집권.

■ 1938년 멕시코의 석유산업 국유화.

■ 1940-80년 멕시코 고도 경제성장 시대
 - 일부 학자들은 '멕시코의 기적'이라고 평가.

■ 1968년 10월 2일 대학생 시위대 학살사건
 - 멕시코 올림픽 직전에 뜰라떼롤꼬에서 발생한 학생 시위대 학살
   사건으로 300명 이상 사망.

■ 1980년대 멕시코 역사상 최악의 경제위기
 - 중남미 지역 전체의 경제위기였으며 1980년대를 '잃어버린 10
   년'이라고 함.

■ 1994년 북미자유무역협정(NAFTA) 발효.

■ 2000년 PRI 정권 종식
 - 대통령선거에서 국민행동당(PAN)이 승리하여 Vicente Fox 대통령 취임.

■ 2006년 PAN 2차 정부 Felipe Calderon 대통령 취임.